创新创业教育译丛

杨晓慧 王占仁 主编

创业教育研究手册

（第一卷）

综合视角

〔法〕阿兰·法约尔 主编

刘海滨 译

于 川 刘丽娜 刘 颖 校

2019年·北京

**HANDBOOK OF RESEARCH IN ENTREPRENEURSHIP EDUCATION, VOLUME 1:
A GENERAL PERSPECTIVE**

Copyright © Alain Fayolle, 2007

This edition arranged with Edward Elgar Publishing Limited

through Big Apple Agency, Inc., Labuan, Malaysia.

All rights reserved.

中译丛书序言

高校深入开展创新创业教育对于提高高等教育质量、促进学生全面发展、推动毕业生就业创业、服务创新型国家建设发挥了重要作用。高校创新创业教育的基本定位是培养创新创业型人才，造就"大众创业、万众创新"的生力军。为了切实提高创新创业型人才培养质量，就要把创新创业教育真正融入高校人才培养全过程，以培养创新创业型人才为核心目标，以把握创新创业型人才成长规律为基本依据，以创新创业型人才培养质量为主要评价标准，在创新创业型人才培养视域下规划和推进高校创新创业教育。

培养创新创业型人才是国家实施创新驱动发展战略、促进经济提质增效升级的迫切需要。在创新型国家建设的新形势下，国家对创新创业教育有了新的期待，希望创新创业教育能够培养冲击传统经济结构、带动经济结构调整的人才，这样的人才就是大批的创新创业型人才，以此来支撑从"人力资源大国"到"人力资源强国"的跨越。

培养创新创业型人才是世界高等教育发展的必然趋势。创新驱动的实质是人才驱动，国家需要的创新创业型人才主要依靠高等教育来培养。但现有的高等教育体制机制还不足以满足创新型人才培养的需要，必须要进行深入改革。这种改革不是局部调整，而是系统革新。这恰好需要高校创新创业教育先行先试，发挥示范引领作用，以带动高等教育的整体转型。

培养创新创业型人才是高校创新创业教育当前所处历史方位的必然要求。我们要清醒地认识到高校创新创业教育当前所处的发展阶段，以及将来能够发挥什么作用。当前，高校创新创业教育已经在大胆尝试和创新中完成了从无到有的初级目标，关于未来发展就是要看它能为对它有所期待、有所需要的国家、社会、高等教育和广大学生创造何种新价值。国内外创业教育的实践都充分表明，高校创业教育的核心价值是提升人们的创新意识、创业精神和创业能力，即培养创新创业型人才。这是高校创新创业教育能够有所作为并且必须有所作为的关键之处。

在我国深化高等学校创新创业教育改革的同时，世界范围内的很多国家也在大力发展创新创业教育。其中，有些创新创业教育起步较早的国家或地区已经形成了"早发内生型"的创新创业教育模式，如美国的创新创业教育。在起步较晚的国家和地区形成的"后发外生型"的创新创业教育模式也值得学习和借鉴，如欧盟的创新创业教育。因此，我们需要从中国创新创业教育的发展逻辑和迫切需要出发，进行国际比较研究。创新创业教育的国际比较面临着夯实理论基础、创新研究范式、整合研究力量等艰巨任务，其中一个非常重要的前提性、基础性的工作就是加强学术资源开发，特别是要拥有世界上创新创业教育相关理论和实践的第一手资料，这就需要开展深入细致的文献翻译工作。目前围绕国外创新创业教育理论及实践，学界虽不乏翻译力作，但成规模、成系统的译丛还不多见，难以满足创新创业教育的长远发展需要。

正是从创新创业教育的时代背景和学科立场出发，我们精选国外创新创业教育相关领域具有权威性、代表性、前沿性的力作，推出了具有很高研究价值与应用价值的系列翻译作品——《创新创业教育译丛》（以下简称"译丛"）。译丛主要面向创新创业教育领域的研究者，帮助其开阔研究视野，了解全世界创新创业教育的发展现状；面向教育主管部门的决策者、中小学及高校从事创新创业教育的工作者，帮助其丰富教育方法，实现理论认知水平与教育水平的双重提升；面向创新创业教育专业及其他专业的本科生与研究生，在学习内容和学习方法上为其提供导向性支持，使之具备更为广阔的专业视角和更为完善的知识结构，从而为自我创业打下坚实的基础并能应对不断出现的种种挑战。

基于以上考虑，译丛的定位是体现权威性、代表性和前沿性。权威性体现在译丛选取与我国创新创业教育相关性大、国际学术界反响好的学术著作进行译介。既有国外相关领域知名专家学者的扛鼎力作，也有创业经历丰富、观点新颖的学术新秀的代表性著作。代表性体现在译丛选取了在全球创新创业教育领域位居前列的美国、芬兰、英国、澳大利亚和新加坡等国家，着重介绍了创新创业教育在各国的教学理念、教育模式、发展现状，有力展现了创新创业教育理论研究与实践探索的最新现实状况及前沿发展趋势。前沿性体现在译丛主体选取了自 2000 年以来的研究专著，确保入选书目是国外最新的研究力作。在研究主题上，入选书目聚焦了近年来学界集中关注的热点难点问题，紧扣我国创新创业教育发展的重大问题，把握国外创新创业教育理论与实践的最新动态，为深化创新创业教育改革提供前沿性理论支撑和实践引导。

译丛精选了 12 本专著，计划分批翻译出版，将陆续与广大读者见面。它们分别是《本科生创业教育》《研究生创业教育》《创业教育与培训》《创业教育：美国、英国和芬兰的论争》《创新与创业教育》《创业教育评估》《国际创业教育》《广谱式大学创业生态系统发展研究》《广谱式创业教育》《创业教育研究手册（第一卷）》《创业教育研究手册（第二卷）》和《创业教育研究手册（第三卷）》。

译丛坚持"以我为主、学习借鉴、交流对话"的基本原则，旨在丰富我国创新创业教育在国外译著、理论研究与实践探索等方面的学术资源，实现译著系列在学科定位、理论旨趣以及国别覆盖上的多重创新，为推动学术交流和深度对话提供有力支撑。

杨晓慧
2015 年 12 月 25 日

序

能为《创业教育研究手册（中文版）》作序我深感荣幸。这本书定位于中国市场，为那些致力于培育创业英才的教育者量身打造。我也期望从事创业教育研究的学者们能够从书中有所受益。作为泱泱大国，中国同其他国家一样，需要不断地推陈出新以改进和完善创业教育。我认为，无论是作为拥有自由选择权的个体，还是作为集体利益和共同价值的社会中的公民，学习以成为创新创业者深刻地影响着我们每一个人。因此，创业教育和创业研究就成为这个领域的关键所在。

创业教学和实训应该基于学者们所称的"循证教育"（evidence-based education）或"循证创业"（evidence-based entrepreneurship）。换言之，其应该以创业教育潜心研究后精心构建的体系为基础。对创业者和企业接班人的培养也会从这样的潜心研究中受益匪浅。作为一位创业教育的研究者，我在书中试图呈现创业教育实践者和学者们面临的困境和挑战。我想重点探讨其中的两个问题：

第一个问题是教学内容缺乏理论性。创业教育领域的任何教学都应该明确地以知识为基础，旨在传授创业精神、创业过程或其他与创业相关的理论知识。例如，社会心理学的理论和意图模型可能有助于揭示在参与创业过程个人或团队中萌发意图和愿景的过程。另一个例子是来自卡尼曼（Kahneman）和特韦尔斯基（Tversky）的展望理论（Prospect theory），它可以较好地阐明在面对不确定性时心理偏见、暗示和决策过程的重要性。还有萨拉斯瓦斯（Sarasvathy）的效用理论（Effectuation theory），它可以帮助学生和刚起步的创业者摆脱惯性思维和循规蹈矩的束缚。

第二个问题（这可能与广泛认同的观点相悖）是教学方法中对某些体验式教学法（项目实习、实践等）的作用过于夸大，从而不利于教学大纲中理论部分的教学。教学方法的选择与"如何教"相对应，遵循逻辑应该在明确"为什么而教"（教学目标）和"教什么"（教学内容）之后再来确定。很明显，教学本身并不是目标，尽管教师往往不自觉地将相反的观点推而广之。教学是实现目标的途径。一旦确定了教学目标并限定了教学情境，就可以选择相应的教学方法。在创业教育领域，存在多种多样的教学方法、方式和技巧。我们可以信手拈来的例子如：学生制作或评估创业计划书，开发创业项目，以建议的方式提出举措来协助青年创业者，创业者访谈，计算机模拟，使用影片和视频，行为模拟，案例研究，难题求解等方法，当然还有常规的课堂教学。

依我而言，十全十美的教学方法在创业教育领域并不存在。教学方法和技巧的选择主要取决于制度框架下的教学目标、教学大纲和限制条件。实践教学法经常受到教师们的青睐，并且非常适合某些教学情境，但是对其他情境而言可能无效或不适用。因此，我们应该始终秉持谨慎之心，尤其考虑到学者们很少有兴趣深入地研究创业教育的评估。目前，还没有科学证据表明一种教学方法比另一种更有效。毫无疑问，这仍然是未来几年我们面临的挑战。作为创业教育研究者中的一员，我们可以推广的是在创业教育中使用主动教学法（active pedagogy）。特别是基于问题的学习，如果使用得当也许是一种非常有针对性的方法，因为创业者在整个创业过程中面临着许多困境和难题，必须尽快有效地解决这些问题。在任何情况下，教学方法的选择都应有教育理论的支撑或参照。就此而言，我认为创业教育者阅读让·皮亚杰（Jean Piaget）和保罗·弗雷尔（Paulo Freire）的著作会获益良多。

本书探讨了上述的一些困境和挑战，阐明了教师在课堂上教授创业时面临的复杂局面和窘境。

阿兰·法约尔
里昂商学院创业研究中心主任、荣誉教授

目 录

图……………………………………………………………… xi
表……………………………………………………………… xii
作者列表……………………………………………………… xiii
前言：创业教育的第三次浪潮和学习中乐趣的重要性………… xv

第一章　变革的基石：对创业教育研究新视角的再次
　　　　探讨和挑战………………………………………… 1

第一部分　转变范式

第二章　改变教育范式…………………………………… 26
第三章　如同创业过程一样学习………………………… 57
第四章　创建创业型大学：我们需要一个完全不同的创业
　　　　模型吗？……………………………………………… 90
第五章　大学里的创业教学：从错误的构建到正确的哲理…… 137
第六章　静态和动态结合的框架结构：创业导向和大学创业
　　　　教育能力考察………………………………………… 172

第二部分　更新方法

第七章　创业教育策略：除了讲座、案例教学和创业计划，还有什么？……………………………………………… 196

第八章　社会建构主义思想：对创业研究和创业教育的几点启示…………………………………………………… 225

第九章　跨学科创业分析：理论与实践中的体验教育………… 245

第十章　走向一种新的评估创业教育课程的方法……………… 265

第十一章　一个概念性方法——更好地诊断和解决创业研究中跨文化和性别问题的挑战…………………… 281

第三部分　理解内容

第十二章　创业营销和大学教育……………………………… 312

第十三章　创业过程中创业教育的作用……………………… 329

第十四章　评估创业教育和培训：项目设计的含义………… 357

第十五章　高等教育中创业教学创新的原型：模型和例证…… 376

第十六章　学习承担风险的能力……………………………… 410

图

1-1	教学和学习观	4	10-1	创业教育课程评估模型 269
1-2	创业生命周期/问题	6	11-1	五个因素：从单方面到多维度方法 287
1-3	创业教育中的教育原理	7	13-1	创业过程 336
1-4	大学学习多样化应用的整合	13	13-2	创业意向模型 338
2-1	批判性和创新型思维	36	13-3	创业教育的目的 341
4-1	被教授的创业者的主导模型？	95	13-4	创业教育在创业过程中的作用 344
4-2	创业教学的恰当模式	105	14-1	构建框架使用的方法 367
5-1	商业教育的金字塔方法	158	14-2	创业培训项目的框架 369
5-2	构建创业课程的模板轮	159		
6-1	创业教育在创业导向大学中的概念性框架	180		

表

2-1	学习的焦点	34
4-1	教学模式中的价值观	99
4-2	创业生活世界	108
4-3	创业组织设计指南	112
8-1	社会建构主义思想在创业研究和教育中的应用	233
9-1	认知知识的来源	260
10-1	调查结果	272
10-2	阿杰恩模型验证	272
10-3	学生背景分析	274
10-4	学生初始意图分析	275
12-1	市场营销教学方法主张：创业者的营销行为以及教学活动建议	324
15-1	分析框架	379
15-2	确定高等教育机构创新创业项目的参考来源	384
15-3	每个案例的来源材料	385
15-4	四种创业教育中教育创新的原型	386
16-1	反思格式	424
16-2	从批判理论中得出的学习程度	424
16-3	开放式编码的结果：在学习过程中三个重要的分类	425
16-4	个体承担风险学习的路径	428
16-5	困惑来源总结	429
16-6	行动方向总结	429
16-7	学习方向总结	429
16-8	综合的个体承担风险学习的路径	430
16-9	结果和编码阶段总结	433

作者列表

让-皮埃尔·贝查德（Jean-Pierre Béchard），蒙特利尔高等商学院，加拿大

博妮塔·L.贝特斯-里德（Bonita L. Betters-Reed），西蒙斯管理学院，美国

卡米尔·卡里尔（Camille Carrier），魁北克大学三河校区，加拿大

阿兰·法约尔（Alain Fayolle），里昂管理学院，法国应用管理研究中心（格勒诺布尔大学），法国，布鲁塞尔自由大学苏威商学院，比利时

丹尼丝·弗莱彻（Denise Fletcher），谢菲尔德大学管理学院，英国

贝努瓦·盖伊（Benoît Gailly），鲁汶大学，比利时

艾伦·吉布（Allan Gibb），杜伦大学，英国

丹尼斯·格列瓦（Denis Grégoire），J.麦克·鲁宾逊商学院，佐治亚州立大学，美国

科利特·亨利（Colette Henry），商学院和人文学院，邓多克理工学院，爱尔兰

弗朗西斯·M.希尔（Frances M. Hill），管理学院和经济学院，皇后大学，贝尔法斯特，北爱尔兰

杰拉尔德·E.希尔斯（Gerald E. Hills），伊利诺伊大学芝加哥分校，美国

凯文·欣德尔（Kevin Hindle），澳大利亚研究生创业学院，澳大利亚

丹尼尔·约尔特（Daniel Hjorth），哥本哈根商学院，丹麦

克拉斯·M.赫尔特曼（Claes M. Hultman），商学院，厄勒布鲁大学，瑞典

劳里·M.亨特（Laurie M. Hunt），西蒙斯管理学院，美国

本特·约翰尼森（Bengt Johannisson），韦克舍大学，瑞典

杰罗姆·A.卡茨（Jerome A. Katz），约翰·库克商学院，圣路易斯大学，

美国

吉尔·基克尔（Jill Kickul），福赛斯创业主任，托马斯·C.佩奇创业中心，理查德·T.法默商学院，迈阿密大学，美国

戴维·柯比（David Kirby），管理学院，萨里大学，英国

葆拉·基洛（Paula Kyrö），坦佩雷大学，芬兰

纳吉斯·拉赛斯－克拉克（Narjisse Lassas-Clerc），里昂管理学院，法国

克莱尔·M.利奇（Claire M.Leitch），管理学院和经济学院，皇后大学，贝尔法斯特，北爱尔兰

弗朗西斯科·利南（Francisco Liñán），塞维尔大学，西班牙

桑德拉·马拉克（Sandra Malach），卡尔加里大学，加拿大

摩根·P.迈尔斯（Morgan P. Miles），佐治亚南方大学，美国

琳达·L.摩尔（Lynda L.Moore），西蒙斯管理学院，美国

彼得·鲁宾逊（Peter Robinson），犹他谷州立大学，美国

安努卡·塔帕尼（Annukka Tapani），坦佩雷大学，芬兰

泽里米尔·W.托多罗维奇（Zelimir W. Todorovic），印第安纳普渡大学，美国

前言：创业教育的第三次浪潮和学习中乐趣的重要性

杰罗姆·A. 卡茨

2006年，我在美国小企业和创业协会（USASBE）的专题演讲中（Katz，2006a）指出，以商学院为基础的创业学科可以说是创业教育新一轮增长的中心点——从商学院席卷整个大学的浪潮。第一波创业教育浪潮是全球性的，由农业研究者通过我们熟知的农业推广模式（Jones and Garforth，1997；Katz，2006b）推而广之。第二波浪潮来自商学院教师和政府商业发展专家的推广模式，商学院基于创业教育的方法涌现而出并在美国各地蔓延开来，进而遍布全球各地的商学院（Katz，2006b）。

如今，以商学院为中心或枢纽，我们看到了第三波浪潮。它跨越了各个校园，而不是从一所大学跳到另一所大学。通过这波被称为跨校园创业（Fountain，2004；Shaver，2005）或学术创业（Shane，2004）的浪潮，我们看到了跨学科的新发展（参见 Vesper，1985）。这本书揭示了第三波浪潮的特性和优势。

这种发展部分来自创业新形式的产生以及对其进行教授的学术课程。这本书第一部分的重点就描述了这个过程。例如，在戴维·柯比、艾伦·吉布、凯文·欣德尔和泽里米尔·W. 托多罗维奇所著的章节中界定了更广泛和更具包容性的创业模式可能采取的形式。为什么需要新的模式？部分原因是商学院的传统知识所带来的负担及其对管理（与创业）模式的执着，约尔特和约翰尼森所著的章节中很好地描述了这种模式。还有部分原因是商学院的社会传统观念及其对固守传统社交关系的执着，将女性和少数（民）种族排斥在研究之外。在本书的第二部分，由贝特斯-

里德、摩尔和亨特在所著的章节中指出了这个问题并提出挑战。重新定义创业以及创业教育的本质潜力来自群体对社会建构现实的能力——在本书第二部分由丹尼斯·弗莱彻所著的章节中，探讨了如何摆脱以商学院为基础的创业教育，并且提出了基于社会建构主义方法的创业教育社会建构主义模式，为学术界提供更高的知识自由度，以寻求更加现实和包容的范式。

这个关于创业教育新范式的主题在本书第二部分还在延续。当学者们在内容上达成共识时，就意味着一个研究领域的部分成熟并可以继续探讨其过程。通过新范式的视角，甚至传统内容也可以成为反思与完善的主题。也许创业计划仅是现代商学院创业方法的必要条件——卡米尔·卡里尔挑战了在商学院和其他地方推广这种模式的智慧，并在她所著的章节中提出了替代的教学方法。

虽然小企业建议和咨询是由19世纪的农业扩张主义者（Katz, 2006b）所开创，但它仍然是商学院的主要方法。因此，现在正是一个重新对其考虑的成熟时机。鲁宾逊和马拉克所著的章节提供了一个机会，以跨学科创业诊所的具体形式观察一种更广泛的方法的运用。农业推广的传统包括在完善过程中的一个基本要素——评估，而商学院注重结果的传统依然延续着，似乎已经使这一转变成为跨校园创业教育的新范例。在第二部分中，法约尔、盖伊和拉赛斯-克拉克所著的章节描述了一种对商学院项目进行评估的新思路。在第三部分中，通过对创业教育新范式评价方法的阐述和实施，对其进行了补充。贝查德和格列瓦利用内部一致性来比较四种不同的创业项目，而亨利、希尔和利奇使用了一种更传统的方法来评估创业培训项目。

如上所述，本书的第三部分补充了第二部分所介绍的评估的概念，但也包括关于创业教育具体内容的独特材料。希尔斯、赫尔特曼和迈尔斯提供了一份关于创业营销方法的研究和概念的梳理。营销不容置疑是商学院采用的一种方法，但从历史的观点来看，营销已经占据了管理的第二位并且成为商学院创业教育的贡献者和支持者。虽为商学院基础学科不太受关注的声音（伴随本书中贝特斯－里德、摩尔和亨特的讨论），但对于这个特殊章节提出的贡献和选择，我们还是应该给予重视，这很重要。

第三部分的其余两章补充了第一部分的观点，实际上是建议如何将必要的思维实体化，以摆脱商业、管理驱动、创业教育的旧模式，并接受一个更有特色、更具包容性和现实的新模式。弗朗西斯科·利南讨论了如何提高大学中有创业思维个体的"供应"，以及如何在教育上支持这些提高"供应"的尝试。葆拉·基洛和安努卡·塔帕尼从教育人们如何更好地处理不安全感和管理风险的角度，提出了提升创业者观念的主张。

在《创业教育研究手册》第一版中有相当多的展望，但它们带有一些讽刺的意味。尽管我们开发了新的范例并试图提出尖锐的问题，这些问题旨在挑战基本的假设，比如欣德尔的"创业是可以教的吗？"这是由教育者们编写的一本著作，他们沉浸在自己的职业中，而且他们的基本信条是实证主义的——如果我们不能通过我们的教学来改变其他的人或机构，那我们为什么要做这项工作？

大约30年前，阿吉里斯和舍恩（Argyris and Schon，1974；1978）为我们展示了实施所谓"双环学习"（double-loop learning）的困境，即通过挑战一个组织或职业的基本信仰和文化来开展学习。阿吉里斯作为持怀疑态度的倡导者，也承认双环学习非常困难，因其往往是"灵光一现"，难以持续爆发。他还承认，受到来自主流文化之外的人的挑战有助于双环学习——他的课程中经常提到"皇帝的新装"的寓言。

本书中作者们努力去实现这个深刻的见解并且受益于双环学习，我们可以清楚地看到他们发挥了对双环学习洞悉的优势。但显然还有很长的一段路要走。当你看到作者们的简历时，想一想他们当中有多少人的知识体系是建立在商学院基础之上的。如果他们仍然忠于新范式的梦想，那么《手册》的下一版会呈现出更大程度的作者的多样性，并且有更大的可能来支撑双环学习的视角。

那些熟悉我著作的人都知道，我不以否定主义甚至是反讽的基调来结束文章，这个前言也不会例外。最后，我想把你们的注意力吸引到一个概念上，在这本书的几章里这一概念是非常重要的，尽管它并不是一个共同的主题。它就是创业中的乐趣。

这本书的部分内容帮助我认识到乐趣的重要性。这是我多年前研究过的主题（Katz，1987）。当我试着在教学和研究中实践它的时候，我已经很多年没有想到它了，直到阅读这本书。欣德尔将创业教育融入了怀特海（Whitehead）的职业超越原则——哲学家用多音节词表达的"工作的乐趣"。艾伦·吉布讨论了创业可能是一种帮助人们从一个日益复杂和不确定的世界中获得快乐的方法。当两名来自不同年龄、不同地域的创业学者在同一时间开始谈论同样的想法时，我就会对这个想法刮目相看。再加上威廉·加特纳（William Gartner）恳请我们的领域庆祝彼此的贡献（Gartner，2001）和创业者自身的贡献（Carter et al.，2002），这些让我意识到，对于校园中潜在的创业者，乐趣应该是我们方法的一部分。

在一门学科的创新或个体教育的过程中，乐趣有什么实用价值吗？答案似乎很明显——至少在教育方面。所有年龄段的学生都被这一领域的乐趣所吸引，而这种乐趣是他们在艰难枯燥时能够坚持不懈的一部分（Katz，1987）。有多少学生是通过让某些东西爆炸、燃烧或者闻到而被化学吸引？这其实很有趣，它吸引并激励年轻的化学家们在多年教育的枯燥乏味中坚持如一。对于那些通常在制度遇阻的领域建立一门新学科的人来说，快乐的时光可能会变得很重要，因为它是在未来几年里维持动力的一种方式。

在过去的模式中，随着创业专业课程数量的增加，以及课程内容和教学中使用的技术趋于共识，我们学科的单调乏味也会潜移默化地增加。专业的学校提倡职业化，这似乎是一种与乐趣的概念对立的文化立场。这就是为什么像《心灵点滴》(*Patch Adams*)中亚当斯（银幕上由罗宾·威廉斯扮演）那样的医生会被排斥，因为他鹤立鸡群不遵守我们职业的规则（Adams and Mylander，1993）。也许我们需要确保创业教育的新模式把"乐趣"作为其愿景之一。

创业教育可以富有乐趣吗？可以说我们的专业聚会似乎比许多其他专业更有趣。想想你在一些创业教育者大会上遇到了多少新人，他们说起这些教育者是多么地友好或者他们在一起看起来多么地妙趣横生。他们中的一部分来自当前这个学科的主导文化，比起介绍自己而言，他们对分享观点更感兴趣。这些都得益于当前创业教育（以及那些致力于创业教育的资源和学生）的快速增长。这些乐趣的灵感来自我们所研究的创业者，他们用其鼓舞自己和他们的企业，我们将其推而广之。

当看到一位教授意识并领悟到如何捕捉和分享学科的乐趣和魅力时，这就提醒我们所有的教育都是最好的。观看物理学家理查德·费因曼（Richard Feynman）的经典讲座或听盖伊·川崎（Guy Kawasaki）讲述乐趣植根于认识《开始的艺术》(*The Art of the Start*)，可以让我们想起所有美丽并震撼心灵的力量，也让我们意识到乐趣就交织在我们生活和教学之中。①

有太多乐趣的世界寥寥无几，几个世纪以来我们在宇宙中发现了一个或者说在地球上创造了一个。但是，我们绝对有潜力、能力以及（通过诸如本书和你的日常工作的尝试）素材为我们的学生、同事和社会带

---

① 对有理查德·费因曼影像资料感兴趣的读者可以在他的影片集锦 www.imdb.com/name/nm0275509/ 中寻找，也可以在线（www.vega.org.uk/video/subseries/8）看一些他的演讲。对盖伊·川崎感兴趣的读者可以进入 http://edcorner.stanford.edu/AdvSearchServe3?x 32&y11&openkeyword&authors 24&eterms 网站进一步了解。

来乐趣。虽然我们没有足够的时间或思维来考虑乐趣，但是无论何时，只要你可以为他人提供乐趣，你会让他们和我们的学科变得更加强大。

所以，欢迎广大读者阅读《创业教育研究手册》第一版第一卷。请您牢记：当您阅读时保持一颗快乐之心。用一句引语来结束这篇前言吧——追本溯源，它曾发表在一本受人尊敬的手册上：

创业充满了乐趣，所以创业教育也应该如此。（杰罗姆·卡茨）

参考文献

Adams, P. and Mylander, M. (1993), *Gesundheit: Good Health Is a Laughing Matter*, Rochester, VT: Healing Arts Press.

Argyris, C. and Schon, D.A. (1974), *Theory in Practice: Increasing Professional Effectiveness*, San Francisco, CA: Jossey-Bass.

Argyris, C. and Schon, D.A. (1978), *Organizational Learning: A Theory of Action Perspective*, San Francisco, CA: Jossey-Bass.

Carter, N.M., Gartner, W.B., Greene, P.G., Cox, L.W. and Reynolds, P.D. (2002), *The Entrepreneur Next Door: Characteristics of Individuals Starting Companies in America*, Kansas City, MO: Kauffman Foundation.

Fountain, M.W. (2004), 'The development and implementation of an interdisciplinary graduate course linking engineering, medical, and business students with university research investigators to develop strategies to commercialize new technologies', ASEE Annual Conference and Exposition: Engineering Education Reaches New Heights, Salt Lake City, UT; USA, 20–23 June, http://services.bepress.com/cgi/viewcontent.cgi?article=1016&context=eci/teaching.

Gartner, W.B. (2001), 'Is there an elephant in entrepreneurship? Blind assumptions in theory development,' *Entrepreneurship Theory and Practice*,

25 (4), 27–40.

Jones, G.E. and Garforth, C. (1997), 'The history, development, and future of agricultural extension', in B.E. Swanson, R.P. Bentz and A.J. Sofranko (eds), *Improving Agricultural Extension. A Reference Manual*, Rome: Food and Agriculture Organization of the United Nations, ch. 1, www.fao.org/docrep/W5830E/w5830e03.htm#chapter%201%20%20%20the%20history,%20development,%20and%20future%20of%20agricultural%20extension.

Katz, J.A. (1987), 'Playing at innovation in the computer revolution', in M. Frese, E. Ulich and W. Dzida (eds), *Psychological Issues of Human—Computer Interaction in the Work Place*, Amsterdam: North-Holland, pp. 97–111.

Katz, J.A. (2006a), 'And another thing' (the 2006 Coleman Foundation White Paper on entrepreneurship), US Association for Small Business and Entrepreneurship, www.usasbe.org/data/documents/Katz%20White%20Paper-Final.pdf.

Katz, J.A. (2006b), 'Education and training in entrepreneurship', in J.R. Baum, M. Frese and R.A. Baron (eds), *The Psychology of Entrepreneurship*, Mahwah, NJ: Lawrence Erlbaum Associates.

Kawasaki, G. (2004), *The Art of the Start*, New York: Portfolio.

Shane, S.A. (2004), *Academic Entrepreneurship: University Spinoffs and Wealth Creation*, Cheltenham, UK and Northampton, MA, USA: Edward Elgar.

Shaver, K.G. (2005), 'Reflections on a new academic path: entrepreneurship in the arts and sciences', *Peer Review*, Spring, www.findarticles.com/p/articles/mi_qa4115/is_200504/ai_n14718124.

Vesper, K.H. (1985), *Entrepreneurship Education—1985*, Babson, MA: Babson College Center for Entrepreneurial Studies.

第一章 变革的基石：对创业教育研究新视角的再次探讨和挑战

吉尔·基克尔 阿兰·法约尔

为了能够在全球范围内脱颖而出，创业机构在过去的20年里经历了实质性的改变和厘革。维持营收增速和提高股东权益及产品或服务的附加值已经成为界定机构成功的重要因素。为了实现这些目标，公司的创业者们必须探究出一些富有创造性和创新性的方法来提高效率、降低成本和改进整个组织流程。另外，伴随企业的成长和成熟，创业者们还必须规划一些灵活的策略，从而为企业持续不断的重设和重构留有余地（Hitt，1998; Teece and Pisano，1994; Teece et al.，1997）。

这些变革以及对创业者技能和才华的要求使得创业教育者们必须发掘一些多样性和非传统的创业教学方法。为了创业者的成长，创业教育者们需要在如何策划和组织其课程方面更加主动、更富创新。换言之，为了培养未来的创业者，教育者要更积极敏锐地应对不断变化的市场状况。此外，他们还需要教给学生一些可以直接应用于如何开创、经营和发展公司的理念和技能。那些需要非线性学习和思考（Hitt et al.，1998; Kerr and Jackofsky，1989）的技能可能会成为一家企业起死回生的关键所在。另外，在财务或现金管理、会计学、战略思维和创业者领导力方面的知识的多样性往往是成功创业者成长过程中最引人关注之处

(Hood and Young，1993)。

本章的主要内容是展现大学和教育者们如何设计和实施课程，如何在创业教学中采用跨学科综合的方法。这种方法提倡综合利用创业的方方面面，而不是单纯地增加开设课程的数量。设计课程的挑战并不是增加内容的广度，而是提高内容的质量，使其囊括从开创到成长再到成熟的创业历程的所有环节。学生们不能仅仅学习一些如何经营一家初创企业的实操性技能（例如会计学、金融学、行销、团队沟通），也要开始理解这些技能在复杂的商业问题中固有的内在联系。此外，通过采取跨学科的视角，学生们会更好地理解有关如何管理企业风险的问题，而风险贯穿创业生命周期的各个阶段。

另外，作为导论，本章介绍了创业何以为教的教育原理，目的是提高未来创业者的知识和能力。取代依赖单一的说教方式进行创业教学，允许在模糊和不确定的条件下学习的其他方法也被推荐采用。本章还探讨了大学在课程结构和框架允许的范围内实施额外的项目，这些额外的支持项目包括建立孵化器和强化指导。不仅如此，大学还应考虑为学生和校友筹备特殊的风险投资基金并且组建学生顾问团，以便让学生了解经营一个成长中的机构的烦琐性和复杂性。最后，鉴于本书的关注点，我们就如何使用本书的各章做出了评论，对未来的研究方向提出了建议。

一、重新设计创业课程：通往学习之路

面对不断变化的经济形势，为了满足学生多样且日益增长的需要，创业教育者们需要更加灵活并且表现出意愿去改变他们的课程。在很多情况下，教育者们需要帮助未来的创业者在学习过程（learning process）中认识到学习和培养必要技能的多样化选择，从而使他们在自我引导方

面变得更有效率。创业教育者设计课程的方法可以基于在不同的学习型组织中发现的共同之处。在这类组织中,员工们可以自由思考,可以辨别多样化问题和机遇,可以设法把握机遇,制定对策并付诸实施(Aubrey and Cohen, 1995)。

因此,重新设计一门创业课程的独特方法就是把教学观转化为学习观(见图1-1)。以教师为主导的教学观关注的是输入导向(input orientation)。基于这个导向,学生们只能关注于狭隘的定义和专业知识的内容。大多数课程是围绕具体科目设置的,而这些具体的科目在商学院中往往是依据专业设置的。这种以专业为基础的课程设计方法反映出教师的知识结构,本质上并不能反映出学生的知识结构。教师也把握着教学信息资源的输入,并且决定了哪些种类的学习材料才是教学的必需。这种教学观将注意力放在了教职人员及其各自的专业领域上,不同的知识领域间的整合程度最低(Boyatzis et al., 1995)。

与之相反,以学生为主导的学习观是输出导向(output orientation)的,其关注的是内容和过程的检测是否实现了教学输出预定的目标。基于这个观点,教育者在促进学生学习进步的过程中扮演了一个积极的角色。"输出导向也要求教育者揭示和决定学生所学的知识。"(Boyatzis et al., 1995: 9)。学习观将架构知识的责任移交给学生。它更强调以问题为中心或者根据情景界定的知识,而不是由学科定义的知识。教学进度和速度的把握取决于学生的领悟能力,而不是由教师主导。通过采取这种学习观,大学不得不考虑所有内部和外部的利益相关者,包括全体教工、学生、管理者、雇主、校友和社会,因为学习就是在这样的环境和背景中展开的。

正如业内很多教育者推崇的那样,通过朝着更倾向于学习观方向的转变,创业教育可以朝着更加整体化、综合化和广泛化的方向发展(例如 Gibb, 1993; Plaschka and Welsch, 1990; Solomon et al., 1994)。通过采取一种跨学科综合的方法，教育者可以更好地帮助创业者们，满足他们学习中的需要，解决机构在成长过程中遇到的问题，因为它们遍布创业生命周期的各个阶段（Churchill and Lewis，1983；Scott and Bruce，1987；Watson and Plaschka，1993）。这些成长问题包括：

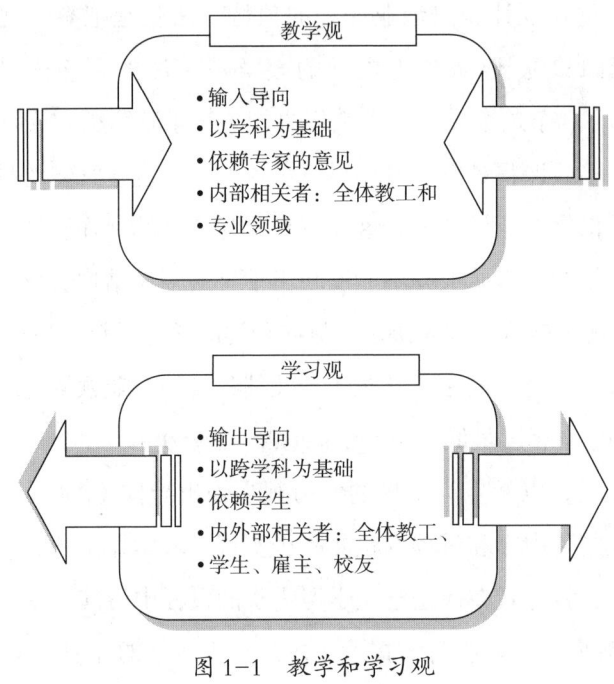

图1-1 教学和学习观

- 策略发展
- 资源分配
- 体系/管理标准化
- 组织的架构/设计
- 管理风格和职位
- 结果评估
- 报酬分配

所有的这些问题在创业机构成长过程中的每个阶段都发挥着重要的

作用(即初创、生存、成长、扩张和成熟)。举个例子,创业者和其公司在初创阶段会采取一些初始策略从竞争中脱颖而出,比如通过科技以更低的价格销售产品或提供服务。然而,随着这家公司不断地发展,策略或可与另一家公司组成联盟,从而使得产品和服务形成互补。此外,筹集和获取资金的方式也可以根据公司发展的阶段而变得多种多样。初创时的资金可能来自个人、合伙人、家庭和朋友。当公司业务开始扩展后,资金可能来自风险投资家和股票发行(首次公开募股)。同时,核心人员的角色和责任也从创业性的、个人主义的风格转变为更加专业化、管理化的商业风格(Scott and Bruce,1987)。

因此,为了满足学生学习需要,大学的创业课程面临的挑战是设计一种综合性、一体化的课程(见图1-2)。在创业周期的每一个特定阶段,我们必须关注——当创业者们遇到相关问题时,他们如何运用这些知识。仅仅关注新创企业和这个阶段涌现出的问题是不够的,这只是抓住创业过程中的一个部分而忽略了在企业成长后期至关重要的管理和发展问题(例如企业增值、人员配置和保留、管理层继任;Sexton et al.,1997)。创业课程通常集中在当前学生新创企业的过程方面,而不是在企业发展和成长方面。例如,基于对教学方法的回顾,卡罗尔和科莱奇(Carroll and College,1993)推荐了几种互补的方法,包括演讲、案例研究、计算机模拟、创业计划发展项目和创业计划的专业演讲技巧。虽然这些方法对于新创企业的发展非常必要和重要,但是它们更着重于新创企业的初始阶段。

此外,许多大学仍然主张基于独立学科和专业的课程结构。传统的课程一般通过课程表被组织和联系起来。这些课程通过学科被定义、标明并且组织起来。由于学科在通常情况下等同专业,所以学科同样也是大学课程组织架构的基础。这种类型的课程结构并不认可多学科思维,但当新的竞争格局出现,这种思维在试图重新配置和定位机构时尤为必要（Hitt et al.，1998）。为了吸收一些跨学科的取向，许多大学最近已经改变了课程的设计。请参考以下有关此焦点的评论。

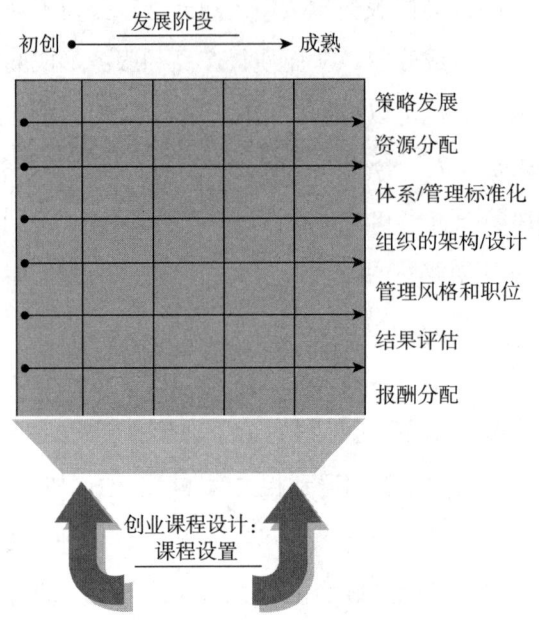

图 1-2　创业生命周期/问题

学校的课程改革使得课程结构从关注单一学科转移到关注跨学科。伴随这些变化，实用性商业课程完全被取代。取代它们的是四个综合性学习模块，以及基于行业领域的指导公司首年经验的课程。产品的生命周期作为课程的组织结构而被采纳。这些课程明显地反映出跨学科的导向。

二、教学法发展的初现

除了设计一种跨学科导向的创业课程，创业指导和课程讲授的新方法也被纳入其中。这些新方法与过去教育者讲授创业的传统方法大相径庭（见图1-3）。正如所罗门等（Solomon et al.，1994）所建议的，我们有必要朝着一种更加非传统的以经验为基础的教学和评估方法发展。他们得出结论：当学习的重点是拓宽创业的视野和眼界时，传统的方法就不适用了。以下将讨论本章提出的一些有别于传统创业教育模式的新方法。

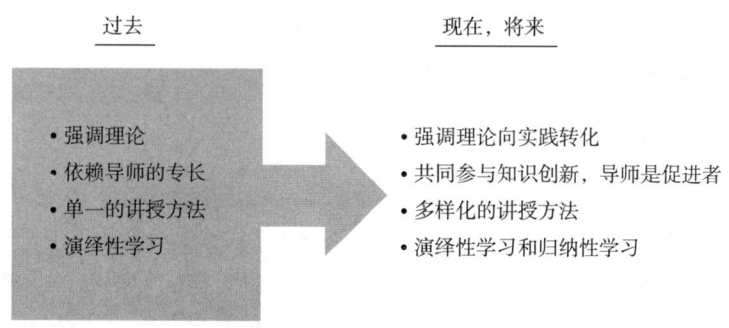

图1-3 创业教育中的教育原理

（一）强调理论向实践转化

创业课程一个重要的目标就是为学生提供一种严谨的学术性体验，这种体验可以转化为现实世界的价值。根据鲁宾逊和海恩斯（Robinson and Haynes，1991）的观点，"（我们）有必要开发和探索脱离学术兴趣的创业理论、模型和方法，因为它们适用于创业者和教育者"（第41页）。教育者过去普遍采用的方法是实地考察或"生动的"案例研究来把理论和实践相结合。在这些任务中，一个学生团队对一个创业公司进行综合性研究，通过使用诊断性、评估性和问题解决技巧来解决公司的主要策略问题。经过广泛的研究之后，学生团队为客户展示他们的想法和建议。作为这些客户的顾问，学生们可以学到更多错综复杂的知识以及了解经营一家创业公司要付出的大量且必要的努力。另一种可以促进学习过程并帮助创业者们策划公司发展的创业咨询形式也将会在本章中讨论。

（二）共同参与知识创新

在学习观的框架下，学生和教师可以互换角色，共同参与知识的创新。传统的教师和学生间的等级关系被改变了。从本质上说，教师将要在学习过程中扮演促进者或教练的角色。教师的作用是引导学生理解他们所学到的不同的方法。学生们并不依赖拘谨的、说教式的方法，而是积极参与各种创业项目（entrepreneurial projects）、小组讨论和场景模拟。

此外，导师营造情景，让学生在情境中实践先前的理论和知识。同时，还可以开发一些任务让学生练习，并让学生从练习结果中体验个人成败感。很多以体验为基础的活动也可以拓展学生直接的、个性化的体验（Kolb et al.，1986），这种体验对学生的创新技巧和能力是一种挑战。允许学生共同参与知识创新也可以满足想要创业的学生们的心理诉求。这些想要创业的学生在错综复杂、模棱两可的条件下，已经有能力为商业问题提出创造性和创新性的解决办法（Sexton and Upton，1987）。

（三）多样化的讲授方法

除了在创业课程中采取一种跨学科的学习观，还有很多其他的方法可以让学生与课堂场景之外的导师和其他学生一起学习、交流并且相互影响。通信与信息技术在过去的十年中已发生了根本性的变革。随着各行业前沿科技的角逐，这些技术的易用性和实用性已经大大增强。它们在企业培训和高等教育领域中对提高新知识获取的效率具有很大的潜力（Ives and Jarvenpaa，1996）。

借助于现代技术，学生们可以在他人的激励下不断地投身学习之中。在面对创业难题和机遇时，这些人展现给学生不同的视角和洞察力。互联网已成为提供数据、教学和阅读材料的另一种工具，也使得创业专业学生和导师之间持续互动成为可能（Katz and Green，1996）。同时，对具体行业、市场或竞争的信息分析能让创业者们进一步研究商业行为的可行性和市场潜力。另外,互联网已成为团队成员、导师和领域内创业者之间的另一种交流方式。电子邮件、讨论组、视频会议和流媒体等先进的技术(例如 Blackboard、WebCT)构成一个新增的交流维度。通过这个维度,学生们可以在课堂之外分享他们的知识和专长,还可以与其他学校的学生合作,共同完成项目,从而促进校际间相互交流(Wheeler,1998)。当这些技术水平不断提高时,对导师和学生而言,将会有更多的机会让他们就课程材料、现场案例咨询和国际项目进行沟通交流。

(四)演绎性学习(deductive learning)和归纳性学习(inductive learning)

为了研究出可持续的学习技巧,许多教育者主张演绎性学习和归纳性学习并重(Bigelow,1998)。演绎性学习是指学生学习并应用别人总结出的知识。但是,这种学习本身并不能使创业技巧和行为有多大的改变。在归纳性学习中,学生们并不一定非要模仿别人的解决方案,而是要在一个全新的、复杂的情况下识别创业问题、确定目标、制订行动计划以及评估其决策的结果。通过强调归纳性学习,学生们不仅有机会去实践他们学到的知识,还可以针对创业者所面临的难题制订独特的、创新性的解决方案。学生的这种行为方式是内在生成的,从而使学习者在情境中变得更加自我激励。

通过在创业课程中着重强调归纳性学习,教育者们正在为学生积极地准备着,针对改进他们组织时产生的分歧和变化。正如加特纳和维斯珀(Gartner and Vesper,1994)提到:

> 把创业教育的"基础知识"和商科教育的"基础知识"区分开来可能是对这种不确定情况的一种关注。例如新产品、新服务、新市场、新机构的发展。企业家精神的一个重要特征不是容忍这种不确定情况的能力,而是把握这种不确定情况并将其转化为非不确定情况的能力,

这似乎才是企业家精神的本质。(第184页)

目前,在创业课程中很多实地咨询案例和计算机模拟都使归纳性学习得以发挥作用。当然,还有一些方法使得学生能够持续挑战并探索他们的潜能。这些方法包括建立孵化器项目并提供强化指导项目。此外,教育者们也应该研究一下为目前的学生和校友成立一项创业投资基金的可能性,并针对创业公司第二阶段遇到的问题提供实地咨询项目。

三、将商业创新转化为创业机会:应用学习

(一)针对创业者(entrepreneur)和内部创业者(intrapreneur)的孵化器项目

通常情况下,孵化器项目的主要目标是培养成功的毕业生和企业,使其在离开孵化器后可经济独立并维持下去。据国际企业孵化协会于2005年开展的研究,大约有80%的孵化器所有者能够通过传统或非传统的途径获得种子和发展资金。他们的研究发现,77%的创业者能够获得商业银行贷款,61%的创业者在孵化器的帮助下与天使基金或风险投资者建立联系。除了提供资金源,孵化器也可以提供手把手的创业和管理援助,以及精心安排组织性或技术性服务支持。

在大学里,学生们可以通过与导师、校友、研究生和本科生互动的方式持续不断地学习。正在创业的学生可以作为"内部"顾问,帮助企业对新业务形成过程中的准备阶段进行定位。对学生而言,高参与度学习可以促进他们理解知识,这种方式超越了传统的基于课堂教学的模式。对很多希望能够在毕业最初几年就开始创业的学生来说,孵化器项目可以在初创期——他们最脆弱的时候——为他们提供初创企业的生存技巧。学生们都可以加入到孵化器项目里来,无论他们希望把企业提升

到另一个发展水平,还是希望在他们创业经历之内或之外寻找其他商机。孵化器项目为那些有抱负的创业者提供一个鼓舞和支持的环境去探索他们的创业倾向、验证他们的经历并且获得建立和发展成功企业的必要的利器。

(二)强化指导项目

另一种方法是强化指导,这种方法的设计进一步挑战了创业学生的观点。通过与其他创业者、商业专家、校友和投资者建立联盟和关系,学生们可以借这种培训方式获得个人见解,发展理念和新思路。知识创新中的共同参与可以进一步扩展,可以包括校友和外部专家。当然,这些专家可能从项目中创业者创业成功率的提高中受益。许多创业者利用他们的"课余"时间帮助学生在毕业前和毕业后发展他们的产品或服务理念。除此之外,这些导师的参与也会鼓励和促进学生的终身学习并使所有的参与者对学校恪守承诺。

有很多可以实现的指导方式:(1)一对一指导;(2)小组指导;(3)团队对团队指导(Tyler,1998)虽然学生在与创业者一对一的方式中更容易受到关注,但小组的设置可以为经验丰富的创业者们提供一个最佳的空间去接触那些想要创业的学生。最后,由于许多创业是从一个核心团队开始的,团队对团队的指导可能就成为分享技巧和经验的理想形式,特别是当学生为他们自己的公司制定和实施管理策略和体系时。

(三)风险投资和/或天使基金

当发展社会支持系统成为创业课程的一种必须的要素时,越来越多的课程希望通过建立风险投资和/或天使基金来确保学生和校友获得种子资金。资金提供给那些制订了可行的创业计划的人,用于培育企业文化和环境。在确定资金最终批准之前,审查新企业的甄选过程可能涉及几个步骤。举例来说，在一个大学创业计划中，每个学生的计划由一些导师和校友评价，之后企业创意被一个顾问小组正式评估。一旦这个顾问小组审查通过了这个计划，他们就会提交给有资金最终决定权的董事会。这种投资资金会拥有一部分股权并且也将会按百分比获取新受资助的企业的利润。正如最近的一个被资助者所说，"整个过程是我在商学院里经历的最严厉的一次。如果没有这些资金资助，与这些最富经验的创业者和风险投资家接触也好，从他们身上得到关注也罢，都是不可能的"。

与这类基金相似，大学通常支持投资者要求企业的股权和三到五年内的回报。对于参加这个项目的学生来说，他们可以通过做调查和发现一些有潜力的投资以及筛选新的资金申请人来参与这个项目。学生可以拥有对投资者执行尽职调查的机会（例如评价创业计划，发现经营团队的优点与不足，调查研究与企业有关的构想和风险）。对那些后来想在风险投资行业寻求职位的人来说，这种类型的分析给了他们非常宝贵的见解和业内经验。一旦企业接受了资助，学生们也就可以担任这些企业的顾问，为其提供管理性和技术性的援助。这样不仅使企业受益，也进一步提升了学校和学生的教学和学习目标。

（四）新兴企业（emerging enterprises）的实地咨询

不能仅仅关注初创企业的实地咨询，我们也应该将重点放在帮助处于后期成长和发展阶段的企业上。导师直接与学生顾问及其指定的企业进行合作，帮助拓展他们的领悟力、能力和经验。学生们也获得了关于错综复杂事物的意识和了解，同时也了解了经营一家正在发展的企业需要大量的努力。他们还可以获得一些解决经营问题的重要相关技巧和能力，这些问题是新创业者们经常遇到的。分析和推荐未来发展道路和企业所有者的退出策略也是创业过程中的重要元素，但这些元素在当下很多创业课程中经常被忽视。

学生们也可以在人际关系、团体、组际关系、整个组织和跨组织交流环境中参加指导性实践工作和组织性发展咨询,这些问题在组织发展后期是普遍存在的。此外,通过与社会企业合作来决定哪些理念应该被传授和加强。教育者们可以识别那些会引起学生行为以及技巧水平变化的学习经验,这些行为和技巧与新兴企业密切相关。总而言之,学生教育中的实习实践实现了一些培养我们未来创业者的目标,包括:

• 独特的外延(甄别创业者、跨越多领域、从学科到工作——学生直接以实习的形式)

• 社群(community)建设(建立一个具有先进商业技能的创业者和创业学生的社群,就与创业者商业增长有关的问题合作)

• 知识转化和指导(创业者和学生之间的互惠关系和知识共享)

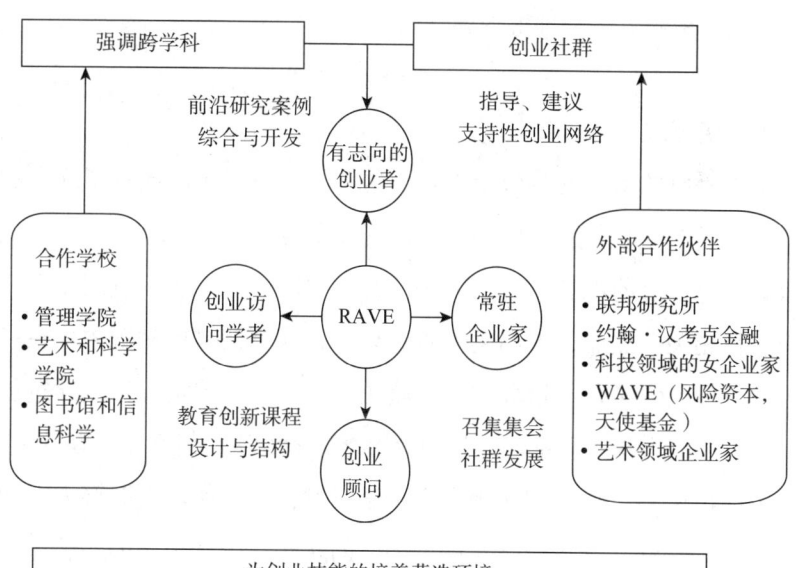

图 1-4 大学学习多样化应用的整合

- 商业改进（学生为创业公司提供有意义的、实质性的管理帮助）

图 1-4 中的模型是一个关于一所大学是如何使多样化的学习应用变得完整，并简要介绍组织内和组织间知识和资源（包括导师、顾问、创业者和学者）如何融入创业课程，以培养有志向的创业者并提高他们的技能的例子。我们可以通过多种方式建立稳固的基础。这些雄厚的基础给了他们把各种社会和内行重要资源整合在一起的机会，以创造有助于改善社会和经济的新价值。

四、创业教育未来研究的新问题和新视角

在《创业教育研究手册》的各章中，作者将提出创业教育和培训的新蓝图。本章介绍的是作者以及他们在这个领域中的三个贡献，分别是：转变范式、更新方法和理解内容。

（一）转变范式

这本手册的第一部分包括五章，这五章从不同角度质疑了现在的范式。第二章"改变教育范式"由戴维·柯比撰写。基于他的观点，关于"创业教育构成"目前没有一致的说法。一段时间以来，它一直跟新企业的创建息息相关。然而，人们越来越意识到，这不仅是一种现象。在飞速发展的时代，它必须与培养学生捕获机遇、应对不确定性以及通过创新带来变革的能力紧密联系。这是创业者个体的本质，但为了实现这一点，这一章的讨论将聚焦在"课程内容、学习过程、上课场所"等方面的一些改变上。这就要求教育范式进行彻底的转变，即从传统的左脑主导学习的思考方式转化为包含右脑的思考技能。这样的转变，正如所争论的一样，它并不仅有利于学生创业的发展趋势，而且也会创造一种更为公平的教育体系，这个教育体系迎合了那些以前在传统教育体系中没能出

色表现的右脑思考者（如创业者）。这一章提供了一个由一所英国大学尝试这样做的案例研究。

第三章，丹尼尔·约尔特和本特·约翰尼森提出的"如同创业过程一样学习"。他们着手解决在开放讨论学习的意图下学习是怎样运转的问题，这是为了给概念框架提供空间。他们将学习本身作为一个创业过程、社会创新过程来呈现。因此，他们讨论了如何学习创业，这种学习如何由教师在与学生的交流中被概念化和实践化。

第四章，艾伦·吉布撰写的"创建创业型大学：我们需要一个完全不同的创业模型吗？"开创了一种新的创业教育思考方式。他提出的模型是基于这样一个观点：创业在社会中的作用是给个人、各种组织和各行各业提供机会，以应对、引领或享受日益多变的世界。这种方式假设企业行为倾向不是某些个体的专属，而是被一些特定的人（而不是其他人）主导的显现。不同的个体在展示和获得创业行为、技能和属性方面有不同的能力构成。

第五章凯文·欣德尔撰写的"大学里的创业教学：从错误的构建到正确的哲理"，运用一种批判性的审视，研究这个领域的老问题同时也是新问题：创业究竟能不能教？如果创业可以教，大学会是一个合适的创业教育教学场所吗？谁应该教创业？创业应该怎样教？与日俱增的创业教育著作大多避开了对教育基础性问题的讨论，而热衷于关于课程细节的探讨，这一章作者给出的答案可能对研究者和教师们都会有所帮助和启发。

泽里米尔·W.托多罗维奇是第六章"静态和动态结合的框架结构：创业导向和大学创业教育能力考察"的作者。这一章从学者们对现有创业教育有效性表现出的担忧开始，并假设创业教育是由静态和动态两部分组成的，这两者都受到大学文化的影响。这一章也进一步提出了大学制度文化也包含了动态和静态元素。借鉴创业导向理论，作者为我们展示了一个概念性的框架。这个框架通过研究大学文化静态和动态组成之间的关系、创业教育工作和大学创业导向程度之间的关系，为我们提供了关于创业教育的理解。

(二) 更新方法

手册的第二部分包括五章。这些方法在教学、评估创业教育课程的效果或在这个领域做研究很有帮助。"方法"这个词在这里有一个更广泛的意义，并不仅具有限制性的意思，例如在教学层面。第七章，卡米尔·卡里尔写的是"创业教育的战略：除了讲座、案例教学和创业计划，还有什么？"她认为我们亟须完善传统的方法和教育工具，例如讲座和创业计划，并在大学层面开展创业教育。她的回答涵盖了过去15年来在文献中提出的新的和较传统的创业教育中广泛使用的方法。这一章的主要结论是：创业教育方法的价值需要通过帮助学习者获得创业态度和技能的能力来评估。

第八章是由丹尼丝·弗莱彻撰写的"社会建构主义思想：对创业研究和创业教育的几点启示"。社会建构主义思想可以在很大程度上帮助我们理解创业实践，因为它有助于分析创业机构的个人行为与文化、社会和有利的环境布局之间的相互关系，并通过这些使得创业活动可以被复制。首先，这一章对社会建构主义思想进行了回顾，因为这是重点且在创业中被最广泛地使用。第二，对社会建构主义观点进行外延式分析。通过应用社会建构主义观点，授课、学习和研究不仅要考虑在创业结果的产生和社会建构过程中文化、环境和社会的问题是如何"结合在一起"的，还应着重于社会建构本身。我们的研究是从个体社会性建构及其创业实践出发，通过研究认知加工活动，实现对社会建构过程更为深入的理解。

第九章"跨学科创业分析：理论和实践中的体验教育"，彼得·鲁宾逊和桑德拉·马拉克以陈述体验式教育是一系列复杂的活动开篇。这些活动在识别、评估和开发商业机遇中包含了广泛的知识、行为和动机。创业者的成长需要一系列同样复杂的活动，以便获得和领悟必要的创业能力。这被作者看作是行为、知识和态度的结合，同时也侧重于情景或环境因素。因此，创业授课需要以动态过程为重点，采用多维和跨学科的方法来进行。这种动态过程将会使学生处于创业活动复杂性的影响下。通过这个过程，联系他们创业成长的环境，学生的行为可以被审视和理解。

第十章为阿兰·法约尔、贝努瓦·盖伊和纳吉斯·拉赛斯-克拉克所写的"走向一种新的评估创业教育课程的方法"。在创业教育领域中，当前一个主要的研究问题就是创业教育课程（entrepreneurship teaching programs，ETP）在多大程度上影响着学生的创业行为和创业意图。这一章的主要目标就是为解决这个问题展示一种针对评估创业教育课程设计的新方法。这章的中心无疑是创业教育，特别是评估规划中的问题。这种新的方法论基于计划行为理论（Ajzen，1991；2002）并由法约尔提出。第一次应用是由法约尔和盖伊（2004）发表的。更准确地说，这个研究的目标是将提出的理论性和方法性的框架应用到一个由275名攻读管理学专业硕士学位的法国学生进行的为期三天的创业教育实验中。

第十一章"一个概念性方法——更好地诊断和解决创业研究中跨文化和性别问题的挑战"的作者是博妮塔·贝特斯-里德、琳达·摩尔和劳里·亨特。他们提出了一个明确的模型，该模型在创业研究和教育中为跨文化和性别挑战的判断和改革提供了一个必要的概念性基础。这个模型明确了大多数当前的文献和教材中有助于研究者和教育者判断主要观点问题的因素。研究的主要结论是质疑现在创业范式，并提出范式改革推动研究与教学向前发展。

（三）理解内容

这本手册的最后一部分更加侧重于创业教育内容和设计。第十二章是由杰拉尔德·希尔斯、克拉斯·赫尔特曼和摩根·迈尔斯撰写的"创业营销和大学教育"。对于作者而言，创业是创业机会和创业个体间的关联。创业营销涵盖了在初创企业和新创企业中的所有营销活动。但是创业营销行为也可能会在规模更大的公司中出现。许多公司在长时间的成长过程中，或是在演进过程中经历了重新定位和重新组建的创业阶段。本章以跨国研究为基础，探讨如何在高增长的中小型企业（SMEs）中实现营销相关的行为，并将重点放在营销教学中。当今时代，学生创业规划的大多数选择是高增长的中小企业。

第十三章"创业过程中创业教育的作用"是弗朗西斯科·利南基于个体创业决策的重要性提出的观点。个体决策有时被认为取决于人格特质，但即使在某些人格特质和创业者之间被发现存在一些统计学上显著的关系，基于此观点的预测却仍然非常有限。创业教育者在设计、实施和评估一个培训计划时，应该牢记这一点。作者在本研究中采用了过程观点并且把创建公司看作是一个复杂的过程，其中有三个重要的变量：（1）项目的领导者（们）；（2）嵌入的环境；（3）有待开发的机会的特性。因此，创业教育的作用应该就此创业过程观被重新评估。

由科利特·亨利、弗朗西斯·希尔和克莱尔·利奇撰写的第十四章"评估创业教育和培训：项目设计的含义"，重点强调了如何评估关于创业政策和干预措施的影响问题。本章重点介绍了一种特定类型的干预措施，即针对有抱负的创业者在理论、方法和实践层面的新企业创建的培训项目。根据研究结果，作者提出了一个框架，为面向新企业创建的培训的整体结构和有效性提供参考。他们也强调了大量有关项目结构和评估的问题。其中，他们讨论了评估创业项目的复杂性、评估标准和方法的缺乏、识别选择偏见的重要性、在项目设计阶段建立评估标准的必要性及其在项目前、中、后期支持性的价值。

第十五章是由让-皮埃尔·贝查德和丹尼斯·格列瓦所写的"高等教育中创业教学创新的原型：模型和例证"。作者发现缺乏实用的关于创业教育中教学创新质量的研究性讨论，具体而言是什么使教育创新"发挥作用"的。而且作者建立了一个分析框架，该框架强调了教学创新的核心特征以及这些特征间的一致性关系。他们通过在四个不同国家的四个不同机构中分析创业教育的四种创新来阐释框架的含义：美国俄勒冈州立大学的奥斯汀创业课程；法国巴黎多芬纳大学的全球创业管理硕士课程；德国班贝格大学、耶拿大学和雷根斯堡大学的倡导的高水平TEPP项目和加拿大维多利亚大学的创业课程。通过分析这些案例，作者表明从创业教育的各种举措来看，可以确定至少四种创新实践的原型。更重要的是，贝查德和格列瓦开发了一个研究基础型框架，这个框架不仅可以用于研究不同教育创新在创业教育中的相似性和差异性，还可以评估其内部的一致性程度。反过来，它们为创业教育者提供了一个实用的工具来反思自己的创新实践。

最后，葆拉·基洛和安努卡·塔帕尼撰写的第十六章"学习承担风险的能力"建议我们应该把教学方法扩大到"风险承担"这一观念，以便帮助我们对所教授学生在学习创业和创业行为时组织教学干预。作者还假设我们在学习和教学中掌控风险承担的作用方式，这是创业教育研究中经常被忽视的问题。在本章中，作者运用斯特劳斯（Straussian）基础理论在两个不同的真实情境中研究风险承担能力。一个是延雪平国际商学院（Jönköping International Business School）的国际小企业管理课程，另一个是芬兰坦佩雷大学（University of Tampere）的创业教育课程。

结论

这篇介绍性的章节试图解决与创业课程设计有关的一些关键性问题以及支撑创业教育所需的方案和研究。虽然很多讨论的问题脱离了创业教学的传统观点，但是面对复杂的、不确定问题层出不穷的经济和市场，它们可以更好地适应不断变化的需要。每位学生都为创业课程带来了一些丰富的经历、模型和理论来让别人理解他们的世界、言论、价值和他们过去工作环境中的实践。教育工作者面临的挑战是整合不同的学习方法，尽可能的将真正地商业问题引入课堂，这将有助于处在不同阶段的创业者的成长和发展。正如未来的创业者必须通过引入新产品/服务、新流程和重新设计的公司新的增长方法来找到创造性的方式来维持其竞争优势等一样，大学和教育工作者也必须不断地推陈出新，才能使创业教育在21世纪生生不息。

参考文献

Ajzen, I. (1991), 'The theory of planned behavior', *Organizational Behavior and Human Decision Processes*, 50, 179–211.

Ajzen, I. (2002), 'Perceived behavioral control, self-efficacy, locus of control, and the theory of planned behavior', *Journal of Applied Social Psychology*, 32, 1–20.

Aubrey, R. and Cohen, C. (1995), *Working Wisdom: Timeless Skills and Vanguard Strategies for Learning Organizations*, San Francisco, CA: Jossey-Bass.

Bigelow, J.D. (1998), 'Teaching managerial skills', *Journal of Management*

Education, 19 (3), 305–25.

Boyatzis, R.E., Cowen, S.S. and Kolb, D.A. (1995), *Innovation in Professional Education: Steps on a Journey from Teaching to Learning*, San Francisco: Jossey-Bass.

Carroll, J.J. and College, G.C. (1993), 'Course and curriculum designs for transnational small business', *Proceedings of the International Council for Small Business*, LasVegas, NV, pp. 254–63.

Churchill, N. and Lewis, V. (1983), 'The five stages of business growth', *Harvard Business Review*, 61 (1), 30–50.

Fayolle, A. (2005), 'Evaluation of entrepreneurship education: behaviour performing or intention increasing?', *International Journal of Entrepreneurship and Small Business*, 2 (1), 89–98.

Fayolle, A. and Gailly, B. (2004), 'Using the theory of planned behaviour to assess entrepreneurship teaching programs: a first experimentation', Internationalising Entrepreneurship Education and Training Conference (IntEnt2004), Naples, 5–7 July.

Gartner, W.B. and Vesper, K.H. (1994), 'Experiments in entrepreneurship education: success and failures', *Journal of Business Venturing*, 9, 179–87.

Gibb, A.A. (1993), 'Enterprise culture and education: understanding enterprise education and its links with small business, entrepreneurship and wider educational goals', *International Small Business Journal*, 11 (3), April/June, 11–34.

Hitt, M.A. (1998), 'Twenty-first century organizations: business firms, business schools, and the academy', *Academy of Management Review*, 23 (2), 218–24.

Hitt, M.A., Keats, B.W. and DeMarie, S.M. (1998), 'Navigating in the new competitive landscape: building strategic flexibility and competitive advantage in the twenty-first century', *Academy of Management Executive*, 12 (4), 22–42.

Hood, J.N. and Young, J.E. (1993), 'Entrepreneurship's requisite areas of development: a survey of top executives in successful entrepreneurial firms', *Journal of Business Venturing*, 8, 115–35.

Ives, B. and Jarvenpaa, S.L. (1996), 'Will the Internet revolutionize business education and research?', *Sloan Management Review*, 37 (3), 33.

Katz, J.A. and Green, R.P. (1996), 'Academic resources for entrepreneurship education', *Simulation and Gaming*, 27 (3), 365–74.

Kerr, J. and Jackofsky, E. (1989), 'Aligning managers with strategies: management development versus selection', *Strategic Management Journal*, 10, 157–70.

Kolb, D.A., Lubin, S., Spoth, J. and Baker, R. (1986), 'Strategic management development: using experiential learning for assessment and development of managerial competencies', *Journal of Management Development*, 5 (3), 13–24.

Plaschka, G.R. and Welsch, H.P. (1990), 'Emerging structures in entrepreneurship education: curricular designs and strategies', *Entrepreneurship Theory and Practice*, 14 (3), 56–71.

Robinson, P. and Haynes, M. (1991), 'Entrepreneurship education in America's major university', *Entrepreneurship Theory and Practice*, 15 (3), 41–52.

Scott, M. and Bruce, R. (1987), 'Five stages of growth in small business', *Long Range Planning*, 20 (3), 45–52.

Sexton, D.L. and Upton, N.B. (1987), 'Evaluation of an innovative approach to teaching entrepreneurship', *Journal of Small Business Management*, 25 (1), 35–43.

Sexton, D.L., Upton, N., Wacholtz, L. and McDougall, P. (1997), 'Learning needs of growth-oriented entrepreneurs', *Journal of Business Venturing*, 12, 1–8.

Solomon, G.T., Weaver, K.M. and Fernald, L.W. (1994), 'A historical examination of small business management and entrepreneurship pedagogy', *Simulation and Gaming*, 25, 338–52.

Teece, D.J. and Pisano, G.P. (1994), 'The dynamic capabilities of firms: an introduction', *Industrial and Corporate Change*, 3 (3), 537–56.

Teece, D.J., Pisano, G.P. and Shven, A. (1997), 'Dynamic capabilities and strategic management', *Strategic Management Journal*, 18 (7), 509–33.

Tyler, K. (1998), 'Mentoring programs link employee and experienced execs',

HRMagazine, 43 (5), 98–103.

Watson, K.M. and Plaschka, G.R. (1993), 'Entrepreneurial firms: an examination of organizational structure and management roles across life cycle stages', USASBE Conference Proceedings, Baltimore, October.

Wheeler, B.C. (1998), 'The state of business education: preparation for the past?', *Selections*, 14 (2), 19–21.

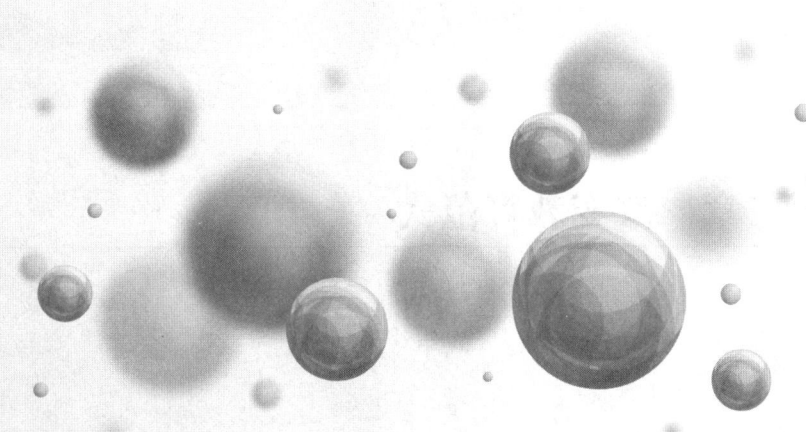

第一部分

转变范式

第二章 改变教育范式

戴维·柯比

一、引言

一段时间以来,人们越来越关注创业教育。虽然美国的创业教育开展得更早一些,但从20世纪80年代初开始,世界各地的政府都把创业教育视为一种创新的手段。这些创新包括:

- 企业文化(an enterprise culture)
- 更具创造力的劳动力(a more enterprising workforce)
- 新企业(new ventures)

然而,人们关于创业教育的构成或如何讲授创业教育等问题并没有形成一致意见。传统的创业教育模式可以追溯到20世纪中期美国的早期计划(Brockhaus et al.,2001),这个计划与新的企业创建有所关联(Solomon et al.,2002)。维斯珀和麦克马伦(Vesper and McMullan,1998:9)的研究认为,"传统的创业教育,实际上就是为如何充分把握商业机会和……设计一系列更具可扩充性的进军商海的行动计划"。因此,大多数美国的创业课程和教科书都是关于教授学生在毕业之际开始创建他们自己的企业的(Bygrave,1994;Timmons and Spinelli,2004)。在确定课程目标、内容和过程方面,美国模式已经不可避免地影响了全球的创业教育工作者们。然而近些年，人们——特别是美国以外的人们——对这个问题提出了质疑：创建企业是否是现代经济的主要目的？虽然我们仍然需要创造更多的新企业并鼓励毕业生毕业后创建自己的企业，但也有必要培养毕业生去创新，让他们不只在商业或甚至在市场经济环境中对自己负责，也要对自己的命运负责（Kirby，2003b）。因此，创业教育者们正开始建议，创业教育的目的不应仅仅是培养学生的管理能力，以使他们在毕业之际就创建自己的公司。对一些人来说，创业教育的目的是提高创业意识——通过为学生们讲授创业知识，特别是他们在经济和社会中的作用和功能（Carter and Jones-Evans，2000；Glancey and McQuaid，2000；Swedberg，2000）。对另一些人来说，创业教育的目的不仅限于此。对他们来说，创业教育的目的是培养学生成为成功创业者所必备的品质（Kirby，2003b；Ray，1997），即为了企业而教育。相比之下，其他人（或许是一小部分人）更关心凭借创业教育——通过创造新企业的过程帮助学生掌握一些商业知识和可用于不同工作的技能。

在本章中，探讨了教育体系需要超越传统的向学生讲授关于创业知识的教育过程。与之相反，这对培养创业者而言是一种挑战——能否培养学生具备创新性或创业者的特性和行为。正如一些人不仅知道如何去创建一个新的企业，或者甚至拥有一些有效的工具使他们能去创业一样。但事实上正相反，这些人具备的是使他们能够发现机会并为其带来成就的理念和能力。在这个过程中，他们开始变革并且创造财富，改变他们的生活品质。既然如此，正如雷（Ray，1997：199）所指出的，"商业学院中传统讲授的技巧是必不可少的，但并不足以去打造一个成功的创业者"。那么需要讨论的问题就变成：应该培养他们什么特质？培养他们的最好方法是什么？因此，本章将会讨论这两个问题，提出必要改变教育体系以发展学生右脑思维能力和左脑分析能力的建议，进而得到一个不同的教育模型。这个教育模型的内容覆盖横向和逻辑思考以及情商和智商。要做到这一点，我们不仅需要转变教学内容和教学方法，而且可能还需要改变教育场所，尽管这样的观点略有争议。

在思考教育范式需要怎样改变之前，有必要去证明为什么需要改变。或者更准确地说，教育体系究竟需要做些什么？解决这些问题以后，本章讨论教育体系需要怎样进行改变，最后将展示英国萨里大学（University of Surrey）采用的方法作为案例研究。

二、为什么要培养创业者？

根据伯奇（Birch，1979）的研究，创业一直被视为创造就业机会和创新的主要来源，这主要是因为它被等同于新创企业和小企业的成长。当然，我们现在对创业投入的关注可能比这个原因更加意义深远。吉布（1996）提出了三个主要的原因，即：
- 提供创业机会和促进经济发展
- 战略性调整和改革
- 放松管制与公用事业和国有企业私有化

然而，虽然这些都很重要，但它们只是显示了一个更加基础性的原因。

根据彼得斯（Peters，1987）以及其他人的观点，社会正在进入一个空前变化的时代，一个"翻天覆地的世界"。这观点并不新奇，变化一直是社会和经济演进中的一部分。然而，正如汉迪（Handy，1990：5）早就揭示的：

> 变化越多越好，并且我们应该欢迎这些渐进式的变化。现在，我们知道在生活的很多方面，谁也不能保证一成不变，无论是工作或是钱财、和平或是自由、健康或是幸福，我们甚至不能自信地预测我们

自己的生活将会发生什么。

在这种情况下，德鲁克（Drucker，1989）提出"新现实"，即社会不仅需要适应变化，也要有能力去预测变化，更重要的也许是孕育一个新变化。实现它的方法就是通过创新，正如德鲁克（1997：17）所意识到的，"创新是创业者们的具体的工具，是他们探索变化并把变化看成机会的方法"。因此，正如二十多年前莫斯·坎特（Moss Kanter，1984：354）所观察到的："当今比以往任何时代都更重要，因为经济和社会环境的深刻转变，鼓励和支持具备预见能力和推动创新能力的人应该是一个国家的重中之重。"

然而与此同时，世界经济中出现了一些似是而非的趋势。近年来，随着全球化和市场相互依存程度的日益增强，世界公民也无法再依赖"它们"。不管"它们"是世界上富裕的国家，还是国有企业或者是大公司，我们不能依赖"它们"提供财富、工作、家庭、医保等。社会将变得越来越多地依赖它自己。因此，个体、团体、组织甚至国家都不得不以前所未有的方式获得利益。在全球经济中，公民是相互依赖的关系，但人们越来越需要掌握自己的命运——为了自己、家庭、同事、同胞和世界公民的利益。因此，在个体、团体、组织和社会中，有必要大力发展创业精神和自助意识。

三、创业的毕业生（The entrepreneurial graduate）

针对这个背景，教育系统被要求培养可以创新的人——那些可以发现并且紧紧抓住机会，并在这个过程中带来变革的人。虽然没有对创业或创业者的标准定义（definition），但这确实是一个创业者应该做的，正如强调这个单词在法国的词源（动词 entreprendre：承担）。创业者也是承担者——设法使事情发生并且去行动。进而,当一个人打破了现状,因此有可能被看成是变革的推动者。凭借这种能力,他不仅仅能够开创一个新的企业或是在一个小公司里为自己工作,还可能被一个大的机构雇用。这样的机构通常是私营企业,但是也不断涌现出公共事业和志愿者组织(Kirby et al., 1991)。因此,根据蒂蒙斯(Timmons, 1989:1)所说:"创业是从一无所有中创造和建立一些东西的能力。它是开始、行动、实现和建立一个企业或组织,而不是仅仅观察、分析或描述它们。这是一种将其他人眼中的混乱、矛盾和疑惑转变为机会的诀窍。"

这就意味着教育系统不仅要像传统那样培养可以观察、分析或描述的人,而是培养那些可以发现机会,处理不确定事件,从混乱中厘清头绪并且开始创新和实现目标的人。在这个过程中,他们不仅要处理变化,还要预测改变和谋划改变。

尽管如次,但正如拜格雷夫(Bygrave, 1994)高度赞扬的《创业教育中的便携式工商管理》(*The Portable MBA in Entrepreneurship*),似乎证明这些并未发生。根据宣传资料来看,这篇文章有意为读者们提供一种理解:"高端商业学院是如何培养学生去迎接20世纪90年代及以后的被创业驱动的商业环境的挑战的。"然而,在这14章和450页纸中,学生只是学到了关于新创企业和管理的知识——创业过程、机会识别、入门战略、市场机遇和营销、创造成功的创业计划、财务预测、风险投资、债务以及其他形式的融资、初创和小企业的外来援助、法律和税收问题、知识产权、特许经营权、收获和创业经济学。

清楚地理解这样的法则和实践对商科专业的学生很重要,特别是想要继续开创自己企业的学生,但是了解这些内容并不能使他们具备"20世纪90年代及以后的被创业驱动的商业环境的挑战"的能力。然而,这只是在这个等式中相对较小的一个要素。如前所述,成功的创业者拥有一系列超越纯商业性的个人技能、特质和行为。我们需要在学生身上培养的正是这些特质,这种思维和行为方式。如果学生的创业能力得到增强,他们就有能力应对21世纪创业环境的挑战。这就意味着课程内容和学习过程都需要改变,并且这有可能和吉布(2004)的观点一致:重点是摆脱当前狭隘的创业范式——把创业等同于创建企业或者认为创业是创建并经营企业的工具。

四、改变范式

(一)提倡修改课程内容

学生仍然需要发展他们的商业技能和理解能力,但需要更多地关注他们的创业技能、特性和行为的培养。这就意味着需要引入专业设计的模块和课程来培养他们的创业意识和特质。雷(1997)指出,这些特质包括:

- 沟通技巧,特别是劝导的能力
- 创新力
- 批判性思维和评估技能
- 领导技能
- 谈判技能
- 问题解决能力
- 社会交往能力
- 时间管理能力

然而,就其本身而言,这些还是不够。为了取得成功,就必须创造一个学习环境,改变学生学习的方式来强化培养。培养的并不只是一种技能,而是"完全掌握"的能力,从而在没有风险的情况下处理矛盾和不确定性。

(二) 提倡改变学习过程

从神经心理学的视角来看（Ornstein，1997；Sperry，1968），大脑被分成了两个半球。

- 左侧半脑处理语言、逻辑和符号。它以一个循序渐进的方式处理信息。左脑的思考方式是抽象地聚焦，具有系统性，以高度逻辑化的思维一步一步地处理信息。
- 右侧半脑管理身体的情绪、直觉和空间功能。它直观地处理信息，很大程度上依赖想象。右脑的思考方式是横向的、非传统的、无系统性的、松散的。正是这种右脑横向思考方式，处于创新过程的中心位置，也是把握机会、处理混乱和矛盾的能力所在。

根据刘易斯（Lewis，1987：38-39）的研究：

> 当左脑在得出结论前需要坚实的事实时，右脑更倾向处理不确定因素和难懂的知识。它更喜欢可以有很多答案而不是单一的正确的解决方法的开放式问题和难题……左脑专门研究精确描述和确切解释；右脑喜欢类比、明喻和暗喻。左脑需要结构和确定性；右脑则会被自发性和模糊性激活。

因此，那些已经学会开发右脑思维能力的人趋向于：
- 询问是否有一个更好的处理事情的方法
- 挑战习惯、常规和传统
- 反省——经常深思熟虑
- 玩心理游戏，试图从不同角度看问题
- 意识到可能有多个"正确"答案
- 把错误和失败看作是通往成功道路上的"加油站"
- 将看似无关的想法与问题相关联，以产生解决方案

- 从一个更广阔的视角看问题，但是有能力集中于需要改变的领域

虽然通常情况下，这两半大脑相辅相成，但有时它们也会竞争，或是有一半选择不参与思考。重要的是，大多数正式的教育体系从古希腊时代就已经趋向于发展学生的左脑能力了。正如刘易斯（1987：41）所认为的：

> 在课堂上，学生们被期望扎扎实实地获得知识，有条不紊地增加知识储备直到他们有足够的能力通过一场考试。这需要左脑的技能。让学生们解决的问题更多地要求的是分析方法而不是直觉方法。这也是……左脑的一个任务。书面作业首先评估的能力是是否能有序组织、论证充分、有逻辑结构……全部是左脑技能。被认为是最聪明、最成功的学生是那些为学术目标而奋斗，可以在课堂上控制他们的情绪，不问尴尬问题，按时上交课堂作业的人。确立目标、控制情绪、时间管理，使你的表现与他人的期望匹配，这些全都是左脑技能。孩子们有意通过听课、记笔记和读书来学习。当然，所有的这些也是左脑专门从事的任务。

有趣的是，在南非，纽文豪森和格朗沃尔德（Nieuwenhuizen and Groenwald，2004）经初步调查认为，在创业者的大脑偏好配置中，似乎证实了成功创业者的右脑思考偏好，这也可能很好地解释了为什么这么多人不会在传统的教育系统中成功并且有阅读障碍（Kirby，2003b）。显然，这也解释了为什么吉布（1987）直观地认为要培养创业者或更具创新的个体，教育系统的焦点应该从传统转化到所谓"创业化"（表2-1）。因此，我们面临的挑战就是建立学习（和评估）体系，以完善传统的教育系统并且培养学生具备创业者或创新个体所应具备的技能、特质和行为。

表 2-1 学习的焦点

传统的焦点	创业化的焦点
过去	未来
批判性分析	创新力
知识	洞察力
被动理解	主动理解
完全脱离	情感投入
操纵符号	操纵事件
书面沟通和中立	个人沟通和影响力
观念	问题或机会

来源：吉布（1987）。

在其他研究中（Kirby，1992），在此要特别提到奥尔森和博塞曼（Olsen and Bosserman，1984：53）的建议。他们认为，"当一个人同时拥有三项特质的结合时，将会展示出创业性行为"，即：

- 角色定位——强调有效性
- 能力——直观地和理性地思考
- 动机——行动背后的驱动力

为了实现这些，采取适当的方法学习似乎是必要的：

- 给予学生们学习的自主权，包括与他们的导师协商他们自己的学习目标，去实现这些目标所需的资源、活动和过程，更重要是这些目标是通过何种方式确定的以及是否已经实现（激发积极性，减少依赖性并且为角色定位提供经验）。

- 学生参与到现实世界情境，也可能是团队中去解决问题（发展既直观又理性的思维，辨别问题和解决方案的多重性本质并且鼓励交流与合作）。

- 鼓励学生用快速的、不完整的、"质疑的"和恰当的、独立思考的数据形成决策（激发有效性和处理不确定性的能力）。

● 为学生们提供参加学习和评估过程的角色模型（演示角色定位、能力和动机）。

在奥尔森和博塞曼提出的特质中，就教育系统特别是商业学院而言，可能最难发展的就是直观的、理性的思考能力——去发展所说的"平衡的大脑"。正如先前建议的，大多数教育系统趋向于采取左脑途径学习。重点已经落在批判性思考和纵向思考上。这是左脑的功能——目标、分析性和逻辑性和有一个或最多只有一些答案的结果。与此相反，创造性思维通过在不仅一个解决方案的联合中，形成了横向的、想象的和情感的结果（de Bono，1970）。这两种思维方式（见图2-1）显然是互补的，并且显而易见地说明了为了提高创业能力，需要批判性思维和创造性思维两者兼具。假设大脑是一个可以被编程的电脑，那么推测起来，右脑的作用就可能被开发出来。因此，与批判性思维一样，学生可能被培养创造性地思考并且处理模糊和不确定的事情，因为这正是已经被指出来的右脑的功能。事实上，有很多鼓励人们横向思考和多角度看问题的途径，但也许最重要的就是始终保持开放的、探寻性的心态。这应该是教育的作用，但是不能过犹不及。正如刘易斯（1987：240）所认同的："在当前范式的支配下，学校教授'什么'和'如何'而不是'为什么'。内容最为重要，成功的关键在于'知识'的获得和对老师和考官的精确表达——论据是真实的，真理是神圣的，信息是永恒的。"

可悲的是，这种情况并不只出现在学校，而是出现在大多数的教育领域中。在一个飞速变化的时代，现有的理解体系的生命周期日益缩短，这种情况不可能无限期地延续下去。变化是不可避免的。然而，如果教育系统要想培养出更多的创业者或创业的学生，正如它所要求的那样，那么它需要更加本质和快速的转变。实际上，有人认为学术创业者的作用是创新和实现这种迫切的转变。

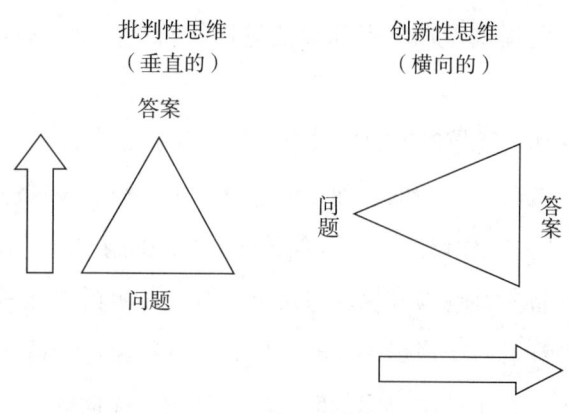

图 2-1 批判性和创新型思维

(三)提倡对学习"场所"的改变

对很多人而言,特别是考虑到以上明确的目标,大学没有能力满足正在面临的新兴需求。除了不具备必要的创业文化(Kirby, 2006)外,教职员工经常从心理上反对这些目标并且可能不具备必要的专业知识来实现这一目标。同时,这里有过多的时间和传统因素的制约,这些制约被阶梯教室和大教室所强化。所有这些都不利于创造一种使得创业教育新范式出现并蓬勃发展的环境。毫无疑问,在这种情况下约翰尼森指出:"去教导一个人不仅变得更有事业心,还要成为一名商人,是一项在时间和空间上都超越学术性商学院能力的任务。"(1991:79)

正如其他研究(Kirby, 2003a)所示,这些困难可以被克服,并且教给学生不仅关于创业的知识,还有如何创业的知识也是有可能的,至少可以培养学生创业者的特质和能力。然而,这并不容易。"在教室中培养创业者就是要开发创业的环境和相关的学习方法"(同上:371),需要"不仅在教什么,还要在怎么教方面具有巨大的转变"(同上:371)。在这样的背景下,我们需要考虑让学生在现实世界环境中解决问题,并且鼓励他们以快速的、不完整的、"质疑的"和恰当的、独立思考的数据明确地做出决策。非常有趣的是,艾伯特和盖纳(Albert and Gaynor, 2003:

20)断言"孵化器正在成为今后的创业学校"。

然而术语"孵化器"(incubator)并没有正式的或合法的定义,就像美国国家商业孵化协会所认为的,孵化器通常被理解为提供管理帮助、获得融资、关键业务和技巧的支持服务。它们也为创业公司提供共享办公服务、基础设施、灵活的租赁和可扩展的空间——同在一个屋檐下。

毋庸置疑,定义中的一个重要的特征就是提供物理空间,这一切都是 20 世纪 80 年代第一代"孵化器"的存在理由。这个孵化器主要是提供廉价的场地以及同刚刚起步的公司共享设施。然而,现代孵化器场所更加注重孵化过程,这就意味着:第一,利用现代通信技术的优势,孵化器可能会虚拟化。第二,变得平衡,如果没有特殊情况,重点就会放在训练、指导和学习环境的创造上。强调孵化的过程就意味着一个连续的孵化过程是有可能的——人们(学生)可能在创业实验室或预孵化器(pre-incubator)交流思想和观念并探索想法的市场可行性,再到孵化器创立并经营企业。学生(们)将会与指导者(导师)一起在现实生活中工作,通过这个持续不断的过程培养创业能力和个人特质。这正是英国萨里大学采用和发展的创业教育的"为了创业"和"通过创业"模型。

五、萨里案例

萨里大学坐落在伦敦以南 30 英里的吉尔福德,是一所基础雄厚的、以技术为导向的、有着推动创新和新创企业悠久传统的大学。1986 年,它开办了一个非常成功的价值 7000 万英镑的科技园(萨里研究园区)[①],

---

① 萨里研究公园容纳了大约 110 所以科技为基础的不同规格和不同发展阶段的公司。详细信息可登录 www.surrey-research-park.com。

为它的孵化器（萨里科技中心）①提供了场所，这里也是萨里郡的英格兰东南经济发展署（SEEDA）的企业中心②。园区自成立以来，对区域经济发展和技术转移、推动创新做出了重大贡献。园区内租用场地的公司雇用了2500多名员工并且合作为当地的公司注入了很多科学技术。不仅如此，大约三分之二的公司与这所大学有联系并且很多大学自己的衍生公司也落户于此。

这几年，这所大学已经成功地开发出一个使研究商业化成长的轨迹。不仅这个研究园区本身凭它自己的实力成为一个成功的企业，还有许多其他的企业也已经成长起来，包括全球领先的萨里卫星科技有限公司，是世界小卫星应用的重要提供商。仅在2000—2001学年，该大学建立了6个公司，签署了14份许可协议，提供了12万英镑的税收和未来版税的潜在收益。③

另外，这所大学已经多次投标并获得政府资金支持，资助其在这个领域的活动。例如，为了补充自己100万英镑的风险投资基金，它筹集了更多的基金（同布鲁内尔大学、里丁大学、苏塞克斯大学以及伦敦大学皇家霍洛威学院进行合作）。那些希望投资他们知识产权的人用高达3万英镑的资金来为商业概念、市场学习等提供保障，用至少25万英镑来发展一个富有生机的企业，这使得该校建立了双边的资金渠道。更多的

---

① 大约69所以科技为基础的新公司被安置在萨里科技中心。详情见 www.surrey.ac.uk/stc。
② 英格兰东南经济发展署正在该地区发展20个系列企业中心。每一个都将会成为一个商业孵化网络，它们将：
- 使企业能够相互学习并且开展业务，在重要战略项目上合作
- 确保合适的融资来源并将其与准备投资的公司联系起来
- 确保新企业和正在成长的企业可以使用灵活的场所，以支持其可持续发展
- 将这些企业与商业咨询、指导和财务联系起来，以确保其发展经营能力并取得成功。

更多信息登录 www.seeda.co.uk/enterprise_hubs 和 www.surreyhub.co.uk。
③ 在2001—2002年两个新衍生公司成立并且从许可证交易获得的收入为104,000英镑。在2002—2003年，另外四个衍生公司成立并且从许可证交易获得的收入为107,000英镑。

资金支持通过投资方和刚刚在当地建立的风险投资网络以及已经存在的地区和国家网络提供。

除此之外,一个成功的投标使得预孵化器——SET² 中心(SETsquared Centre)① 在研究园区建立,以促进大学内外的商业化研究。这个中心(如它在巴斯大学、布里斯托尔大学的合作伙伴和南安普顿大学的合伙伙伴)是为有着合理的商业创意的初期创业者所设,这种商业创意展示了高成长性潜力。中心还以四所大学为基础,连接共享知识(科技)。它提供了管理工作区,包括接收设施、电话应答业务、日志管理和会议室服务。然而,它不只是一座提供了住所和服务的建筑物。正如艾伯特和盖纳(2003:20)所提出的,它被视为"今后的创业学校"。

这个中心的意图是以看上去已经有相当大的市场潜力的想法为基础,帮助创建和发起新的企业。为了达到这个目标,无论是在大学内部还是在外部,成员都可以获得制订商业计划、创建创业团队、确定客户和上市路线的帮助和支持,把企业扶持到投资就绪阶段。这要通过一对一的指导和训练、工作坊、现场实习和"活动"计划来完成。在这个过程中,中心成员学习关于如何开始一项业务的相关知识。这个过程的关键就是定期进行3个月的审查,这些审查为成员的发展制订了计划,并为需要准备什么以及需要学习什么技能提供建议。一组有经验的参与者(包括创业者)承担了这一项目,这些参与者提供关于未来计划和进程的建议和指导,包括退出策略的指导。为了将精力集中于个体的"学习需要",中心成员被要求完成调查问卷(附录2-1)并与座谈小组一起磋商。实际上,这是一个商定的学习协议或合同(Stephenson and Laycock, 1993),并且成为下一期的行动或学习计划。它概述了成员需要做什么或

---

① SETsquared 是 "Southern England Technology Triangle"(南英格兰技术三角区)的简称。详细信息可从 www.setsquared.co.uk 获得。

需要学习什么以及如何做到,因此要给学生学习的自主权并且保证学习能够及时满足他们的需要。

显然,这个中心正在通过一个处理现实世界问题的行动学习计划来教育其成员进行创业,并采用了其他地方提倡的许多创业教育的原则(Kirby,2003a)。不同于传统的教育内容,这里没有正式的课程,学习是根据学习者的需要量身定制的。在这个过程中,教育者(导师)成为学习的促进者而不是信息的传递者(讲师)。学生在他们的发现之旅中询问问题并且挑战创业者(Doyle and O'Neill,2001)。

不仅大学建立了从创业实验室到预孵化器,通过孵化器再到科学园的完整孵化过程,而且像大多数其他的英国大学一样,已经回应了1997年英国高等教育国家委员会提出的建议,"通过创新的方案设计来考虑鼓励创业的范围"(建议40)。因此,一系列新的教育项目[①]被开发,旨在提高对新创业机会的认识。其中的一些项目,如萨里大学的"未来创业者"(FUSE),意图传授参与者以创业知识(见附录2-2),虽然以教室为基础,但也直接与创业实验室和预孵化器相关联。其他的项目要么旨在教给参与者关于创业的知识,要么是通过创业来传授知识。例如:

- 工商管理硕士模块的学生主要在课堂上被传授关于创业的知识,但也有机会发展他们自己的商业理念,或者作为导师在预孵化器里一起与创业者们合作。一些人实际上已经成为创业团队的一部分了。

- 创业教育、信息技术、科技与商业专业的本科生有机会学习关于

[①] 除了管理学院的本科和硕士课程的创业模块之外,该大学还拥有一级(30学分)商业启动模块,可以在线学习,并通过工程学院引入了非常受欢迎的完整本科学位(创业学士、信息技术、科技与商业)。另外,未经认可的额外的课程通过萨里大学未来创业者计划被提供给任何一个学科的学生,并与学生会联合举办。该学院联盟包括一个暑期学校,为那些希望在毕业之际开始创办自己的公司的学生提供便利(附录2-2)。这补充了针对学习者以及希望将研究商业化和/或创建自己公司的技术员工的短期课程和初创训练营。最后,它开发了三个"客户友好"光盘,旨在使用户能够按照自己的速度工作,以制订启动、发展和经营公司的计划。

创业的知识，利用为期一年的实习时间开始创业，或者在预孵化器、孵化器或研究园区中的一个公司工作。

- 未修过创业课程的学生也能够通过创业了解他们的学科，凭借在预孵化器、孵化器和技术园区为公司开展项目。这包括制订国内和国际市场营销计划以及技术项目。

就这样，大学通过一个完整的孵化过程不仅与它的预孵化器、孵化器和科学园区产生更紧密的联系，而且也把它们看作是教职员工和学生的研究和教学实验室，这有助于大学内外新企业的数量的增加和生存机会的提高。当然，通过这种方式，学校的教职员工也能为他们的学生提供现实的工作场所和项目。这就加强了学生们的课堂学习，不仅仅是关于创业/孵化进程的，还有关于管理和科技的常规知识，同时将他们培养成为更具创新能力的个体（Kirby and Mullen，1990）。

六、结论

迄今为止，并没有关于创业教育的构成或是它应该怎样被传授的共识。对一些人来说，它涉及提高创业意识——通过教授学生关于创业者的信息，尤其是在经济和社会中他们的角色和作用。对其他的一些人来说就不仅如此了。对他们而言，它是关于培养其学生成功创业的特质和/或让他们具备知识和技能创立并经营一家公司的。这是创业的教育。相比之下，其他的人（或许是一小部分）更关心凭借创业教育——通过利用新的企业创建过程来帮助学生获得一系列商业知识和用于不同工作的创业技能或能力。

本章认为，不仅要教学生关于创业的知识，而且还要教他们如何得到它，这只能通过改变内容和学习过程来实现，甚至是改变学习场所——将它带出教室走进"真实的世界"。特别需要指出的是，孵化器（包括预孵化器和科技园）可能被当作创业教学实验室来承担创业教育所有的三个方面。通过这种方式，从教室中转化学习（无论是否加入孵化器），可以完成科尔布（Kolb）的学习周期，并且通过抽象观念和概括从教室观察和反思中转移到真实的世界中。在这个真实的世界中，可以探索新情况下概念的含义并且获得真实的体验。同时，要尽可能地将重点从被动转向主动学习，从而使参与者不仅能够获得霍尼和芒德福（Honey and Mumford, 1986）所说的"反思者"和"理论家"学习风格的经验，而且也能获得"活动者"和"实用主义者"的经验，这是十分重要的。传统的以教室为基础的教学倾向前者而不是后者，这可能会帮助进一步解释为什么成功的创业者并没有在传统的教育系统中取得成功。因此，通过改变内容和学习的过程并且将它带出教室，同时强调实用主义者和积极主动的学习风格，不仅学习者被鼓励学习与创业有关的特质、价值和行为模式（Kirby, 2003b），一个更公平、更平衡的教育系统也正在形成。这个教育系统接受并迎合所有相关者喜欢的学习风格，包括那些右脑有优势的人，这恰恰就包含了成功的创业者。然而，要实现这个目标就要求教育范式发生重大的转变。

参考文献

Albert, P. and Gaynor, L. (2003), 'National contexts, incubator families and trends in incubation—views from four countries', paper presented at the 48th ICSB World Conference, Belfast.

Birch, D. (1979), *The Job Generation Process*, Cambridge, MA: MIT Program on Neighbourhood and Regional Change.

Brockhaus, R.H., Hills, G.E., Klandt, H. and Welsch, H.P. (2001),

Entrepreneurship Education: A Global View, Aldershot: Ashgate.

Bygrave, W.D. (1994), *The Portable MBA in Entrepreneurship*, Chichester: John Wiley.

Carter, S. and Jones-Evans, D. (2000), *Enterprise and Small Business: Principles, Practice and Policy*, Harlow: Prentice Hall.

De Bono, E. (1970), *Lateral Thinking: Creativity Step-by-Step*, New York: Harper and Row.

Doyle, B. and O'Neill, V.V. (2001), *Mentoring Entrepreneurs: Shared Wisdom from Experience*, Cork: Oak Tree Press.

Drucker, P.F. (1989), *The New Realities*, London: Heinemann.

Drucker, P.F. (1997), *Innovation and Entrepreneurship*, Oxford: Butterworth-Heinemann.

Gibb, A.A. (1987), 'Enterprise culture—its meaning and implications for education and training', *Journal of European Industrial Training*, 11 (2), pp. 3–38.

Gibb, A.A. (1996), 'Entrepreneurship and small business management: can we afford to neglect them in the twenty-first century business school?', *British Journal of Management*, 7 (4), pp. 309–24.

Gibb, A.A. (2004), 'Creating conducive environments for learning and entrepreneurship', paper presented at the Internationalising Entrepreneurship Education and Training Conference (IntEnt2004), Naples, 5–7 July.

Glancey, K.S. and McQuaid, R.W. (2000), *Entrepreneurial Economics*, London: Macmillan.

Handy, C. (1990), *The Age of Unreason*, London: Random Century.

Honey, P. and Mumford, A. (1986), *The Manual of Learning Styles*, Maidenhead: Peter Honey.

Johannisson, B. (1991), 'University training for entrepreneurship: Swedish approaches', *Entrepreneurship and Regional Development*, 3 (1), pp. 67–82.

Kirby, D.A. (1992), 'Developing graduate entrepreneurs: the UK Graduate Enterprise Programme', Entrepreneurship, *Innovation, and Change*, 1 (2), pp. 165–6.

Kirby, D.A. (2003a), 'Entrepreneurship education: can business schools meet the challenge?', in E. Genesca, D. Urbano, J.L. Capelleras, C. Guallarte and J. Verges (eds), *Entrepreneurship: Homage to Professor J.M. Veciana Verges*, Barcelona: Universitat Autonoma de Barcelona.

Kirby, D.A. (2003b), *Entrepreneurship*, Maidenhead: McGraw-Hill.

Kirby, D.A. (2006), 'Creating entrepreneurial universities in the UK: applying entrepreneurship theory to practice', *Journal of Technology Transfer*, 31, pp. 599–603.

Kirby, D.A. and Mullen, D. (1990), 'Developing enterprising undergraduates', *Journal of European Industrial Training*, 14 (2), pp. 27–32.

Kirby, D.A., Livett, P. and Rindl, J. (1991), *Innovations in Service*, Luton: Local Government Training Board.

Kolb, D.A. (1984), *Experiential Learning*, Englewood Cliffs, NJ: Prentice Hall.

Lewis, D. (1987), *Mind Skills: Giving Your Child a Brighter Future*, London: Souvenir Press.

Moss Kanter, R. (1984), *The Change Masters: Corporate Entrepreneurs at Work*, London: Unwin.

National Committee of Inquiry into Higher Education (1997), *Higher Education in the Learning Society: Report of the National Committee*, London: HMSO.

Nieuwenhuizen, C. and Groenwald, D. (2004), 'Entrepreneurship training and education needs as determined by the brain preference profiles of successful, established entrepreneurs', paper presented at the Internationalising Entrepreneurship Education and Training Conference (IntEnt2004), Naples, 5–7 July.

Olson, P. and Bosserman, D. (1984), 'Attributes of the entrepreneurial type', *Business Horizons*, May–June, pp. 53–6.

Ornstein, R. (1977), *The Psychology of Consciousness*, New York: Harcourt Brace.

Peters, T. (1987), *Thriving on Chaos: Handbook for a Management Revolution*, London: Pan Books.

Ray, D.M. (1997), 'Teaching entrepreneurship in Asia: impact of a pedagogical innovation', *Entrepreneurship, Innovation and Change*, 6 (3), pp. 193–227.

Solomon, G.T., Duffy, S. and Tarabishy, A. (2002), 'The state of entrepreneurship education in the United States: a nationwide survey and analysis', *International Journal of Entrepreneurship Education*, 1 (1), pp. 65–86.

Sperry, R.W. (1968), 'Hemisphere disconnection and unity in conscious awareness', *American Psychologist*, 23, 723–33.

Stephenson, J. and Laycock, M. (1993), *Using Learning Contracts in Higher Education*, London: Kogan Page.

Swedberg, R. (2000), *Entrepreneurship: The Social Science View*, Oxford: Oxford University Press.

Timmons, J.A. (1989), *The Entrepreneurial Mind*, Andover, MA: Brick House Publishing.

Timmons, J.A. and Spinelli, S. (1994), *New Venture Creation: Entrepreneurship for the 21st Century*, New York: McGraw-Hill/Irwin.

Vesper, K.H. and McMullan, W.E. (1988), 'Entrepreneurship: today courses, tomorrow degrees?', *Entrepreneurship Theory and Practice*, 13 (1), pp. 7–13.

附录 2-1：中心成员的正式会议记录

这份调查问卷帮助你和我们共同审查你的进展，以便我们帮助你将你的想法或企业推向前进。请填写电子版完整并且确保在下一次小组审查前至少一周时间交给中心经理，如果您觉得有助于审查，可以连同其他支持性的文件（包括更新的创业计划）一起提交。我们期待与你相见。

日期 _____   审查日期（1）_____

成员姓名 _____ 审查日期（2）_____

公司名称 _____ 审查日期（3）_____

进展

你和你的想法有多远？（*在恰当的方格中标上 X*）

观念：	被证实的 □	几乎被证实 □	仍在努力证实 □
原型：	被发展的 □	几乎被发展 □	仍在努力发展 □
项目处理：	被准许 □	申请 □	在考虑之中 □
			其他

公司计划

你和你的创业计划还有多远？

已经完成 * □   正在进行 * □   还未开始 □

请为你的审查小组提供一份复印件

任务描述：

┌─────────────────────────────────────┐
│   │
│   │
│   │
└─────────────────────────────────────┘

你已经达到什么程度：

● 在决定你公司的法律形式？（请标 X）

注册成立 ☐

组织和公司章程 ☐

股东协议 ☐

董事和公司秘书任命 ☐

增值税（VAT）、薪金税（PAYE）和公司所得税注册 ☐

你是否希望与审查小组一起讨论具体的法律问题？

```
┌─────────────────────────────────────────────┐
│                                             │
│                                             │
│                                             │
│                                             │
│                                             │
└─────────────────────────────────────────────┘
```

● 在制作一个估价充分的营销计划？

审查市场 ☐

制定你的营销目标 ☐

规划你的营销策略 ☐

制订一个行动计划 ☐

你是否希望与审查小组一起讨论具体的营销问题？

```
┌─────────────────────────────────────────────┐
│                                             │
│                                             │
│                                             │
│                                             │
└─────────────────────────────────────────────┘
```

你已经达到什么程度:
● 在写一个估价充分的经营计划?

生产计划 ☐

供应厂商 ☐

分配 ☐

质量控制程序 ☐

其他(请详细说明)

● 在制订一个完备的成本核算资本计划?

经营场所 ☐

网站 ☐

设备 ☐

其他(请详细说明) ☐

● 在制订一个估价充分的人力资源规划?

人 ☐

角色 ☐

技能和培训需要 ☐

招聘流程 ☐

薪酬

其他（请详细说明）

　

- 在制作一套财务报表？

损益账户 ☐

现金流量预测 ☐

资金负债表 ☐

盈亏平衡分析 ☐

敏感分析 ☐

其他（请详细说明）

　

- 在确认你公司的资金需求？

总计和目的 ☐

类型 ☐

时机 ☐

交易提供/偿还　　　　　　　　　　□

其他（请详细说明）

```
┌─────────────────────────────────────────────┐
│                                             │
│                                             │
│                                             │
│                                             │
│                                             │
└─────────────────────────────────────────────┘
```

资金：

你的资金情况如何？

银行贷款：	已接受	□	已申请	□
	正在准备申请	□	被拒绝	□
风险投资：	已接受	□	已申请	□
	正在准备申请	□	被拒绝	□
天使资金（Angel Funding）：	已接受	□	已申请	□
	正在准备申请	□	被拒绝	□
SMART 奖励：	已接受	□	已申请	□
	正在准备申请	□	被拒绝	□
供应商融资：	已接受	□	已申请	□
	正在准备申请	□	被拒绝	□
合作伙伴资金：	已接受	□	已申请	□
	正在准备申请	□	被拒绝	□
其他：	已接受	□	已申请	□
	正在准备申请	□	被拒绝	□

其他（请详细说明）

你的个人发展：

我需要培养我对下列各项的了解：

	是	否
专利和知识产权保护	☐	☐
商法	☐	☐
对小企业的支持	☐	☐
商业计划	☐	☐
市场	☐	☐
营销	☐	☐
人力资源和就业问题	☐	☐
团队建设和发展	☐	☐
财务管理	☐	☐
寻求和担保资金	☐	☐
创立并扩展公司	☐	☐
商业收获和退出策略	☐	☐

其他（请详细说明）

我需要培养我的：

	是	否
创意思维技能	☐	☐
解决问题技能	☐	☐
决策技能	☐	☐
时间和项目管理技能	☐	☐
沟通和表达技能	☐	☐
谈判和说服技能	☐	☐
销售技能	☐	☐
领导能力	☐	☐
团队合作技能	☐	☐
社交网络技能	☐	☐

其他（请详细说明）

里程碑和目标：

回顾你的业务进展是如何完成既定目标（例如上次审查）的。

你接下来四个月的计划是什么?

（*你需要指出你将要做什么、什么时候做以及怎样去做——例如：培养我的网络技能——在 3 月参加一个 SET^2 研讨班*）

得到的帮助：

到目前为止 SET^2 是怎样帮助你的（或者自从上次的审查）？

关于接下来的四个月你需要怎样的帮助来支持你实现目标？

附录 2-2：萨里大学的未来创业者（Future University of Surrey Entrepreneurs，FUSE）

FUSE 是为任何专业想要探索创业可能性的学生设计的课外活动，他们在萨里大学学习。该课程由萨里大学管理学院的工作人员开发并且与学生会和 UniSdirect（这所大学的外展服务机构）联盟运营。

它包含四个两小时以课堂为基础的晚"课"和历时一周的暑期学校，为有创业意愿并在毕业之际创办公司的学生设计一个创业计划大纲。

（一）晚"课"

第一部分：尝试课程

目的是介绍给参与者创建一个公司的想法，包括需要什么投入以及通过 FUSE 可得到的支持。一个公司创建的视频资料被用来启发集中的讨论，参与者也被要求考虑核心队员的态度和行为。这部分通常被用来强调 FUSE 的目标以及将要提供的内容。

自我评估量表被用来确定参与者的创业意向，并指出参与者将被帮助培养必备的技能和特性，或者要求他们通过"创建创业团队"来实现。

尽可能地使用学生角色模型。

第二部分：创意产生 / 机会识别

一些学生会有创业的想法，而一些学生没有。这个部分聚焦：第一，创意的产生；第二，创意的改变和调整。一旦学生接触到创业过程和多样的用于生成和更改创意的技巧时，他们就有机会在小组中工作，以便产生对普通家庭产品修改的创意。

第三部分：创意验证

商业创意的验证通过创业计划来承担。这部分向参与者介绍了创业计划——它的作用和结构——以及创业计划的流程。

参与者被要求为他们的创意完善他们预计的创业计划，他们的创意成为参加暑期学院的"申请表"。这样做的意图就是确保参与者有看起来可行的商业创意，如果参与者确实打算创建公司（也就是说，这个计划是"暑期学院"的出发点）。

第四部分：创意资金

这部分介绍了融资的主要形式——贷款、股权融资和补助金——并且在决定是否为企业投资时，仔细思考投资者在寻找什么。

给参与者机会分组向一个审查小组进行"电梯行销"，为实际的或假设的创业计划融资，审查小组提供反馈意见和决策原因。

第五学期：社交机会

这是参与者与导师、学生会代表、创业者、指导者、新创企业支持网络代表的非正式会议，目的是更好地了解（1）彼此；（2）程序和后续流程；（3）社交和（4）可用于启动的支持。它既可以在大学的预孵化器（SET^{2}中心）举行，也可以在创业实验室采取相同的原则去"加速时间"。参与者被要求会见至少5个新人。

（二）暑期学院

这个为期一周的项目之后是（1）一个月的时间用来从事他/她自己的项目（2）为期一天的审查会议，参与者收到他/她的同行和专家小组的反馈，以及实现项目还需要做些什么。

在为期一周的项目中没有正式课程，尽管参与者们为共同的"培训"目的定期聚会。与之相反，参与者被分配了一个导师，与他们合作确定他们需要掌握什么才能实现他们的创意。作为这个过程的一部分，参与者们就（1）他们是如何获得必要的知识/信息去加强他们的创业计划和（2）接下来一个月的工作规划，同导师达成一致。这就形成了他们的"学习合同/协议"（见附录2-1）。

在随后的一个月中，他们根据协议与导师一起磋商，以便制作一个更加完善的创业计划，此计划会在审议会议中展示给专家小组。这个专家小组为他们提供关于这个想法是否可继续发展的口头和书面反馈；如果创意可以继续发展的话，他们会建议如何行动。

作为这个过程的一部分，参与者们被要求记录会议、支出和联系方式。

对于有好创意且其创意具备发展潜力的参与者，可能会为其在大学的预孵化器（SET^2 中心）提供一个场地，在那里他们得到持续的支持并将他们的创意发展到投资和销售阶段。那些没有资格（即不是科技/知识型或不被视为拥有高增长潜力）在预孵化器谋得一席之地的企业，可以通过社群中的其他渠道继续前行（例如当地的商业中介机构）。

第三章 如同创业过程一样学习

丹尼尔·约尔特　本特·约翰尼森

一、开端：出发点

（一）改变

当我们在管理人力和资源时，对比管理（management）以及它和经济效率的关系，本章谈及的创业就毫无意外地被当作有趣的实践。这种实践希望制造机会并最终可以实现（在独特的企业、新社交形式、新材料等方面）。从这个意义上来说，创业过程被认为是社会创造力的形式，这种社会创造力同样也是机会的创造，而不只是简单的机会识别/探索（Gartner et al., 2003; Hjorth, 2003a）。反思这样的描述，在探讨创业教育的背景下——我们认为教育是通过学习过程来实现成就的——在我们看来，学生和实践者都面临着双重挑战。

在"学习创业"的情况下，学习的一般/古典悖论就愈演愈烈。第一，如果新知识与以前的学习不相容，而以前的学习是理解什么是新知识的前提条件，那么新知识建立的依据就不存在了。第二，如果创业是一个创造的过程，那么在这种情况下的学习将会产生出关于制造新事物和如何去创造的知识。这种情况下的创业教育，不仅关于我们要学习做些什么，还要学习怎样去产生新事物，怎样去创造。不过，新知识是被创造出来才能获得的。

问题就是我们究竟需不需要具备关于创业作为一个创造过程的知识？换言之，创业变成受制于关注效率和控制的管理知识了？一个初步的结论是：使用管理语言来呈现、研究和分析创业过程的每一次尝试，都将不可避免地排挤学习中任何创业的知识，并让学生处于管理过程的学习之中。也就是说，学习的不是创业，而是其他知识。我们的观点是：我们需要通过创建创业过程独特性的概念和框架来强化什么是"毫无疑问的"创业。这就意味着要放弃对管理的追捧，虽然创业教育在大学中从管理中孕育而生（20 世纪 60 年代到 20 世纪 80 年代；参见 Hjorth，2003a; Katz，2003; Landström and Johannisson，2001），因为创业要在大学里谋求一席之地和在商学院里建立学科。鉴于创业是一个新兴的学术性学科以及它强大的合法性需要，有几股力量驱使创业走向管理：

1. 大学的：长期以来，创业在美国管理学会（US Academy of Management）中不是一个单独的分支，而主要是战略管理（strategic management）讨论的一部分。管理知识、视角及其延伸在创业领域已经毋庸置疑。创业教育最后转变为在现有的课程里学习做什么，而不是学习如何去创新事物——也就是说，创业教育转化成管理教育。当这些管理知识融入创业中被讨论时，它通常来自"创业是如何从管理中受益"的观点（参见 Sandberg，1992）。

2. 制度的：理论模型的推广作用，如工商管理的发展以及教学系统的设计，正日益被竞争教育市场（大学作为企业）的需求所引导。管理知识因它的专长在于解决秩序问题和经济效率而变得合法化，这些管理知识不仅存在于如今的商学院中，更普遍地也存在于社会中（Burchell et al.，1991; Dean，1999; du Gay，1997）。通过管理的标准化词汇，强调对已经存在的内容的精确管理（precise management）。这样的知识框架，如学习的概念和实践的视野，扼杀了在生活中相关事物介入的开放性和潜在性。

3. 话语的：我们生活在"个人身份管理化"的时代（Gordon，1991：44），"创业者"（在 20 世纪 90 年代急剧增长）作为"新事物"而存在。因此，我们着重指出，在日常用语和公共辩论中被称为"创业者"和"创业"的事物往往都是管理话语的产物。管理转向创业进一步的成因：通过缓慢地移入私人管理范围（表述为人力资源管理，Mayo），从而与官僚机构（Weber）和行政机构（Fayol）密切相关，最后通过代表瞄准到个人。这些代表作为创业者，依据创业的话语使得员工变得可支配。在这章中，显而易见，除了管理所规定的东西，我们也为创业保留了一些东西。

我们想要打破这种趋势，它在创业研究中通过历史调解和共同仲裁再现了管理的思维，它强调的创业不是真正意义上的创业。为了强化什么是创业者的创业，我们最终得到了与管理大相径庭的东西。创业不是管理之巨厦中的一隅（Hjorth et al.，2003）。一个原创的系谱可追溯到创业，沿着由创造、欲望、热情、游戏、自发性、即时性和强度铺成的小路。然后我们会把创业作为一个社会创造过程来讨论，这意味着创业是创造过程中从虚拟到现实的通路。如前所说，我们需要一种方法，一些概念，以及一种能够表述创业观点／实践的语言。这就像外语对于工商管理词汇的兴起一样。在这章中，我们面临着发展一种创业语言和讨论创业教育（educare——"去培养""通过构筑去创立""养育"；educere——"去引导向前""去延伸""去说出一些潜在的东西"；《韦氏大词典》，www.britannica.com）影响的双重任务。致力于我们的建议[①]，即就创业教育而言，学习可以成为，也的确需要成为一个创业过程。

[①] 在这个讨论中，我们并没有运用教育学。这主要是因为它高度的问题状态，也就是说，它是如何把内容写到学校教育历史中去的，以及它与教师、学生之间的联系。教育学（来自希腊语 ped-，意思是"孩子""男孩子"；agōgos 的意思是"领导"；Paidagōgos 的意思是"护送学生上学的奴隶"）的目的是支持教育实践。我们在置于教育学之外的语言中讨论支持，因为这是日常用语中使用的。也许我们的讨论更接近古希腊的意义。

（二）目的和结构

在这章中，我们着手探讨学习创业是如何出现的问题。本章的意图是开展学习讨论以便为发展概念框架留有余地，这种概念性框架是关于"怎样"的问题，这些问题的解答可能被赋予新的含义并做相应的说明。我们将学习本身作为一个创业过程，作为一个社会创造的过程来呈现。这就使得我们可以讨论学习创业的可能的作用以及通过学生和老师对话，学习是如何被概念化和实践的。

我们相信，当学习从一个过程式的视角被概念化为创业性时，我们可以揭开一些有关学习的神秘面纱。为了完成这种尝试，我们引入了一个合适的哲理性讨论，或者在哲学家吉勒斯·德勒兹（Gilles Deleuze）的帮助下，称之为强化生活的哲学。从此概念平台出发，受到巴赫金（Bakhtin）作品的启发，我们从对话的视角构思学习。我们认为这样的学习反思是这章阐释的核心部分，即允许新的想象并为创业学习者提供了新的可能性。在学术教育（创业）的背景下，我们以两种案例（一种比另一种更复杂）来证明我们的观点。

本章按照下面的顺序向着目标循序渐进。在描述了如何设计我们的方法之后，我们转向我们的任务，去反思学习创业是如何出现的（本章第二部分）。从这个概念化发展的基础出发，在过程哲学和巴赫金与维果茨基（Vygotsky）的学习讨论帮助下，我们继续提出一个过程性和对话性的方法（本章第三部分）。本章第四部分报告了在瑞典教授创业教育的背景，为我们的案例做好准备。在本章第五部分，我们提供了两个案例，介绍了在创业课程/项目中进行学习的可能性。我们在本章第二部分观念发展的帮助下分析了这些内容（本章第六部分），并总结（本章第七部分）本研究对如何将学习视为创业过程的影响。

(三) 构建方法

创造过程是很难去构思和引导的。同时，当被理解为创业和创造过程时，学习就是一个关于创业知识的复杂的"谜题"。一般的学习如何？具体的创业学习又如何？当学习被视为一个创业过程，它可能就会被描述为概念的创造，这种概念在熟悉/理解和相异的/费解的之间架起桥梁，并且将这个选择性的词带入实践中。因此，更具体地说，学习就是成为观念及其相关（社会情景化）语言和实践使用者的过程，从而增加了生存的可能性。萨拉斯瓦斯（2001）提出了创业者一种得过且过（muddling-through）的形象。拉图尔（Latour，1987）讨论了能够"远距离行动"的资源的相关知识，然而韦克（Weick，1995）等实用主义者和同事则谈论决定性和产出驱动的追溯性叙事史：前瞻性的试验和错误，追溯性地将结果与历史结合在一起的叙事重构。利奥塔（Lyotard，1979）在他的"知识报告"中说道，"学习是陈述的集合，排除掉所有其他的陈述、表示或描述的目标，那么可能就公开宣布为正确的或错误的"（第18页）。当谈到尼采的"真实历史学"或者有效历史（历史作为"将不连续性引入我们的存在"）时，利奥塔的描述指引我们朝向福柯所说的"知识并不是用来理解的，而是为了分割"（Foucault，1977：154）。对于我们的讨论，这种将知识作为分割的重点——如断裂、划清边界、区分——是在想象如何从歧义中升华所得的一个重要背景（Weick，1995），并领悟知识、体验和话语。

分割知识强调知识的动态性和创造性/生产力。这种知识观，如制造断裂、挑出异常并创造它关注的目标，也揭示了学习是一个创业的过程。学习——在我们对变化的讨论和第三部分的对话中，将会变得更加清楚。学习并不受限于我们思维引导的观念要求。另外，我们认为，学习作为一个创业过程并不应该受限于大脑的合成作用（将"a"和"b"联系在一起），大脑是连接发生的位置。① 重点是创造性的和有想象力的功能,它把开始、现在和过去相连接,并且产生规律和模型、想法和图像、预期和期望、延长生命和超越经验。作为创业过程的学习对创造的/过多的生活精力开放。"感觉并不是表达它实际上是什么,而是表达它的力量"(Colebrook, 2002: 60),就像我们感受到一把匕首的力量时,我们想到的并不是它实际上是什么,而是它可能成为什么——能"切断"东西的刀。我们感受到了对匕首的敬畏,这种敬畏并不是对匕首本身,而是它可以成为——武器。感觉就是这样,它并不是某种东西,而是它可能成为什么——它的潜在性。一个乐于被接受的哲学肯定了这种对生命形成和转变的开放性。因此,这是这章的核心内容,通过作为创业过程的学习,培养对事件的开放性,增加提高个人生活质量的可能性,去创造超越现有体验的生活(Spinosa et al., 1997)。也就是说,它会让我们创业的机会增多。

从提高生活质量的角度来说,学习是一个自我创造和再创造的过程。然后,学习就成了一个生成他者、超越社会稳定本质的过程,"我们绝不仅仅是我们所认为的自我封闭的形象"(Colebrook, 2002: 142)。所以,学习是通往自我实现的道路(Foucault, 1986; Kostera, 2005)。此外,我们继承了笛卡尔(Cartesian)的习惯性思维并重现个人主体的本质主义观点。结果是我们把自己的每一个形象都表达为一个潜在的或原始的自我。"原始的或潜在的本质或本质的想法都是生成的面具和副本的效果。"模拟产生原作的效果,每次表演都会生成新的自己和原创作品(Colebrook, 2002: 100)。自我效能是一种表现,一种自我形象(Greenblatt, 1980)的效果。

这就意味着我们和关系建构主义者和后结构主义者(如德勒兹)分享观点,即"进程塑造人"而非"人塑造进程"。社会进程包括现在主

---

① 我们已经开始将这种关系的力量命名为"心智"(mind)。

要的学习过程是塑造自我和他人，塑造自我和世界的关系（Hosking and Hjorth，2004；Hosking et al.，1995）。这突出表明了稳定的自我构建的观点，作为协调关系重复工作的结果，自我就可能在恰当的地方被塑造。这种关系共同塑造的方法总是提供可行的风格（Hosking and Ramsey，2000）。作为一个创业过程的学习，通过将人们转移到新的自我建构——新的自我和自我世界的关系来打破这种模式。

二、学习创业

根据熊彼特（Schumpeter）的释义，创业意味着开启实现的社会进程，激发着竞争和创造欲望。创业教育面临着成为知识等过程以及进一步反思等过程的实践经验的挑战。这如何才能实现？这是一个开放的问题，我们必须在教育的背景下处理这个问题。我们的案例故事可被视为如何创造性地回答这种问题所带来的挑战的例子。

教育方式就是通过标准化内容重新设计课程，让学习远离新知识的创造，并将创业性实践作为一个偶尔发生的异常和错误来制作/设计。从过程和经验学习的角度来说，这样的影响几乎是不可避免的。并且，对于被排斥在这种"奇怪的创业精神"之外的学习者来说，产生了不幸的破坏性的影响。用管理的概念思考会使它无法触及，这部分地解释了在本科教育几乎完成后进入创业研究的商学院学生才遇到的困难。他们秉持管理的知识和观点，适合未来预期的经理职位，从而严重限制了他们对成功过程的开放性。因此，在创业教育背景下负责学习过程的教育者需要对地点/时间特性敏感。与学生们在一起，他们需要在感受事件、形成力量、创造的可能性之前培养开放性。感觉有种无形转化的力量，比如，我是否将目标视作"艺术""产品"或"窃取的"将会改变它的非物质性。事件意义——总是接近到达和将到达——预见虚拟的现实，向我们展示什么或可能会变成什么，而不是它是什么（参见 Colebrook，2000）。

从发生的本体论来说，即过程可以被描述和理解，在现状和潜在性之间从多种对话关系中出现的创造的创业过程就会变得清晰可见：介于"是什么"和"将会成为什么"之间。学习——从一个对话的角度来讲，正如我们在这里已经描述的，就是说，成为观念的驾驭者的创造过程会是创业过程中的例子，这种观念认可高质量的生活。另外，创业教育需要继续保持一个开放性的思维和对生活负责的态度，以"学习模式"形成为特征。让我们简略地发展这种创业视角上的学习和学习视角的创业吧。

三、转变（becoming）和对话——迈向一个过程式视角

（一）转变哲学

生命在转变中孕育。转变是生命的力量，然而每一个变化（特性、起源或目的）都会是一种表现出的成就。我们时常需要对这些生活中的特性秉持开放的态度，因为这与"正常"的一成不变的感知生活的趋势背道而驰。正如我们上述所指，这样的构架是受稳定关系影响的结果。为了实现这种开放，我们需要理解经验是如何与影响和概念相关联的。否则，我们有史以来的调和倾向就会把经验看作是被赋予知识基础（笛卡尔哲学构造，the Cartesian construct）的主体（这个主体是我们最常见的超越的例子）。过程哲学家们（怀特海、伯格森、德勒兹）将这个主体看作一种影响而不是一个理由。有体验、动作和强度产生的主观性，而不是体验的主体。当我们认为从说"我们可以知道些什么"开始，就已经区分了"我"和"我"努力去了解的"世界"。

语言不是发言者的工具，而是一种"产生话语立场差异的力量"（Colebrook，2002：76）。一种转变哲学使我们超越了由文化、阶级、性

别、历史决定一个主体的更为普遍的概念。这个主体已经实现了超越——当上帝或真相已经被科学和（统计的）事实遗弃时——填补这些外在基础的所在之处，成为我们认为的最终基础的思想影像。我们将这种思想作为一个根本的基础。从一个转变哲学的角度来看，哲学、科学和艺术帮助我们克服过于间接的、综合的或复合的思维倾向。

> 哲学允许我们通过产生不同的或动态的生命力量的概念来思考转变的力量；科学允许我们通过创造功能来组织事物，使我们能够将我们的观念扩展到超出实际的范围；文学允许我们能够通过创造改变我们所体验到的经验来构思效果。（同上：126）

这种影响将我们从复合体中带了回来，并帮助我们从主体创造出的体验强度出发。

亨利·伯格森（Henri Bergson）是一位转变哲学的核心思想家。吉勒斯·德勒兹致力于研究伯格森的哲学并出版专著——《伯格森主义》（*Bergsonism*，1998）——一本新颖的以时代观念为核心的书。伯格森主张我们持续经历着"实时"（durée réelle），并通过直觉来理解。"克罗诺斯"（Chronos），机械学的嘀嗒作响的度量，对他来说就是一个分析框架。[①]在伯格森的书作中，直觉同样也被赋予一种方法（虽然不能称之为方法）的功能。关于他对世界的过程观点，直觉在知识的过程中或在成为有知识的事物的过程中进行。林斯特德（Linstead，2002：103）描述道：

> 直觉，……追求的并不是在这个主体的范围中什么事物似曾相识，

[①] "卡里奥斯"（Karios），或称"准确的"（right）时刻，是另一个与同步性有关的时间图像，因此，它将自己带入一个创业过程的想象中。

而是独一无二，因此可能是不可思议或难以名状的。"可知的"只有通过直观性的"知识同情"，将它自己放在客体的范围下——或者就像德勒兹会把它转变成客体——为了能够在没有表达、翻译或陈述的情况下知道它。对伯格森来说，这就是客体的事实，通过更真实的经验主义获得，而不是抽象的经验主义，这是一种对代表分析性策略的痴迷。

当用伯格森的组织思想思考时，我们被引向了创造或变化的问题。组织将变为生命过程流动的阻滞，并引起暂时的稳定性。这样的稳定性在传统的管理和组织研究中表现为秩序（与管理控制有关），而变化必须从外部激发，通常是由管理的能动性引发的。伯格森指出，这样的能动性是错误的，因为它们是根植于虚假的变化和运转的命题来进行运作的。从这个视角来说，秩序确实是一个人造的而非自然的成就。为此，奇雅（Chia, 1999）认为：组织与变化形成对比，它不是一个固化的实体，而是一个"重复的有序和模式化的活动"。这对我们在创业教育背景下如何思考学习有重要意义。从稳定的角度来看，大学课程接近于学习过程，而不像其他课程那样稳定。对创业教育来说，我们认为把世界看作是变化的至关重要。学习需要在这变化中保持一种开放性，目的就是去理解在现实化的过程中欲望和创造所扮演的角色。

当然，变化作为一个概念也会稳固我们试图用这个概念去思考的事物。在德勒兹的思想下，我们将会强调，从这个意义上来说语言是讲究实效的。我们需要从经验开始思考——重实效、凭直觉的人都知道事物并不是总是保持不变的——并不是从概念（变化）为经验。也就是说，我们需要保持经验的开放性，并不是将它桎梏于变化概念的盒子中。那么教育就必须参与到组织之中——以可识别的形式在社会中构建学习——并使秩序放松警惕，以允许生命的流动成为现实。正如林斯特德所记录的，我们可以认为："作为它的绝对他者，组织并不与二元论改变截然相反，而是作为在秩序和变化中移动的定性关系的转变，这种变化可能在不同的时代比其他形式更加模式化，展现了更多的介入环境的迹象，更多的创造和惊喜。"（2002：106）

吉勒斯·德勒兹关于转变哲学（或称生命升华的哲学）可以说是结构主义中更普遍的后结构主义的一部分。也就是说，并不是通过将语言作为一个封闭的符号系统来研究这个世界，后结构主义对语言、文化、政治运动、组织、机构是否必然改变和转变感兴趣。生命因变化而丰富多彩。蜜蜂和兰花暂时的关联形成了一个转变的阻滞，通过这个阻滞，花朵和昆虫都发生了转变：花朵变成饲养者，昆虫变成传粉者，并且它们一起形成一个瞬间的动作（吸引和排斥）。我们回溯本源和探究原始存在的习惯被德勒兹［和瓜塔里（Guattari），他们一起笔耕颇丰］描述为"求释病"（interpretosis）：作为一种病态的行为，倾向于减少和逆向运作。我们可以把这看作一种基于语言的表征主义观点的遗产（语言反映自然）和精神分析的弗洛伊德模型（总是反向、消极地追溯至简化阶段，基本、原始）。举个例子，欲望通常被解释为"失去"，缺少某种事物。在这一点上，德勒兹强调欲望是一种联系，一种积极的转变，一种提高生产力的需要，通过超越自己的方式去扩张并转变成他者的欲望。因此欲望就是转变的核心。"生命就是欲望，欲望就是生命通过创造和转变实现的扩张。"（Colebrook，2002：135）

"转变"，科尔布鲁克（Colebrook）进一步描述道，"是一种真实的力量，不受已经或已实现的事物的约束，但它通过感知行为中表现出来的虚拟力量来激发"（2002：136）。这说明，当我们放弃一种原始的想法，一种创始的思想，一种存在的本质，我们就不再被一种普遍的和累积的知识/科学模型所束缚，我们试图将这种知识/科学的每一步称为进展/进化。但正相反，我们对待生命的方式是多种多样的。创造过程的力量——从虚拟移到现实的过程——也是我们的欲望现实化的过程。人类可以通过在转变中与自己不具备的事物（或品质、特性）相结合，从而实现超越自我。当教育也是一个创造的过程时，我们会通过共同学习者的帮助来实现这一过程，因为我们希望得到学习的形象。即在转变学习时我们所做、所想和所创的形象。德勒兹把这种转变结合或转变他者的行为称为"飞跃线路"。艺术——通过创造引发的影响——使我们从复合意义中回归，让我们从非人类或无意义的层面开始，以体验事物的意义和转变他者的潜在性。在正规的高等教育背景下，为了避免终止知识本身再造的趋势，对话是至关重要的。从这个层次意义上来说，教师在学习过程中的职责可以描述为：为保持开放性而奋斗。需要再次强调，此处艺术/文学所扮演的角色是很重要的。

举例而言：对商学院的学生来说，首位的不是一个商业世界，而是一个在教育环境中表述这个世界的语言，一种应该通过训练和考试来加以磨砺和打磨的语言。符号（含义）首先是密集的，然后是表述性的。一套商学院的语言体系——或者说是管理词汇——市场的语言——是通过强化对各种形象的投资来形成的。这是一个商业世界、管理实践、市场社会在学生面前展开的时刻。这些投资——例如，以经理的形象或以市场的形象——产生一个事务的组合："管理阶层"或"商学院学生"。"经理"的形象将变得过于笼统——在教育和社会中——从而成为某种事务的标志。它将获得社会意义，这个意义可以追溯到一些假设的真实和真理。因此，我们认为语言是说话者之间传递信息的工具，而不是一种创造说话者的创造性和密集的活动（Colebrook，2002：109）。我们再一次将转变丢失在视野之外和与人的联系上。

德勒兹从伯格森的作品中收集了他的创造理念，完成了从虚拟到现实的实现。他还利用伯格森持续时间的观点，因为在持续的时间里所有的经历都会被强化（例如一块糖在一杯茶里的溶解）。记忆是重复的驱动力。正是古德柴尔德（Goodchild，1996）所指出的——讨论德勒兹受伯格森的影响——激情和联想的源泉。

> 激情不再被视为普遍的驱动力和本能；它们实际上是通过以往的经历来建构的——这些经历被理解为一个综合整体，而激情成为转移的力量，一个重复整体质量的愿望……当知识被看作一种持续的伯格森主义体验时……它基本的划分就不再介于主观和客观、精神和物质、人工和自然之间，而介于自发性和接受性之间：影响的力量和被影响的力量。（Deleuze，1988：71；引用见 Goodchild，1996：27）

这就为我们在关于开放的重要性中提供了一个全新的视角。开放在接受性和自发性方面可以被描述为直觉友好的"表亲"。这些力量都相互创造，相辅相成，就像抵抗/自由和权力一样：只有权力才有最初的自由。创造这种邂逅，发挥激情的作用——去影响以及被影响——是学习作为一个创业过程的核心元素。正是在这样的过程中，我们受到影响，我们经历影响，我们进入创造概念的过程。通过这些过程，我们形成对世界和我们所作所为的认知。现在让我们把对话变成这种学习可以发生的方式。

（二）对话以及它的反对者

我们转向米哈伊尔·巴赫金（Michail Bakhtin）——一个对话思想家。我们已经明确了上述需要开放的态度，而巴赫金的对话提供给我们在发展学习思想时保持开放（对话）概念的可能性。这是一种对话的伦理观，我们发现，每一次试图反驳现代主义传统的想法都是至关重要的，它通过一个坐在你的肩膀上并低声说着你在正确答案之黑暗天使注视下的"教育学同伴"来实现。巴赫金的对话让我们看到了鲍曼（Bauman）所描述的伦理观:"在这个过程中,一个可以重新接纳其他人并将他作为一个邻居的人……一个可以重新改变其他事物并作为重要角色的伦理观,通过伦理观回归它的本身。"(1993:84)正是在这种伦理观的视角下,学习培养的欲望才能实现。这是一个不再依赖康德基础主义的伦理观,主体作为一种更基础的存在。康德(Kant)的主题是为了思考一个世界必须预先假设,是有序经历的集合。相反,我们是带着一种积极的伦理观去思考,而不是一个被动的以处理一个特定世界为主体的伦理观。这种伦理观将福柯、德里达(Derrida)和德勒兹(后结构主义者)的观点联系在一起,在某种程度上他们都认为世界是通过语言创造出来的(作为论述)。真正意义上的对话伦理观是关于如何在不被意识形态和观点阻止此进程的前提下,以多种方式实现世界。

米切尔森(Michelson)利用巴赫金对狂欢(carnival)的研究来强调经验的社会性,并认为这也可以作为笛卡尔主义(Cartesianism)的解药。笛卡尔(Descartes)已经建立了一个米切尔森的所谓"偏执理想者",他从疑虑和怀疑中崛起,把知识看成是一个独立个体在寻找确定性的一种成就。脱离激情,否定主体,以及在心灵本质上接触身份是实现确定性的一种方法。但是,这是一个学习的方法吗?巴赫金的狂欢式学习方法反而肯定了关系认同、变革/颠覆知识,并引导我们学习,使我们更不确定而不是确定。我们认为,巴赫金的狂欢应该书写在治理术的历史中(政治理性)并且对"温顺的主体"的控制是现代性的核心。因此,从狂欢这个层面上来说,学习将会违背教育传统作为社会控制的一部分。狂欢的抗拒力产生了温顺的——出自拉丁语"docilus",意思是"可教的"——主体,于是再一次从关系意义上将学习引入开放和体验之中。这就是我们可能会从维果茨基的学习观点中所学到的,这种观点通过"当前发展区"(zone of current development,ZCD)可能被扩展为"近端发展区"(zone of proximal development,ZPD,转变为新的ZCD)与"得力的同伴"合作（Harland，2003）。①

当学生们的一天以写作课开始时，巴赫金和维果茨基的观点富有成效地与所谓以问题为基础的学习相结合。在这个写作课中，学生们被要求去探索他们的学习——将他们自己当作学习的学生而不仅是创业的学生。这就将他们带到了一个双重对话的环境：介于学生——转变——专业人才和学生——转变——学习者之间；介于对他们未来的职业角色或多或少有帮助的知识和关于他们该如何学习的知识之间。另外，维果茨基强调了问题和整个情境之间的对话，而不是脱离语境的支离破碎的片段（对此观点的支持见 Raffo et al.，2000）。在商学院的背景下，人们可能会认为这种对话式的学习方式是颠覆性的。现在，我们并不是通过管理者来控制专业人才，相反，我们通过某一自我意识（Townley，1995）来使专业人才转变为管理者，这表明自我管理技术（通过人力资源管理、自我评估和筛选）的合理性，以保持控制和效率。事实上，这些趋势也在大学教育中实现。在大学教育中，学校被鼓励根据国际认可体系变得标准化；课程根据全球教科书进行标准化，在实现教育目标方面需要有效的可测量性；以及教学与研究之间由此产生的距离——系统所要求的一种解决方案。大学已经像工厂一样，设备的优化是为了把教育的有效"生产"变成"消费者"的知识。这些组织需要主要的管理者。学习者——学生和教师们——被监督管理，"然而这可能被置于一个赞美学生赋权的说辞中"（Avis，2000：48）。

当管理知识获得正常的和中立的地位时，它就会普遍地影响着大学。通常情况下，当这种管理在远远超越其初始边界时被应用，学习过程和创业教育中的学习过程就受到威胁，被压入主要控制和效率、标准化和

---

① 维果茨基的"近端发展区"初始概念涉及了孩子与成年人对话的一个区域，在这个区域中，孩子的自发推理符合成人推理的逻辑（Kozulin，1986：xxxiv-xxxv）。类似的想法实际意味着（孩子）自发性必须服从于杜威（Dewey，1902/1920）提出的（成人）理性。

可交换性的模式中。这种模式是当今管理实践的核心，它不能将学习过程作为企业的创新过程，也不能仅仅将创业过程作为创新的学习过程。我们需要被具体的（阅读特定的情景）创业目标所感动，并与学生的实践、专业实践以及研究实践建立密切的关系。只有这样，学习对话才会出现。

（三）总结：一个过程式方法

我们将学习看作创新过程、创业过程的观点，促使我们开发一个过程式方法。我们通过转向哲学家的方法来实现；首先是伯格森和德勒兹。我们从他们那里了解到，需要确认生命的创造并培养一种连接和提高"生命"的可能性的欲望（用复数形式）。一个转变的哲学——或者升华生命的哲学——学习因对有意义事件的开放性理解而变得重要。从过程的视角来说，感觉表达的并不是事物是什么，而是它能够成为什么的力量。我们强调，培养对这种事件的开放性将会增加一个人提高生命质量的可能性，去创造当前生命经历之外的生活，这也将会是学习者的一种责任——学生和教师都是如此。我们的方法的伦理观在自我的关系结构中被发现，作为对另一个人自发性存在的回应。相反，我们拒绝了这个主体的现代主义基础，反而转向了——巴赫金的研究——对话语言、意义和自我。随着维果茨基的研究，我们在商学院的背景下对学习做了发展完善。

这就是我们被自己的案例的沉默对话打断的原因，这些实例已经将我们引向了这个观点。为了更好地、尽可能地为你们提供有关这些领域的报告，我们接下来将对瑞典的创业教育进行简要介绍。

四、瑞典的创业教育

30年前，创业是瑞典语境中小企业的代名词。当学术界簇拥创业时，无论是研究还是教育，基本态度都是需要将知识转移给欠发达的小公司及其（所有者）管理。那么就像小公司被认为是对大公司的补充，教育者的自我形象是一个传教士，需要在一个充满敌意的世界里认真地把小公司作为自己的工作对象。1975年，当韦克舍大学（Växjö University）还隶属隆德大学（Lund University）的时候，本书的作者之一（约翰尼森）倡议推出了一个完整的小型企业管理学术课程。认识到小公司倾向于改变和革新需要专注于（相互）行动和愿景，学生接受培训以应付需要的媒介管理活动，例如计划和控制。学生本身就是学术界和日常商业世界之间的媒介。通过在整个课程期间在一所公司实习（每周两天），一个真实所需的对话空间便被创造出来。为了弄清当地学习环境的来龙去脉，管理人员和大学教员间的会议就在公司现场举行。特别需要评估学生与合作公司的员工建立一种对话的能力。学生们需要在这场对话中承担责任，基于他们正式报告中的反思，提出恰当的措施。

为了在学术界获得合法地位，在20世纪80年代的韦克舍大学，小型企业管理课程变成一个完整的学士课程。两年的研究被延长到三年半，其中前两年涵盖了一般的管理课程，最后一年半的时间包括上述在小公司的实习。一方面，这意味着学生们给公司带来了一个更合格的管理资质；另一方面，他们也采用了一套令小型企业感到陌生的词汇。因此，这项课程的一个目的就是"忘却"该管理词汇以及使它变得正式的占主导地位的管理主义（参见Johannisson，1991；Johannisson et al.，1998）。在20世纪90年代，课程管理，作为对日益增加的创业的国际性关注的回应，试图使学生开创他们自己的企业。然而，在瑞典最初的学术性的正式培训讲授的是赚钱的生涯教育，随后备受打击。在师生中充满了紧张和挫败的两年后，计划行政部门决定完全取消这个课程。几年后，学术工作者用"企业和商业发展"替代了它，不仅包括在小型企业的实习，还包括在大企业的实习。这样的课程被描述为一个企业话语的自然产物，整个 90 年代都富有成效。同样地，它仍然与管理教育保持了密切的关系（参见 Hjorth，2003b）。

在 20 世纪 90 年代中期，一个研究团队，包括现在的作者以及教育家们，受到瑞典政府的委托去研究关于瑞典以创业为关注点的教育体系（政府报告：Ds 1997：3）。这个出发点就是将创业理解为一种接近日常世界的方法——交互地利用机敏、好奇、乐观和对一个人主动性和责任心。这个方法将未受过教育的孩子培养成一个真正的创业者，正式的创业也仅仅是这种创业的特殊案例。采用创业精神的这一形象作为社会创造力，该研究建议，应该鼓励综合学校的孩子去追求自己的自发性，而高中生应该将他们的互动创造力运用到小组作业中。

这篇报道认为，瑞典的综合性和普通高中为鼓励创业提供了合理得当的环境，可能就是因为它们并没有明确地宣扬企业理念。一个最近发表的研究（Lundström，2005）不单证实甚至还强化了这一发现。在 2004 年开展的一个全国性调查表明，21% 的瑞典小学和 78% 的普通高中使用像"创业精神"和"有进取心"的概念来描述教育活动（Holmgren，2005：313）。而且，在新千年到来之际，越来越多的特殊的"企业中学"在瑞典的私立学校体系中建立起来，并着重强调了现在已有的"青年创业者"课程。在教育体系中正式创业潜力最大的地方——大学中，对创业课程和全套项目的兴趣在 20 世纪 90 年代初期急剧飙升。学生们与商界的对话是这些课程中最受欢迎的部分。然而，很少有公司是由瑞典的年轻学术创业者（参见 Johannisson et al.，1998）创办的。如今，大量的国家和地方公共项目被实施，这些项目在瑞典，特别是在教育体系中，广泛地鼓励创业。地方当局实行"分散的国家政策"，广泛地促进了创业教育培训，资金雄厚的地方政府更是如此。然而，瑞典社会机制和价值并不认可将创业作为社会创造力。公共话语的主导地位是由大规模的高技术驱动的增长所支配的，这反映了创新系统和三重螺旋概念。显而易见，这里有一个不匹配的地方：在小学和普通高中，创业方法的培养创造了能够提高生命质量的毕业生，这些毕业生在职业生涯中选择了一所公司的一种职业，这是由管理主义决定的。

1998年，另一位作者（约尔特）创办了国家创业与学习研讨会（National Workshop on Entrepreneurship and Learning）。这个年度研讨会聚集了来自瑞典约20所大学的约40名参与者，同时也为参与者们提供了在进行创业课程时争论挑战的机会。这些研讨会也为他们提供了一个展示新课程和项目的场所，以及在创业教育背景下使用的创新的教育/教学方法。除了相互学习之外，这个研讨会还为瑞典的教育工作者提供了对整个系统的概览，其也加快了发展速度并且使得大学保持警惕。在过去的几年里，研讨会已经逐渐地发展成为一个北欧研讨会（Nordic Workshop）。2005年，针对对创业教育感兴趣的高中教师开办了分会（见www.esbri.se）。

五、案例

（一）作为社会创造力的创业课程硕士项目

> 这个课程意味着最好开端的可能性。我被提供了多种机会来思考我的想法，这确实打破了我之前遇到的所有障碍。（学生，马尔默大学，在教育课程指导下开始了创业）

在斯德哥尔摩大学和马尔默大学，一个硕士学位课程对所有学生开放。它由比约恩·毕尔克（Björn Bjerke）开发，于2001年在斯德哥尔摩开始，2003年在马尔默开始。具有艺术、医学、工程、生物学和商业等多个领域背景的参与者已从该课程毕业。他们带着不同的专业身份（在教育背景中得到演练）和正式的知识基础，构成了一组具备能力的职业过渡者。这些差异为学生们创造新知识带来了挑战——能够利用创造性张力的知识。另外，他们以前的培训受到创业组织实践的挑战，因为这些项目要求他们去发展（并且实现）他们自己的商业理念。

这个课程要求学生们将创业作为社会的一部分而不仅仅把它当作商业的一部分。一个最初的创业观念得到了沟通：（1）世界并不是一个完美之地；（2）有多样的方法去应对；（3）我想成为这挑战的一部分。因此，创业被勾画为一个有关人生的话题。这些作为介绍的一部分，在学习背景中被明确地强调了。重视创业教育，为差异性和多样性（就知识背景以及个人目标而言）提供空间。这个课程的核心环节就是学生们可以相互学习："我懂得了不应该每一件事情都自己去完成。这正是我之前的错误所在。"（学生，马尔默大学）

这个课程大纲运行了一年，第一个学期由4门课组成——（a）创业变化；（b）创业实践；（3）创业软件（在创造和创新以及运行项目方面一个过程式的视角）；（d）创业硬件（一个结构性的观点；聚焦营销、金融和商法，以初创阶段为重点）——第二个学期有2门课——（1）创业的生活映像（创业者们视察创业项目并且讲述故事；学生写一篇反映他们从"现实案例"中所学的报告）；（2）我的创业项目（学生可以选择参与创业项目，发展他们自己的创业计划，或者从创业者的角度来研究一个话题）。

该课程旨在模拟创业过程，在这个过程中，可能会出现各种可能的问题。学生们在与现实案例相关的商业开发项目中工作。正是因为这个课程是基于"现实中的创业"经验，而且坚定地立足于创业研究。为创业创造知识以及创造关于创业的知识都是重要的。学生们不同的教育背景在培训管理中得到了探索：他们根据不同的专业知识（医学学生、工程学生、商学学生、艺术学生）进行相互指导，从而创造一个异质化的

学习环境。"现在我知道了,这并不是关于原子物理学,而是关于如何去发展这些想法的日常知识。"(学生,马尔默大学)

(二)设计一个多样化的教育空间

大学提供有组织活动的环境,将其作为一个随意交流的一般平台,而不是一个完全成熟的组织(Brunsson and Sahlin-Anderson,2000)。一方面,这表明边界(至少是外部的)很容易被跨越;另一方面,承诺和责任对创业的进行来说都至关重要,但在大学环境中并不容易触发。特别是在管理课程的案例中有一个机会成本(例如作为顾问)与教师的关系,以及为那些完成学业的人提供劳动力市场。在这样的环境中,跨越大学和(商业)社群之间的界限不应该引起混淆和算计行为,而是释放激情和快乐。

从20世纪90年代中期起,韦克舍大学作为其在企业管理中标准学士项目的一部分,提供了一个为期一个月的创业课程。它的基本设计理念是三个学生组成团队与一个刚刚起步的或初获成功的创业者建立对话,目的是使他们累积的管理技能适合(即将成为)创业者的挑战。重复评估表明了所有的利益相关者——学生、新创业者、在创业者和大学教师之间保持联系的小企业协会——欣赏课程的设计(参见Johannisson et al.,1999)。

2004年11月,一个更具可操作性的课程版本被提供给了不同组别的国际学生。这个戏剧化的教学活动将管理和创业作为不同的话语(管理主义和创业主义)(参见上文和Hjorth,2003a; 2003b)。因此,有关企业管理的教科书和相关文章以精心安排的幻灯片和教师正式着装的形式正式呈现。为了形成鲜明的对比,当谈到关于创业的方法时,教师在学生面前脱掉了他的黑色西服,露出一件非常随意的衣服。这种创业模式的展示采用了一个叙事的风格,即教师提供了与创业过程有关的图文并茂的实践故事，例如将机遇排除在巧合之外、自发性对话交流以及把微观事件作为创业过程的重要开端。这种睿智的变化使曾经沉默的学生团体转变为集中的多样化会话的社群。然而，在这门课程的评估中，学生们却没有提及这一现象，这表明他们只是暂时脱离了他们的管理的精神牢笼。

被邀请与学生合作的潜在创业者群体也非常多样化。在与大学及其国际学生合作时，潜在创业者们参加了一个为期一年的企业风险投资职业课程。因此，这群人包括刚毕业的理科硕士以及那些综合学校的毕业的人，这里不仅有五十多岁的有良好经验的人，还有那些刚毕业的年轻人。同样，他们的创业理念在本质上和在创业过程中所达到的程度都是一样的（就他们已经采取了多少措施来实施这个项目而言）。他们的训练与国际学生的相似：规范性的管理"独白"与反思的实践者叙述其经历的拜访相结合。由此产生的知识被加入到经验学习中，指导他们新兴的创业生涯。

在这门课程的最开始，大学生们就大体地了解了创业者们以及他们的企业。同时，这些大学生们被组建成团队并被鼓励安排与新生代创业者的会面。很快，几个"合作协议"就被确立了并且仍以一个管理模式来呈现。学生团队将"他们的"公司展示给了同学。这门研讨课是在同一日进行的，其主要课程文献以书面形式进行审查。大量的学生在这场考试中失利或延期考试。课程评估显示了这些文献是有选择性地被阅读，这意味着学生们在与初创创业者的会面中只能使用"创业管理"中的基本词汇。

正如以上所提到的，在为他们的合作伙伴创业者承担更具实质性的任务前，学生们就被引入创业模式。在接下来的两个星期里，学生们与新分配的创业者们共事和对话。同时，他们以会议和邮件的形式受到来自学校老师的监督。在期末考试当天，学生们首先将他们的小组报告给各自的创业者。然后，学生团队与他们各自的创业者们一起加入"创业论坛"（Entrepreneurial Forum）。面对重要的资深人士，包括例如一个既有经验又是天使投资人的创业者，这三个学生和"他们的"创业者（们）就被要求联合提交调查报告和相关的建议措施。

按照设计，课程的评估揭示了学生们普遍认同与初创创业者的合作是课程的精髓。所有参与评估的学生认为与初创创业者的合作令人兴奋，或者认为提供了真正的学习机会。然而，尽管他们被创业作业所吸引，也被与潜在创业者的对话所吸引，但他们的投入并没有远远超出学术（商业）研究中的标准。一方面，许多学生抱怨时间短缺；另一方面，大多数学生坦白地说，他们每周花在课程上的时间最多为20个小时，包括所有的实践和学术作业。[①]初创创业者透露了与学生对话的各种各样的反思。一些人认为学生们表现出来的是冷漠，偶尔甚至懒惰；而另外一些创业者对学生的勤劳也印象深刻。就像学生们普遍赞赏与朝夕相处的创业者的合作一样，初创创业者经常明确承认外国学生强调行动的观点。

> 与国际学生合作为我提供了对三位具有不同文化背景的人进行商业概念测试的机会。（初创创业者，韦克舍大学）

> 与项目中的创业者合作，而不是在课堂上，意味着学习创业。（国际学生，韦克舍大学）

六、分析和探讨

我们更为直接地评论这些案例，目的就是进一步地发展。这种发展

---

① 在全日制研究中适度时间的投入对此组国际学生并不是独特的，而对工商管理专业的（瑞典）学生却很具代表性。

可能从我们的过程式观点中得出结论。

(一)硕士课程

硕士课程是为了最有效地学习而开发的。然后,学习被理解为从对话的开放性到生活转变的潜在性的结果。这个"对话空间"和它的开放性是由负责学习过程的人组织的。开放的原则是通过欢迎具有不同学科背景的学生进入项目得到交流。作为硕士课程,它同时保证了不同学生之间相对固定的身份和反思能力。这在整个课程的项目团队组建中被证明是很重要的。对学生的评价通常用其来强调这一点:他们必须学习如何处理除自己所知以外的技能和知识。因此,挑战不仅仅使每人在项目团队的环境中做出贡献,而且使团队的异质性(heterogeneity)尽可能地发挥作用。我们相信这是从学生的反馈中学习的重要一课:异质性推动创造力。在这些脆弱的形势下,我们可以从创业作为创造过渡(在"是什么"和"可成为什么"之间)、开放性以及机遇的普遍观点来理解这一点。

对在硕士课程研究的学生们来说,学习不仅包括如何利用课程的文献和相关的讲座,而且在相同的范围内,还包括如何按照新经验的角度对自己的知识史进行排序,并不断地将自己与其他学生在转移知识领域的严格培训做比较。这就给学生们施加了压力,让他们在清晰的职业身份之间转移,这有助于他们和其他人掌握如何处理问题,并且保持这个课程中许多其他职业背景下保持该身份的相对优势。我们可以将此描述为一个维果茨基式(Vygotskian)"近端发展区"的过程,它与同学们的专业学科知识的转移密切相关。正如我们所看到的,有两方面的优势:(1)通过改变学生的背景,我们实现了加强"近端发展区"的动态;(2)与"师生"之间的历史中介关系相关的分层问题在此减少——学生在自力更生的团队中的作用更多,没有理由将"外部权威"作为其学习的一部分。我们通过专业学科身份之间的对话关系实现"近端发展区"。

只要创业强调的是属于社会而不是简单的经济（Hjorth and Steyaert，2003），商学院学生的优势就不那么明显了，这使得不同培训的学生之间的多种对话（多路对话）保持开放。这些条件是建立在积极意义上的自我形成，即在公开对话的背景下创造一个人的职业身份，而不是自我意识，作为一种对广义的规范（管理知识）正常化的过程，即个人要对其负责（通过写作、评分和考试；Hoskin，1998）。对教育者（负责为学习过程分阶段）来说，另一个主要的任务从这个说明中得出：培养对失败的宽宏和容忍的需要，这种宽宏和容忍使创业想象力进入自发性和感受性的动态中，拥有影响以及被影响的力量，带着持续学习的激情。这种激情在前面所讲到的"提高生命质量哲学"中已重点强调。

从哲学的视角以及缓和传统组织过程的需要来说，为了使这种变化能够发生，我们也可以理解"跨学科"教育的观点，就像报告中的硕士课程一样。内部学科的课程/项目强调"深度"思考、同质性和相关学科的积累。与此相反，跨学科的建立邀请学生寻求不同形式的知识和意识互动交流，并与同学一起在创造意义上对话。在这种开放性中，学习逐渐成为一个创业过程。

（二）一个多样化的教育空间

由于其持续时间短，我们的第二个案例中的课程不能引起任何的反思，甚至不可能在学生间引发对以往的正式知识的质疑。学生们与创业者有限的对话以及对局部环境的最小限度的适应表明了他们从未忽略他们的传统角色——大学生。他们的有限介入意味着，在完成他们合作创业的任务时，使用了他们在加入创业课程之前获得的正式知识。这可能回归到了管理的制定和意义建构、线性逻辑、已建立的词汇和内环境稳态，反映了他们在面对外部挑战时所经历的生存焦虑。他们习惯于只对自己负责，也可能对同学们负责，他们避免了一场可能会超出他们的角色期望和控制的真正的对话。

对于初创创业者来说，他们社会化不足并且缺乏经验。同时，他们自己也放弃了进行真诚对话的机会。同质性和独白保留了下来，异质性和对话却没有。初创创业者们的主要问题是学生团队并没有全心全意地接受他们的想法。然而，一个初创创业者争辩道，学生团队可能窃取了她的商业理念。因此，对学生们来说，他们的问题并不是缺少实用性的理念体系。恰恰相反，想要成为创业者的人陷入了"封闭独白"的困境中。在这个困境中，对深层次的构想和信息处理的需要被当作他们未能成功创业的借口。

这些影响开放对话的潜在障碍可能就解释了为什么作为中立场所的"创业论坛"受到两个群体的欢迎。在多路对话中，得到沟通的批评被视为建设性的矛盾和激励性的分歧，并且为所有人提供了学习机会。当学生们被问及与初创创业者合作的整个经历时，他们并没有做出消极的评论（虽然有四位学生没有回答这个问题）。其他人认为其为一个振奋人心的经历或"真正的"学习机会。对两个群体而言，创业论坛可能就已经充当了"近端发展区"的作用。正如本章前面提到的，维果茨基强调了问题与整个情景间的对话而不是没有语境的支离破碎的片段（Raffo et al., 2000）。而论坛似乎提供了这样一个真实的学习经历，即它在组织中是对话型的并提供了在不同商业情景中实现思想多维即时反思的可能性。

在初创创业者和国际学生引发的对话中，反思和教学为我们带来了几个解释。第一，在正式的教学过程中，两个群体的参与者都伴随个人投资的需要——去影响和被影响的需要。第二，对于合作，人们预期各不相同且并不总能实现，但是创业者和学生间的对话却发生在创业和"机遇"模式的交流环境中。错配和惊讶被集成到合法化的语境中。第三，诺曼（Normann, 1977）指出了张力的潜在性，阿克曼（Åkerman, 1993）提出了大量关于分歧的观点并真正地将它作为一个关系概念。这种关系概念创造了知识，它是通过产生既稳定又不稳定的影响，削弱了线性和主导地位等约定俗成的合理原因。对比技术知识和学习模式，对于分歧的产生更为重要的是英语语言的使用：在日常语言中，翻译工作挑战学生了解他们的反思和沟通的意义。第四，这两个群体都在抱怨缺少进一步沟通交流的时间。这个事实就表明了他们已经投入到对话的过程中。第五，我们并没有将创业论坛的开办看作是学习经历的末端和一场考试，而是为进一步的对话交流提供机遇。不仅学生和初创创业者已经给出了一个协商好的陈述，这个座谈小组同样也包含了实践者和专业学者。

在本章第二部分和第三部分中，我们把学习看作是一个创造概念的过程，帮助学习者将生命扩展到现状之外。实习、跨学科间的组织和论坛的举办可能被理解为这样的一个定义：它为学习过程注入了及时性和自发性，并且提供了对实验直接反馈的可能性，以及经验影响的力量和被影响的力量（学习的热情）。

七、结论：产生差异

正如韦克舍大学所报道的，创业教育目前为止仅提供了初步的课程。尽管如此，这些都表明了一个多样化的/异质化的学习环境的重要性和潜力。在这个学习环境中可以询问事物可以变化成什么，且多路对话变为自我执行。与几十年前参加过小型企业管理课程的学生在同一所大学进行的非正式会议表明，商业和学术界之间的对话有一些长期影响。在这些对话中，学生们并未称赞大学的环境或教师个体。相反，他们不断地传达着一种与挑战相关的整体学习经验，他们总是必须通过积极参与与同伴的多路对话来构建起学术和商业社群之间实践的桥梁。创业培训不可避免地要积极地通过与当局进行灵敏地交谈，以应对生命变化的多重性。这不但意味着让我们信任韦克（1995）的观点，即感觉确实是追溯的，而且还意味着情景对话——通过开放/响应和自发的——也是具有前瞻性的。我们将会督促教育者——老师和学生——在这个层次意义上去相信生命，将生命作为一种创造。探询惯例、结构和"稳定性"大体上是如何变化的，是如何成为社会共同构想的复制物的，就其本身而言，使生活的舞台充满无限可能。

从斯德哥尔摩和马尔默大学的硕士课程我们得知，开放对于学习的过程是至关重要的。这就引发了关于管理知识的工具主义的反思；通常情况下它受限于经济效率和管理水平。这种知识有一种固有的封闭倾向。管理并没有给它自身设定限制，但它却管理着秩序和变化。因此，强调将创业从管理中剥离似乎是重要的。关系性共同构造总是参考协调或共同构造的多样化的可用之物（Hosking and Ramsey，2000）。正如在本章开始时我们所指出的，商学院的学生有很强的求助占优势的、可利用的全部技能或意义构建方式的趋势。也就是说，我们经常说的教科书式的管理。从过程式哲学的角度来说，就创造的意义而言，它更贴近生命（Hjorth and Steyaert，2003）。再次说明，将管理视为"控制科学"，为创业学生提供了分析和实际的可能性，他们可以把他们的贡献想象为在实践领域中被打断的影响（参见 Chia，1999）。学习——作为一个创业过程——就是把生命扩张到经历之外。面对一套不同的技能，在跨学科建立的创业项目中，意义的多种版本被提供给学生，这与不同的教育背景如何产生出虚拟的不同生命方式有关。在学生秉持欲望的学习过程中，"教师"的挑战是不要将这些过程排除在概念上限制的一般模式或理论的视野之中。从伯格森（Chia，1999；Linstead，2002）那里我们得知，教师反而需要的是放松，允许这种多样变化的发生，并将这种变化作为生命创造的一种表现。

重构创业和学习，我们认为我们已经提供了对概念之间关系的另一种理解。学习和学习创业之间的区别经常被指出,前者是一种思维活动,后者则要求以经验的方式获得知识。然而,尽管是在不同的领域,这些学习模式都是独白,以下是假设的一个例子。当有经验的创业者们在与同行交谈的实践中学习和思考时,思维活动就变得尤为重要了。我们的方法是建立在对话基础上的,但理解和构建学习作为一个创业过程表明,所有人的感官都必须被调动起来,因为它所针对的是新实践的发明,新世界的创造——在创业中,在作为创业过程的学习中发生。

确实,如果学习转化为他物,创造并转化为概念的使用者,这些概念可以提高生命的可能性,跨学科的设置或在创业初始过程中的实习似乎是必不可少的。我们已经强调了——特别是本章第三部分——过程造就人。经历多次超越现在生命的过程,创造出升华于生命的人,也就是说成为创业者的人。在本章,我们对学习创业的反思已经证明了历史和哲学对我们想象现在的可能性的影响。我们同样也鼓励在创业中如法炮制;这是一个年轻的学科,需要摆脱邻近学科所提供的学校教育稳定性的影响。

参考文献

Åkerman, N. (ed.) (1993), *The Necessity of Friction*, Heidelberg: Physica Verlag.

Avis, J. (2000), 'Policing the subject: learning outcomes, managerialism and research in PCET', *British Journal of Educational Studies*, 48 (1), 38–57.

Bauman, Z. (1993), *Postmodern Ethics*, Cambridge: Blackwell.

Brunsson, N. and Sahlin-Andersson, K. (2000), 'Constructing organizations: the example of public sector reforms', *Organization Studies*, 21 (4), 721–46.

Burchell, G., Gordon, C. and Miller, P. (eds) (1991), *The Foucault Effect:*

Studies in Governmentality, Chicago, IL: University of Chicago Press.

Chia, R. (1999), 'A "rhizomic" model of organizational change and transformation: perspective from a metaphysics of change', *British Journal of Management*, 10, 209–27.

Colebrook, C. (2000), 'Incorporeality: the ghostly body of metaphysics', *Body & Society*, 6 (2), 25–44.

Colebrook, C. (2002), *Gilles Deleuze*, London and New York: Routledge.

Dean, M. (1999), *Governmentality—Power and Rule in Modern Society*, London: Sage.

Deleuze, G. (1988), *Bergsonism*, New York: Zone Books.

Dewey, J. (1902/1990), *The Child and the Curriculum*, Chicago, IL: University of Chicago Press.

Ds 1997:3 (1997), *I entreprenörskapets tecken. En studie av skolning i förnyelse* (In the Name of Entrepreneurship. An Inquiry into Education for Renewal), Stockholm: Ministry of Industry and Trade.

du Gay, P. (ed.) (1997), *Production of Culture*, Cultures of Production, London: Sage.

Foucault, M. (1977), *Language, Counter-memory, Practice. Selected Essays and Interviews*, ed. D.F. Bouchard, New York: Cornell University Press.

Foucault, M. (1986), *The History of Sexuality*, (Vol. 3) The Care of the Self, New York: Vintage Books.

Gartner, W., Carter, N.M. and Hills, G.F. (2003), 'The language of opportunity', in C. Steyaert and D. Hjorth (eds), *New Movements in Entrepreneurship*, Cheltenham: Edward Elgar.

Goodchild, P. (1996), *Deleuze & Guattari: An Introduction to the Politics of Desire*, London: Sage.

Gordon, C. (1999), 'Governmental rationality: an introduction', in C. Gordon, P. Miller and G. Burchell (eds), *The Foucault Effect: Studies in Governmentality*, London: Harvester Wheatsheaf, pp. 1–51.

Greenblatt, S. (1980), *Renaissance Self-fashioning—From More to Shakespeare*, Chicago, IL: University of Chicago Press.

Harland, T. (2003), 'Vygotsky's zone of proximal development and problem-based learning: linking a theoretical concept with practice through action research', *Teaching in Higher Education*, 8 (2), 263–72.

Hjorth, D. (2003a), *Rewriting Entrepreneurship—for a New Perspective on Organisational Creativity*, Malmö/Copenagen/Oslo: Liber/CBS Press/Abstrakt.

Hjorth, D. (2003b), 'In the tribe of Sisyphus: rethinking management education from an "entrepreneurial" perspective', *Journal of Management Education*, 27 (6), 637–53.

Hjorth, D. and Steyaert, C. (2003), 'Entrepreneurship beyond (a new) economy: creative swarms and pathological zones', in C. Steyaert and D. Hjorth (eds), *New Movements in Entrepreneurship*, Cheltenham: Edward Elgar, pp. 286–303.

Hjorth, D., Johannisson, B. and Steyaert, C. (2003), 'Entrepreneurship as discourse and life style', in B. Czarniawska and G. Sevón (eds), *The Northern Lights: Organization Theory in Scandinavia*, Malmö/Copenhagen/Oslo: Liber/Copenhagen Business School Press/Abstrakt.

Holmgren, C. (2005), *Entreprenörskap i grund och gymnasieskolan. En undersökning läsåret 2003/2004*, Örebro:FSF.

Hoskin, K. (1998), 'Examining accounts and accounting for management: inverting understandings of "the economic" ', in A. McKinlay and K. Starkey (eds), *Foucault, Management and Organization Theory*, London: Sage.

Hosking, D.M. and Hjorth, D. (2004), 'Relational constructionism and entrepreneurship: some key notes', in D. Hjorth and C. Steyaert (eds), *Narrative and Discursive Approaches in Entrepreneurship Studies*, Cheltenham: Edward Elgar.

Hosking, D.M. and Ramsey, C.M. (2000), 'Research, intervention and change: a constructionist contribution to process', *Research Paper 0004*, Birmingham: Aston Business School.

Hosking, D.M., Dachler, H.P. and Gergen, K.J. (1995), *Management and Organisation: Relational Alternatives to Individualism*, Avebury: Aldershot.

Johannisson, B. (1991), 'University training for entrepreneurship: Swedish approaches', *Entrepreneurship and Regional Development*, 3 (1), 67–82.

Johannisson, B., Landström, H. and Rosenberg, J. (1998), 'University training for entrepreneurship—an action frame of reference', *European Journal of Engineering Education*, 23 (4), 477–96.

Johannisson, B., Halvarsson, D., Lövstål, E. and Tidåsen, C. (1999), 'Learning synergies on the university and community border—business students in dialogue with new starters', in D.S. Evans (ed.), *International Dimensions of Teaching Entrepreneurship*, Lyon: École Supérieure de Commerce et de Management, pp. 17–35.

Katz, J.A. (2003), 'The chronology and intellectual trajectory of American entrepreneurship education', *Journal of Business Venturing*, 18, 283–300.

Kostera, M. (2005), *The Quest for the Self-Actualizing Organization*, Malmö: Liber.

Kozulin, A. (1986), 'Vygotsky in context', in L. Vygotsky, *Thought and Language*, Cambridge, MA: MIT Press, pp. xi–lvi.

Landström, H. and Johannisson, B. (2001), 'Theoretical foundations of Swedish entrepreneurship and smallbusiness research', *Scandinavian Journal of Management*, 17 (2), 225–48.

Latour, B. (1987), *Science in Action*, Cambridge, MA: Harvard University Press.

Linstead, S. (2002), 'Organization as reply: Henri Bergson and casual organization theory', *Organization*, 9 (1), 95–111.

Lundström, A. (ed.), *Creating Opportunities for Young Entrepreneurship*, Nardic examples and experiences, Örebro: FSF.

Lyotard, J.-F. (1979), *The Postmodern Condition: A Report on Knowledge*, Manchester: Manchester University Press.

Merriam Webster's Collegiate Dictionary, www.britannica.com.

Michelson, E. (1999), 'Carnival, paranoia and experiential learning', *Studies in the Education of Adults*, 31 (2), 140–52.

Normann, R. (1977), *Management for Growth*, Chichester: Wiley.

Raffo, C., O'Connor, J., Lovatt, A. and Banks, M. (2000), 'Attitudes to formal business training and learning amongst entrepreneurs in the cultural industries: situated business learning through "doing with others" ', *Journal of Education and Work*, 13 (2), 215–30.

Sandberg, W. (1992), 'Strategic management's potential contribution to theory of entrepreneurship', *Entrepreneurship Theory and Practice*, Spring, 73–90.

Sarasvathy, S.D. (2001), 'Causation and effectuation: toward a theoretical shift from economic inevitability to entrepreneurial contingency', *Academy of Management Review*, 26 (2), 243–63.

Spinosa, C., Flores, F. and Dreyfus, H. (1997), *Disclosing New Worlds—Entrepreneurship, Democratic Action and Cultivation of Solidarity*, Cambridge, MA: MIT Press.

Townley, B. (1995), ' "Know thyself": self-awareness, self-formation and managing', *Organization*, 2 (2), 271–89.

Weick, K.E. (1995), *Sensemaking in Organizations*, Thousand Oaks, CA: Sage.

第四章　创建创业型大学：我们需要一个完全不同的创业模型吗？*

艾伦·吉布

一、引言

本章讨论了关于在高等教育领域制定能够促进创业发展的有效政策的问题。背景是：目前欧洲和英国进行的主要举措重点关注制订适合创业教学的方案以及创业在加强大学与社会的连接中的作用。创业教育对促进学术研究的技术转移和商业化具有特殊的意义。

欧洲的创业发展举措往往是在创业文化创造的旗帜下展现出来的（通常作为"竞争"议程的一部分）。欧盟（European Union）在这方面做出了坚定的政策承诺（Enterprise Europe，见 European Commission，2005），委托了一些重要的研究和审查工作（European Commission，2002），并且目前也正在支持多项相关工作。在美国，人们对创业教育也萌发了新的兴趣，包括重新审视这个概念及其与各级教育的关联（见 www.entre-ed.org 和下面的内容）。以下是一些值得借鉴的经验教训。

---

* 这是一个为英国国家研究生创业委员会（National Council for Graduate Entrepreneurship，NCGE）准备的政策文件的缩减修订版。

在英国，有若干重大的政策措施。公共资助的科学企业挑战基金中心（Science Enterprise Challenge Fund and Centres）（www.ost.gov.uk）已经为高校创业课程的发展与传播建立了基础，这些课程以技术知识产权的强化开发为目标。高等教育创新基金（www.hefce.ac.uk/reachout）为活动和方案的发展提供了进一步且更广泛的优惠措施。创业教学卓越中心已创建于诺丁汉大学、利兹城市大学和利兹大学、谢菲尔德大学与约克大学的白玫瑰联盟（www.hefce.ac.uk/learning）。高等教育学院（www.heacademy.ac.uk）已经开展了一个试点项目，以创业探索的方式展示了高等教育课程；国家科技与艺术基金会（NESTA）（www.nesta.org.uk）也表示出对这方面的极大兴趣。在更广泛的教育领域一路领先的是"创业洞察"活动，激发创业文化的总体目标是吸引各大行业协会、政府、区域发展机构和教育界的关注。最近成立的国家研究生创业委员会（NGCE）汇集了这一领域的最佳经验，并超越活动本身，旨在促进良好的实践并刺激创新。

在政治利益不断增长的背景下，本章讨论了两个关键问题。第一个问题是采用最合适的创业理念，如果目标是提高高等教育领域的能力与强化动机以加入创业社群，尤其是最大限度提高技术转让的潜力。就上述各项举措所传授的理念，目前我们还不清楚是否有任何明确的共识。如果没有强有力的协议措施，就很难进行资金协调发展以及对进展的评估。可以说这一理念必须与一个明确的观点联系在一起，即如何实现与运用竞争力和社会来应对与全球化压力相关的压倒一切的政策目标。高等教育背景下的任何理念还需要最大限度地避免引发高等教育领域的关键问题，即，其传统价值观将受到创业课程发展的破坏（Bok, 2003; Maskell and Robinson, 2002）。

第二个问题是，如果目前举措的影响是可持续的，那么我们需要开发什么样的能力，需要做出什么样的改变以及如何才能更好地促进发展。

本章以 2005 年 1 月举办的 NCGE 国际会议报告为基础，并借鉴了作者之前的论文以及其他研究成果（更多引用可以查阅参考文献中的文章）。本章分为四个部分。第二部分侧重于说明创业理念的必要性。第三部分使用了之前对欧洲和北美举措的分析（Gibb，2002a）以及一些最新的研究，为了就教育界是如何看待创业者的构建一个"显示偏好"模型。这源于高等教育机构——主要但不局限于商学院。有人认为，它传递的基本上是一种以商业为基础的模型，很大程度上是由来自经济学文献的传统的创业观念支撑的，这是对当前教育政策需求不足的回应。

第四部分考虑的是一个创业的替代模型如何帮助克服创业教育的接受障碍，并切实地帮助高等教育领域触及更广泛的利益相关环境。有人认为，这个模式对传统大学价值观几乎没有真正的威胁，仍然需要变革。特别是需要解决高校管理与运营的"管理主义"模式，以及对奖励研究和出版的普遍重视，而不是研究和发展。教学需要更多地关注创业教育，以更强大、更全面、更综合的方法来领悟知识。

二、创业概念

现在人们普遍认为，只要创造了合适的环境就可以教授和发展创业（Gibb，2000b）。尽管过去十年间学术文献方面获得极大成长（见 Steyaert and Hjorth，2003；Welsch and Maltarich，2004），但关于创业相关概念的发展与构建仍然进展缓慢。对此有几个专门的解释：第一，对完全不同的传统社会科学学科视角整合的失败。经济学、社会学、心理学和人类学解释依旧并存并相互竞争。第二，商学院已经察觉了这一现象，并尝试以常规（很大程度上是创业文化）的强制方式来处理它。它们已经运用这种方式组织了明确的知识。因此，压力促使创业通过适应（或增加价值到）既定的管理功能范式，使自己成为一门学科。作者认为，为了在该领域取得可持续进展，传统商学院的行为规范和组织、传递知识的方法需要一些实质改变（Gibb，1996），并且如果创业是在高等教育的商学院背景下完成的，这一进展是最有可能实现的（Gibb，2002a）。在这方面，作者的观点引入越来越多的重量级批评（heavyweight criticism），以一般商学院组织、传递管理教育及其理论价值和实践价值的方式（见例如 Ghoshal 的近期作品，2005；Mintzberg，2004）。

第三，也可能是对阻碍发展理念进步的最本质最可能的解释，就在于学术方面凝聚知识的方式。出版的主要刊物在构建、增量、知识产权和知识概念的一致性水平上（Steyaert and Hjorth，2003，第一章；Vesper，2004）并没有特别连贯。此外，可以说，很多"评论"文章专注于寻求理解过去的努力，绘制不同社会科学观点，在这个过程中似乎没有任何重大的决策可以解决现实世界的政策或管理问题（见例如 Steyaert and Hjorth，第一章，2003）。这样的过程可以被描述为盲人摸象——我们已经进行了深入研究，但从来没有整体研究，或者说像是一层一层剥掉洋葱的皮，却在中间没有任何发现（Stevenson，2004）。或许更恰当的比喻是，从不同的谜题中，寻求组装完整的拼图。

因此，本章的重点是为什么创业理念的需要服务于教育决策的实践价值。

有了这个目的，就可以解决一些关键的概念问题：

- 创业仅仅被视为一种商业现象吗，它有更广泛的背景相关性吗？
- 如果仅限于商业，在小型（独立）企业启蒙或发展的背景下教导是最佳的吗？是真正关于在独立或共同商业的背景下关于高新技术创业和企业成长的？
- 相对于创业者作为创新者等的"角色"（往往难以在实践中采取行动），它对个人创业行为、属性和技能（见附录 4-2）的发展应该注重到何种程度。在英语语言中，在"创业的人"（在许多不同的环境中追求创业行为的人）和"创业者"之间存在一个有用的区别——在商业环境中实践这些行为（Gibb，1993）。这种区别在许多其他语言中是不容易被发现的，这个事实限制了更广泛的国际讨论。

在一些其他重要问题可以得到解决之前，这些问题的答案可以说是必要的，例如创业教育的贡献：

- "创业文化"在社会中的激励目标（本身就需要一个一致性定义）。
- 通过在经济上更高层次的创新，提高竞争力的政策目标。
- 其他更具体的政策领域的关注和行动，例如促进高校知识产权的开发；全球劳动力市场中毕业生对职业生涯的准备，对大学毕业生具备终身学习能力的要求（欧盟政策的主要焦点），以及随着年轻人就读大学的比例扩大，要确保可提供现成的研究生水平（graduate-level）的就业机会。

概念混淆阻碍了政策与实践。这方面的一个例子出现在英国学校的创业举措上。在英国学校"创业"的标签下，有各种不同的课程和方案，覆盖着金融知识、工业通识、经济意识、商业教育、小型企业教育、企业启动和个人可迁移能力这些不同的领域（Gibb，2005; Gibb and Cotton，1998）。这里发表的大部分内容，虽然本身有价值，但几乎对创业没有任何帮助。这似乎是关键利益相关者共有的一些混乱，在最近的一个英国国家创业观察大会上的演讲中得到了证实（附录 4-1，使用来自会议的关键引用，展示了那些认为创业几乎等同于企业的人和将创业看作一套个人能力的人之间的二分法）。对所有的利益相关者、地方和地区当局机构、创业者、银行和专业服务机构、公司业务经理、家长、非政府组织以及最重要的——学生而言，概念澄清是在这方面采取一致行动的必要的第一步。

对高等教育领域而言，明确概念的缺乏增加了应对更广泛的政策措施的难度，这些措施将涉及创业教育的要素。然而，至于新政策和方案是否在加强、妥协和/或破坏传统的大学教育的原则,并不总是明确的。

三、创业的主导概念——它是如何组合的?

本章中没有篇幅来深入探究概念混淆。通过对在商学院教什么和怎么教的分析,已经在他处探究了概念混淆(Gibb,2002a; 2002b)。就管理教育部门所提供的最近的评论(efmd,2004)本质上是从早期的论文中得出的结论。因此,图4-1直接切入主题,并且以从欧洲和北美所教授内容中调取的教师和机构的"显示偏好"为基础,构建一个隐喻性的"人模型"。模型的标签解释如下:

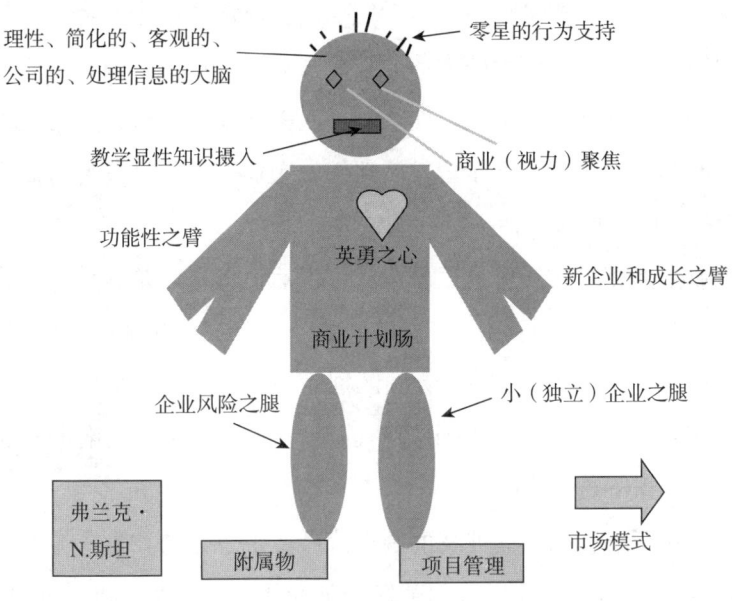

图4-1 被教授的创业者的主导模型?

(一)英勇之心

在这种主导模型的核心,是经济学家的英勇无比的熊彼特式的创业者观点,即创业者是变革的创造性力量,是生产要素的新组合背后的力量，是新事物的支持者，是旧的做事方式的创造性毁灭者。因此，高水平的变化和活动规模与创业有了关联。能够被广泛接受的创业定义就来自这一观点。史蒂文森（Stevenson, 2004）力求在其广为接受的定义——"创业是对超越目前所控资源的机会的追求"中，将概念移出小企业背景。对这一观点和对"创造性毁灭"概念的接受导致转而专注于更大的独立公司的政策，所谓"增长型"企业，或者说具有潜力的企业（现有的和即将启动的），没有选拔这类公司的既定公式（DUBS, 1998）是不出所料的。科技型企业被广泛认为是增长型企业，虽然证据并不普遍支持这一群体是主要工作发动机的概念。尽管如此，规模和影响的概念依旧源自这一"英勇"形象。

在解决规模问题过程中，学者们描述了所谓"小企业经营人与创业者之间的区别"——前者的大部分被轻视为"生活方式型"企业，且完全不具备创业的性质。但是，偶然的经验主义指出，有大量的关于个体经营者的例子，这些人不希望发展他们的企业，但从事着普遍被认定为创业者行为的高层次的活动。有人认为（Gibb, 2000），与尝试将创业者和小企业分离相反，经营自己事业的"生活世界"就是这样，它提供了旨在激发和治理创业行为的组织设计的基本模式。在某种程度上表明，那些最可能为小型企业/创业者的区别而争论的人，在被广泛认可的全球创业观察（GEM）中，把小型初创企业放在了创业文化隐喻的核心（www.gemconsortium.org）。

正如它所解释的，熊彼特的观点背后似乎也是与技术、流程、组织或管理的主要创新步骤变化相关联的创业概念。例如，在2006年1月美国小企业和创业者协会（USASBE）的演讲上，斯特恩（Stern）根据考夫曼基金会（Kauffman Foundation）提供的研究，认为创业者是那些"从事有关创新的极端实验"的人。尽管找到并估量创新的概念有困难，但是一个真正充满活力的创新型组织是可以随着时间的推移和强度的变化来参与众多的灵活变化和创新过程的（Harvard Business Essentials，2003）。

（二）创业计划——肠胃

创业计划是大多数人讲授创业教育课程的核心内容（efmd，2004）。然而,很少有证据表明计划的概念源自创业实践（创业者发明的）。相反，20世纪80年代末90年代初商业规划模型的出现，使得那些越来越有压力的人向小公司（银行、会计师、公共机构和商业服务供应商）提供资源和服务。这个计划是作为他们文化的语言出现的，而不是创业者的。至于计划对经济增长的影响，也有非常模糊的证据（见Atherton，1997，进行回顾；Hannon and Atherton，1998）。越来越多的证据表明，在早期的业务中，针对客户和利益相关者的反馈，它有灵活、快速、战略性地适应产品/市场/服务理念的能力，这是创业成功的关键（Sarasvathy，2001；2003）。

所以在建立与利益相关者的关系,以及在沟通、谈判和反思价值方面，创业计划是一项重要的工具，但也不能说它就是创业成功的关键。在创业行为的层次结构中，创业计划如果全部出现，那么它的排名就会降低。也有非常零散的证据支持这样的观点，即一般而言，无论公司是否在壮大,正式的规划与提高性能都有关联（Hannon and Atherton,1998）。因此，在给创业计划一个核心位置的问题上，它创造了一个误导人的创业隐喻。但是，正如所有的工具一样，它的贡献取决于它如何被使用：[1] 但它不能被替代，换言之，它不应该对投入客户/利益相关者的需求和要求以及学习快速适应这种体验形成一个障碍。

---

[1] 可以说商业计划对反思有用，作为使用有形和无形资源的关系发展的灵活的交流工具是最重要的。基于此,一个风险投资计划可能会与给银行家、合伙人、政府官员或主要的客户的计划大相径庭。

(三）零星的创业行为——头发

创业中大多数的观察课程（Gibb，2002a）都提到要激发创业行为的需要。但是很少有人能够准确地指出所期望的行为是如何被支持的，甚至明确说明是如何发展这些行为的（并衡量成功的）更是寥寥无几。在附录4-3中，作者几乎没有找到证据来证明不同的教学方式与（推测的）矩阵的行为有明确的联系。在大多数项目中，主要的教学方式是讲座、案例、项目和创业者/利益相关者陈述，这可能或可能不以促进创业行为或发展创业技能和属性的方式传递知识。看似占优势的案例方法可能是一种反创业的教学模式，如果它的重点是理论分析，而不是直观的决策和创造性的实验（Gibb，1994）。

（四）理性的、还原的、载入信息的——心智

作者在别处争论（Gibb，2002a）说，许多教学机构，尤其是主要讲授创业的商学院（虽然递减）的主导文化，是反创业。最好的总结在表4-1。左侧的隐喻可以说是支持西方管理学派的创业教育范式。就其在总体上培养管理者的适应性而言——尽管包括创业者在内（Mintzberg，2004），它仍会受到质疑，且它具有反创业价值。

价值观的二分法不仅在商学院中造成了关系问题。例如，在杜伦进行的银行经理的心理测量测试中——小型企业的关系管理项目的一个组成部分，总是会显示大多数人都归于左栏，而创业者则更多地归于右栏。将两种"文化"融合在一起可以说是改善银行家与创业者关系和普遍有效创业教学的最大挑战。大多数其他主要利益相关者（如客户、供应商、银行家和公共部门和机构）也有同样的观点，官方赞助的商业咨询服务除外。因此，表4-1是一个提醒，即创业文化不仅仅是通过与创业者合

作而产生的。①

表 4-1 教学模式中的价值观

政府 / 企业 / 商学院（寻找）	创业的小企业（有关）
顺序	不整洁的
形式	非正式的
责任制	致力于信任
信息	观察（眼见为实）
分工明确	重叠与灵活性
计划	直觉
企业战略	战术战略
控制措施	"以我的方式去做"
正式标准	亲自观察的表现
透明度	处理歧义
职能专长	整体管理
系统	感觉与判断
地位权威	经营承诺
正式绩效评估	客户 / 网络反馈

来源：改编自吉布作品（2000）。

（五）商业的重点——视力

大多数创业课程专注于商业和商业概念。即使当它们被应用于非商业情况，例如医院、学校、卫生服务、社会和社区服务，甚至地方政府时，被教授的是一般的商业原则。

对商业模式的关注可以掩盖创业教育中最重要的问题，也就是，创建各种类型的设计组织的能力以激发对创业行为的有效利用（Gibb, 2000）。创业行为可以也的确能在上述不同种类的组织中（警察、社区、

---

① 迈克尔·比沙德爵士，英国教育和科学部（Department of Education and Science）前任常务秘书长，在 2004 年 11 月创业观察大会（Enterprise Insight Conference）上的演讲里提到了这一点，他说："仅以行政手段去培养创业文化是不可能的。"

卫生、艺术、社会服务、学校）被捕捉到，它有时是偏离的设计以规避组织的"规则"，而不是坚持。总的来说，教授商业原则并不能提高创业组织的设计能力，有时可能会限制它的发展。例如，在英国，创建健康服务的市场和选择学校管理中的模拟自主权的尝试，是通过运用企业管理主义的模式而不是创业来实现的。同样也可能就高等教育的新"管理主义"进行争论。

以上已经提到，即如果政策目标是创造一种创业文化，那么这样一种文化将不得不接受所有类型的组织。事实上，占主导地位的需求是改变利益相关者和更广泛的社会群体的价值观和态度。

（六）显性知识的传递与摄入——嘴

正规教育体系实质上集中于显性知识的传递，这类知识被定义为已编撰成文从而可以广泛使用和访问的知识。这与隐性（经验）知识的概念形成对比（Polanyi，1983），这类知识被定义为可以由个人决策使用但未正式成文的知识。现实中两者之间并没有明确的划分，因为个人通过经验获得知识，并可以根据这个原则建立启发式或决策规则，这可能会显得纯粹直观（Selden et al.，2004）。

对作为学习的基础的显性知识单独地或主要地关注，很有可能将学习者与在实践中所获得的意义分离开来（Wenger,1998）。这是一个提醒，知识本身并不是学习，只有当它通过一个应用或思考的过程被个人内化时，它才会变成学习。作者（Gibb，1997）和其他人认为创业者的主要学习领域就是利益相关者的关系（见下文），并学习通过解决问题、抓住机会、尝试创新、犯错误、模仿以及全部去"做"而达成。

这些学习能力需要在创业教育中加强。但即使这是公认的，一个主要问题仍然存在，即现有的知识以一个不恰当的方式被编入。学术工作是编撰知识的主要来源。上述已经讨论过，在企业管理领域，知识已经被组织成经济学和其他社会科学的公认的模块和样式,也许对创业而言最为严重的是知识被组织成企业商业教育的功能样式(见下文;Ghoshal,2005; Mintzberg, 2004)。总的来说,从关系学习中产生的知识尚未编撰而成,而且知识往往不是围绕商业的发展问题和过程组织的(见下文)。此外,虽然网络知识(Perry,1999)和它对商业成功的重要性逐渐增长,"无所不知"在大多数创业项目中并非是显而易见的。

最后仍然存在实践问题。许多创业学习发生在反复试验和随之而来的增量改进过程中。但是对学习而言,在高等教育理论的大部分课程中,似乎通过反复练习的过程来学习做(以及关于)某事的空间很小。而是对一项工作进行评估,然后"学生"继续学习。

(七)新企业、成长和功能——臂

这是大多数创业计划的主要焦点以及使用创业计划的主要手段(efmd,2004; Levie,1999; Mason,2000)。创业行为是一个非常适合发展与实践的过程,例如寻求机会、评价与把握、网络化、主动性、直觉决策、创造性解决问题以及有策略地思考和行动。这对磨练创业技能而言也是一种有用的手段,例如说服、介绍、谈判和销售。这似乎很重要,因此,新企业计划模型被用于此目的,而不仅仅用在营销、财务、运营等正式的管理投入上。可以说在项目/过程管理周期中对其进行教授最为有效(Gibb,1993)。

当功能投入占主导地位时,可能出现的主要困难——就像它们在许多项目中一样——可能会否定作为创业者核心的整体管理的发展能力。企业管理者是"总"业务的管理者,因为能够不断地"感觉"它。创业者在"需要知道""知道怎么样"和"知道是谁"的基础上寻找知识;在作者与许多创业者一起工作的经验中,创业者会热情地接受新知识。这些新知识向他们提供了未来可识别的背景经验,帮助他们对现存的和可辨的未来的问题和机会进行构思并给予更广泛的意义。①

(八) 企业风险和小企业——腿

大公司的大多数方案试图解决一些创业问题。一个共同的主题是公司内部创业，包括经常使用新创企业改编模型的子公司。在企业内部创业更广泛的定义中，创业也可以是对领导、创新、改变组织文化以及对最近以来的客户关系发展的一个关注。除了对"精益求精"的研究之外，更广泛的问题是设计企业组织，而不是对合作伙伴和战略联盟管理模式进行审查。在许多情况下，一个小企业或家族企业模块出现，似乎与更广泛的创业概念（上面提到的一点）不同。小企业管理并不总是出现在美国的创业教育课程的分类中——这是很重要的一点，因为美国在这个领域教什么有着国际影响。从一个可用的课程概览中可以推断出，在小企业的标签下教授的往往是传统商务功能的管理，只不过这一次是在一个小企业背景下。很难确定对小企业经营者的生活世界和创业之间关系的深入探索是否全面，或者如上所述，对于关系学习的概念，可以说是小企业成功的绝对核心（Gibb, 1997）。

(九) 项目管理和"附加装置"——脚

大多数商学院方案都接受传统的项目工作，通常是在一个核心加模块化课程结束的时候。这可能是在一个群体或个人的基础上进行的，也有可能采取个案研究、变相咨询（有学术参考）或在一个小的（通常是成长中的）商业环境中的学术概念探索的形式——例如波特战略模型的应用（Porter, 1985）。这里的一个关键问题——很难单纯从项目描述中

---

① 在杜伦大学的小企业中心，教授创业的指导原则——以 T.S. 艾略特的《四个四重奏》为隐喻——"他们（创业者）有经验，我们的任务是帮助给予它更大的意义"。

探索——是该项目被设计为学生的创业经验,并有可能激发创业行为和与创业者的生活世界建立共鸣。从作为外部审查员的经验到大量项目以及对许多学校工作的熟悉,作者估计许多项目的工作都低于这个预期。正如创业课程可以用非创业者的方式来教授,一个项目的经验也可以用非创业者的方式来教授。这里可能有许多附加的特殊单元"脚",该方案包括:咨询、出口、创业融资(或市场营销、运营)、人力资源管理以及日益增长的社会企业家精神。

(十)"市场"背景

大多数项目从背景材料开始——定义、重要的数据(通常是相对的)、理论概述等。广泛的背景是创业者在市场经济中应该具备的角色。然而,也有可能会探讨创业概念的背景。对来自任务环境的各级不确定性和复杂性水平的创业行为与组织的需要是被广泛接受的。这种水平可能存在于各行各业的个人和社会中,不只是在一个商业或是市场背景下。在西方资本主义的意义上,这也可能是一个错误的假设,即这是纯粹的市场曝光——激发有效的、常规的创业。相反,在许多转型经济体中快速创建市场环境的尝试导致了一些创业的问题,甚至是犯罪。在过去的25年中,尽管缺少许多标准的西方市场经济参数(Gibb, 2003),创业在中国卓越的经济表现中扮演了重要角色。

(十一)结论

正是因为上述原因,作者将上述"显示偏好"模型称为"弗兰肯斯坦式"(Frankensteinian)。这个术语并不意味着贬低雪莱(Shelley)的创作,仅表明这个模型是由一些可能不包含整体精髓的部分组成的。这些部分反映了传统的创业方法,某些学科在理论发展中的主导地位,以及重要的是,商学院已经掌握的及其经营中蕴含的文化。因此,组装的模型可以说是一种整体的失真；过分强调了商业计划以及鼓励增长的政策和所谓高科技初创企业的创业传统"英勇的"方面。背景主要是商业的，文化是企业经营的，教学的范围是狭窄的，且过度注重案例。这是一个功能性的而非关系/发展阶段组织的知识基础。几乎没有证据表明课程是专门设计来增强学生的创业能力和特质的。下面提出了一种解决上述问题的"替代"方法。

四、一个更广泛的创业概念模型

以上争论指出了创业在社会中的作用，其政治流行的主要原因是它为个人和组织提供了一个机会以应付、挑起和享受一个日益复杂和不确定的世界。正如附录4-2列出的，创业行为、属性和技能可能受到个人在家庭和社会生活中作为工作者、消费者面对顺、逆境的激发。

其他地方（Gibb，1993）已经显示了这些行为、技能和属性并非是特定个人专属的，而可能由某些人而不是其他人做了更有力的展示。不同的人会有不同的组合，也会有不同的倾向去发展他们的能力。也有人认为，这些行为可以通过一定程度上的实践、发展和学习以及适应某些环境，特别是经营个人自己的企业来得到激发（Gibb，2000）。它所遵循的其他环境可能会阻碍这种行为和/或使他们偏离。因此，在有效地创业行为（定义为满足个人、组织和社会目标）和偏差或无效的创业［如犯罪行为或只是"钻制度的空子"（Gibb，1999）］之间已经做出了一个区分。对各类组织管理者而言，这是一个挑战，即确定他们希望发展的与其所经营的任务环境的要求及其复杂性和不确定性相关的创业行为程度和性质。他们将以最大限度地提高其创业潜力的方式来设计和管理组织（Gibb，2000；以及下文）。

在行为、技能和属性方面定义创业，需要在更广泛的社会环境中对问题和机会做出回应,这将导致不同的临时形式、创业行为优势以及组织设计的出现,这也就要求具有一个比对市场经济学观点更宽泛的概念性认识。一个更合适的概念框架可能是一个制度理论(North,1990),有着对"机构"(正式和非正式的"做事方法")和可能会体现这些做法的组织之间的区分。这种方法给市场发展过程的评估增加了一个非常重要的层面,实际上,这就是组织交流的另外一种方式。这种概念观点的优势在于它处理各种组织的适当性,而不只局限于创业。它还提醒人们文化、价值观和行为的重要性,它们与正规监管框架的相互作用,以及社会中权力不对称的方式可能会导致支配性的官僚主义和企业的行事方式。

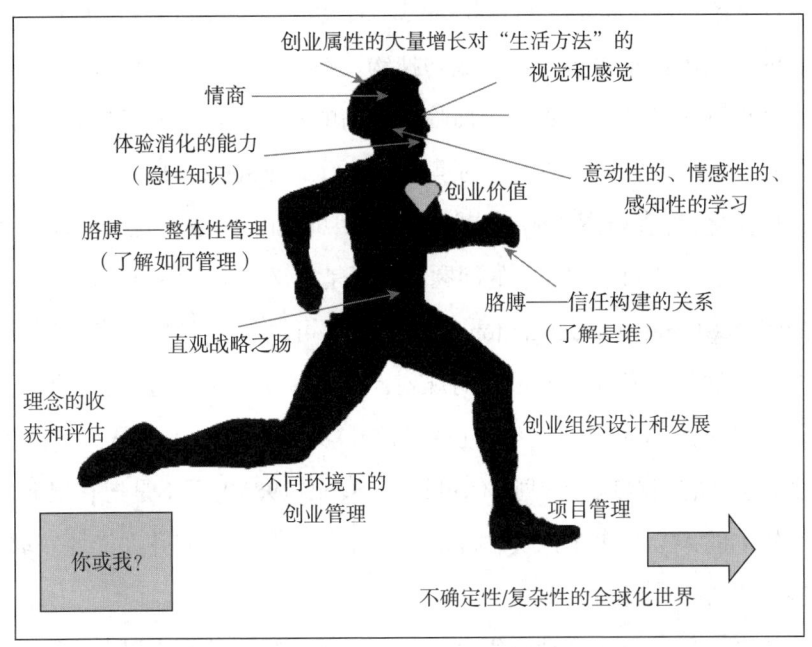

图 4-2 创业教学的恰当模式

图 4-2 中建议的另类"模式"旨在弥补上述的一些不足之处。以下对模型的具体细节进行论述。

(一)"价值"之心

可以说创业教育课程的最重要目标是灌输一种共鸣,也就是对创业价值观的认同。它已经表明,这些都与做事、组织、感觉、沟通、理解和思考以及学习的方式有关(Gibb,2002a)。附录4-4列出了与"做的方式"和"成为"有关的创业价值观(来自文献)。这些价值观与表4-1所列的"做事方式"是一致的。

(二)战略之肠

有越来越多的证据支持这一观点,即战略思维与战略定位是关键的创业属性(Atherton,1997;Gibb and Scott,1985;Haahti,1989),如上所述,正式的规划不能清楚地与商业成功挂钩。在主流管理思想中,越来越多的人认识到,随着大多数组织面临着更高的不确定性,战略规划理念正经历着成为一种更灵活的手段的重大转变(Courtney et al.,1999)。尽管有这种变化,许多与商业成功计划有关的困难是由不足的方法导致的(调查创业者是否计划这类简单的问题,而不是定义术语)。规划可以有一系列的解释(Hannon and Atherton,1998)。它可以是一个年度预算的过程;一个特殊的新开发项目或事件的规划;战略情景设定的过程;或更正式的通用多年的商业规划。不管正式与否,大多数创业者将从事前两类。许多人也会有战略地"计划"(Gibb and Scott,1985),而不是把它记下来。相对较少的人会从事第四类,除非他们正在准备一个兼并、资源获取或出售该公司的计划。

战略性思维是一个动态组合,包括:评估组织的未来以及它是如何发生的;持续不断的事件及其对企业潜在影响的分析及对策;总是通过关键利益相关者看商业;试图为客户带来未来;商业环境的持续观察;以及在任何时间对企业的经营状况及其优缺点了如指掌。

(三)创业者属性的增长

如上所述,类型广泛的创业行为、技能和属性需要应对不确定性和复杂性。可以说,如附录4-3所确定的,这只能通过同样多种精心设计的教学方法来发展。旨在激发这些的模拟和游戏已经有悠久的历史,大部分都是以麦克莱兰(McClelland)、温特(Winter,1969)和斯潘塞(Spencer,1983)的早期工作为基础。这些应该是创业教学课程的核心。例如,戏剧可以用来:在创业社会中创造性地测试与利益相关者的共鸣;在传统的学术工作中表现出对客观性的局限;以及验证价值观对信息传递和解释的影响。同时,它可以用来建立一个个体的创业技能范围。图画可以用来发展对学生如何看待不同概念的理解,并测试他们如何能够创造性地把这些概念传达给别人。例如,作者对中欧工商学院(CEIBS)中国的工商管理硕士(MBA)应用这种教学法的经验,作为一种手段为他们阐明"企业文化"在中国的概念提供了一些有趣的见解。

(四)情商

"情感"管理的重要性正在散发着相当大的学术魅力(Dulewicz,2000;Goleman,1996)。它可以说是成功管理人际关系的核心。其重点是情感的自我意识、有成效地管理和控制情绪、能够读懂别人的情绪及其对沟通和行为的影响,以及有能力在管理过程中有效利用这些知识。

对创业的教师甚至是研究者而言,了解沟通是如何受到先前确定的价值观背后的情感的影响以及这将如何影响"做和看待事情的方式",似乎极为重要。例如,由于创业者的价值观,当被学术研究者问道"你的主要问题是什么?"时,他们会一直寻求"外部属性"原因。因此,世界各地的调查报告中的创业者的主要问题是"赚钱""政府规制"和"市场"便不足为奇。

(五)"生活方式"的愿景

教师的一个关键挑战是帮助学生了解创业组织中创业人员的"生活世界"。创造这一愿景的其中一个方法是询问学生如果他们成为创业者,他们的生活会有什么改变。随后教学方案可能会试图为他们建立应对和享受这种变化的能力。表 4-2 展示了这一生活世界的愿景。

表 4-2 创业生活世界

- 更加自由/独立地选择做事的方式
- 更大的人事自主权
- 对个人资产拥有更多的责任,资产的支出具有更多的风险
- 随着个人责任的增长,自我更加危险
- 在日常生活中不得不面对更多的不确定性
- 更容易受到环境变化和生活方式的影响
- 对塑造自己世界的更大的个人责任
- 在工作和生活中采取主动/达成事项的压力越来越大
- 灵活地承担更大范围任务的需要
- 奖励与努力直接挂钩
- 对"知道是谁"的人的更宽泛依赖的需要
- 工作和家庭更加整合的社会情境
- 个人努力与社会之间关系的更大认可
- 多学习,多为学习负责

附录 4-5 展示了如何建立这一愿景的一些教学理念。这一愿景并不完全属于商业世界。为了证明这一点,可以要求学生在当地社会进行广泛的访谈(退休人员、失业人员、警察、医生、社会工作者、教师、护士、当地政界人士和学生等)。目的是探讨当他们作为工作者、家庭成员、社会成员和消费者时如何面对现代生活的不确定性和复杂性,以及确定他们正在使用的满足这种挑战的创业回应。这就形成了对上述"社会中创业"戏剧性情节过程的投入。

(六)体验"消化"的能力

体验知识的获取与利用是创业学习的重要组成部分。拉弗和温格

（Lave and Wenger，1991）关于情境学习重要性的著作就强调了这一点。在教学方面，创业课程的挑战是最大限度地利用所获知识的"实践"的机会，通过行动、复制等过程模拟创业者的学习世界，如上所述。

这对课程知识内容的重点以及过程评估有很大的影响。如果作业没达到合格，学生可能会被要求在指导下集中精力于待改进领域，进行重复工作，即使先前的作业取得了"通过"甚至更好的成绩。随后的评估或基于从早期的缺陷中学习的能力。但这种做法占用了原本用于更多的知识教授的时间。因此，挑战在于仅教授正式知识最精华的部分。

（七）意动（conative）、情感、认知学习

认知发展是带着对知识的接受、认识、判断和记忆来强调大学学习方法的重要性。然而，有观点认为（Ruohotie and Karanen，2000）完善创业教学的关键在于对学习的情感和意动方面的关注。情感发展关系到对一个主体喜欢和不喜欢以及感觉、情绪和心情的反应。意动发展包括主动使某些事有意义（动机、承诺、冲动和努力的理念）。这其中的每一个对创业学习过程而言都是重要的，而且似乎有点被传统大学教学方法忽视。

作者的经验是，大学背景下的课程发展太过于注重知识内容和相关的学术概念。使用的教学方法是被次要考虑的，并在很大程度上留给了讲师。他们似乎很少与附录4-3所展示的发展个人行为、技能和属性的任何概念有联系。一个可能的原因是大学与学生的"契约"并不正式集中在个人发展上，而在于对知识的获取和测试上，以及对其进行的认证。创业教育需要解决这种不平衡。

（八）整体管理之臂

独立创业者面临的挑战是将商业作为一个整体来管理。如上所述，他们的学习重点是"知道如何"和"需要知道"，而不是功能性专业知识。

"需要知道"方面源于发展问题和商业机会（见下文）。因此，教师的挑战是围绕组织发展过程来架构知识，这从根本上不同于传统的功能模式（一个新创业过程的例子见附录4-6）。例如，在关系到企业初创期生存时，目标可能是预测什么问题会导致创业失败并提出关于该方面的知识，以使得创业者在发展问题出现之前做出预测并进行补救（见附录4-7）。这样一个以问题为中心的方法并不意味着牺牲了概念分析，而只是通过问题或机遇的探索引入概念。

然而，接受这一点，意味着创业研究者正在寻找新的方法，将知识编入商业或组织的发展过程以及其中的管理挑战中。

（九）信任构建关系之臂

如上所述，教师面临的一个关键挑战是使学生能够从与利益相关者的关系中"学会学习"。创建关系学习能力可以说是巩固以信任为基础的关系的关键，这能让创业者快速发展。在商业环境中，它还涉及为企业发展创造一个公平的竞争环境，限制正式的监管和降低交易成本。这种方法的关键是确定在组织发展的每个阶段，创业者需要从每个利益相关者那里了解什么。例如，在一个小企业和关键客户的案例中，主要问题是：

- 就了解客户组织及其在关系的每个阶段的需求，创业者需要知道些什么以建立一个完整的充满信任的关系？
- 谁将得到并传递这些知识？
- 如何最佳地获取这些知识？

从客户的角度需要问同样的问题：

- 客户需要了解创业者的组织，他们将从何处了解？
- 如何能最好地把它传递出去，传递给谁？

这种以知识为基础的关系是动态的，会随时间而变化。在小企业背景下，英国的研究已经表明，关系学习在企业发展的不同阶段需要改变

(Durham University and De Montfort University，1999)。如上所述，这种动态是个体的，而且会随着组织中参与者的更迭而变化。但是，正如社交理论所建议的那样(Fuller and Lewis，2002；Gibb，1997)，正是"知道是谁"(上文提到的，在商学院里不经常强调的)是使有组织的以信任为基础的关系团结在一起的"水泥"。

（十）"不同背景下的创业管理"之腿

已经有人认为，创业管理的商业背景只是众多背景中的一隅。而且已经表明，"有效"的创业行为的需要和范围取决于组织和个人所面临的任务环境。

例如，一个学校校长的案例可以证明创业行为的实践有相当大的适用范围。在互利互惠的创业课程中，将有许多机会可以吸引学校的各种利益相关者（学生、家长、教师、地方政府、地方当局、学校及学院、企业及本地社区）。案例中包括发展高度活跃的家长组织、国际联系的建立、当地商业团体的课程参与、募捐、课外活动、教师借调等。然而，能这样做的机会是非常偶然的，取决于学校的商业环境"正式"构建的方式，例如赋予校领导嘉奖学校教师创业的自由。在英国背景下，很明显，提高学校的自主性在某些方面有助于创业行为的发展，但在学校管理上越来越多的中央指令／指导方针可能会起反作用。

因此，在此背景下的创业教育面临的挑战是帮助学生学习如何识别学生工作环境中的机会，以追求有效的创业行为。在任何情况下都可以采取这样的方法。但是，因为要鼓励组织表现出公事公办的态度，所以许多类似的事可能是（仔细地）虚构的。

（十一）创业组织设计与发展之腿

以上对任务环境和背景的讨论强调了创业设计、创业组织以满足不同环境和需求能力的重要性。一个创业组织可以被定义为（根据 Gibb，1999）一个最大限度地发挥个人潜力以追求有效的创业行为和举措，从而引起实现更大的个人价值和提高组织绩效的组织。

组织设计可以约束企业行为和／或强迫它变得离经叛道。他处已有证明（Gibb and Lypunov,1995），典型的国有商业模式就是这样一种组织。这并不意味着没有创业行为，而是大部分要么为了规避官僚体制的限制以保持业绩，要么是离经叛道的个人行为，例如在组织中运行其自己的商业活动。

如附录 4-4 所示，个体户面临的境遇是那些最有可能激发创业行为的，并且可作为各类组织设计的指导方针（Gibb，2000）。这些方针如表 4-3 所示。

表 4-3　创业组织设计指南

- 创造和增强了一种强烈的归属感
- 增强自由和自治的感觉
- 最大限度地提高整体管理的机会
- 容忍模糊性和直觉决策
- 发展把事情做到底的责任感
- 随着时间的推移试图建立承诺
- 鼓励建立相关的个人利益相关者网络
- 将对客户的奖励与利益相关者的信誉联系在一起
- 允许错误并支持从中学习
- 支持从利益相关者关系中学习
- 促进一般的创业学习方法
- 避免严格的划分和分级控制系统
- 允许管理层重叠作为学习和信任的基础
- 鼓励战略思维
- 鼓励个人接触作为建立信任的基础

表 4-3 是一个提示，独立所有者管理的企业是创业的核心。这也提醒了创业型组织与设计模式可以应用于发展的各个阶段的企业和组织，

特别是启动阶段，同样也可以应用于"在企业成长的同时保持创业精神"这个任务（Stevenson and Jarillo-Mossi，1986），以证明这对创业教育而言是一个独特的挑战。

（十二）"思想收获和项目管理"之脚

机会识别与实现依旧是创业活动的基础，而且是传统商业模式的主要问题之一，带着它可以适用于任何背景的补充说明。对识别的需要并将其结合到产品/服务的概念中去的过程是创业行为的核心，且常常可以在一个项目管理内解决。项目管理是激励和实践创业行为的良好工具。然而,当犯错和进行创业学习的时候（最近被形容为一个"实行"的过程）（Sarasvathy，2001），这方面成功的关键是这一过程并不是严重地官僚化、形式化，而是一个发现、实验、跟踪的过程。

对教师而言，这对设计创作与发展和追求项目管理周期的过程方式有重大影响。想法和机会出现，并被定义的不同背景需要给予深思熟虑。例如，在艺术中，有许多紧张来自对满足创造需求的强调和这结果对赞助人和"顾客"而言的可接受程度，才能使一个艺术家生存下去。

（十三）全球化背景

创业教育的这种替代模型设计中的一个关键规则是明确不确定性和复杂性的来源，从而创造出更有创业精神的社会需要。他处已经证明（Gibb，1999），一个有用的方法是为了探索全球化对社会整体的影响，对组织和作为工作者、消费者和家庭成员的个人生活世界的设计的影响。一般而言，这一起点的价值在于全球化似乎是全球创业政策关注的焦点。附录4-8提出了一个框架，这可以用来探索大范围的利益相关者组织的不确定性/复杂性的来源，从而探索组织设计与个体创业能力发展的必要条件。

这种方法不一定纯粹由市场驱动，即便市场形势可能是一个主要力量。不确定性和复杂性来自各种组织的"生命世界"，但不一定是由于市场压力。

（十四）结论

本节的目的已经表明，即一个比传统教学拥有更广泛基础的创业模型的设想是有可能的。该模式对创业教育的内容和过程都具有重要意义。它的核心重点是创业行为、属性和技能的发展，可能利用和激发这些组织设计。该模型认为，创业行为的追求在一个大范围的背景下可能是有价值的，而不是纯粹的商业。这与组织和工作者、消费者和家庭／社会成员的个体都是相关的。事实上，我们可以认为，将创业教育完全置于商业背景下，创建更广泛的利益相关者创业文化的重要性，以及进而在总体上给予支持的制度环境的重要性，可能是不被认可的。

模型的核心宗旨是：创业是帮助组织和个人应对、享受甚至创建不确定性和复杂性的关键。因此，它的价值取决于商业环境的性质，且不一定总是一个理想状态。然而，总体上已经可以看出，如何建立"创业文化"的现行政策是全球化压力的反映。无论是为了个人还是组织，确定这些压力对创业教育而言是一个有益的起点。

"替代"模型的接受要求对传统教育有诸多改变，特别是对高等教育的影响。这些都会在接下来进行论述。

五、替代模型和一些关键的政策问题

- 创业的"替代"模型会帮助高等教育部门更好地应对来自不同利益相关者的压力吗？
- 它能与大学传统价值观融洽并存吗？

- 可能需要什么样的教学改革去支撑一个替代模型？
- 在实现有关高等教育在社会中的作用的其他主要政策目标方面，可能需要什么样的组织性变革来创造可持续效果？

下面的部分依次探讨了这些问题，然后再回顾一下（标记为重点的）创业的替代模型如何可能有助于这些问题的解决。

（一）应对利益相关者的压力

文献综述（见例如 Higher Education in Europe, 2004; papers from the annual conferences of Universite dans la Societe: UNISO, 2004）表明，横跨欧洲的高等教育领域面临着来自利益相关者环境的巨大压力。在这些问题中，占主导地位的是经济吸纳越来越多的毕业生进入"毕业生水平"工作的能力。也有人认为，学位不再是生活的护照，甚至几乎算不上入场券。这反过来又反映在学习领域的毕业生选择和职业导向学位的增长的改变上。然而，大学也受到了批评，因为它们在传统上轻视职业教育论——将技能分离出教育（Hager and Hyland, 2003）。该领域受到相关压力，更加注重与就业市场、毕业生在这个市场的效用（工作领受率和工资产生的数据在大学生招聘活动中变得越来越重要）以及毕业生对一个终身学习的过程准备的联系。欧盟博洛尼亚宣言（the EU Bologna declaration, 1999）明确提出了这一挑战。

变化的内在压力来自全球化对就业市场的影响，带着对劳动者应对职业生涯中许多横向和斜跨部门以及职业变动的能力，带着任期的不确定性和不同的合同形式，以及一般而言，带着更大的复杂性（Rajan et al., 1997）。大学被迫在这方面采取行动的压力不仅来自政府和企业，还越来越多地来自当地社会。区域机构不断挑战行业，以展示其对地方经济发展的贡献，并寻求将其放置在战略的中心，以提供区域上的卓越位置作为潜在的发展吸引因素（见 Local Economy, 2003）。本章的开头已经指出，英国中央政府的政策已经通过几个方案推动了这一势头的发展。

如果上述压力和政策是为了激发一个可持续的反应，那么它们要求在一些领域有所改变。也许最重要的是，高等教育机构本身逐渐发展成为一个与其说是"学会组织"，还不如说是"学习型组织"。根据森奇（Senge，1990），前者被形容为接受各种阶级、所有来源的学习。因此，就其从与所有利益相关者的关系中学习并且心照不宣且明确地接受所有形式的学习的能力而言，它必须是"可渗透的"。目前可以认为，大学是相当不对称的学习型组织，其最大的回应权是授予那些决定传统学术地位的关键利益相关者，即研究经费和评估机构、教学评估机构、公共基金的提供者和来源以及学生需求的渠道。相当少的量给了其他利益相关者，例如地方政府、区域发展机构、创业者和商界，非政府组织（NGOs）以及商业和社团协会。

替代创业模型可以帮助解决以上几个问题。在应对全球化的压力方面，它对发展不确定性与复杂性及其背景化的处理能力的强调有助于教师和学生应对灵活的劳动力市场和职业定位的需求。它对社会上所有的利益相关者及其作为个人和团体面对复杂性和不确定性的来源识别的关注同样会有助于理解创造一个共鸣的创业制度环境的重要性，特别是在当地/区域的层面上。它对设计各类创业组织的重要性的强调也会推动对大学需求的理解，以适应创业中的利益相关者组织的文化，而不是伴随着一个纯粹的商业理论。它着重于个人创业能力的发展和知识的相关想象力运用，而不是商业驱动能力。

（二）创业与传统价值观

有一些关于创业教育商业模式的问题与传统学术常规格格不入（对这些观点进行回顾，见 Graham，2002; Smith and Langslow，1999）。也许最重要的是，可以看出它对学术界在商业用语中的作用的评价并极力提倡研究的关联性和实用性，而不是为其自身强调传统的发现过程。在社会科学的传统学科领域中，"学科"本身并不容易适应，也不适合商业教育中知识的功能性的组织。大多数创业教育都来自商学院，这一事实让人觉得它带有商业价值。与传统的社会科学机构相比，这些学校往往不太容易被人接受（Mintzberg，2004）。此外，还有其他对知识产权的担忧以及商业化可能对研究方向产生的不正当影响，以及研究成果的使用和对出版物的影响。

提出的"替代"模型可能有助于缓解这种紧张局势。首先，它强调个人能力而不是商业知识的发展。它也强调了通过学科对知识的想象力运用和整合，这与塑造大学概念的一位19世纪的哲学家的想法大致相当（Newman，1852）。与此同时，它以相关性与整合性观点更为轻松地挑战了纯粹发现与教学奖学金的传统（Carnegie Foundation for the Advancement of Teaching，1990）。它还把课程设置在商学院之外。事实上，这位作者在别处也争论说商学院基本无法提供上述的创业模式（Gibb，2002a）。

（三）巩固模型所需的可持续教学改革

高等教育机构通常会对旨在与更广泛的利益相关者群体建立联系的资金奖励做出回应。但主要的问题是它们是否以引导可持续的教育和组织文化变革的方式来操作。在英国的案例中，一个主要专注于激励教学改革先前的倡议，即高等教育企业计划（Enterprise in Higher Education Program）（向每个高等教育机构支付100万英镑以开发创业课程和教学方法）并没有随之引出一个重大的可持续转变（Brooks，1991）。一部分问题在于传统上给予"有关"创业教学的价值与"为了"创业教学相悖——后者被视为职业教育论。似乎有这样一个概念，即注重获取知识的实践或通过实践获取知识就否定了学术概念，虽然不清楚为什么会是这样。相反，可以说最好的理论是在实践中检验和发展的。这反过来又强调通过研究、开发、测试和传播的过程获得学习的重要性，并提醒人们只关注研究和出版可能会错过什么。

上述创业理念要求：

- 更多的知识整合（在院系和部门领域之中，在各种社会科学学科之间，在艺术和科学领域之间以及在隐性知识与显性知识之间）
- 更多的跨学科教学
- 更好的参与体验式学习的机会
- 更大的在实践中检验显性知识的空间（更多的时间通过返工去反思和学习）
- 更加强调如何教和教什么
- 评估和评审程序的改革
- 一些学习的基本理念的变化——尤其在管理领域（Ghoshal，2005；Mintzberg，2004）

提出的替代模型还要求每一个认知输入都与教育学密切配合，专注于发展适当的创业行为技能和属性（如附录 4-3）。这个过程也旨在加强学习的意动和情感方面。

（四）巩固模型所需的可持续组织变革及其与更广泛目标的联系

一个关键的问题是，实现创业教育替代模型的目标所需要的可持续组织变革是否能够与之相适应，并确实提高高等教育部门的能力以满足其他需求。这其中的重中之重是加强高等教育与企业和区域发展共同体的接触，并提高知识产权和技术转让的商业开发能力。一批学者已经确定了需要改变的重点领域（见 Clark，1998；*Higher Education in Europe*，2004），包括：

- 奖励和身份制度的改变以鼓励那些拥有很高的可信度并与企业和更广泛的利益相关者群体建立友好关系的人。
- 对那些专注研究和发展而不是单独的研究和出版的人给予更加平等的地位和职业路径。
- 灵活的人员编制和任用安排（包括教授职位、助理教授、借调的利益相关者群体成员、创业者客座教职等）。
- 与小公司和大企业更多的联合研发（R&D）计划。
- 学生契约的重新定位以接受个人和事业发展的一个更明确的定义，尤其致力于学生终身学习的准备。
- 为学术界、学生和创业者之间持续的社会互动创造更强大的机制。
- 确保科技园区与大学的"伙伴关系"中存在着"合作伙伴关系"；其中充满了与这所大学有着深厚关系的公司，而不是那些愿意用有吸引力的名字填满空间的公司。最近的调查结果显示，英国科学园区在这方面进展的结果令人失望（UK Science Park Association, 2003）。
- 真正与企业的利益相关者积极接触（而不是由委员会成员参与）。

创业的"替代"模型在许多方面巩固了这种可持续的转变过程。有人认为这将需要更专注于整合和关联的经验哲学，也因此更关注研发过程。通过对网络学习和"知道是谁"的强调，它将加强外部利益相关者代表积极融入大学社会的观念，并给予他们地位。这将巩固高等教育机构建立更强大的社交网络的倾向，长期以来，它被认为是技术转让和创新成功合作的关键。它也强调了高等教育组织通过在社区中更积极地与所有利益相关者共同投资，成为一个全面学习型组织的需要。总的来说，它应该提高创业在企业界和学术界的知名度。

六、全面的总结与结论

（一）总结

本章已经解决了英国高等教育领域促进创业教育的适度政策发展问题。已经确认了两大主要挑战：第一，最令人满意的是就创业概念达成一致，政府希望提高高等教育在经济和社会发展方面的作用。第二，明确一个合适的创业理念如何能顺利实现高等教育领域的可持续变化过程，并且支持其他努力以提高大学更积极参与更广泛的利益相关者环境的能力，特别是在知识产权商品化方面。

（二）结论

作者得出的结论是，创业的传统商业领导模式并不适用于实现上述目标，而且被视为威胁传统大学价值的可能之一。因此提出了一个替代模型，一个被认为是更易接受的，甚至更可能协助该部门应对其面临的压力的模式。特别是它定义了创业的行为、属性和技能的集合，这种需求取决于个人和组织所面对的商业环境的不确定性和复杂性。有人认为，这些可以被开发，并可能需要各行各业的各种组织和个人，而不仅仅是在商业环境中。作者已经证明关键挑战是设计各类组织以激发适度有效的创业行为，在需要的地方建立这一过程的指导方针。显然这一模型能支持高等教育领域对环境更敏感而不威胁传统价值观的目标，但关于知识和教育学组织与员工和环境的关系的高等教育方式需要一些改变。然而，也的确有一个改变的需要：如果该领域是为了应对创业挑战的话，则需要不同的组织模型。

参考文献

Atherton, A. (1997), 'Strategy and strategic planning. Business plans and planning: literature review', *High Growth Companies Project*, Durham University Business School.

Bichard, Sir Michael (2004), Address to the UK Enterprise Insight Conference, Queen Elizabeth Conference Centre, Parliament Square, London, 15 November (no transcript).

Bok, D. (2003), *Universities in the Market Place: The Commercialisation of Higher Education*, Oxford: Princeton University Press.

Bologna Declaration (1999), 'Joint declaration of the European Ministers of Education', Bologna, Italy, June, available at murst.it/convegini/bologna99.

Brooks, G. (1991), *Enterprise in Higher Education: Short Evaluation Paper*, London: Department of Employment and Education.

Carnegie Foundation for the Advancement of Teaching (1990), *Scholarship Reconsidered—Priorities of the Professoriate*, Washington: Carnegie Foundation.

Clark, B.R. (1998), *Creating Entrepreneurial Universities: Organizational Pathways to Transformation*, Oxford: Pergamon/Elsevier Science.

Courtney, H., Kirkland, J. and Viguerie, P. (1999), 'Strategy under uncertainty', in *Harvard Business Review on 'Managing Uncertainty'*, Cambridge, MA: Harvard Business School Press, ch.1.

DUBS (Durham University Business School, Durham) (1998), *Management Development in High Growth Small & Medium Sized Enterprises: The Gap between Needs and Provision*, MCI and DfEE, pp. 1–16.

Dulewicz, V. (2000), 'Emotional intelligence: the key to successful corporate leadership', *Journal of General Management*, 25, 1–15.

Durham University and De Montfort University (1999), *Making Management More Entrepreneurial—Relationship Management Programme Development*, Durham: Foundation for SME Development Durham and

Centre for Enterprise.

European Commission (2002), *Final Report of the Expert Group: 'Best Procedure' Project on Education and Training for Entrepreneurship*, November, Brussels.

European Commission (2005), *The Competitiveness Challenge: Enterprise Europe*, January–March, Brussels.

European Forum for Management Development (efmd) (2004), *A Survey of Entrepreneurship Activities of European Universities and Business Schools*, Brussels: efmd.

Fuller, T. and Lewis, J. (2002), 'Relationships mean everything: a typology of small business relationships in a reflexive context', *British Journal of Management*, 13, 329–48.

Ghoshal, S. (2005), 'Bad management theories are destroying good management practices', *Academy of Management Learning and Education*, 4 (1), 75–91.

Gibb, A.A. (1993), 'Enterprise culture and education: understanding enterprise education and its links with small business, entrepreneurship and wider educational goals', *International Small Business Journal*, 11 (3), April/June, 11–34.

Gibb, A.A. (1994), 'The case method in entrepreneurship teaching—a background paper to an EFMD debate', unpublished paper, Sheffield.

Gibb, A.A. (1996), 'Entrepreneurship and small business management: can we afford to neglect them in the twenty-first century business school?', *British Journal of Management*, 7, 309–21.

Gibb, A.A. (1997), 'Small firms' training and competitiveness: building upon the small business as a learning organisation', *International Small Business Journal*, 14 (3), 13–29.

Gibb, A.A. (1999), 'Can we build "effective" entrepreneurship through management development?', *Journal of General Management*, 24 (4), 1–22.

Gibb, A.A. (2000), 'Corporate restructuring and entrepreneurship: what can large organisations learn from small?', *Enterprise and Innovation Management Studies*, 1 (1), May, 19–37.

Gibb, A.A. (2002a), 'In pursuit of a new entrepreneurship paradigm for learning: creative destruction, new values, new ways of doing things and new combinations of knowledge', *International Journal of Management Reviews*, 4 (3), 233–69.

Gibb, A.A. (2002b), 'Creating conducive environments for learning and entrepreneurship: living with, dealing with, creating and enjoying uncertainty and complexity', *Industry and Higher Education*, 16 (3), 135–48.

Gibb, A.A. (2003), 'Organising for enterprise in China: what can be learned from the Chinese micro, small and medium enterprise development experience?', *Futures*, 35, 403–21.

Gibb, A.A. (2005), 'The future of entrepreneurship education—determining the basis for coherent policy and practice', in P. Kyro and C. Carrier (eds), *The Dynamics of Learning Entrepreneurship in a Cross—Cultural University Context*, Finland: Research Center for Vocational and Professional Education, University of Tampere, Chapter 2, pp. 44–68.

Gibb, A.A. and Cotton, J. (1998), 'Work futures and the role of entrepreneurship and enterprise in schools and further education', background keynote paper to the 'Creating the Leading Edge' conference, London, December.

Gibb, A.A. and Lypunov, S. (1995), 'Creating small business out of large in Central and Eastern Europe', *Small Enterprise Development: An International Journal*, 6 (3), 4–17.

Gibb, A.A. and Scott, M. (1985), 'Strategic awareness, personal commitment and the process of planning in the small business', *Journal of Management Studies*, 22 (6), November, 597–632.

Goleman, D. (1996), *Emotional Intelligence*, London: Bloomsbury Press.

Graham, G. (2002), *Universities: The Recovery of an Idea*, Thorverton: Imprint Academic.

Haahti, A.J. (1989), 'Entrepreneur's strategic orientation: modelling strategic behaviour in small industrial owner-managed firms', Doctoral thesis, Helsinki School of Economics and Business Administration, Finland.

Hager, P. and Hyland, T. (2003), 'Vocational education and training', in N. Blake, P. Smeyers, R. Smith and P. Standish (eds), *Philosophy of Higher Education*, Oxford: Blackwell, pp. 271–88.

Hannon, P.D. and Atherton, A. (1998), 'Small firm success and the art of orienteering: the value of plans, planning and strategic awareness in the competitive small firm' Journal of Small Business and Enterprise Development, 5 (2), 102–19.

Harvard Business Essentials (2003), *Managing Creativity and Innovation*, Cambridge, MA: Harvard Business School Press, pp. 1–13.

Higher Education in Europe (2004), 'Entrepreneurship in Europe', *Higher Education in Europe*, XXIX (2), London: Calfax Publishing.

Lave, J. and Wenger, E. (1991), *Situated Learning: Legitimate Peripheral Participation*, Cambridge: Cambridge University Press.

Levie, J. (1999), *Enterprising Education in Higher Education in England*, London: Department of Education and Employment, p. 40.

Local Economy (2003), *Special Issue. Universities and Local Economic Development*, 18 (1), February.

Maskell, D. and Robinson, I. (2002), *The New Idea of a University*, Thorverton: Imprint Academic.

Mason, C. (2000), T*eaching Entrepreneurship to Undergraduates: Lessons from Leading Centre of Entrepreneurship Education*, Southampton: University of Southampton.

McClelland, D.C. and Winter, D.G. (1969), *Motivating Economic Achievement*, New York: Free Press.

Mintzberg, H. (2004), *Managers Not MBAs*, London: Prentice Hall.

Newman, J.H. (1852), 'Knowledge, learning and professional skill', in R.M. Alden (ed.), (1917), *Readings in English Prose of the 19th Century*, Cambridge, MA: Cambridge Press, pp. 418–39.

North, D. (1990), *Institutions, Institutional Change and Economic Performance*, Cambridge: Cambridge University Press.

Perry, M. (1999), *Small Firms and Network Economies*, London: Routledge.

Polanyi, M. (1983), *The Tacit Dimension*, Magnolia, MA: Peter Smith.

Porter, M.E. (1985), 'Competitive advantage: creating and sustaining superior performance', New York: Free Press.

Rajan, A., van Eupen, P. and Jaspers, A. (1997), *Britain's Flexible Labour Market: What Next?*, RS50, Tunbridge Wells: DfEE and CREATE.

Ruohotie, P. and Karanen, N. (2000), *Building Conative Constructs into Entrepreneurship Education*, Tampere, Finland: University of Tampere.

Sarasvathy, S.D. (2001), *What Makes Entrepreneurs Entrepreneurial?*, Washington, DC: University of Washington School of Business.

Sarasvathy, S.D. (2003), 'Causation and effectuation: towards a theoretical shift from economic inevitability to entrepreneurial contingency', *Academy of Management Review*, 26, p. 15.

Selden, P., Tansley, C. and Fletcher, D. (2004), 'Manimala's entrepreneurial heuristics: the beginnings of "deep" entrepreneurial cognition research', paper to the ISBA 25th National Small Firms Policy and Research Conference, University of Brighton, Sussex, November, p. 17.

Senge, P.M. (1990), *The Fifth Discipline: The Art and Practice of the Learning Organization*, London: Random House.

Smith, D. and Langslow, A.K. (1999), *The Idea of a University*, Higher Education Policy Series 51, London: Jessica Kingsley Publishers.

Spencer, L.M. (1983), 'Soft skill competencies', *Scottish Council for Research and Education*, Edinburgh: Lindsay Company.

Stevenson, H.H. (2004), 'Intellectual foundations of entrepreneurship', in H.P. Welsch (ed.), *Entrepreneurship: The Way Ahead*, London: Routledge, Chapter 1, p. 3.

Stevenson, H.H. and Jarillo-Mossi, J.C. (1986), 'Preserving entrepreneurship as businesses grow', *Journal of Business Strategy*, 7, pp. 10–23.

Steyaert, C. and Hjorth, D. (eds) (2003), *New Movements in Entrepreneurship*, Cheltenham: Edward Elgar, pp. 3–20.

UK Science Park Association (2003), *Evaluation of the Past and Future Economic Contribution of the UK Science Park Movement*, Cambridge: UKSPA.

UNISO (Universite dans la Societe) (2004), 'Universite dans la Societe', conference papers, 20–25 July, Romania.

USASBE (2006), Keynote address by Professor Stern to the United States Association for Small Business and Entrepreneurship Annual Conference at the Starr Pass Marriot Hotel, Tuscon, Arizona, 13–15 January (no transcript).

Vesper, K. (2004), 'Unfinished business (entrepreneurship) of the twentieth century', in H.P. Welsch (ed.), *Entrepreneurship: The Way Ahead*, London: Routledge.

Welsch, H.P. and Malterich, M.A. (2004), 'Emerging patterns of entrepreneurship: distinguishing attributes of an evolving discipline', in H.P. Welsch (ed.), *Entrepreneurship: The Way Ahead*, New York: Routledge, Chapter 5, pp. 55–70.

Wenger, E. (1998), *Communities of Practice: Learning, Meaning and Identity*, Cambridge: Cambridge University Press.

附录 4-1 概念澄清的需要

有关于创业观点的主题演讲人语录，来自全球创业观察大会，伊丽莎白女王会议中心，2004

高增长型商业模式

"冒着全部风险"（一个拟议的关于创业的电视连续剧）

"生存概率的残酷性"　　　　　　　　　　　　　　Luke Johnson

"美国模式可以向世界各地的发展政策提供信息……

可持续民主资本主义"　　　　　　　　　　　　　Karl Schram

它（企业）可以被视为：

"商务与经济认识"

"金融素养"　　　　　　　　　　　　　　　　　Gordon Brown

"我们需要'创造商务和商务教师'"

"一个不歧视商务的教师职业"　　　　　　　　　Digby Jones

更广泛的创业模式

"创业根本不是冒险，而是要确定和抓住机会"

"商务一词是令人扫兴的"　　　　　　　　　　　Kevin Steele

"我们希望重新关注企业，且不仅仅是创业"　　　Martin Griffiths

"创业在网络上蓬勃发展"　　　　　　　　　　　Kevin Steele

"挑战是让组织以一种有进取心的方式运行"　　　George Cox

"创业对学术技能有一种过分依赖，而不是'感觉'技能"

　　　　　　　　　　　　　　　　　　　　　　Martin Glen

"我们可能不必监督创业——我们必须给人们所有权和控制权"

　　　　　　　　　　　　　　　　　　　　　　Martin Glen

"我们永远无法像如今的行政事务一样实现创业文化"

　　　　　　　　　　　　　　　　　　　Sir Michael Bichard

附录 4-2：创业行为、属性和技能列表（来自文献）

（一）创业行为
- 寻求与把握机会
- 采取措施使事情发生
- 创造性地解决问题
- 自主管理
- 负责并掌管事物
- 看透事情
- 有效地建立人际关系以管理相互依赖
- 创造性地把事情放在一起
- 用判断来计算风险

（二）创业属性
- 成就取向与抱负
- 自信与自我信念
- 坚持不懈
- 控制（自治）的高级内部核心
- 行动导向
- 偏爱通过做事学习
- 勤奋
- 决心
- 创造力

（三）创业技能

- 创造性解决问题
- 游说
- 谈判
- 销售
- 提议
- 整体管理业务/项目/情况
- 战略性思维
- 不确定条件下的直觉决策
- 交流

附录 4-3：将创业行为和技能与教育学联系起来

	寻找机会	获取主动权或独立行动	创造性地解决问题	说服或影响他人	让事情发生	处理不确定性	灵活答复	忽视一个成功的处理方式	做决定	自信地展示	成功地独立经营
课程											
研讨班			*					*		*	*
问题或机会研讨会	**		***	*				*	**		
评论文章			*	*			*				
案例									*	*	
研究	*	*			*	*					*
重要事件			*			*	*		*		
讨论组			*	*				*			*
项目	*	*	*		*	*		*	*	*	*
展示				**						**	
争论				**						**	

续表

	寻找机会	获取主动权或独立行动	创造性地解决问题	说服或影响他人	让事情发生	处理不确定性	灵活答复	忽视一个成功的处理方式	做决定	自信地展示	成功地独立经营
采访			*	*		*	*	*			
金鱼碗				*			*	*			*
模拟			*	*			*	*	*	*	*
评估	**										
相互指导			*	*		*	*	*			*
交互式视频							*		*		
网络											
游戏	*	*	*	*		*	*	*	*		*
组织事件		**		**	**	**		**	**		*
竞争											
查账（自我）工具											
查账（企业）工具											
绘图			*	*							
戏剧				*		*				*	
调查			*		*			*			
角色模型											*
观察座谈小组				*				*	*		
讨论主题		*		*			*			*	
争论		*		*							
冒险训练	*	*	*			*	*		*		*
为他人讲授			*	*		*	*	*			
咨询			*	*			*	*			

附录 4-4：创业价值观

- 强烈的独立意识
- 对官僚体制及其价值观的不信任
- 自制／自信
- 强烈的自主意识
- 相信回报来自自己的努力
- 努力工作带来回报
- 相信能使事情发生
- 强烈的行动导向
- 相信非正式安排
- 坚定相信知道是谁和信任的价值
- 坚定相信采取行动的自由
- 相信个人和社会而非国家

附录 4-5：运用教育学模拟创业生活世界

例：在启动过程中的教学挑战

1. 发展承诺，通过：
   —把方案重点放在参与者自己的项目上
   —建立同级审查／辅导程序，监督进展情况
   —项目进展中的个别辅导
   —对其他参与者进行项目的正式介绍
   —设立独立的审查小组
   —建立与资源的健全联系

2. 发展一种强烈的责任感,通过:

　　—联系开发提案部分(寻找客户、供应商,与供应商协商资源……)

　　—鼓励行动计划的发展

　　—设定完成某些活动的时间

3. 发展一种强烈的自主意识,通过

　　—对参与者项目的强烈关注

　　—在课堂上为项目辩护练习

4. 培养一种应对风险、金钱和社会地位的能力,通过

　　—制订一个计划

　　—制订关于计划中关键假设的"如果"方案

　　—探索降低财政支出的途径(通过转包等)

　　—让参与者看到利益相关者的看法的联系

　　—就当地社会地位与现有企业进行讨论

5. 培养应对长而灵活的时间的能力,通过:

　　—时间管理练习

　　—发展组织体系

　　—通过其他创业者介绍时间管理

　　—设置客户交货计划系统

　　—留出应急时间

6. 培养自由与独立意识,通过:

　　—练习着"做你自己"

　　—探索自由将带来什么样的责任

　　—就这对其意味着什么采访现有的创业者

　　—审查参与者个人目标及其业务

7. 培养利用伴随着不确定性的有限的数据做决定的能力,通过:

　　—练习在没有或很少有数据的情况下做决定

——回顾"分析瘫痪"（paralysis by analysis）的情况

——要求参与者使用"隐性"知识做出决策

8. 培养管理关键的利益相关者相互依存的能力：

——关键利益相关者的识别

——关于利益相关者正在寻找的以及原因的练习

——关于利益相关者学习方式和教育他们的方式的练习

9. 培养采取措施并变得积极主动的能力，通过：

——练习他们认识谁和他们有多了解那些人

——"认识谁"的战略发展练习

10. 培养应对收入波动和客户对奖励的依赖的能力，通过：

——就个人收入水平的目标设置一个清晰的观点

——关于以营业额和利率水平为基础的回顾

——关于收入如何有所变化以及他们如何应对的考查

——关于稳定收入方法的考查

——考虑在紧急情况下有所收入的其他方法

——对储蓄作用的考虑

11. 培养管理社会和家庭关系中的变化的能力：

——练习考虑所有家庭问题（离婚、继承、税收等）

——家庭事务中的"如果"情况

——探索其他创业者对家庭问题的计划

12. 培养管理/控制整体任务结构的能力，通过：

——明确阐述参与者需要做什么的练习

——开发注重这些需求的训练

——模拟

13. 培养像创业者一样学习的学习能力，通过：

——专注于：从做中学、犯错、复制、解决问题、实验、同行审查、利益相关者反馈……

14. 培养应对寂寞的能力，通过：

　　—鼓励俱乐部和协会会员

　　—时间管理练习

　　—与同行建立联系并使用顾问

附录4-6：将学习与新的创业课程开发联系起来

阶段	个人发展：阶段、任务和学习需要	
	关键任务	学习和发展的关键需要
1. 从思想和动机的获取到原始的想法	* 找到一个想法 * 产生一个想法 * 探索自主创业的个人能力和动机	* 想法产生与评估的过程 * 关于想法来源的知识 * 对现有的个人技能/知识用于自主创业的方式的理解 * 对自主创业意义的理解 * 对自主创业的自我领悟 * 正面人物形象/探索/反馈 * 自我评价
2. 从原始的想法到有效的想法	* 阐述想法 * 明确它所满足的需求 * 达到目标 * 看它工作 * 看它在操作条件下工作 * 确保可以使得它达到令人满意的质量 * 挖掘客户能够接受的客户价格 * 探索合法性 * 确保能进入企业（没有不可克服的障碍） * 识别并从竞争中学习	* 什么构成有效的想法 * 了解制作/做的过程 * 制作的技术技能 * 客户需求分析 * 客户识别 * 还有谁来做/制作它 * 想法保护 * 价格和粗略成本 * 进入一个市场的途径 * 质量标准 * 竞争分析
3. 从有效的想法到经营规模和资源识别	* 确定市场定位和客户类型 * 说明如何达到市场（促销） * 确定"谋生"的最小理想规模 * 确定这个规模下的物理资源需求 * 估计额外的物力资源需求 * 估计财政需求 * 确认任何额外的财政需求	* 市场调查 * 市场营销组合（营销等）（接近客户的方式） * 定价 * 预测生产和设计过程，为使用、效率等设定标准 * 分配系统 * 材料估计和损耗 * 估计劳动力、材料、资本要求 * 利润/亏损及现金流量预测

续表

阶段	个人发展：阶段、任务和学习需要	
	关键任务	学习和发展的关键需要
4. 从"规模"到商务计划和谈判	*开发商务计划和提议 *与客户、劳动力、材料供应商、房屋、资本供应商、土地等协商以确保订单和实物供应能力 *为了资源，与银行、金融家们进行谈判	*商务计划发展 *谈判和演讲技巧 *了解土地供应商等 *合同和协议形式 *关于不同支付方式的知识 *了解银行家和其他金融来源 *了解有效的援助形式
5. 从谈判到诞生	*完成企业注册的所有法律要求 *满足所有法定要求 *建立基本业务系统	*业务合并 *法定义务（税收、声明） *企业的生产、营销、财务系统与控制 *顾问能做什么 *懂得如何管理人
6. 从诞生到存活	*巩固业务处理系统 *确保足够的财务控制（债务人、债权人、银行等） *开拓市场，吸引、留住客户 *履行所有法律义务 *监测、预测变化 *维护与银行、客户、供应商和所有环境接触的良好关系	*管理控制系统 *现金计划 *债务人/债权人控制 *营销 *销售技巧 *环境扫描调查与市场研究 *领导能力 *代表团，时间规划

附录 4-7：从问题到概念——生存

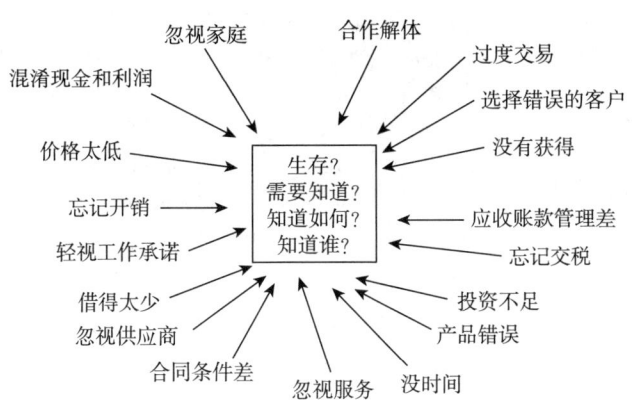

附录 4-8：压力塑造"创业社会"

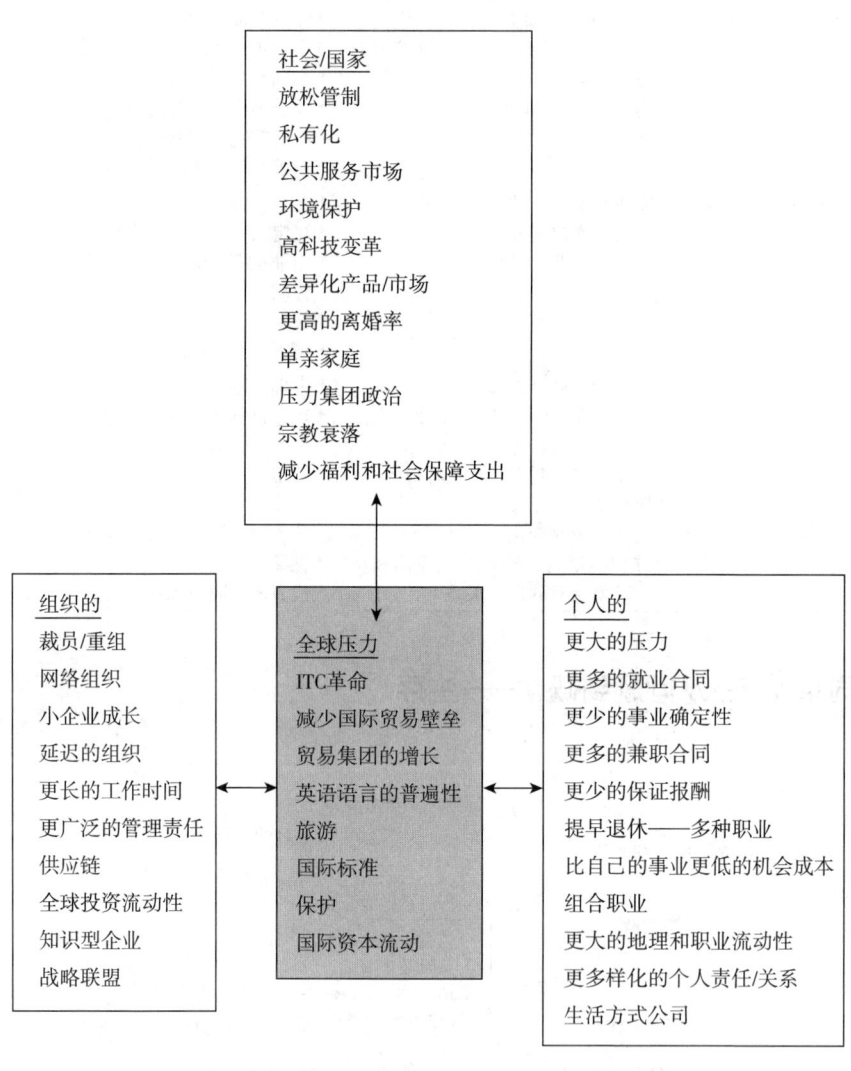

第五章 大学里的创业教学：从错误的构建到正确的哲理

凯文·欣德尔

> 如果你想要鼓励创业，那么就应该通过某种形式的学徒制来实现。这会是一段精彩的经历。（Birch，见 Aronsson，2004：289）

> 大学应该在知识准备的过程中发挥作用，例如现代商业或传统的职业，促进其对职业生涯中各种普遍原则的富有想象力的思考。因此，学生通过他们的想象力进入学徒期，他们的想象力已经与一般原则联系在一起了。（Whitehead，1929［1967］：96）

> 我所敦促的解决方案，是为了摧毁扼杀了我们现代课程生命力的致命的脱节。（Whitehead，1929［1967］：6）

一、引言：创业教育是正确的物品放在错误的建筑里？

我生命中大部分工作是尝试培养创业者和教授创新创业教育。1983年，当我开始这样做时，在大学或其他地方，只有极少数公开出版的关于创业教育这个主题的信息。即使在20世纪80年代末90年代初，依然只有相对较少的关于创业教育的文献（见例如 Plaschka and Welsch，

1990）。在最近几年中，那些以前缺失的文献突然爆发并且数量呈指数增长。有几个例子能说明这种增长。目前有一本创业教育专门的期刊《国际创业教育》（International Journal of Entrepreneurship Education，IJEE）。许多商业智囊团将丰富的资源投入创业教育中（参见例如在 www.smallbusinessinstitute.org 网站中的小商业管理学院）。受人尊敬的学者卡尔·维斯珀（Karl Vesper）和比尔·加特纳（Bill Gartner）编制的创业教育课程（Vesper and Gartner，2001）目录越来越庞大。有关创业教育的会议也已经达到制度层面。雪城大学的马丁·J. 惠特曼管理学院（Syracuse University's Martin J. Whitman School of Management）举办的一个国家"体验式课堂"项目，旨在提升那些传授创业知识的人的技能。现在有更强有力的支持使通常神秘的创业研究结果变得易于传授（Hindle，2004; Hindle et al.，2004）。创业学科现在甚至拥有一位美国创业教育史学家（Katz，2003）——造诣深厚并多才多艺的杰里·卡茨（Jerry Katz）。在国家顶层政策设计中，关于创业教育的争论在许多国家发生。尤其是德国，他们正在积极地探索"正确"的创业课程（Klandt，2004; Koch，2003）。对卓越人士的创业教育奖励不仅有"徽章"，还包括"美元"——仅仅管理创业学院（Academy of Management Entrepreneurship Division）就有三个教学奖和一个年度最佳博士学位论文奖。2004年9月，管理学院致力于学习和教育的杂志还发表了一期创业教育的专刊（Green et al.，2004）。

所以，随着这一切集中在我生活和醉心于此的工作上发生时，我本应该发自内心地激动。但相反，我有点担心，甚至有点伤心。为什么呢？这并不是因为我觉得这种快速增长的贡献不重要或者毫无用处。因为我相信，如果我们在创业教育领域用更多的时间来思考教育过程本身的一些哲学和背景的基础，那么可能会更有价值。我们在追求细节过程中所做的事情是很危险的，就像在缺乏对为什么一切都很重要的反思时还去宣讲、说教。

这就是我在这一章想说的：对一些核心教育问题进行反思的意图是通过我们的努力并在持有怀疑态度的群体中建立哲学可信度。

我们这些在大学里教创业的人通常会觉得我们应该直接掌握详细信息。我们倾向于把简单的和不必要的事情当作基本的需要来反驳，以驳斥错误却非常普遍的观点，即创业不能被教授。我们认为这是一个愚蠢的命题，我们不必费心去反对它，这有失我们的身份。但是我们不应该如此自满。这是一个对你的考验。在你的大学里，咨询十位来自或可称为传统学科（混合了自然科学、人文和社会科学）的教授，因为他们对创业是否可以或应该在大学里学习持有"诚恳意见"。尽量让他们脱离记录，并不局限于任何需要在政治方面正确回答的界限。许多大学在其使命声明中都有一个对创业和/或创新的口头承诺。超越肤浅的陈词滥调和"党派路线"，问你的教授他们真正想的是什么。我的假设是，你提炼的主要新观点应该是：首先，创业无法教授，因为"创业者是天生的"；其次，即使可以教，大学也不是一个合适的地方。

关键的一点是虽然我们作为创业教育者，已经确信在大学进行创业教育是可行并可取的，但是我们已经忽略了把这些命题的公理和逻辑论证证明给更广阔世界的责任。[1] 如果其他的大学教师——我们最亲密的同行，在他们内心深处不相信创业教育在大学的可行性，那么更广泛的社会怀疑可能是巨大的。在这样的背景下，目前创业教育论文的激增存在着对"信徒"说教的风险。创业学者使我们最近的许多作品有更可信、更广泛的受众，我们必须着手公开论证一些哲学基础甚至是陈述我们的信念的公理性。

---

[1] 希尔斯和莫里斯引用"针对创业能否教授开创性的研究"，但当我读完他们推荐给我的文章时，没有得到系统解决这个被引用问题的答案。我同意希尔斯和莫里斯后来的声明："这篇文章大部分针对具体的教学和学习目标，以及课程内容和其他教学交互问题。"（Hills and Morris, 1998: 43）

在目前的创业教育争论中，或者说专家谈论专业知识时，最容易犯的错误就是评论家往往不成比例并不合时宜地将焦点集中在一个分析对象上——课程，就好像它是一个无形的实体。但是，一门学术课程（或者其中的一个单一科目）是一个因变量。最重要的是，它取决于教师、学生和环境的相互作用，因为这其中发生了信息的传递。这就是我想在本章中探索的基本变量。因为我想重点探讨高校创业教育，我将在一个合适的、通用的场所开始，即大学校园，但一个被认为是错误的特殊场所是——它的商学院。

想象你是在一个大学校园里，位于北美、欧洲或者其他那些拥有大致符合所谓"西方教育传统"的大学的地方。这所大学可能和许多大学一样，拥有一所主要关注讲授大学 MBA 课程的商学院。如果大学提供任何课程或者创业教育项目，你会发现那里是一个不错的选择。事实既有趣又隐约地令人沮丧，因为根据权威消息，商学院是一个完全错误的教授创业的地方。我不会花太多时间在这个观点上；我会在两个有影响力的案例陈述之间简单说明一下，两个案例分别发生在 1987 年和 2004 年。

在学术期刊上发表的文章里使用形容词"意义重大的"（seminal）总是会有风险。我要用它来描述 1987 年发布在《商业风险投资》（*Journal of Business Venturing*）期刊上的一篇文章。文章的标题对于那么耐久的文章似乎并不贴切——麦克马伦和朗所写的"90 年代的创业教育"在创业教育但凡得到讨论时，它就很可能被提及。一句话首先出现在标题的星号和后面的编者按中：虽然这篇文章不是以经验为基础的，但它解决了一个非常重要的问题，这是一个对编辑规则的一次性例外（McMullan and Long, 1987: 261）。他们的论点的根本挑战可以总结为两句话：因为一些原因，目前提供创业教育的方式是不够的；这个新的领域需要超越管理或工程学校的界限，甚至需要超越大学的界线（McMullan and

Long，1987：262）。

麦克马伦和朗在研究中明确提出的主要问题是教学模式的一个通病（一个经常"盘踞"在商学院的教学制度）。发现错误模式（商学院或者其他地方）的具体地方是一个次级问题。我已经说过了，这是个公平的概括，按传统被雇用来教中高级管理人员怎样处理成熟大型组织的事务的工商管理硕士是不合适进行创业教育的。麦克马伦和朗认为最重要的是创业教育需要体验式的教学方法和环境。然后，他们认为，从根本上来说，这与以大学为基础的商学院的教学方式有很大的不同。

2004年，戴维·伯奇（David Birch）提出了具有权威性的相同的论点。伯奇几乎是创业领域的标志性人物。他是许多与创业有关的研究和政策的先驱。正如马格努斯·阿伦森（Magnus Aronsson）最近的对他的采访中提到的一样，伯奇的开创性研究成果对政策制定者而言是简单易懂的：新创的和小型的企业创造了大部分新的工作岗位。他的发现成为政府主动扶持高成长型小企业的基础，伯奇给这种企业取了一个绰号——"瞪羚"。有些人相信，当前把创业作为一门学科的发起者就是伯奇。这位学科老前辈坚信商学院是开展创业教育的错误的地方。

> 相当多的商学院会教授你的知识与创业背道而驰。他们教你做华尔街的每季度数字，教你控制成本，教你成为创业者的错误动机，教你采取一些已有的并确定能在华尔街发挥很好作用的东西。基本上，商学院教你如何为某人工作。（Aronsson，2004：290）

所以，如果麦克马伦和朗以及伯奇以及许多其他人是可以信任的话，大学里的教育者会面对一个真实且不受欢迎的悖论。看来大学里的商学院不是教授创业的地方。然而，那却是从数据统计上最应该教授创业的学院（Vesper and Gartner，2001）。我们得到更多的分析的同时事情也变得更糟糕了。商学院的创业教育悖论实际上仅仅是七个相关问题中的一个而已。第一个问题是：创业能否被教授？有许多尖锐的声音回答"不"。第二个问题是：如果创业能被教授，那大学是否是进行创业的正确地方？许多人强力拥护"不"这个回答。加上我们的悖论，我们的第三个问题是：如果大学是进行创业教育的适当的地方，但大学里的商学院是开展创业教育错误的地方，那么创业教育应该在哪里教？这些问题的顺序应该在逻辑上优先于第四个问题：谁应该来开展创业教育？第五个问题是：谁应该学习创业？第六个问题是：该怎么教授创业？[①] 最后，我们要问的是本体论意义上的第七个问题：创业教育应该教什么？

这七个讨厌的问题就像是在我们光鲜的商学院表面上喷绘的粗鲁涂鸦。在这一章中，我会试着用一些溶剂，并撸起袖子加把油，逐个儿地擦掉这七个涂鸦。

二、创业可以被教授吗？创业教授和创业相关内容的教授

作为本章中通篇提到的术语，我采用了沙恩和文卡塔拉曼（Shane and Venkataraman，2000：218）对创业的广泛定义作为研究对象的界定："我们在学术研究中将创业定义为如何、由谁和有什么影响，发现、评估和利用机会创造未来的商品和服务。"

正如戴维森（Davidsson，2004，多处引用）指出的，作为研究领域的创业不同于作为一种现象的创业。但为了提高效率，我会对一个创业教育的广泛定义感到满意，这就是：知识的传递，关于如何、由谁和有什么影响，发现、评估和利用机会创造未来的商品和服务。显而易见，

[①] 正如在介绍中所指出的，这最后一个问题是目前正在出版的绝大多数创业教育文章唯一关注的领域。谓语问题常常被忽略。

以这种方式定义的创业教育可分成两部分:"创业教授"和"创业相关内容的教授"。①

"创业教授"包括创业的职业领域:一个非常实用的知识领域的组成部分。正如医学、工程、法律或专业管理有一个职业的(以及理论和社会的)组成部分,创业亦是如此。我经常想知道为什么有这么多聪明的人总是问老掉牙的问题:创业者难道不是天生且无法被创造的吗?或更糟的是,他们完全避免了对命题的询问,简单地断言创业者是天生的且不能被创造,或者至少创业无法被教授。同样的人不太可能断言医生、律师或工程师是天生的而非后天创造的,或者这些专业的职业技能是无法被教授的。

作为一个专业现象(不同于医学、法律等),创业不得不忍受这样一个荒谬的命题,我怀疑主要因为许多人都牢记着一个明确但无法识别的区别——医学(法律学或工程学)的基本技术与概念上成为一个医生(律师或工程师)的区别。大多数人在本质上都为非创业职业做出了这样的区分,但却没有对创业者进行类似的区分。例如,他们欣然接受一个理智、聪明、灵巧的人可以学会医学的基本原理以及如何将它们应用到手术中,比如说切除阑尾。没有医生是天生的,都是通过教育才成为医生。但是,通过组合不同的内在因素(例如更高的智慧和更好的先天灵巧)、不同的激励程度(例如一个或多或少有利的环境)和不同的外在因素(例如对原则的更深入更长期的研究,对外科手术的更多练习),有些医生比别人更具优势。对一个创业者来说,这没有什么不同。②所有有志向的人都要设法学习他们的技艺,别人也一样。因此,创业可以教。并非所有的创

---

① 另一种方法参考斯科特等(Scott et al., 1998)的著作,他们利用三类:通过创业教育,关于创业教育,为了创业教育。
② 在这里,我使用熊彼特的创业,以及引用威廉·鲍莫尔(William Baumol, 2004: 33)简洁地总结观点如下:"在这里,我将强调约瑟夫·熊彼特作为发明家合伙人的概念——认识到发明价值的商人决定了如何适应未来用户的偏好,并将发明推向市场并促进其利用。"

业理论和实践都可以教给每个人，任何超过人体解剖学的原理和细节可以被一个不够聪明的人学得，抑或是精巧的手术技巧可以被截肢者习得。但绝对没有一个先验理由断言说创业不能教。

那么，为什么这么多人相信这一观点呢？或者说，甚至没有给它足够的思考来证明时就对其断言呢？

主要的原因是混淆了最终结果（一个创业者的存在）和产生最终结果的过程（包括但不限于学习和行为改变）。创业者经历了一个教育过程，这个过程对他当前生存状态的本质是有贡献的。混淆产生的原因是大多数人对医生更为了解，而对创业者或创业知之甚少。全球创业观察（*Global Entrepreneurship Monitor*）在所有国家的研究（Hindle and Rushworth, 2004; Reynolds et al., 2004）表明大多数人声称从未遇见过一个创业者。发达经济体中的大多数人都遇见过医生。当人们听到或遇到一位杰出的外科医生，他们对世界的了解使他们知道这位外科医生肯定经历了漫长的培训期，体验了成功与失败。当他们见到或听到一个成功的创业者，人们往往不会去思考这个人必须获得的技能，而仅仅看到它所产生的结果。这些结果（通常包括大量的个人财富）在人们更熟悉的经济行为者的标准风险回报概况上是非比寻常的，因此创业者表现得非常与众不同——正如一个在不发达的环境中发现代药物的医生可能看起来像一个出世便具有特殊技能的未受教育的村民。还有一个复杂的问题，那就是没有一个"幸运的"脑外科医生：警告——在家里做不成医生。但成为一名幸运的企业创始人还是可能发生的：凭借自己也能获得商业上的成功。但这样的人应该被称作"幸运的人"而不是"创业者"。

因此，只要不把学生的行为和动机的谓、主语相混淆，就可以清楚地认识到创业的职业方面。这些方面的其中一些与管理的职业方面是相同或非常相似的，即在会计、财务、营销、战略、组织行为等方面的技巧。有些不同于管理（优化现有组织内的资源和关系），对创业而言是特殊的（从实践创新和创造新的组织的意义上追求一个机会）。创业能力的这些特殊技能包括机会评估和商业创业计划。

如果我们能接受行医的技能可以传授，对某些人而言，不是所有人——即使成为一个伟大医生的能力和动机不能教，我们应该不难接受创业技能可以教，即使成为一个伟大创业者的能力和动机不能教。特别是我们绝不能把动机与知识转移的可能性混为一谈。当研究医学领域或其他大多数领域时，人们不常犯这样的错误；当深思创业领域时，他们就犯这样的错误。这是不应该的。

三、以上就是"创业教授"。"创业相关内容的教授"又如何呢？

在创业教育中，和其他任何一个专业领域一样，我们需要把关于现象本身的教学（职业领域）和关于现象的教学（它的元层面，它的理论和这种现象影响其他现象的方式）区分开来。医学的理论推动了知识和实践的发展，创业的理论也可以（见 Fiet，2000）。医学实践有许多影响：它影响了社会、经济及许多领域。创业实践也是如此。正如创业的实质性职业部分是可以教授的一样，它的理论和效果亦是如此。

四、我们教授创业的方法和场所

那些看起来会说创业不能教的人实际上想表达的是你不能以这种方式或在这个地方教。戴维和伯奇也是这么想的。当马格努斯·阿伦森被问及创业能不能教的时候，他立刻回答道："如果你想教人成为创业者，不可能。"（Aronsson，2004：289）

这是一个可信的预测，不管出于什么原因，在未来的日子里，这个观点被一些人脱离语境引用上千次，这些人的目的就是使创业不可教这个神话永存于世。它会破坏高校创业教育者的事业和信誉,除非我们提出一些哲学上的理论来推翻它。伯奇的声明似乎相当明确。然而,仅仅一句话后,伯奇继续说:"如果你想要鼓励创业,那么就应该通过某种形式的学徒制来实现。这会是一段精彩的经历。"(Aronsson,2004:289)

紧随其后的是伯奇的下一个断言(在本章的前一部分中引用),即商学院是教授创业错误的场所。所以,在语境中我们有的不是对创业绝对不可能教的断言,而是对教学方法和场所的偏好选择。说到创业教育,伯奇喜欢在一个活跃的商业环境中学习的可能性可能来自成熟的执行者,并且他对大多数商学院的现行规范的有效性持怀疑态度。因此,创业教育者应该深入探讨而不是对一种简单的方法感到满意——戴维·伯奇认为创业不可教而我们知道可以,所以他是错的。

在本章的结论部分,我会提出建议——一个对创业教育研究非常有用的事项,这个事项可能是以对学徒观念效力的创造性调查为基础的。与此同时,通过强调对基本逻辑的呼吁,把老掉牙的问题丢弃:没有先验理由显示创业不能被教授。我们能教授它;我们能教授关于它的知识,我们能在不同的场所教授不同的相关知识。

这带来了争论,教育方法和教育背景问题产生了几个后验理由,即教育可能很难教。我们正在着手处理这其中的一些问题。第一个就是场所问题。

五、创业与大学:超越职业原则和"加区"(plus-zone)挑战

这个问题的回答要求:首先,公开声明一个信念,关于如何将大学教育和其他教育区分开来;其次,承认创业方面的教学(职业的)和有关的教学(理论与影响)的重要区别和关系。

为了处理第一个问题,是时候介绍一个聪明的英雄了——艾尔弗

雷德·诺思·怀特海（Alfred North Whitehead）。总的来说，我对教育，特别是大学教育的观点实质上是来自这位伟大的哲学家的众多书目。在1929年，怀特海最先出版了《教育的目的和其他》(*The Aims of Education and Other Essays*)。关于问题"为什么"不会在本章中做描述，怀特海就是原因。因为我赞同怀特海的教育理念，所以我能够回答"为什么有人想要在大学学习任何学科，甚至包括创业？"这个问题了。怀特海认为一所大学的功能就是使你能找到有利于原则的细节（Whitehead，1929［1967］：48）。阅读这些文字的人应该清楚，即使是哲学家中的一个巨人，怀特海并不是生活在象牙塔中的与世隔绝的科学研究者。他还写道："我确信在教育中无论你把什么专业排除在外都会毁掉生活。"（Whitehead，1929［1967］：10）他是商学院的支持者（Whitehead，1929［1967］：91-102，多处引用），甚至还为《哈佛商业评论》(*Harvard Business Review*)写文章（Whitehead，1993）。但他坚持认为，商学院的课程应该有利于实验而不能僵化。我把怀特海的哲学叫作"职业超越原则"，这种哲学是建立在将大学教育与其他类型教育区分开来的基础上的。我认为，目前高校大多数关于创业教育的争论正在减弱，因为对这一原则及其引发的哲学问题关注度不够。怀特海写道：

> 大学存在的理由是，通过结合年轻一代和老一代对学习的想象性思考，大学保持了知识与生活热情之间的联系。大学通过富有想象力的方式提供信息。至少，这是它应该为社会提供的功能。一个在这方面失败的大学没有存在的理由。这种兴奋的氛围源于富有想象力的思考，转化了知识。事实不再是一个干瘪的事实：它被赋予了所有的可能性。它不再是记忆的负担：它是我们梦想的激励者，我们目标的设计者。(Whitehead，1929［1967］：93)

我接着说，大学是学习创业的合适地方，但仅仅是对那些能富有想象地而非机械地考虑现象的人而言。

对我而言，这是一个基本的原则。如果你认为一所大学只是进行职业指导的另一个场所，无论课程可能是多么专业或高深，那么我们可能就不在同一个基础上了。当然，怀特海最著名的作品就是他与伯特兰·拉塞尔（Bertrand Russell）合著的《数学原理》(Principia Mathematica)（Whitehead and Russell，1910，1912，1913）。他们试图将数学的整体性论证为逻辑的一部分。我的专业培训和知识能力对充分理解这部作品而言是不够的。但我能欣赏这篇伟大的著作中呈现出来的伟大的智慧。因为它们的清晰、经济、综合和高雅，正如怀特海的《教育的目的》(The Aims of Education)一样，也有可能是为我而留的教育哲学的顶峰。在这些作品中，与本章主题有特别相关性的是怀特海的文章"大学及其功能"（Whitehead，1929［1967］：91-102）。它与我的目的有双重关联，因为怀特海提出了他对大学的基本通用功能的要求，具体提到了商学院的兴起，即在它们还很不常见的时候。

> 商学院的新颖性不应该被夸大。大学不能被限制在纯抽象的学习中。然而有这样一种新颖性：适合商学院的课程以及这样一所学校的各种活动模式仍处于实验阶段。因此，在这些学校的塑造中，一般原则的重新回归具有特殊的重要性。（Whitehead，1929［1967］：92）

> 大学应该在知识准备的过程中发挥作用，例如现代商业或传统的职业，促进其对职业生涯中各种普遍原则的富有想象力的思考。因此，学生通过他们的想象力进入学徒期，他们的想象力已经与一般原则联系在一起了。然后日常工作有了含义，也阐明了那个给它意义的原则。因此，受过适当训练的人希望通过详细的事实和必要的习惯得到一个想象的训练，而不是盲目地单凭经验获得一个乏味的工作证。

（Whitehead，1929［1967］：96）

我们该如何实现怀特海"促进其对职业生涯中各种普遍原则的富有想象力的思考"的号召呢？在先前的文章中（Hindle，2001），我把这称为遇到"加区挑战"：挑战者在创业课程中超越职业的世俗和特性，尝试做出一些对一个"完整的人"，对每个学生的整体独特而有价值的事情。我在那篇文章里不得不说的话在这里得到了重申和拓展。

为了使一个创业教育项目真正值得被放置在大学中，它需要一些智力上的挑战。这些挑战应超越单纯的训练以及赋予它教育的要求。这些挑战围绕着哲学、学科批判和自我批判。另一方面，我接下来要说的对某些人而言听起来会太"理论"，这些人企图限制将创业的教学环境作为职业导向训练。另一方面，我接下来要说的对某些人而言听起来又会太"实际"，那些企图将大学教规限制在传统的最低要求的人说艾伦·布卢姆（Allan Bloom）在雄辩中说过当大学尝试做太多时，它们实现得很少（Bloom，1987）。我将承担不讨好读者的风险，因为我相信，作为一种主要社会现象和一个非常重要的人类行为领域，创业能为学习超越专业功能以及为学习它的人的全面发展做贡献。正是这个奇怪而罕见的经验——从对某些特定事物的研究中学得一些普遍的东西（以这种名义广泛宣传的大学）——是把大学从其他所有教学机构区分开来的重要事情。教育就是字面上的"领先""超越"。无论具体课程侧重哪里，无论历史悠久与否，无论大学的治理模式过时与否，大学教育总是需要在心里有一个加号。这首先要求课程的具体主题对人类而言是重要的。其次，它需要超越。一个伟大的项目会拓展学生的人文视野。

创业不需要以它对人类的重要性为理由来学习。它是经济增长、社会进步以及个人发展的源泉。这样一个重要的课题是值得深入研究、彻底反思和持续对话的。当一个主体——任何主体——拥有了创业所具有的深度和重要性，我相信它亦能成为伟大教育的基础。在这里，我指的教育从某种意义上和艾伦·布卢姆（Bloom，1987，多处引用）的一样，但并不限于他声称能够提供其核心科目的狭窄范围。在我看来，大学经历包括一个环境，一个能让人完全行使调查自由且永远不会导致浪费时间的环境。如果有人向爱因斯坦学习物理，那么这个人的探索和思考永远不可能是徒劳的。这个人会一直处于发现新世界的风险之中。如果另一个人向伯特兰·拉塞尔学习哲学，她的人文主义将在她的阅读比例中扩大。大学教育将通过一个伟大的教师来获得超越。它提供了我所说的"加区"。"加区"的概念体现在艾尔弗雷德·诺思·怀特海对整体大学教育的描述中，即当你学习的所有部分都已被遗忘时你所获得的知识。

因此，在"加区"这个区域里，在追求一般原则时，课程应该对超越职业的特殊性给予关注。这是他们个人习得的一般原则，最终会让任何大学学生在人类的对话中拥有独特的声音。在本章的后面部分，我将提供一个图形表示的课程设计方法，这可能是由有意识应用的"加区"方法的具体应用。然而，在这一点的争论上，我希望对自己强调"加区"方法的重要性和它作为主题与创业的基本兼容性进行简单的限制，因为对创业场所的怀疑来自两个方向。不仅实践者对创业教育是否属于大学持怀疑态度。在大学里，许多受人尊敬和爱戴的学者们，坦率地说，对大学教育中创业应该被认为是有价值的学科持有不确定甚至混乱的观点，这的确让人震惊。艾伦·布卢姆提供了一个很好的例子。布卢姆曾诅咒亵渎学术的行为，以作为创业课程的基础。他可能会用西塞罗拉丁语来进行雄辩，然而想创业的人给他提供了一些启发。在《美国人思想的闭塞》（*The Closing of the American Mind*）中，布卢姆写道：

> 总之，大学活动有一个简单的规则：它不必担心要为其学生提供在民主社会有用的经验。在任何情况下学生们都将拥有它们。大学必

须为学生们提供他们不能在那里得到的经验。

我通过同意布卢姆部分观点来回答这个问题，因为与布卢姆的观点略有不同，我相信两条简单的规则而非一条。首先（见 Whitehead，1929[1967]，多处引用），大学的任务是提供其他地方所没有的对具体知识的想象性思考。其次，同样重要的是，现代大学的确不得不担忧它所提供的经验是否与可怕的"真实世界"的动态密切相关。它不能完全脱离民主社会，例如某个希腊合唱团——哀嚎的翅膀。因为这样的原因很多内容不能在本章充分讨论。可以说在科技时代，没有大学的积极参与，一些民主社会的经验是根本无法获得的。与布卢姆的观点相反，对于书中的许多问题，现代大学必须以一种管道的方式运作——将学生从其他学习和经历中转移到时间、空间和头脑中——而不是把学生固定在一具接受象牙塔中智慧的身体里。但在语境中，布卢姆仍然是完全正确的。

有些人想开发创业课程使其适合在大学教授，我对他们的第一条建议是订阅怀特海的有关于大学教育功能的哲学书。我的第二条建议是你必须询问在《美国人思想的闭塞》中艾伦·布卢姆提出的重大问题。你的大学能将什么加入到创业课程中从而使得学习经验独一无二？你得把什么放到你的创业课程中来提供一段你的学生无法在别的地方拥有的经验？加区的挑战是找到对这个问题的让人兴奋的答案。如果你的大学有一个答案，或者是想要找到一个答案，你就有或者将要创建一个有价值的大学创业课程：一个值得尝试去教授创业的大学。和之前一样，怀特海阐述得最到位："从世界各地的活动中小心翼翼地保护大学是冷却兴趣和击败进步的最好方法。独善其身不适合大学，它必须配合行动。"（Whitehead，1936：267）

在本章中，有三个问题存在于我们和论证高校教授创业教育适宜的课程发展模型的能力之间。它们是在哪里、是谁和如何做的问题。

六、在大学里创业属于哪里？

创业教育没有一个单一的、普遍正确的学科定位。在大学里，你想把创业分到哪里就分到哪里，只要能达到职业生涯的想象超越的关键条件。你可以在正确观念盛行的地方教它。在大学创业教育实践中，出现了大量这样的地方。文科创业双学位正在兴起（类似于已经证明很成功的商业法律或艺术法律学位）；有些创业没有被设置在商学院，反而被设置在只专注于创业的工程学院、设计学院、社会科学学院和创业中心。有些是本科课程，有些是研究生课程。当然，不是所有（如果有）的商学院都符合所谓标准化消极的"老套路"。

根据怀特海的教育哲学，唯一的规则必须是，为了你的大学，应该把创业产品放到富有想象将它教好的激情和欲望的任何地方。

> 教育改革的首要条件是学校作为一个单元，以其自身的需求为基础并由其员工发展壮大之。如果我们无法确保这一点，那么我们只是从一个模式转到另一个，从一种毫无生气的思维转到另一种而已。（Whitehead，1929[1967]：13）

一旦你接受了"大学的正常功能是对知识的富有想象力的获取"（Whitehead，1929[1967]：96），显而易见地，在大学里会有无限概念上和物理上的场所适合传授创业教育。想象力有可能被扼杀的地方是你唯一不能设置创业教育的地方。如果你的商学院是这样一个地方，那么它就不适合在大学教授任何知识，更别提创业了。解决想象力问题，那么你的商学院将成为创业教育的一个绝佳场所，校园里的其他地方也一样。即使场所问题失败了，但只要你用职业超越的大学原则武装商学院，它就会屹立不倒。

七、谁应该在大学教授创业？

以下部分广泛借鉴了我在一本合著的书中所写的第十三章的内容（Legge and Hindle，2004：375-7）。

现在许多大学都提供创业博士课程。那些完成这些课程的人有资格被任命为其学校或其他学校的教学人员。他们会加入一批据称是专业的创业教育工作者的群体——特别是在美国，那里正式的创业博士课程高度制度化。许多的年轻管理者都没有或者可能永远不会有直接参与商业的经历。这引起了一些人的愤怒。它不应如此，但它确实如此。权力和能力之间的区别是很古老的话题，但是在很多受人尊敬的领域中的教师并不被期望拥有丰富的实践经验。例如，大多数犯罪学教师并没有犯罪记录。整个社会和犯罪学学生认为这是件好事。大多数教练的能力达不到他们所指导的精英运动员的水平。所以这与歌剧演唱家、各种各样的演员和表演艺术家毫无区别。目前还没有权威的证据证明恺撒大帝曾经去过古罗马。

然而，在很多方面有一个真正的共识，就是只有那些拥有在"火中"历练过的有实际经验的人才有"权利"教授创业。我参加过许多涉及混合参与者的创业研讨会、会议和活动，例如创业从业者、创业学生、教育工作者和研究人员。我还从来没有参加过没发生以下情景的聚会——在创业学术演讲的总结中，有一个提问讨论环节，总会有一个与会者（通常是知名创业者或相信自己是创业者的人）所提的问题类似于"在过去的 18 个月你为股东创造了多少价值？"或者"你是百万富翁吗？如果你不是，你想怎么样培训出一些百万富翁？"这类问题是可能被称为"职业者"（咄咄逼人者）的关于创业资格观点的极致代表。

形成鲜明对比的是，来自卡尔加里大学的麦克马伦教授表达了一个强烈支持学术的观点。作为创业教育者和研究者，他拥有超过30年的经验。2002年6月，他在萨斯喀彻温大学举办的研讨会发表讲话，会议旨在应对与建议建立与新创业计划密切相关的制度等一系列问题。麦克马伦面对大学提出了他关于创业教育的艺术性观点。

他认为，创业是一个特点为"教育者缺失"的领域。他声称，他所拥有的数据表明，所有注册的参与创业教学课程的美国大学教职人员中，只有百分之十一的人真正拥有该课程的博士学位。大多数教学是由"兼职教授"完成的，他们在本科或MBA课程中提供一次性的选修科目。此外，大多数全职的、有资格的和专业的创业教师，他称之为"二进宫"（retreads）。这些人最初的专业并非创业，而是会计、营销、组织行为、心理学或是除了创业以外的任何专业。麦克马伦声称，就转换到创业专业而言，这些人都是自学成才的学者。麦克马伦认为大学里没有其他专业会如此正式地将广泛接受不合格的教师视为规范。例如，大多数化学学者都被认为在化学领域中有不同的资格，物理和生物也一样。他认为这个问题在教授层面上尤为突出。许多创业的席位被"俘虏"——说话算话——给那些有资格的人，而不是创业者；许多人因其商业头脑或在社交上的突出地位而获得奖励，这可能使他们获得该机构及其项目的潜在的资金。

在这些极端之间——只有有经验的从业者，或者只有受过高等教育的人才——可以幻想一个人"理想"的人来教授创业。在我看来，这个人会是一个有国际知名度的持多语言的持续创业者。作为一个拥有高道德水准、高素质的国际知名企业的领导人，她的几次商业失败只会导致其重塑决心并获得最终的胜利。在一个广受好评的、可能是美国大学的某个地方，她会有时间完成一篇在创业方面一流的博士论文。几年的教学经验——作为一名全职教职教育工作者而非教学辅助人员——在一流的、高度关注的、同行评审的创业期刊上，发表一篇强有力的出版物作为补充。这些技能将包括成功的咨询工作记录和拥有强大的媒体和天生的说服力——尤其因为它影响了赞助和研究资助的吸引力。她会是如此地富有、有社会公德心以及对创业教育如此地充满激情以至于她对工资待遇没有要求，而且所有从她富饶的地位上得来的钱财可以直接公正地用于创业研究。不用说，她会拥有幸福的婚姻和两个漂亮的孩子，她会是个完美的母亲。

当然，我们不会有这种神话出现。所以，什么才是可行的？

创业是一门相对较新的学科（1987年在美国管理学会正式获得其清晰区分的地位）。但是，现在已经有足够多的文献，多到一个人想读完这个领域的所有文献是不可能的程度。毫无疑问，博士学位的专业资格证书应该是以在这个领域以教书为职业的每个人的目标。合格的教师供不应求。这也是一个相当折中的领域。所以，学者们从不同的角度来研究这一事实可能有一定的积极效益——只要它们对新领域的承诺是真实的（而不是在新领域重新散布陈词滥调）。

任何创业学院的目标都应该是拥有一个忠诚的和均衡的优秀教师混合团队，而不是致力于追求每位教师的普遍完善。这可能意味着在一个学科中有较高比例的团队教学和多个演讲人。学生们可以从那些精心挑选的优秀兼职教师和专业教师身上获益良多，他们的演讲是基于对均衡教育的承诺，而不是以自我为中心的观点来分析个人经历。（当一个成熟的创业者在没有教学知识前提下授课时，后者是一个真实的风险。）学生无疑能以不同的方式从接触一位"真正懂文献"的非常博学的教师中获益。通过多视角——不同人的不同长处——应该有可能弥补糟糕的无充分准备的教师能力。多视角的观点可能是对"金钱证明"的兼职博士和缺乏商业头脑与移情——"不谙世事"的学术的最好保障。

但在这一切之上，我会一如既往地向怀特海请教。

在我自己的大学工作当中，我深受这一现象的打击——学生因盲目累积精确知识而产生思维麻痹，无力且无用。一位大学教授表现出自己真实性格的主要目的应该是作为一个无知的人，思考、积极利用他的一小部分知识。（Whitehead，1929［1967］：37）

教师的观点和背景各不相同。但如果他们拥有值得传授的知识，也不怕做自己——在创造性参与中的学生面前暴露自己的缺点和一切，以建立更好的相互了解，他们就会更好地服务学生。我将在本章的最后部分再次论述这个主题。

八、谁应该学习？

关于谁应该上大学去学习创业的答案非常简单。在需求方面，答案是：有头脑的学生，他们真正想要的是学习，而不是一套密集的职业指导策略和一个证书——让他们在名字后面签几个字。只有认同职业超越原则的学生才可能在大学里学习创业。如果这个原则没有吸引力，那么大学就是一个错误的地方。与教师相比，学生更需要重视大学的独特功能。根据怀特海的哲学思想，学生的关键问题肯定一直是"我为什么会在大学里？"答案必须永远是——因为通过掌握这门学科的细节以及思考它，我将会掌握自己和世界的一些奥秘；在人类的谈话中，我将会成为一个有建设性和有价值的声音。

在供应方面，大学永远不能成为一个大众市场营销者。它应该考虑一下其特殊功能和吸引特殊学生的需求。如果一个大学的创业课程想要吸引海外学生、本土学生或者任何其他地区的学生，该课程将需要囊括文化敏感性并尊重文化多样性。创业应该是一个多元社会的共同努力。根据怀特海的哲学思想，大学的指导性问题肯定一直是"我们在教谁？"

答案必须是——一个完整的人，一个独特的人，而不是一些抽象的经济的非完人。

九、应该如何教授它？

关于如何教创业，现在有如此多的具体建议，以至于在本章中试着详述具体的教授技巧对我而言既无可能又无必要。这就是当前创业教育文献的泛滥之处。正如本章引言中所指出的，根本不缺乏关于如何教授创业甚至是其最神秘之处的特别有针对性的建议。① 细节相当丰富。

然而，当谈到在大学教授创业的一般原则时，我相信有六条原则。在大学里创业应该被富有经验地教、创造性地教、快乐地教、尊重地教、适应性地教以及敢于创新地教。这其中的每一条原则都有其自身的价值。目前作为有怀特海传统的创业教育者，我要求读者运用他们的想象来猜测这些原则可能会如何生效。

十、课程：如何设计可能被讲授的课程？

在本章的这部分，我会回到"加区挑战"的概念，它是在"创业和大学"标题下首次被提出。简言之，加区挑战是用怀特海关于大学教育恰当功能的哲学思想来武装实践课程的需求。

接下来的内容并不是要假装什么都不做，而是勾勒出一个大致的草图，以开发许多不同的创业课程，这些课程都可能会遇到加区挑战。这并不是一个具体的课程应该包含什么详细内容的方案。以下所述是创建

---

① 例如，最近的《管理学习与教育学院》（*Academy of Management Learning and Education*）（Greene et al., 2004）的特刊上有本森·霍尼格（Benson Honig）关于"特设机构商业计划"和迪安·谢泼德（Dean Shepherd）关于教育学生情感和从失败中学习的文章。

各种课程通用方法的大致概况,但是所有这些都是以怀特海的基本信念——一所大学的功能是能让你发现有利于原则的细节为基础的。

警示:我所想要简述的是我为创业课程的创建所建立的粗糙的哲学模板,与任何一种满足自身单一主题、辅助教育的进行宣传教育的方法没什么相关性。除非有一个完整项目的承诺,不同于孤立的课程,而且至少有一些全职创业教师,否则一所大学就不能声称自己是创业课程严格的提供者。

先前讨论过,评论家们认为机械的、课程规定的商学院模型是肯定行不通的(Birch,引用见 Aronsson,2004; McMullan and Long,1987)。让我们试着去模拟究竟他们不喜欢的到底是什么。[①] 图 5-1 提供了一个死板的、被划分为"标准的 MBA"方法的程式化的、假定的图。

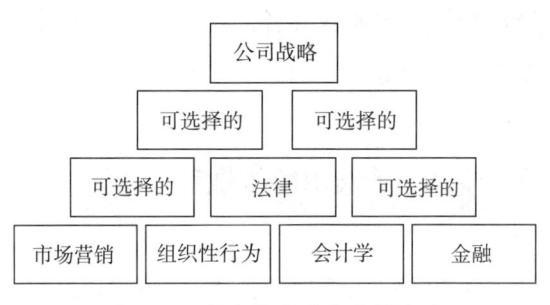

图 5-1　商业教育的金字塔方法

在这里,这种方法是按等级划分的,就像一个在多方面适用的金字塔建筑。独立的"积木"(自成一体的、功能导向的知识盒子)堆叠在一起。在 MBA 项目早期阶段的"基本单位"通常包括市场营销、组织行为学(OB)、会计学、金融和其他重要技能领域。(当然,我图表中的标记框是象征性的而不是规定性的。)后来,以一种金字塔的形式建立了一系列

---

① 早些时候,在欣德尔的研究中能找到这章节包含的不太完善版本的图标和参数(2001)。

额外的附加强制性的选修科目。叫"公司战略"或者其他相似名字的学科经常使课程结构完整圆满。这通常被形象地称为"顶点"课程。它的目标往往包括提供所有其他学科的权限。学习这门课程的人拥有所谓"首席执行官的观点"和"链接视角",该"链接视角"有助于在相对独立的情况下观察到所有其他学科之间的联系。希望这门顶点课程能使学习者整合所有其他课程。不幸的是,希望常常是渺茫的。公司战略现在本身就是一个巨大的学科,充满了结构、模型、独具一格的文献和技术知识,使这个学科与其他学科一样,成为一个独立的、功能集中的知识盒。

对传统的商业教育而言,这种金字塔方法可能拥有一些优点。但是,对创业教育而言,我们可能与麦克马伦、朗(McMullan and Long, 1987)和伯奇(见 Aronsson, 2004)的观点一致,那就是说这个方法是无效的。金字塔结构最明显的缺点就是商业知识以片段形式展现,且以相同形式留存下来。边界并不交叉。功能主义和分离主义战胜了一体化。这与创业者们和怀特海大学教育理念的追随者们需要做的恰恰相反。图 5-2 提出了一种替代的课程设计方法。

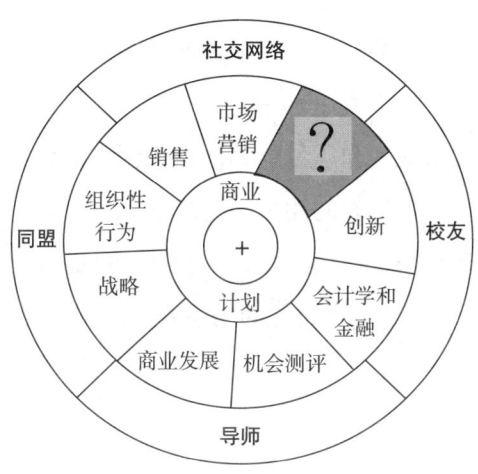

图 5-2 构建创业课程的模板轮

这个模型类似于内置了四个同心圆的车轮。从外部工作到轴心，一所大学的创业课程应该从认识到与真正的商业领域——外部世界持续关联的重要性开始。社交网络、盟友、导师和校友对于确保不会让课程滋生任何"象牙塔"心态的痕迹而言很必要。这可能被称为一个精心设计的创业教育课程的基础"管道"元件。它们为正在学习的人和正在实践的人（创业者、风险投资家和日常活动中所有相关的参与者）不断地提供相互接触的机会。详细研究一个课程的管道元件并非无关紧要，对其成功而言是必不可少的。管道元件可以用在多方面——直接使用，在课堂上提供指导，以各种方式指导学生，利用社交网络的微妙之处——在很多情况下为这个课程和其毕业生赢得信誉。

课程模板中的下一个循环包含课程本身。再次说明，如图5-2所示选定的主题标题是象征性的，而不是特定的或具体的。一所大学选择用来构建创业课程的许多学科都与其工商管理硕士相类似——在市场营销、组织性行为、金融、会计、战略等领域。而且我同意戴维·伯奇（见Aronsson，2004）的想法——一个创业课程在销售功能方面必须拥有一个具体的、明确的阐释。创业课程的重点不同于企业管理课程中对应主题的重点，但是许多需要教授的左脑技能是相同的。例如，合并财务报表对新的和成立许久的企业而言是完全一样的，但是对作为创业计划一部分的估价单的创制深度和质量的关注，在创业课程中可能会受到更多重视，而执行综合财务报表的能力相比之下则少一点。其他课程，在机会测评、创意管理和知识产权商品化等领域，可能缺乏与传统的工商管理硕士体制对口的课程。各学科之间的边界应该灵活交互。[①] 模板上有一个主题，有阴影，并标上问号。这是为了强调不同的特定科目可能总是

---

① 再次，我希望我有更好的计算机图形技能。那样我就会展示主题边界是"模糊的"，而不是以直线区分。

被特殊的学校包含在内或者排除在外这一点。我再次强调，我正在尝试描绘一种方法，一种关于课程创新的思考方式，而不是任何特定的创业课程的目的。

图 5-2 中所示科目的圆形排列象征着课程之间的紧密联系和相互作用大于它们之间的差异。这与图 5-1 中将一个独立的知识盒堆在另一个上面这种标准的商学院金字塔形成了鲜明的对比。当它们汇聚到一个核心课程时，课程的关联度完全实现了创业计划。它构成了课程设计模板的第三个循环。在商业世界中，创业计划的准备是一个新企业的核心能力，它能够清晰地表达其预期的未来，并从投资者那里筹集资金以实现未来的目标。在大学创业课程中把创业计划作为一个真正统一教学的机会，是能够清晰地区分分层、金字塔结构的创业教育特征的方法。创业计划的主题可以是主要的教学方式，也可以是实践智慧的知识库。它提供了一个融入学科并融合学科间界限的机会；展示关键技能、决策和思维方式的本质联系。这门课可强有力地展示多学科整合的力量，以建立团队合作、展示领导能力和解决问题（见 Honig，2004）。

到目前为止，新型的模板适用于任何麦克马伦和朗（1987）提出的实践教学顾虑。但是，可能会有人争论说这个方法与一所大学没有什么特别的联系——事实上麦克马伦和朗认为创业教育未必如此（McMullan and Long，1987：262；另有多处引用）。我的课程设置模式正说明了这一点，它也可以被非大学职业倾向培训机构雇用和执行。大学的独特能力是否有一席之地（不管那是什么）为创业课程增加独特的价值？

我相信有。在图 5-2 中，作为模型的中心枢纽，它代表的是一个加号。我的模板的核心是"加区"，我在这一章里讨论过大学是否是创业的合适场所。简单地说，加区包含并渗透了所有需要在大学里做任何有意义的处理的各个层次的模型。对任何特定的大学而言，这正是它们所寻找的体现艾尔弗雷德·诺思·怀特海大学教育哲学的方法。

> 从某种意义上说，知识随着智慧的增长而枯萎：因为细节被原则吞噬。知识的重要细节会在每个人的生活爱好中学得，但是那些被充分理解的原则的积极的习惯是智慧的最终占有者。（Whitehead，1929 [1967]：37）

我的计算机图形技能是根本不足以表达我对加区的全部观点的。是的，怀特海的大学教育理念是系统的核心。但它也渗透了课程里的每一门学科。我们不仅需要一些特殊的核心"加区"学科，还需要在每个学科内有一些"加区"的内容和态度。我们能做到吗？我们是否可以或应该融入一种反思的元素，就像对"得过且过"的人而言，在一种看似平常的事情上思考？好吧，如果我们是一所大学，我们可以而且必须这么做。怀特海写道：

> 技术教育和人文教育之间的对立是谬误。不存在缺少人文的技术教育，也不存在缺少技术的人文教育；换句话说，教育都是同时传授技术和知识视野的。简单地说，教育应该告诉学生一些他们熟悉的并且能做得更好的事情。实践与理论的紧密结合对双方都有所帮助。脱离了现实的智慧不可能发挥到极致。（Whitehead，1929 [1967]：48）

以及

> 大学通过富有想象力的方式提供信息。至少，这是它应该为社会提供的功能。一个在这方面失败的大学没有存在的理由。这种兴奋的氛围源于富有想象力的思考，转化了知识。事实不再是一个干瘪的事

实：它被赋予了所有的可能性。它不再是记忆的负担：它是我们梦想的激励者，我们目标的设计者。（Whitehead，1929［1967］：93）

这是在大学的创业（或任何其他）课程中教授高科技知识时的加区挑战。

当然，有些学科（关于创业的教学而不是如何去做）可以被引入一个有着完全加区任务的课程中。我提出几个例子来说明其用途。

在斯温伯恩大学，我协助开发的创业课程中有一个帮助建立"加区"的学科叫作创业研究课程。在这里，学生需要找到这个领域内的一个主题，这个主题超越任何特定的商业应用，并且和学科的理论理解有一定的相关性。他们必须深入地阅读这一领域的文献并以经验为基础开展研究。研究的结果要被使用双盲评审的期刊或会议接受。我再次强调，本课程并非"万灵药"或是大学创业课程所必须效仿的。正如本章所提到的其他许多课程，它是象征性的，而非指定性的。在这里，重要的是尝试找到值得"加区"的关于创业的主题，并与学生的个人和智力发展以及他们的专业发展和其他背景——国家、经济和文化有关。重要的是有意识地尝试去创造一个令人兴奋的"加区"，这个"加区"能使不同的大学和不同的教师发挥他们对创业研究项目的特殊影响并且使它真正地对学生有特殊作用。所以，通过举例说明，另一种可能的"加区"主体可能是社会创业。这是一门研究在创业学科中发展起来的概念和知识的课程，可能适用于与该大学服务地区相关的非营利性企业和社会环境。另一个值得加区的主题可能是创业史：一门或几门课程，研究人类发展故事中的不同时期、地点和事件。举个例子，我相信今天的创业者们将会从研究弗雷德里克·莱恩（Frederic Lane，见例如 Lane，1973）关于威尼斯共和国的商业发展的伟大著作中获益巨大。

我们可以或者甚至应该有一门叫作"创业哲学"的学科？我将这个

问题留给你的想象力，因为一位富有想象力的教师会找到方法，在即使看起来是最平凡的职业领域里加入一个加区。真正有趣的案例、例子、周边阅读、客座讲师，任何事物都可以被引入几乎所有的"技术"课来激活它，并且使学生富有想象力地思考主题。在任何创业课程中发展"加区"课程或其组成部分的关键是超越界限——不是管理一个新企业，而是去管理一个永远保持最佳大学教育的"无限空间"。这是一个想象力与创造力蓬勃发展的空间，因为真正意义上的培养已经深入人心。

尽管在过去的 10 年间，大学创业课程与项目的数量已经取得了巨大的进步，但是大多数仍缺乏大学教育的标志，即职业超越的品质。我提起多年前麦克马伦和朗（1987）的观点的唯一问题就是，如此专注地观察一个贫瘠、刻板的"商学院"心态可能会怎样消损一个创业教育课程，他们可能没有充分意识到一个充满活力、想象力的大学心态可能会如何为一个创业教育课程锦上添花。如今，当我看到世界各地大学的创业教育现状时，我看到了活动水平的快速发展与哲学水平的缓慢增长。这一章是试图用一个小办法来恢复两者的平衡。

十一、总结：致力于教师和"互惠学徒制"

希望我能够使一些读者相信，大学里创业教育面临的问题不是"在哪里？"（商学院或其他场所）或者"为什么？"（怀特海对大学独特的教育作用具有说服力,创业作为一种现象是值得关注的）的问题。当然，"是什么？"的问题（具体课程主题选择）和"什么时候？"的问题（本科或研究生）是重要的，但对"谁？"和"如何？"的关键结合而言是完全附属的。在我看来，大学创业教育成功发展的焦点问题远不是任何具体的问题，而是对大学在教育中特殊功能的重要和普遍的认识。

在实践层面上，我在许多大学创业课程中观察到的最大的失败是，在没有充分思考什么是每一所大学课程必须包含的情况下，过分强调适合开展的组织（"商学院"或"错误的场所"问题）与过于职业化和机械化的课程设计。简单地说，任何名副其实的大学课程必须包含比知识更多的智慧、比信息更多的知识和比数据更多的信息。因此，一所商学院或任何一所当前使用一种不合适的课程设计模式来教授创业的大学的学院，只有当错误的课程方法的管理者更替或对大学的理想格格不入时，这个问题才会改变。没有理由认为这个"轮子"不能代替"金字塔"（见图5-2和5-1）作为在任何特定的商学院或大学任何其他的部门都可以提供创业教育课程的方法。一旦被赋予了正确的哲学，在大学里教授任何学科的意义上就不可能有错误的建筑。大学课程思维的正确定位是加区。它是对物质细节的想象性超越承诺的地方。正如苏格拉底所论证的，关键的想象力在于人，而非建筑、课程、组织图表甚至书籍。所以，我的推测又回到了关键人物：教师和他们的学生以及他们如何一起合作。"一所大学存在的理由是将年轻人和老年人结合在想象中学习，它保持了知识和生活热情之间的联系。"（Whitehead，1929［1967］：93）

据说比尔·克林顿（Bill Clinton）之所以能赢得他入主白宫的第一次竞选，是因为每次他向观众发表演讲之前，都会自言自语重复一遍咒语："这是经济，笨蛋！"如果每一位大学的创业教育者在走进教室之前重复咒语："这是老师，笨蛋！"我认为这不是一件坏事。就像任何一个学科一样，伟大的创业教育的基本要素是，一个充满激情的教师对学生敞开心扉，共同致力于知识相互想象的发展——一种互惠学徒制。

对于我在大学里进行创业教育的思考，我无法找到一个更好的结论，因为我重复了怀特海所主张的一般原则。他写道：

> 在我自己的大学工作当中，我深受这一现象的打击——学生因盲目累积精确知识而产生思维麻痹，无力且无用。一位大学教授表现出

自己真实性格的主要目的应该是作为一个无知的人,思考、积极利用他的一小部分知识。(Whitehead,1929[1967]:37)

创业教师应如何应对"积极利用"他或她的"小部分知识"这个任务?我对一个假定的大学创业教师的最后一个建议会是少考虑今天的细节。例如,少想一点今天的具体课程特征是关于这个案例研究,关于那个讲座或一个团队陈述等这类事情。一个令人兴奋的"互惠学徒制"的课堂教学方法会让老师表现得好像他或她在一个即兴的、正在排练的、为爱而不是金钱的爵士乐队中演奏。这抓住了基于充分技术培训的体验式学习的精髓。乐队里的每个人都需要了解的不仅仅是音乐的基本原理,而且应具备更高的演奏乐器的水平。在这次排练之前,他们都会做大量的练习、独奏和小范围的组合演奏。有些乐手比别人好,但是每一件乐器都是不同的,而且每个人都有独奏的机会,每个人也会通过听他人演奏来学习、提高。非常重要的是,没有人——特别是乐队领队(教师),会害怕弹奏了一个错误的音符,在演奏或重奏时批评他。这在现实世界的商业环境中——付费演出很难实现。在大学外,当金钱、资源和声誉都受到威胁时,错误很难克服。即使是使用了文字编排的杰出的埃林顿公爵乐队也在所难免。在你的课堂上,你进行团体排练,你与学生对话,你有时是乐队指挥,有时又经常回到节奏部分。[①]

所以,教授创业就像是你即兴演奏音乐一样。以一种即兴创作的方式,以一种流行的标准歌曲的旋律来使用课程项目;作为一个出发点;一套引导讨论的笔记,而不去限制它。认识和重视这个事实——这是每个人的彩排。对整个乐队或任何一个人来说,这不是一场"非生即死"的试演。

---

① 在我用一个爵士乐队做类比的时候,我想到这可能有点过于学术性了。然后我记得,在怀特海的伟大著作中有两章:"教育的节奏"和"自由与纪律的有节奏的主张"。

要充分认识你自己和学生的局限性,但要超越这些局限,一起去创造性地、富有想象力地突破界限。我可能会把这个叫作"爵士排练法",也可以称之为"加区"法或"怀特海"法,抑或是"互惠学徒制法"。你也可以叫它"创业教学法"。无论你叫它什么,无论你的技能基础由什么具体学科构成,以及无论你在哪里上课,这都是正确的哲学。

为了表达这一哲学可能为创业教育研究指明的广泛方向,我以学徒制概念的一个重点为结论,这个概念被高度"实践化的"戴维·伯奇和高度"理论化的"艾尔弗雷德·诺思·怀特海两度引用,也就是本章的开头。

> 如果你想要鼓励创业,那么就应该通过某种形式的学徒制来实现。这会是一段精彩的经历。(Birch,见 Aronsson,2004:289)

> 大学应该在知识准备的过程中发挥作用,例如现代商业或传统的职业,促进其对职业生涯中各种普遍原则的富有想象力的思考。因此,学生通过他们的想象力进入学徒期,他们的想象力已经与一般原则联系在一起了。(Whitehead,1929[1967]:96)

根据伯奇和怀特海的建议,我认为创业教育研究可以建立在关于强化、创造性地阐释"学徒制"概念作为一种学习模式的几个重要问题上,它传达有意义的职业知识的同时也通过促进每个学生的全面发展来超越职业。用于引导特定研究主题的问题可能包括:

- 学徒制是一个纯粹的职业概念,还是它有超越性的方面?
- 除了进行商业活动以外,还可以提供某种形式的学徒吗——甚至是在大学?
- 个体的创业教育能为不同类型的学徒提供有价值的多样性吗?
- 相对于其他教学方法,特别是教授创业,学徒制的优点和缺点是什么?

- 学徒制可能被模仿或模拟吗？
- 商学院的文化是一成不变的吗？商学院能被引导去适应、丰富其教学方法，甚至使用目前非主流的方法，以适应不同学科和不同学生的需要吗？

诸如此类的问题是象征性的，而非指定性的。大学创业的正确理念是将良好的职业技能与职业超越原则相结合。一旦正确的哲学被采纳，好的问题和好的研究必将随之而来。

参考文献

Aronsson, Magnus (2004), 'Education matters—but does entrepreneurship education? An interview with David Birch', *Academy of Management Learning and Education*, guest co-editors: Patricia G. Greene, Jerome A. Katz and Bengt Johannisson, *Special Issue: Entrepreneurship Education*, 3 (3), 289–92.

Baumol, William J. (2004), 'Education for innovation: entrepreneurial breakthroughs vs. corporate incremental improvements', working chapter, early report on a research project at New York University.

Bloom, Allan (1987), *The Closing of the American Mind: How Higher Education Has Failed Democracy and Impoverished the Souls of Today's Students*, London: Penguin.

Davidsson, Per (2004), *Researching Entrepreneurship*, Boston, MA: Springer.

Fiet, J.O. (2000), 'The pedagogical side of entrepreneurship theory', *Journal of Business Venturing*, 16, 101–17.

Greene, Patricia G., Katz, Jerome A. and Johannisson, Bengt (2004), *Academy of Management Learning and Education*, *Special Issue: Entrepreneurship Education*, 3 (3).

Hills, Gerald E. and Morris Michael H. (1998), 'Entrepreneurship education: a conceptual model and review', in Michael, Scott, Peter Rosa and Heinz Klandt (eds), *Educating Entrepreneurs for Wealth Creation*, Aldershot: Ashgate, pp. 1–14.

Hindle, K.G. (2001), 'Entrepreneurship education at university: the plus-zone challenge', *Small Enterprise Research*, 9 (2), 311–31.

Hindle, K. (2004), 'A practical strategy for discovering, evaluating and exploiting entrepreneurial opportunity: research-based action guidelines', *Journal of Small Business and Entrepreneurship*, 17 (4). Simultaneously published in *Small Enterprise Research*, 12 (1).

Hindle, K. and Rushworth, S. (2004), 'Westpac GEM Australia: a study of Australian entrepreneurship in 2003', in K. Hindle, T. Mackaskill and S. Yamin (eds), *Australian Graduate School of Entrepreneurship Research Report Series*, vol. 1, Melbourne: Swinburne University of Technology.

Hindle, K., Anderson, R.B. and Gibson, B. (2004), 'From what we know to how we use it: five principles for turning entrepreneurship research into practitioner action guidelines', *Journal of Small Business and Entrepreneurship*, 17 (4). Simultaneously published in *Small Enterprise Research*, 12 (1).

Honig, Benson (2004), 'Entrepreneurship education: toward a model of contingency-based business planning', *Academy of Management Learning and Education*, guest co-editors: Patricia G. Greene, Jerome A. Katz and Bengt Johannisson, *Special Issue: Entrepreneurship Education*, 3 (3), 258–73.

Katz, J.A. (2003), 'The chronology and intellectual trajectory of American entrepreneurship education 1876–1999', *Journal of Business Venturing*, 18, 283–300.

Klandt, Heinz (2004), 'Entrepreneurship education and research in German-speaking Europe', *Academy of Management Learning and Education*, guest co-editors: Patricia G. Greene, Jerome A. Katz and Bengt Johannisson, *Special Issue: Entrepreneurship Education*, 3 (3), 293–301.

Koch, Lambert T. (2003), 'Theory and practice of German education—German view', *International Journal of Entrepreneurship Education*, 1 (4), 633–60.

Lane, Frederic C. (1973), *Venice a Maritime Republic*, Baltimore, MD and London: Johns Hopkins University Press.

Legge, J.M. and Hindle, K.G. (2004), *Entrepreneurship: Context*, Vision and Planning, London: Palgrave Macmillan.

McMullan, E. (2003), 'The problems and pitfalls of creating an entrepreneurship program', *Proceedings of the Fostering Entrepreneurship: Building Better Entrepreneurs Conference*, Calgary: University of Saskatchewan.

McMullan, W.E. and Long, Wayne A. (1987), 'Entrepreneurship education in the nineties', *Journal of Business Venturing*, 2, 261–75.

ONCIIA (2004), 'Education that works: invention, innovation, and entrepreneurship in practice', National Collegiate Inventors & Innovators Alliance 8th Annual Meeting, San Jose, CA 18–20 March 2004 proceedings, www.nciia.org/conf_04/proceedings.

Plaschka, G.R. and Welsch, H.P. (1990), 'Emerging structures in entrepreneurship education: curricular designs and strategies', *Entrepreneurship Theory and Practice*, 14 (3), 55–71.

Reynolds, P.D., Bygrave, W.D., Autio, E., et al. (2004), *Global Entrepreneurship Monitor 2003 Executive Report*, Babson College, London Business School, and the Kauffman Foundation.

Scott, Michael, Rosa, Peter and Klandt, Heinz (1998), 'Educating entrepreneurs for wealth creation', in Michael Scott, Peter Rosa and Heinz Klandt (eds), *Educating Entrepreneurs for Wealth Creation*, Aldershot: Ashgate, pp. 1–14.

Shane, Scott and Venkataraman, S. (2000), 'The promise of entrepreneurship as a field of research', *Academy of Management Review*, 25 (1), 217–26.

Small Business Institute Directors (2004), SBIDA website, www.small-businessinstitute.org.

Syracuse University (2004), *The Experiential Classroom*, Syracuse, NY: Martin J. Whitman School of Management, whitman.syr.edu/eee/falcone/classroom/LLEEP.asp.

Vesper, Karl H. and Gartner, William B. (2001), *University Entrepreneurship*

Programs, Los Angeles, CA: Lloyd Greif Center for Entrepreneurial Studies, Marshall School of Business, www.marshall.usc.edu/entrepreneur/.

Whitehead, Alfred North (1929), *The Aims of Education and Other Essays*, New York: The Free Press. Reprinted 1967.

Whitehead, Alfred North (1933), 'The study of the past—its uses and its dangers', *Harvard Business Review*, 11 (4), 436–44.

Whitehead, Alfred North (1936), 'Harvard: the future', *Atlantic Monthly*, 158 (3), 260–70.

Whitehead, Alfred North and Russell, Bertrand (1910, 1912, 1913), *Principia Mathematica*, 3 vols, Cambridge: Cambridge University Press.

第六章 静态和动态结合的框架结构：创业导向和大学创业教育能力考察

泽里米尔·W. 托多罗维奇

一、引言

如今，人们已经普遍认识到环境是高度动态的——应对全球竞争和新技术的应用，表现出较高的变化率（Association of Universities and Colleges of Canada，2001；Etemad and Wright，1999；Hernandez-Gantes et al.，1996）。继续来看以后工业知识为基础的社会（Duderstadt，2000），占所有新增就业岗位百分之七十的创业是 21 世纪的一个重要课题（Association of University Technology Managers，2000）。由于创业活动对一个地区，甚至一个国家的重要意义，因此创业是许多学术界当前争论的焦点。这些变化现在也引起了高校管理者和教育者对创业潜力研究的关注。但是，随着创业重要性的日益提高，高校快速充分适应的能力可能会面临巨大的挑战。近年来激增的创业活动和知识在"新经济"中的突出作用，已经导致了对高校通过创业教育培育创业者所应该发挥的作用的预期的转变（National Governors Association，2000c）。鉴于一些已经发生过的创业教育的尝试（Badawy，1998; Mallick and Chaudhury，

2000; Solomon and Fernald，1991），在很大程度上传统的教育方法被认为是无效的（例如 Feldman，2001; Gibb，1987; Harris et al.，2000; Raffo et al.，2000）。因此，很多人对正规创业教育的价值提出了质疑。争论的焦点显示出了高校向创业导向转变的需要（Mowery and Shane，2002），从而促进了政府政策的改变。

本章假设创业教育有两个组成部分：静态（即理论）和动态（即应用知识）（Klofsten，2000）。本章还讨论了大学和教学之间的关系。仅用理论来教授创业被认为是无效和不足的（Gibb，1987; Harris et al.，2000）。虽然理论的应用是教育的一个重要基石，但这一理论的发展在创业领域里被证明是相当模糊的（Eisenhardt and Companys，2002）。基于大学文化影响大学教育有效性的这个观点（Gibb，1987; Hyland et al.，2002; Klofsten，2000; Raffo et al.，2000），本章讨论了高校转变为创业导向，从而提高其创业教育活动的有效性。为了成为创业导向，高校组织文化必须变得更加具有创新性、前瞻性和风险容忍度（Miller，1983）。

大学本身可以被看作是静态成分和动态成分的组合，每一个部分都直接影响着创业教育活动的各组成部分。大学已经关注到教授创业的尝试是一个静态的（理论的）部分。然而这些常识通常被认为是动态（应用的/互动的）部分有缺陷的传递方式（Harris et al.，2000; Klofsten，2000; Raffo et al.，2000）。为了这个便于讨论，我们把动态部分定义为学生会为最终结果做出贡献的一种学习活动（例如案例、应用研究）。另一方面，静态部分由学生需要理解甚至记住（即理论）的一个既定的知识主题构成。本文使用创业导向（EO）的概念，在资源基础理论的框架内，论证了通过引入创新、主动性和风险承受力的文化，创业导向可以成为大学的一项重要资源。这种文化会在更灵活的大学环境和更大的产业存在（也就是更少的"繁文缛节"）中达到顶峰，从而形成一种更现代、更有效的创业培训计划。本章的主要内容是在基于资源基础理论框架的背景下讨论创业和创业导向。其次，就创业有效教学的相关问题进行了讨论。探讨了大学文化和教育相关潜能间的关系。创业导向作为一种工具，可以用来提升文化内涵，使其更具创新性、前瞻性和风险容忍力。反过来，创业导向的存在也会向体制内的创业教育活动增加缺失的动态成分。

二、创业

虽然创业的潜力早已被认可（Schumpeter，1934），但是如何定义"创业"和建立领域边界还有待解决（Bruyat and Julien，2001; Shane and Venkataraman，2001; Zahra and Dess，2001）。因此，由加特纳（1990：16）提出的问题仍然具有相关性："创业只是一个时髦词吗？或者它是否具有特定的可以分析和研究的特征？"为了回答这个问题,我们必须对"创业"进行界定。

一些研究人员已经单纯地就谁是创业者以及他或她是做什么的来对创业进行界定。在讨论这种界定的缺点时，沙恩和文卡塔拉曼（2000：218）给出了这样一种解释的好例子，他们把创业者定义为"建了一个新组织的人"。但是，这个定义并没有得到其他学者的认可（Shane and Venkataraman，2000）。它的问题是并没有囊括现有组织内的创业。一些学者认为，创业可能但不是必须包括一个新组织的创建（Amit and Schoemaker，1993; Casson，1982; Erikson，2001; Shane and Venkataraman，2000）。沙恩和文卡塔拉曼（2000：218）把创业界定为一场"学术考察，关于怎么样、由谁以及如何影响创造未来商业和服务机会的研究、评估和利用"。他们继续解释说"创业是社会将技术信息转化为产品和服务的机制"（Shane and Venkataraman，2000：219）。史蒂文森和加里洛（Stevenson and Jarillo，1990：23）认为创业是一种管理方法，他们把创业定义为一个由"个体——要么他们自己，要么组织内部——在不考虑他们目前控制的资源的情况下追求机会的过程"。考索恩（Cauthorn，1989）用例如冒险性、前瞻性、创新性这样的定语来定义创业，这也是创业导向的三个主要维度（Lumpkin and Dess，2001; Morris and Jones，1999）。在本研究中，以考索恩、史蒂文森和加里洛（1990）以及沙恩和文卡塔拉曼（2000）的定义为基础，创业被定义为一个过程，一个由个体——要么他们自己，要么在现有组织内——以创新、冒险、主动的方式去追求新机会的过程。因此，创业导向被定义为组织层次创业（Lee Choonwoo et al.，2001）。换句话说，在创业导向中变更的代理人是组织而不是个体。

三、创业导向——理论背景

大公司可以从创业的方式中获益的观念是由大量关于企业"创业导向"的文献建立起来的。创业导向研究扎根于战略研究领域（例如 Child，1972; Miles and Snow，1978; Mintzberg，1973）。明茨伯格（Mintzberg，1973）与迈尔斯和斯诺（Miles and Snow，1978）都写过关于创业公司的文章，前两人将它们称作创业组织，后者将它们称作勘探者公司（prospector firms）。这些定义被米勒（Miller，1983）进一步发展，他把创业型企业定义为一个"从事产品营销创新，进行风险投资，并且率先进行积极创新的"企业（第771页）。在此基础上，莫里斯和保罗（Morris and Paul，1987）将创业导向定义为高层管理者计算风险，表现出创新性和积极性的倾向。伦普金和德斯（Lumpkin and Dess，1996: 139）对这个定义做了进一步补充，他们增加了"自发行为倾向"和"对竞争对手咄咄逼人的倾向"。虽然文献中提到创业发生在不同层次——单一创业者，整个组织，甚至是社会——有一定认可（Lee Choonwoo et al.，2001）——创业导向侧重于组织层面的分析。

考虑到创业导向是一个多维度的结构，对不同创业导向维度的发展和理解的讨论是很重要的。大多数关于创业导向的研究来自米勒和弗里森（Miller and Friesen，1978）的前期著作，这些著作确定了 11 个战略制定过程的维度，包括适应能力、分析能力、一体化程度、风险承担能力和产品市场创新能力。实际上，在后期的研究中，米勒提供了创业导向的第一个操作化结构，包括创新性、冒险性和积极性等维度。这个定义在该领域是公认的，也是最近几项研究的基础（例如 Covin and Slevin，1989; Lumpkin and Dess，2001; Wiklund，1999）。伦普金和德斯（1996）增加了自主性和竞技性的维度。这最后的两个维度没有创新性、冒险性和积极性维度那样被广泛使用。由于大学与公司不同，其在性质上是相当自治的，自主性和竞技性并没有被当作相关维度来参与这次讨论。

　　大量的研究都把创业导向和企业资源基础观（RBV）联系在一起（例如 Lee Choonwoo et al.，2001; Lumpkin and Dess，1996）。企业资源基础观做了一个关键假设——企业资源库用异质性区分彼此（Grant，1991; Wernerfelt，1984）。企业资源基础观的主要目标是加深了解竞争优势是如何实现的，以及这种优势在未来是如何持续的（Barney，1991; Eisenhardt and Martin，2000; Nelson，1991; Penrose，1959; Schumpeter，1934; Teece et al.，1997; Wernerfelt，1984）。创业导向被解释为是对给予一个组织的特定资源库额外租金的寻找（Lee Choonwoo et al.，2001）。通过允许一个组织从更高风险的活动中获利，创业导向的维度（创新性、冒险性、积极性）能向它提供创业或熊彼特租金（即投资回报率）。作为理论基础，企业资源基础观已经在包括少数民族创业者（Bruton and Rubanik，2002）、风险资本（Shepherd，1999）、公共机构（Morash and Lynch，2002; Morris and Jones，1999; Sandford，2000）以及大学（Harris et al.，2000）等各种情况在内的测试中被证实是有用的。公共部门的管理人员还发现创业是一个"组织的突出概念，该组织实施的关键障碍和那些企业管理者报告是相似的"（Morris and Jones，1999：71）。因此，我们可以得出这样的结论——通过让大学更加主动、创新以及接受在动态环境中做出反应所需的风险，创业导向（正如根据企业资源基础观所讨论的）也是有利于大学创业教育发展的（Todorovic et al.，2005）。

我们对大学内部创业的本质以及就大学和社会而言创业导向如何转化为优势的认识仍处于初级阶段。对大学参与创业相关活动的研究主要集中在商业化本身和知识传递的方法上。因此，本研究试图建立一个理论基础，对创业导向（以及它的维度）和加拿大的大学的创业教育间的关系进行更深入的探究。

四、教授创业

创业可以教吗？这个争论假设的基础是创业不可教，它是来自有些人天生具有创业特质（即特质方法）这个观点（Carland et al.，1988；Herron and Sapienza，1992; Olson，1987）。在吉布（1987）的论文中，他还指出创业的作用往往是通过文化和经验获得的。这为创业也会受到教育和培训的影响的观点提供了支持。此外，加特纳（1988）提出了一个令人信服的观点，即从人格特质的角度审视创业是不恰当的。事实上，他认为创业与其说是关于人格特质的（这是可遗传的），不如说是关于行为举止的（这是可教授的）。同样地，科瓦尔斯基和坎贝尔（Kowalski and Campbell，2000）也认为创业类似于领导技能（如沟通、团队建设等），这是可以也确实应该能被教授的。这与其他许多表明创业可以教授的研究达成了共识（例如 Fiet，2001b; Klofsten，2000; Raffo et al.，2000; Vesper and Gartner，1997）。

虽然大多数的证据表明创业是可以被教授的，但成功的创业教育也已被证明是相当难以捉摸的——至少到目前为止。事实上，许多研究人员已对过去创业教育结果的有效性有所关注（Feldman，2001; Harris et al.，2000; Vesper and Gartner，1997）。一些人发现正式的创业培训是消极的（Raffo et al.，2000），甚至把它称作创业的对立面（Gibb，1987; Harris et al.，2000）。从受培训的人那里得到的反馈是他们受益于实际应用以及掌握的理论观点（Feldman，2001; Gibb，1987）。英国就业研究所的一份报告显示，理论训练并不能让学生成为具有商业技能的、有创意、敢冒险的创业者（Council for Excellence in Management Learning，2000）。

以传统的方式教创业（即仅以理论的方式）意味着应该有一个坚实的理论体系作为教学工作的基础（Fiet，2001b）。理论虽然通常是静态的，但它提供了有用的理论框架。这个框架经常充当可以进一步建立知识的基础（Fiet，2001a）。对许多学科而言，理论方法是一种有效的教学工具。传统的教学方法被证明在教授创业方面在很大程度上是无效的（例如 Feldman，2001; Gibb，1987; Harris et al.，2000; Raffo et al.，2000），因为创业理论已经被证明是非常难以捉摸的（Eisenhardt and Companys，2002）。这表明创业教育必须超越理论，以务实的态度使学生准备好迎接"现实世界"。

以这样的方式，在瑞典进行的一项研究得出结论，创业培训课程应以务实为导向（即应用），同时保持理论原理的优点（Klofsten，2000：342）。有人观察到创业者们通过试验想法和"做事情"学得最好（Gibb，1987; Raffo et al.，2000: 356）。瑞典新商业培训拓展课程的毕业生表示，他们实质上从"顶着很多压力来表现"的氛围中受益良多（Klofsten，2000: 338）。这表明该教育机构的环境在许多方面都模仿了实际的创业环境。

因为创业仍然是一个年轻的领域，所以对创业教育而言除了理论基础，还需要一个动态部分。动态部分可以被看作是一个教育背景，一个受学生活动影响并有可能以与"现实世界"创业相媲美的速度成长的教育背景。动态部分的一个例子是一个个案研究,那里可能没有一个正确的答案,而是学生的行为决定了正确的答案是什么。克劳福森(Klofsten,2000)设想了类似的方法,他用独立的理论能力和实践能力来形容大学。他进一步的研究发现"早期商业的发展是动态的,并且需要不断调整(训练)方案"(即较高的变化率)(Klofsten,2000:341)。动态部分经常通过模仿"现实世界"环境在课堂上展现(Klofsten,2000)。在课程以外,动态部分论证了大学"在组织形式、体制政策和文化规范方面变得可塑"的需要(Feldman,2001:133)。另一方面,作为学生知识基础的静态部分是坚实的理论体(Fiet,2001b)。静态部分虽然有据可查,但不受学生行为影响,而且大多数情况下并不代表该领域的最新发展。因此,一个学生创业者的学习经验包括静态和动态两种成分。以下命题随之而来:

(一)命题一——创业教育活动包括静态和动态两个部分

在过去,动态部分在创业教育活动以及大学环境(即制度文化)中是不足甚至缺失的。因此,大学仅通过改变课程来解决问题是难以做到的。加特纳和沙恩(1995)明确了创业是一个动态的领域,它会随着时间的推移而改变。这与观察报告——"现实世界"的创业者面临着"快速找到解决方案的压力并且经常处于严重制约之下"这个观点相呼应(Gibb,1987:18)。随着研究人员继续研究创业,有理由期待知识理论主体的持续增长。随着这个理论的拓展,创业教育活动的静态部分也会随之增长(图6-1)。目前,由于创业理论仍在早期发展阶段,因而在创业教育中,动态部分的存在需要多过静态部分。图6-1通过创业教育圈的不平衡划分,以图形的形式展现了这一点。

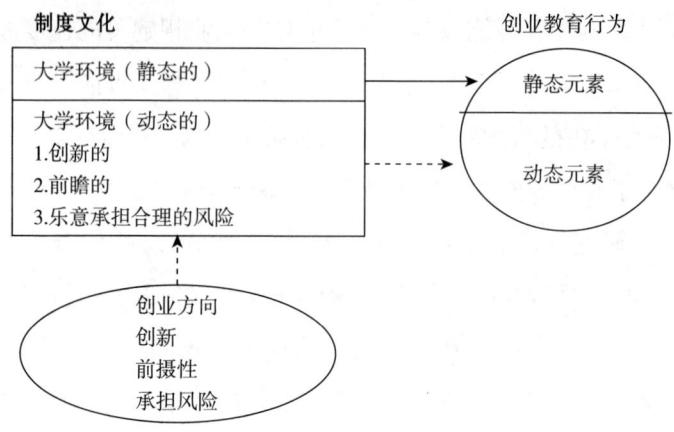

图 6-1 创业教育在创业导向大学中的概念性框架

图 6-1 形象地展示了所提出的框架，创业导向丰富了大学文化（即图中虚线）里的动态部分，其中也有对创业教育活动的影响，从而有助于创业教育的动态部分的发展。但是，静态部分仍然是创业教育任务的一部分，并依旧需要得到重视。

五、大学文化与环境的作用

当前的教育体制需要对创业文化的概念进行充分的阐述（Gibb, 1987: 16）。创业教育所涉及的不仅是课程体系构成。克劳福森（2000: 338）发现为了一所大学能有效地教授创业，它必须确保"整所大学积极进取文化的创新和维护"。海兰等（Hyland et al., 2002）进一步提出组织文化对培训项目的成功有重要作用。事实上，一项对英国创业者进行的研究表明，一个"形成教育的时刻与生活方式实验和更广泛的文化取向息息相关"（Raffo et al., 2000: 359）。这就意味着大学文化对学生创业者的学习经验有重要影响。所有的一切都指出了发生在机构内——课堂外和正式课程学习的重要性。它已经表明，与其说学生创业者受益于课程内容，不如说他们受益于大学环境和"文化取向"（Raffo et al., 2000）。虽然动态部分可能对于其他学科也很重要，但鉴于创业的独特属性，其在创业教育中更是有过之无不及。认识到这一点以后，许多大学都在努力提高其组织规范和文化的灵活性（Feldman, 2001）。因此，以这个方法预测：

（二）命题二——在大学里大学文化影响创业教育活动

如今，许多大学都认真尝试变得更加灵活、创新和主动（Association of Universities and Colleges of Canada, 2001; Feldman, 2001; National Governors Association, 2000a）。一所具有创新性和前瞻性的大学，能够更好地应对周围世界的变化，这表明这些特征是动态大学文化的要素（基于之前的讨论）。大学文化具有动态部分这个陈述也意味着静态部分的存在（Klofsten, 2000）。克劳福森（2000: 338）也确定了两个部分的存在（他称之为能力），他发现大学为了实现有效的创业教育，必须同时拥有这两个部分。静态部分的存在也与费尔德曼（Feldman, 2001）的观察报告，即大学创新的障碍是狭隘的文化、官僚制和专业化相吻合。因此，这些障碍较强的大学的变化速度非常慢。杜德施塔特（Duderstadt, 2000: 1）进一步回应了这个报告，他指出"大学的进步是一次一个坟墓"。另一份报告中，在访问大学档案馆之后，杜德施塔特（2001）惊讶地发现自1898年以来，这所大学几乎没怎么变过。这些都是大学文化静态部分的好例子。因此，假设：

（三）命题三——大学文化由静态部分和动态部分构成

创业理论本质上教学生他们应该做"什么"（Fiet, 2001b）。创业领域依然是年轻的、动态的（Gartner and Shane, 1995），理论也依然在发展（Eisenhardt and Companys, 2002）。许多以前的创业学生被教导"如何"

做事情而不是"知道"做"什么",这并不奇怪(Harris et al., 2000)。理论往往是静态的(也就是说,没有以"外部世界"的速度变化),学生似乎缺乏那种改变的动态部分(即目前的、应用的、不断发展的观点)。这些动态部分对能让学生管理他们周围快速变化的世界而言是必要的(Gibb, 1987; Klofsten, 2000)。然而,学生们也很欣赏创业理论,并认为它是一个可用来定位他们所接受的实际(动态的)教育部分的有用的基础(Klofsten, 2000)。值得一提的是,学生们最关心的是"理论上的"准备,这并没有为他们在现实世界中的快速变化做好准备(Gibb, 1987; Hyland et al., 2002; Klofsten, 2000)。这就意味着,他们培训的实际(动态)部分是由外部环境的动态特性所需要的。

也就是说教授创业的时候,许多大学并不是教授当前的知识领域,而是经常限制在静态的领域里。因为当前的知识领域还在发展,反过来,这也可以视为一种风险规避策略,因此可能包括不完整的、未经测试的项目。另一方面,被视为更稳定的静态部分是有缺陷的,因为它不包括来自这个领域最新的观点。由于目前的发展速度很快,这对创业具有特别重要的意义。作为一个缓慢变化的机构,大学能很好地将静态的(而不是动态的)部分融入课程与实践中(Duderstadt, 2000; 2001)。

然而,当大学尝试着教授创业时,创业的动态性往往会带来挑战。为了与最新的观点和发展保持接触,大学必须以与外部创业环境相媲美的变化速度适应和进步。这通常意味着拥有能支持频繁变化的文化与结构。实际上,卡尔森双氏(Karlsson and Karlsson, 2002)发现创业可以用来促进机构内部结构的变化。此外,克劳福森(2000: 338)发现,一所大学为了培养创业者,就必须保证"整所大学有一个进取文化的创新和维护"。在大学里发现的静态文化(和结构)之间的区别,以及有效的创业教学所需要的动态部分,可能是为什么创业作为一门学科仍被大学作为一项教育科目接受的原因(Bygrave, 1994; Klofsten, 2000; Vesper,

1988）。因此，可以说大学越具有创业导向，它有效教授创业教育的能力就越好。同样地，拥有较低创业导向水平的大学可能会发现有效教授创业更具挑战性。因此，假设：

（四）命题四——制度文化的静态部分对创业教育活动的静态部分有直接影响

以及

（五）命题五——制度文化的动态部分对创业教育活动的动态部分有直接影响

作为制度文化的动态部分，创新性、积极性和风险承担能力展示在图6.1中。费尔德曼（2001：112）发现有一场"高等教育对组织创新正在进行的革命"。创新也被视为振兴地方经济的关键（Raffo et al., 2000），一场把大学视为不可分割的组成部分的活动（Chrisman, 1997; Feldman, 2001; Jaffe, 1989; National Governors Association, 2000b; Steffensen et al., 1999）。创新（无论伴随着产品、过程或结构）在问题上必须由个人和组织采取行动。这意味着至少和没做任何事相比，必须要有一定的积极性和一定的风险承担能力（Morris and Jones, 1999; Todorovic et al., 2005）。这个观点由一份报告进一步印证，该报告指出，高等教育并没有让创业者变成有创造力、有商业技能、敢冒险的人（Council for Excellence in Management Learning, 2000）。想得更深远的人认为创业教育课程应该变得更适应创业的需求，与此同时，大学应该与其他机构、组织或团体组成"战略联盟"（Feldman, 2001; Harris et al., 2000）。积极管理更加创新、积极和容忍风险的文化变革的大学会获得更好的地位，这将使它们能够更好地应对当今瞬息万变的全球环境的发展。

因此，假设：

（六）命题六——提高大学创业导向（通过提高组织的创新性、积极性和风险承担能力）将会引起制度文化中动态部分的增加

以及

（七）命题七——制度文化中创新性、积极性和风险承担能力的增加将会导致大学创业教育活动中动态部分的增加

六、讨论

众所周知，不同大学的创业教育活动可能有不同程度的成功（Klofsten，2000）。作为一种创业生活方式的预备手段，许多创业者对正式创业教育的价值表示了强烈的保留态度（Klofsten，2000; Raffo et al.，2000）。这个研究提出了一个新的概念理论，旨在解决高等院校创业教育的一些问题。

本章所提出论点的基本假设仅是教授创业理论并不构成全面的创业教育。打个比方，一个精通飞行理论的人并不一定是飞行员。更确切地说，在一个人被授予飞行员执照之前，他或她必须在指导员陪伴下飞行达一个设定的最小时间数（即动态部分）。同样地，在能够在一个实时、高度复杂的创业环境中发挥作用之前，一个创业者必须在动态内容中获得能力。

创业是一门成长中的学科，任何教授创业的尝试都处于不断变化之中。新知识随时间更新，新理论随时间形成。因此，必须包括动态部分和静态部分（Klofsten，2000）。过去的创业学生经常反馈说动态部分从

他们的教育体验中消失了（Raffo et al., 2000）。除此之外，创业教育的静态部分和动态部分指的不仅是课程。大学文化、时间和结构设置（制度文化）都影响着大学创业教育的能力（Feldman, 2001）。

因此，本章假设大学制度文化由静态部分和动态部分组成，二者都对创业教育活动有直接影响。由于其稳定的制度特征，大学更有可能教静态的知识本体。不幸的是，由于创业依然是一个正在发展的领域（Eisenhardt and Companys, 2002），对培养未来的创业者而言这个知识本体是不够的。为了使大学能提供全面的创业教育，动态部分必须被包括在内。这与大多数大学目前的文化、实践和结构是完全不同的。因此，许多大学试图培养有经验的成功创业者（Hill and Hannafin, 2001）。

问题在于，一所大学能够以与该领域发展相媲美的速度改变和做出反应。为了使一所大学能有效应对这些发展并能在快速变化的环境中发挥作用，大学必须从内部创新。对一所大学而言，创业导向意味着这所大学必须创新、积极主动以及拥有一定的风险承担能力。相应地，这就允许大学以当前在该领域需要保持的速度前进。因此，大学创业教育和如今的创业环境息息相关，和如今的创业者也息息相关。具有创新性、积极性和风险承担能力会让大学创业教育活动变得流行、适用，并以符合当今创业需求的方式很好地传递出去。

在企业资源基础观理论框架内发展的创业导向提供了一个解决方案。过去的研究表明，采用了创业导向的组织和机构更具有创新性、积极性和更强的风险决策能力（Dess et al., 1997; Smart and Conant, 1994; Zahra, 1993）。公共组织部门也是这样的情况（Box, 1999; Morris and Jones, 1999）。通过转变为创业导向，大学能更好地与动态环境保持同步，从而使其机构内拥有更有效的教育课程。

这个概念框架的重要意义是多方面的。首先，它增加了我们对创业教育的理解。当外部世界理解了创业活动的重要意义时，培养未来创业者的能力迅速成为大学、社会甚至是国家的重要资源。其次，这个框架说明了制度文化的重要意义以及它在教育服务的发展和传递中的作用。在今天的环境中，公共机构的期望越来越高，认识到这一资源的重要性是至关重要的。事实上，一种积极、灵活的大学文化可以给大学和社会带来很多益处。最后，增加我们对这个新的且依旧在发展的知识领域所需的教学方法的理解，将进一步有助于大学社区更好、更有效地探索未来机遇。随着变化速度的提高，大学保持同步的能力变得极为重要。

七、结论

创业已经成为当前经济增长的重要组成部分。作为对一个地区（甚至一个国家）具有潜在的重大影响的机构，大学正在寻找不同的创业教学方法。尽管做了许多努力，大学只在提供有效的创业教育这一方面取得了有限的成功。本章提出创业教育是由静态部分和动态部分组成的，二者都受到大学文化的影响。虽然作为机构的大学能够很好地教授创业的静态部分，却不能同样说其有足够的能力教授动态部分。通过转变成创业导向，大学会变得更具创造性、积极性和风险承担能力。这也会使大学变得更加灵活并能适应周围环境的变化。因此，大学将能够对未来创业者的创业培训的动力部分做出有价值的贡献。如果创业培训变得更加积极、流行，能模仿"真实的"创业环境，它就会为未来创业者提供一个更好的准备基础，使他们在现实世界的创业环境中有效地发挥作用。

参考文献

Amit, R. and Schoemaker, P.J. (1993), 'Strategic assets and organizational rent', *Strategic Management Journal*, 14 (1), 33–47.

Association of Universities and Colleges of Canada (2001), *Commercialization of University Research*, Ottawa: AUCC.

Association of University Technology Managers (2000), *AUTM Licensing Survey: FY 1999, Survey Summary*, Association of University Technology Managers, Northbrook, IL.

Badawy, M. (1998), 'Technology management education: alternate models', *California Management Review*, 40 (3), 94–116.

Barney, J.B. (1991), 'Firm resources and sustained competitive advantage', *Journal of Management*, 17 (1), 99–120.

Box, R.C. (1999), 'Running government like a business: implications for public administration theory and practice', *American Review of Public Administration*, 29 (1), 19–43.

Bruton, G.D. and Rubanik, Y. (2002), 'Resources of the firm, Russian high technology startups, and firm growth', *Journal of Business Venturing*, 17 (6), 553–76.

Bruyat, C. and Julien, P.-A. (2001), 'Defining the field of research in entrepreneurship', *Journal of Business Venturing*, 16 (2), 165–80.

Bygrave, W.D. (1994), *The Portable MBA in Entrepreneurship*, New York: John Wiley and Sons.

Carland, W.J., Hoy, F. and Cortland, C.A. (1988), '"Who is an entrepreneur?" is a question worth asking', *American Journal of Small Business*, 88, 33–8.

Casson, M. (1982), *The Entrepreneur: An Economic Theory*, Oxford: Martin Robertson.

Cauthorn, R.C. (1989), *Contributions to a Theory of Entrepreneurship*, New York: Garland.

Child, J. (1972), 'Organization structure and strategies of control—a replication of the Aston study', *Administrative Science Quarterly*, 17 (2), 163.

Chrisman, J.J. (1997), 'Program evaluation and the venture development program at the University of Calgary: a research note', *Entrepreneurship Theory and Practice*, Fall, 59–73.

Council for Excellence in Management Learning (2000), *The Contribution of the UK Business Schools to Developing Managers and Leaders*, London: Business Schools Advisory Group.

Covin, J.G. and Slevin, D.P. (1989), 'Strategic management of small firms in hostile and benign environments', *Strategic Management Journal*, 10 (1), 75–88.

Dess, G.G., Lumpkin, G.T. and Covin, J.G. (1997), 'Entrepreneurial strategy making and firm performance: tests of contingency and configurational models', *Strategic Management Journal*, 18 (9), 677–95.

Duderstadt, J. (2000), 'A vision for the future of the public university in the new millennium', 30 October, retrieved 15 April 2003, from http://milproj.ummu.umich.edu/publications/index.html.

Duderstadt, J. (2001), 'Fire, ready, aim! The importance of liberal learning for an increasingly technological world: 10th anniversary symposium', Ivan Allen College, Atlanta, Georgia, 15 March.

Eisenhardt, K.M. and Companys, Y.E. (2002), 'The entrepreneurship dynamic: origins of entrepreneurship and the evolution of industries', *Academy of Management Review*, 27 (4), 622–4.

Eisenhardt, K. M. and Martin, J.A. (2000), 'Dynamic capabilities: what are they?', *Strategic Management Journal*, 21 (10–11), 1105–21.

Erikson, T. (2001), '"The promise of entrepreneurship as a field of research": a few comments and some suggested extensions', *Academy of Management*, 26 (1), 12–13.

Etemad, H. and Wright, R.W. (1999), 'Internationalization of SMEs: management responses to a changing environment', *Journal of International Marketing*, 7 (4), 4–10.

Feldman, J.M. (2001), 'Towards the post-university: centres of higher learning and creative spaces as economic development and social change agents', *Economic and Industrial Democracy*, 22 (1), 99–142.

Fiet, J.O. (2001a), 'The pedagogical side of entrepreneurship theory', *Journal of Business Venturing*, 16 (2), 101–17.

Fiet, J.O. (2001b), 'The theoretical side of teaching entrepreneurship', *Journal of Business Venturing*, 16 (1), 1–24.

Gartner, W.B. (1988), ' "Who is an entrepreneur?" is the wrong question', *American Journal of Small Business*, 88, 11–32.

Gartner, W.B. (1990), 'What are we talking about when we talk about entrepreneurship?', *Journal of Business Venturing*, 5 (1), 15–29.

Gartner, W.B. and Shane, S.A. (1995), 'Measuring entrepreneurship over time', *Journal of Business Venturing*, 10 (4), 283–302.

Gibb, A.A. (1987), 'Enterprise culture—its meaning and implications for education and training', *Journal of European Industrial Training*, 11 (2), 3–39.

Grant, R.M. (1991), 'The resource-based theory of competitive advantage: implications for strategy formulation', *California Management Review*, 33 (3), 114–36.

Harris, S., Forbes, T. and Fletcher, M. (2000), 'Taught and enacted strategic approaches in young enterprises', *International Journal of Entrepreneurial Behaviour and Research*, 6 (3), 125–45.

Hernandez-Gantes, V.M., Sorensen, R. and Nieri, A. (1996), *Fostering Entrepreneurship Through Business Incubation: The Role and Prospects of Postsecondary Vocational—Technical Education. Report 1: Incubator Clients and Managers* (*MDS-893*), Madison, WI: Centre on Education and Work, University of Wisconsin—Madison.

Herron, L. and Sapienza, H.J. (1992), 'The entrepreneur and the initiation of new venture launch activities', *Entrepreneurship Theory and Practice*, 17 (1), 49–56.

Hill, J.R. and Hannafin, M.J. (2001), 'Teaching and learning in digital environments: the resurgence of resourcebased learning', *Educational*

Technology, Research and Development, 49 (3), 37–53.

Hyland, P., Sloan, T. and Beckett, R. (2002), 'Learning to compete: postgraduate training in an aerospace company', *Journal of European Industrial Training*, 26 (2), 100–108.

Jaffe, A.B. (1989), 'Real effects of academic research', *American Economic Review*, 79 (5), 957–70.

Karlsson, C. and Karlsson, M. (2002), 'Economic policy, institutions and entrepreneurship', *Small Business Economics*, 19 (2), 163–71.

Klofsten, M. (2000), 'Training entrepreneurship at universities: a Swedish case', *Journal of European Industrial Training*, 24 (6), 337–44.

Kowalski, R.B. and Campbell, M.W. (2000), 'Leadership skills help financial managers achieve career success', *Healthcare Financial Management*, 54 (4), 50–52.

Lee Choonwoo, Lee, K. and Pennings, J.M. (2001), 'Internal capabilities, external networks, and performance: a study on technology-based ventures', *Strategic Management Journal*, 22 (6/7), 615–40.

Lumpkin, G.T. and Dess, G.G. (1996), 'Clarifying the entrepreneurial orientation construct and linking it to performance', *Academy of Management*, 21 (1), 135–73.

Lumpkin, G.T. and Dess, G.G. (2001), 'Linking two dimensions of entrepreneurial orientation to firm performance: the moderating role of environment and industry life cycle', *Journal of Business Venturing*, 16 (5), 429–51.

Mallick, D.N. and Chaudhury, A. (2000), 'Technology management education in MBA programs: a comparative study of knowledge and skill requirements', *Journal of Engineering and Technology Management*, 17, 153–73.

Miles, R.E. and Snow, C.C. (1978), *Organizational Strategy, Structure, and Process*, Toronto: McGraw-Hill.

Miller, D. (1983), 'The correlates of entrepreneurship in three types of firms', *Management Science*, 29 (7), 770–92.

Miller, D. and Friesen, P.H. (1978), 'Archetypes of strategy formulation',

Management Science, 24 (9), 921.

Mintzberg, H. (1973), *The Nature of Managerial Work*, New York: Harper and Row.

Morash, E.A. and Lynch, D.F. (2002), 'Public policy and global supply chain capabilities and performance: a resource-based view', *Journal of International Marketing*, 10 (1), 25–51.

Morris, M.H. and Jones, F.F. (1999), 'Entrepreneurship in established organizations: the case of the public sector', *Entrepreneurship Theory and Practice*, 24 (1), 71–91.

Morris, M.H. and Paul, G.W. (1987), 'The relationship between entrepreneurship and marketing in established firms', *Journal of Business Venturing*, 2 (3), 247–60.

Mowery, D.C. and Shane, S. (2002), 'Introduction to the special issue on university entrepreneurship and technology transfer', *Management Science*, 48 (1), 1–5.

National Governors Association (2000a), *Building State Economies by Promoting University–Industry Technology Transfer*, Washington, DC: National Governors Association.

National Governors Association (2000b), *Nurturing Entrepreneurial Growth in State Economies*, *Washington*, DC: National Governors Association.

National Governors Association (2000c), *Using Research and Development to Grow State Economies*, *Washington*, DC: National Governors Association.

Nelson, R.R. (1991), 'Why do firms differ, and how does it matter?', *Strategic Management Journal*, 12, 61–75.

Olson, P.D. (1987), 'Entrepreneurship and management', *Journal of Small Business Management*, 25 (3), 7–14.

Penrose, E.T. (1959), *The Theory of the Growth of the Firm*, New York: John Wiley and Sons.

Raffo, C., Lovatt, A. Banks, M. and O'Connor, J. (2000), 'Teaching and learning entrepreneurship for micro and small businesses in the cultural industries sector', *Education and Training*, 42 (6), 356–65.

Sandford, B. (2000), 'Loose cannons and rule breakers, or enterprising leaders? Some evidence about innovative public managers', *Public Administration Review*, 60 (6), 498–507.

Schumpeter, J.A. (1934), *The Theory of Economic Development*, O.R., trans. 7th edn, Cambridge, MA: Harvard University Press.

Shane, S. and Venkataraman, S. (2000), 'The promise of entrepreneurship as a field of research', *Academy of Management*, 25 (1), 217–26.

Shane, S. and Venkataraman, S. (2001), 'Entrepreneurship as a field of research: a response to Zahra and Dess, Singh, and Erickson', *Academy of Management*, 26 (1), 13–16.

Shepherd, D.A. (1999), 'Venture capitalists' introspection: a comparison of "in use" and "espoused" decision policies', *Journal of Small Business Management*, 37 (2), 76–87.

Smart, D.T. and Conant, J.S. (1994), 'Entrepreneurial orientation, distinctive marketing competencies and organizational performance', *Journal of Applied Business Research*, 10 (3), 28–39.

Solomon, G.T. and Fernald, L. (1991), 'Trends in small business management and entrepreneurship education in the United States', *Entrepreneurship Theory and Practice*, Spring, 25–39.

Steffensen, M. Rogers, E. and Speakman, K. (1999), 'Spin-offs from research centres at a research university', *Journal of Business Venturing*, 15, 93–111.

Stevenson, H.H. and Jarillo, J.C. (1990), 'A paradigm of entrepreneurship: entrepreneurial management', *Strategic Management Journal*, 11, 17–28.

Teece, D.J., Pisano, G. and Shuen, A. (1997), 'Dynamic capabilities and strategic management', *Strategic Management Journal*, 18 (7), 509–33.

Todorovic, Z.W., McNaughton, R.B. and Guild, P. (2005), 'Making university departments more entrepreneurial—the perspective from within', *International Journal of Entrepreneurship and Innovation*, 6 (2), 115–22.

Vesper, K.H. (1988), 'Entrepreneurial academics—how can we tell when the field is getting somewhere?', *Journal of Business Venturing*, 3 (1), 1–10.

Vesper, K.H. and Gartner, W.B. (1997), 'Measuring progress in entrepreneurship education', *Journal of Business Venturing*, 12 (5), 403–21.

Wernerfelt, B. (1984), 'The resource-based view of the firm', *Strategic

Management Journal, 5 (2), 171–81.

Wiklund, J. (1999), 'The sustainability of the entrepreneurial orientation–performance relationship', *Entrepreneurship Theory and Practice*, 24 (1), 37–48.

Zahra, S.A. (1993), 'Environment, corporate entrepreneurship, and financial performance: a taxonomic approach', *Journal of Business Venturing*, 8 (4), 319–41.

Zahra, S.A. and Dess, G.G. (2001), 'Entrepreneurship as a field of research: encouraging dialogue and debate', *Academy of Management*, 26 (1), 8–10.

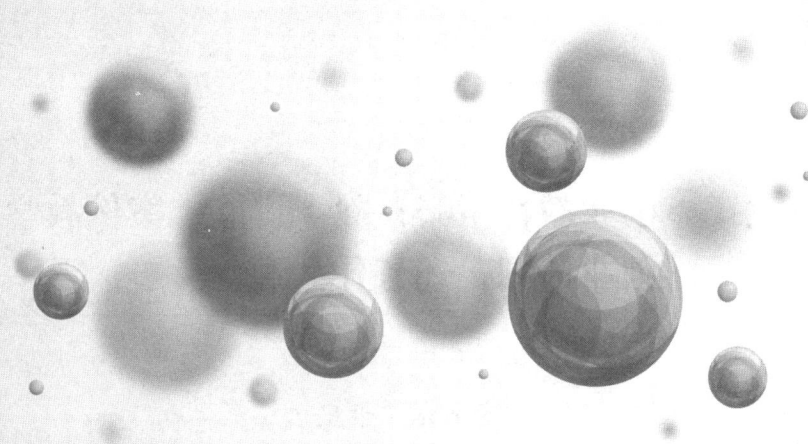

第二部分

更新方法

第七章 创业教育策略：除了讲座、案例教学和创业计划，还有什么？

卡米尔·卡里尔

一、引言

能够开设创业课程和项目的大学数量正在稳步增长。自从 1947 年迈尔斯·梅斯（Myles Mace）在哈佛上了第一堂创业课，我们已经走了很长一段路（Katz, 2003）。最近，一项研究（Charney and Libecap, 2000）表明，在过去的 50 年里，世界各地提供不同层次创业培训项目的大学机构数量已经从 1 个增加至超过 1500 个。在美国，卡茨（2003）指出，1994 年超过 120,000 名学生参加创业课程，而到新世纪之初，我们有理由相信这个数字已经上升了 50%。1979 年到 1999 年，加拿大大学生创业课程的数量增加了 44%，虽然在过去的 5 年中这个增速大幅下滑（Menzies, 2005）。创业课程在法国（Fayolle, 2003）乃至整个欧洲的发展也有一个类似的趋势（Wilson, 2004）。

根据隆施塔特（Ronstadt, 1990）的研究，在 20 世纪 90 年代初，创业教育方案的重点仍然是创业计划，而且他认为一个新的趋势最终会引发对个人经验和技能的一种新的关注。在同一时期，贝查德和图卢兹

（Béchard and Toulouse，1991）认识到了创业教育的案例研究和讲座的优势。不幸的是，他们的研究表明，专注于内容而非学习方法的传统教学仍然在大学阶段的创业课程中占主导地位。但是，正如威赛勒和斯特穆尔（Vesalain and Strömmer，1998）所指出的，在大学阶段创业教学应该是关于方法而非内容的。

基洛（Kyrö，2005）指出，创业教育的方法在洲与洲、国与国之间可能有所不同，这是由于不同文化中教育理念的不同。内容、教学方式和教育目标的差异取决于受培训的人（Block and Stumpf，1992; Gibb，1994）。但是，虽有上述的变化和事实，看起来事情并没有真正在这方面有所改变。例如，最近的一项研究（Solomon et al.，2002）表明，创业教育中最常见的教学方法仍然是创业计划、知名教授的讲座、为数不多的案例教学和监督阅读计划。

创业计划的持久性是迷人的，而这也是一个质疑创业教师依旧对其产生热情的充分的理由。许多研究表明，在一个创业者的成功实践与一个优秀的创业计划之间建立联系甚至因果关系都是很困难的（Carrier et al.，2004; Plaschka and Welsch，1989; Reid and Smith，2000; Zinger and LeBrasseur，2003）。奥代特（Audet，2004）甚至表明，要求学生制作一个创业计划的事实可能会不利于他们对创业事业的看法，因为他们发现这段经历困难且复杂。这并不意味着创业计划作为一种商业工具应该被淘汰。在许多情况下，它可能会提供一些有趣的教育效益，但前提是以允许建构主义性质的学习方法使用它。"在准备他们的创业计划时，学生们可以学着预测、发展他们所需的关系来完成自己的项目，找出自己的弱点，了解他们决策的相互依存性以及获得信息来源。"（Marion and Sénicourt，2003: 62）但是，强调在创业课程中创业计划应该普遍存在的出版物却很少展示教师是如何使用计划的。卡里尔（2005）批判了在课程中频繁使用创业计划的这个现实，并提出了几种最大限度使用它的方法。

根据所罗门等（1994）所述，我们仍然面临着一个迫切需要——把传统的教学方式转换成更独特的、非传统的教学方式。因此，除了传统的讲座和创业计划以外，用哪种教学工具或方法来教授创业是合适的呢？这方面的新趋势是什么？本章提供了这些问题的答案，回顾了一些新的或者区别于传统的用于创业教学的方法，这些方法在过去15年的文献中都有所提及。大部分的梳理通过文献进行研究，这些文献研究使用了1990年到2005年间的商业和经济管理期刊数据库（ABI-Inform）和Emerald数据库（Emerald database）。根据本研究的目标，只选择那些记录了教学实践的论文，并且这些教学实践明确涉及了案例教学和创业计划以外的方法。

但是，在我们更具体地关注正在讨论的教学方法之前，了解到"它们并不一定比传统方法好，也不一定同样有用"这一点很重要。一个创业教学方法的价值需要用它帮助学习者获得创业态度和技能的能力来衡量。在本章的最后一部分中，我们将会回到这个重要问题上来。

二、模拟与游戏

一些学者提出模拟练习的使用，在模拟练习中学生必须制定战略、做出决策来确保小公司的成功。霍尼格（2004）指出，传统的教学和创业教育的需求往往是不可调和的。其正常目的是帮助学生获得一定数量的概念，随后他们便可以应用指导者已经提供的答案来解决问题。但是，创业并不是这样运作的。一般而言，他们在一个复杂、动态的环境中工作，所以能够处理大范围的非结构问题。因此，对预测能力的需要大大超过了对适应能力的需要。在霍尼格看来，个人和团体通过学习发展自己的能力以适应行动或尝试错误。他相信模拟能让学生在新的且意想不到的环境中获得经验，学会应对失败并且发展他们所需的应变能力。

当然，为了维持学生的兴趣和动力，选择正确的模拟练习是很重要的。霍尼格（2004: 265）指出，

> 为了使一个人在模拟中保持动力，活动必须是可信的且可持续适应的。这是模拟设计较前沿的一个方面，可能会影响学生长期达到最大限度学习的能力。随着外部环境的变化，模拟也应该随之改变，以反映出个人的认知期待。否则，活动可能就会显得无聊且毫无意义。

一个模拟练习的选择还必须考虑到学习目标。欣德尔（2002）[①]提出了一定数量的标准以指导模拟练习的选择和开发。大多数可分为四种类型：使方案具有相关性、可信度；关于多方面的明确沟通；调整功能以适应技术支持材料；以及基于上述标准和联系目标的成本—效益分析。欣德尔还补充道，更普遍的是，为了实现更大限度的参与，模拟训练必须适应提供给学生团队的其所处的商业环境。

两种不同类型的模拟会展示在接下来的两个部分中。

（一）计算机模拟

在审查了创业教育中最常见的用来确定其基础知识和技能以获得目标的教材内容之后，沃尔夫和布鲁顿（Wolfe and Bruton, 1994）进行了大量的文献梳理，来确定哪种以计算机为基础的商业游戏在创业课程中可能是最有用的。他们发现大学阶段的创业培训只对三种模拟感兴趣。

第一种是《创业模拟程序》（*Entrepreneurial Simulation Program*）

[①] 另见欣德尔和安赫恩（Hindle and Anghern, 1998）。

（Penderghast，1988）。在模拟中，参与者开始经营一家零售店，为期12个月。所有的团队都会得到相等的启动资金。该零售店在期末会被出售，其售价用以判定参与者的表现。第二种模拟是《创业者：模拟》（*Entrepreneur: A Simulation*, Smith and Golden，1987），要求团队购买并经营一家零售服装店。这要求他们做出一定的季度决策以及实施变更来提高公司的业绩。第三个也即最后一个模拟是《创办一家小企业：模拟游戏》（*Starting a Small Business: A Simulation Game*，Gupta and Hamman，1974）。在这个游戏里，参与者会得到一笔10万美元的启动资金去创办一个生产一种具有高销售潜力的爆米花的小型公司。

支持这些游戏的沃尔夫和布鲁顿（1994）认为他们需要学生具有一定的创造力，这些学生能在大多数创业者经历过的小企业环境中测试他们的风险承担能力。但是，消极的一面是，游戏的目的是开发有限的创业技能，且仅涉及这些方面的皮毛。因此，作者希望使用这些模拟的教师可提供一些额外的活动来填补这些空白。

根据塔威库瓦特（Thavikulwat，1995）的研究，创业教育家也对《企业模拟》（*The Business Enterprise Simulator*，Davis and Parker，1994）和《冒险》（*Venture Forth*，Willmer，1986）这两种其他的创业模拟感兴趣，即使它们还没有引起沃尔夫和布鲁顿的兴趣。塔威库瓦特还特别推荐了第三个方案——《交易》（*Deal*），一种计算机化的商业游戏模拟，用来测试多行业环境中市场游戏（资源、产品、资金和人际关系）的理念。根据塔威库瓦特所说，不同于其他模拟，《交易》提供了刺激性挑战和对参与者所取得成果的客观评估，并且在保持极其灵活的状态下也容易使用。

学生积极参与其他类型的模拟也会帮助他们意识到一些更加情绪化的影响，比如创业失败（Petranek and Corey，1992）。多媒体模拟，包括哈佛的名为《开展高风险业务》（*Launching a High-risk Business*,

Sahlman and Roberts，1999）的模拟，可用于提高学生对创业情感体验方面的认识，例如处理失败并把它转化为一种学习的动力（Honig，2004）。在失败的情况下，新创业者学着管理自己情绪的需要也通过谢泼德（2004）的努力得到了广泛的解决，他以此为目标提出了几种包括模拟在内的教育方法。谢泼德断言市场上大部分的模拟都不是为了这个目的而设计的，他因而提出了一个有趣的建议：

> 一个例外是"小型企业成长管理阶段模拟"，它模拟了一个面对一系列经济问题的家族企业的管理。这一模拟有助于学生对商业、环境的不同方面以及一个人的决定如何限制公司的发展并使它的生存处于危险之中有更深刻的理解。（2004：280）

（二）行为模拟

创业中的行为模拟[①] 本质上是体验活动，这个活动创造并设计了一个商业环境，以便于学生体验某种行为并培养一定的创业能力和技能。根据斯顿夫等（1991：33）的研究：

> 当计算机模拟致力于计算使用这些模拟的结果时，行为模拟专注于自我投入，包括参与者可以用来管理模拟公司的行为和其他决策程序。当计算机模拟教授一套通过预编程模拟捕捉的固定的努力成果时，行为模拟则教授产生意义和寻找机会的过程，这是参与者对活动的投入。

斯顿夫等（1991）大规模地测试行为模拟，研究从28项模拟中得到

---

① 斯顿夫和达顿（Stumpf and Dutton，1990）用舞蹈隐喻来解释行为模拟动力学。舞蹈是一个个体活动，但是以群体形式练习，而且每个人都可以判断他或她的表现并试图改进。

的结论，在两年的时间里有 317 个参与者使用了这些模拟。大多数参与者显然认为得到了锻炼并提高了技能。但研究人员表示，"更重要的是，那些被视为对绩效至关重要的技能反映了成为一名高效创业者的关键技能"（同前：38）。他们特别提到了以下技能：提出关于公司未来的发人深省的问题的能力；产生几种可能的情景的能力；重新定义问题使它们更容易被理解的能力；为公司未来预设一个美景的能力；寻求和推动创新观念的能力。

虽然他们发现为了两个目的而使用一个同样的案例教学是很困难的，洛等（Low et al., 1994）一部分人还是试图开发了一种会对研究和培训都有用的创业游戏。他们创造了《创业游戏》（*The Entrepreneurship Game*），这将在以下几个方面介绍给学生：

> 这场游戏模拟了一个竞争激烈的市场，在这之中许多创业者都确保有相同的商业机会。这个游戏是为了提供一个用于全面的库存管理的复杂的软件程序。客户是信息系统管理人员，而且他们时刻准备着购买。但是，市场并没有大到足以支撑所有的创业者。创业者必须与客户和其他要求建立一个成功的合资企业的资源（资本、员工和设备）竞争平台。（第 387 页）

因此，团队必须互相竞争，还必须制定正确的战略以获得最大份额的业务。作者认为，游戏的目的是为了让学生发展自己的谈判、游说、形成人际关系网以及吸引有趣的合作伙伴的能力。

他们对 72 名学生进行了测试，然后要求学生完成一份问卷，以评估其教育贡献。他们觉得其中两方面尤其应该测试：第一，学生在活动中感兴趣的程度；第二，游戏培养特定技能的程度如何。关于这两个问题中的第一个，95% 的学生表示他们乐此不疲，并且认为这个活动很刺激。关于第二个问题，55%的学生认为通过游戏自己发生了轻微的改变，20%的学生则认为发生了重大改变。虽然学生认为游戏需要改进，但从它产生的高度吸引力的角度来看，洛等（1994）得到的整体结果还是非常令人鼓舞的。

这一类的模拟游戏还包括一些建议的联系或活动，要求学生熟悉创业的情感、本能和驱动等方面——例如领导能力的发展，对创新的解决方法的寻找，持之以恒的毅力等。鲁宾逊（1996）指出，用传统的教学方法使学生意识到这些重要元素并发现自己在这方面的潜力是很困难的。鲁宾逊提出了一个被称为"我的领地"（*Minefield*）的实验活动，它结合了认知、情感和意动元素，可以检验个体或团队，以提高创业过程中学生对商业原则的理解。

鲁宾逊[①]（1996）指出，虽然"我的领地"的演习把学生放置在战争而非商业环境中，但它所提供的是直接相关的创业过程。在演习中，组队的学生们被安置在一个充满不确定性的背景下的危险但刺激的情景中。鲁宾逊认为游戏的关键创业变量基于以下几个方面：

——完成一个要以客观形式达成的崇高目标或使命；
——基于组织内外部因素可能会改变的有限的资源；
——一个包括失败可能性的不确定结果；
——一个程序没有设置但必须由该团队开发的不确定情况；
——在完成任务的策略和战术方面的多项选择；
——情感投入与承诺以达到目标；
——团队成员在不了解环境的情况下采取势在必行的行动，然后通

---

① 鲁宾逊在他的论文中描述了游戏。因为报告尤为重要，他甚至建议了可供讨论的要素以帮助主持人完成这项任务。

过策略和战术的调整以满足不断变化的环境。(同前：353)

这么多创业教育者对模拟感兴趣，这真是有点令人惊讶。因为使用较为传统的管理和策略的这种演习，在近几年似乎已经陷入相对废弃的状态。例如，在对战略管理和商务政策教师的研究中，基夫等（Keeffe et al.，1993）表明，模拟的使用率在1985年至1990年间有所下降。在同一时期，他们还发现，来自这些领域的从未把模拟当作教学工具使用的教师的比例从16%上升到了22%。这是一个合理的观点，因为近10年创业课程数量的明显增加可能至少部分解释了对模拟兴趣的不断升级，它作为新方法是非常有必要的（Solomon and Fernald，1991）。

三、最初的教育建议

下面将介绍一些文献探讨过的更不寻常、更创新、更原始的教学方法或手段，难以令人满意地归类在单独且明确界定的类别中。

（一）通过经典教授创业

在本森（Benson，1992）看来，阅读古典作品——包括小说、哲学和散文，可以帮助学生汲取创业的基本经验，并使他们意识到创业生涯的潜力和需求。他指出了许多相关著作，包括马基雅维利（Machiavelli）的《王子》(The Prince)，梭罗（Thoreau）的《瓦尔登湖》(Walden)，柏拉图（Plato）的《理想国》(Republic) 和莎士比亚（Shakespeare）的《李尔王》(King Lear)。在他看来，这些书中的英雄可以成为创业学生的主要灵感来源。例如，一个教师可以使用赫尔曼·梅尔维尔（Herman Melville）的《白鲸记》(Moby Dick)（1851）——一部主人公船长亚哈（Ahab）的性格代表了所有英雄的小说，"克服一切困难"的斗争，大多是创业者发现他们必须努力才能使他们的事业成功。

在本森看来，阅读经典也能帮助学生了解一些难以通过传统教学法传播的理念。例如，他说：

> 参与创业教育的时间越长我就越确信，创业过程中有一些直观的东西，以及将成功的创业者与其他人区分开的东西，其中一种就是他们识别和回应他们的本能和直觉告诉他们的商业机会的独一无二的能力……但是，如果不是不可能的话，在传统意义上教授本能和直觉是极其困难的。我能找到的极有帮助的方法就是让我创业学的学生阅读拉尔夫·瓦尔多·爱默生（Ralph Waldo Emerson）的论自力更生的文章（1992：136–7）。他认为这后一本书包含了一些启发性的思想，帮助学生不仅了解到本能和直觉的重要性，也学会认识他们自己并能采取相应的行动。

仍然本着帮助学生了解本能和直觉的重要性的观点，本森提到了《奥赛罗》（*Othello*），莎士比亚的一部悲剧。在他看来，创业学生会发现奥赛罗的致命失败可以和依赖专家而忽略了自己直觉感受的创业者的失败相媲美。

（二）通过视频教授创业

内克等（Neck et al.，1998）强调了视频在管理教学上日益增长的重要作用，并给出了一个他们在大学阶段培养创业者时可能使用的鲜活的例子。

他们推荐了电影《死亡诗社》（*Dead Poets Society*），罗宾·威廉斯（Robin Williams）在其中扮演约翰·基廷（John Keating）教授，一个不同凡响、魅力非凡的教师，激励他的学生并鼓励他们充分地享受生活："及时行乐，小伙子！抓住每一天。"他设法引起学生们的兴趣，结果许多人的生活永远被改变。内克等（1998）认为教育创业者可以通过灌输创业精神给学生个体以及让他或她意识到并抓住机会，他们还相信电影可以用来为创业教育制造一个充满活力的创业环境。

他们认为新的创业者可以从电影中学得八个主要的经验，如下：

> 1.整合会扼杀创造力；2.不要追随领袖；3.找到属于你的激情并将它带到生活中去；4.让你的生活与众不同；5.创造力可以被释放出来——我们都拥有它；6.勇敢和谨慎，明智的创业者都知道这两者的差异；7.从不同的角度看生活会让你看到别人看不到的东西；8.及时行乐——只争朝夕。（Neck et al., 1998: 2）

从教育的角度看，电影的使用以不同的方式进行了测试，作者也能够提出更具体的建议。基于他们的发现，他们相信电影的使用可以成为一个强有力的教育工具来说明一个理论或概念，或者作为分析给定情景的一个起点。

巴克利等（Buckley et al., 1992）提出了使用电影的另一种方式，他们认为向学生展示商业电影能让他们通过管理者和专家在各种行业和背景中的行为研究现实生活中的管理方式。例如，就创业教育而言，使用电影来讲述创业者现实生活中的故事，作为随后思考和讨论的基础是有可能的。

（三）用生活故事教授创业

这种特别原始的方式是由雷和卡斯韦尔（Rae and Carswell, 2000）提出的，以创业行为是通过经验和后来的发现而习得的观点为基础。作为学者，他们最先使用创业者生活中的故事，试着识别情况与过程，在这之中这些人已经学会了创建成功的、高成长的公司。他们的目标是提高知识主体性并确定创业教育的含义。他们的工作引领他们提出创业学习模式（Entrepreneurial Learning Model），它可以用来提升原有的教学工具。

对创业的学生而言，生活故事也可以成为一个有趣的学习工具。雷和卡斯韦尔建议学生们写下自己的传记并且规划好他们所需要用来支持未来创业生涯的学习。正如作者指出的：

> 他们可以把创业学习模式当作一个起点，用来发展他们自己的规划能力。这个过程对发展人的自信和自我信念，反思他们已经用了多少创业行为以及认识并发展他们的个人理论是有帮助的。（2000: 225）

（四）利用角色扮演从失败中培养学生的情感和学习

麦格拉思（McGrath, 1999）最近指出，失败是一个在创业文献中没有得到足够关注的方面；重点似乎主要放在成功因素上。虽然失败总是痛苦的，但它往往是通往新机会的大门，这是创业精神的本质。希斯里奇和彼得斯（Hisrich and Peters, 2001）提出了几种帮助创业者应对失败的方法。以此为基础，谢泼德提出，一种工具和一个完整的教育方法都可以用来教授创业学生如何管理一般与失败相关的负面情绪。

该方法采用了一些过去被广泛使用的教育策略，例如阅读、案例教学和模拟，但他还提出了一种创业教师较少使用的技术，即角色扮演。根据格林伯格和埃斯丘（Greenberg and Eskew, 1993）的观点，角色扮演的方法可以在情境中获得有趣的结果，在这些情境中学生需要在一系列的心理环境下测试某些行为和态度。有趣的是谢泼德提出了七种角色扮演，他进行了详细的描述，并且获得了建议使用者的支持。

(五)使用新的风险专家脚本作为提高创业专长的一种手段

除了技能、能力和素质的采集以外,基于经验的方法也可以支持或加强更理论化和/或更技术化的知识整合和升级。例如,米切尔和切斯汀(Mitchell and Chesteen, 1995)提出一个专家脚本的概念,作为一种提高企业技术水平的手段,以信息论者对脚本获得的建议为基础,提高学生的创业技能。在他们看来,提供给学生的学习情境必须包括四种主要类型的活动,即认识、思考、动手和参与;基于脚本教学策略的应用在参与阶段都有很好的适用性。

四、从业者更多元地整合到培训过程中

在针对未来的管理者或创业者的课程中,从业者(管理者、创业者、顾问等)的参与绝不鲜见。最常见的应用之一是生活案例(Learned, 1991)。在生活案例里,学生通常需要审视一个真实的案例,而案例中讨论的管理者或创业者随后会被邀请参与之后的讨论和辩论。虽然在培训中对从业者的使用是相当传统的,但我们认为考虑卡茨(1995)对这一主题的启发性观点也很重要。卡茨说,在培训过程中,从业者所能扮演的角色仍然没有发挥到极致。他认为同意来到教室并与未来创业者进行交谈的从业者倾向于把自己简单地看作奇闻轶事和个人经验的相关人员。因此,教师应该意识到可以要求这些人做比这个多得多的事情。

卡茨(1995)提出了创业教育中实习人员可扮演的一整套潜在角色[①],虽然列表可能并不详尽。例如,成功的创业者可以是优秀的励志演

[①] 卡茨(1995)为从业者提出了大概15个可能的角色。本章列举了一些例子,但是感兴趣的读者应该翻阅他的论文去寻找所有的细节。

说家，让学生意识到自我就业的内在奖励。在卡茨看来，已经变得非常富有或非常出名的创业者更有可能给创业学生留下自己的烙印。同样地，成熟的创业者可以成为角色模型。卡茨指出，他的大学已经复制了哈佛的办法，起草了一份创业者名单，这些创业者愿意与个别学生在非常私人的环境中一起工作长达数周，这样既可以让学生观察一个创业者的日常生活，又可以帮助学生培养一个或多个技能。这样的举措清楚地表明，从业者的参与可以很好地超越一个简单课堂的存在。卡茨还建议让学生接触他们更容易识别的榜样，例如大学毕业后就马上成功创业的创业者。

在某些情况下，培训者可能会发现，除了正式参与授课以外，愿意花时间和学生待在一起的从业者很少。巴克利等（1992）在这方面做出了非常有趣和原始的建议，即学生的社交体系可以作为招聘从业者的来源。许多学生都来自家族企业或与管理者、交易员有个人接触，并且很有可能愿意甚至自豪地把这些人介绍给他们的同学。

五、一个重要的新兴趋势：培养学生去识别和/或创造商业机会

目前，虽然这种情况仍存有分歧，但越来越多的创业学者认为创业基本上与商业机会的识别和发展息息相关。根据沙恩和文卡塔拉曼（2000）所说，创业研究所提出的基本问题应该与这些问题相关：为什么？在哪种情况下？这些人而非其他人如何能够发现并开发现有组织或新的、创新的公司中出现的机会（称为内部创业或企业风险投资）？因此，机会识别可被称为一个基本的创业技能。

甚至在这一创业的定义吸引如此众多的支持者之前，许多研究人员已经明确肯定了对新创业者教授这个专业技能的重要性。一些作者已经确认这是创业过程中的第一步。例如，根据维斯珀（1990）的研究，当

未来创业者的知识与企业理念的出现及结果相匹配时，创业过程就开始了。对加特纳（1990）和吉布（1988）而言，企业机会的检测必然是所有创业者的开端。菲利翁（Filion，1991）已经提供了充分的证据表明，一个创业者的愿景几乎一直以企业的创建及随后的成长为基础。最近，阿迪奇维利等（Ardichvili et al.，2003）也表示，引导新企业建立的机会识别似乎是成功的创业者最重要的技能之一。

关于机会识别在教育过程之初作为核心要素的另一个重要原因来源于创业者所需的能力。基于能力的方法正迅速成为最常见的培训课程的结构类型（Bosman and Gerard，2000）。在这方面，钱德勒和詹森（Chandler and Jansen，1992）发现，要想表现好，一个企业必须获得三种类型的能力，即创业的、管理的和技术的能力。这其中最基础的是创业能力，也就是作者称为识别并选择其中最有前途机会的能力。正如卡里尔（2005）所指出的，钱德勒和詹森将管理能力细分为组织、人力和政治能力，它包括了一个创业者所需的在考虑中的产品、部门和市场知识，而只有当创业能力被激活时，管理能力才是有用的。

（一）一个基本问题：机会识别可以被教授吗？

正如我们刚刚看到的，关于培养创业学生识别和/或创造商业机会能力的重要性，学者们似乎达成了共识。但是，事实上这个技能是否能教授也是个问题。

菲特（Fiet，2002）把整本书都投入到对商业机会的系统寻找中，认为这一特殊技能的培养（发现具有创造性的想法）应该是每一门创业课程的核心要素，而不是机会的评估与实施。菲特相信教师实际上可以帮助学生培养这种特殊的创业技能或能力。为了支持希望做到这一点的教师，他提出了一个理论观点，即认为机会识别不仅可行而且可教。因为教师可以直接进行与讨论中的理论相关的练习和活动。虽然这本书包含了一些非常有趣的观点，不过对那些主要是在教学方面感兴趣的教师而言是有点令人失望，因为它提供了非常少的练习，并且只集中在少数的主题上。

在一个较为系统的研究中，德蒂安和钱德勒（DeTienne and Chandler，2004）表明，机会识别能像其他任何一项能力一样发展，而且创业课堂是提高机会识别能力这个技能的适当地点。他们发现文献中提出了四种机会识别方式，即主动搜索、被动搜索、偶然发现和机会创造。他们的教学方法主要基于被动的视觉搜索，通过此方式创新被看作一个重大的、可学习的技能。以提出了四个发展创造力的基础技能（即"保护""扩大""显露""挑战"）的爱泼斯坦（Epstein，1996）的方法为基础，德蒂安和钱德勒提出了一个系列的练习，以便于在他们的创业课程上培养这些技能。他们让学生在训练之前（测试他们的创新倾向）和之后（检查用在学生技术水平上的教学方法的影响）接受测试和问卷调查。虽然他们的所有假设并非都被证实，但他们研究中的重要发现是"SEEC（保障、扩展、公开和挑战；securing，expanding，exposing and challenging）的培训对学生的能力产生了影响，他们为商业机会创造更多的想法，同时也更具创新性的特点……那些具有较小创新倾向的和那些具有较大意向的学生从培训中得到了相同的益处"（DeTienne and Chandler，2004：254-5）。他们还指出，研究结果并不表明所有的学生都在同一水平，而是表明创新倾向并没有显著改变学习在创造商业机会方面更有创造性的能力。

但是，这些观点并不普遍。例如，萨克斯和加里奥（Saks and Gaglio，2002）进行了探索性研究[①]，试着用一个经验丰富的创业教师的样本来回答这一问题——"机会识别可以教授吗？"更具体地说，他们想知道教师是否认为教授学生识别商机是有可能的，或者教师是否认为

[①] 已经和14位知名创业教师进行了深度访谈。

这是创业者人格固有的基本技能。他们的研究结果显示：

> 当考虑这个问题（机会识别可以教授吗？）的时候，几乎所有的受访者都表示，一个准确的回答需要将问题分成两个部分。大多数的教师认为，一些学生对识别新的创业机会有天生的能力或倾向，或者带着已经完善的能力来上课，这些能力可能是在他们童年时期从家族创业者那里学来的。除了两位教师，所有的教师普遍认为机会识别过程中的部分是"不可教的"。但是受访者一致认为，缺乏能力的学生仍然可以学到良好的机会评估技能。（Saks and Gaglio, 2002: 323）

这也表明，受访者认为这一过程被分为一系列单独的步骤。

正如萨克斯和加里奥所指出的，这并不奇怪——在由他们的样本教师教授的创业课程中，机会评估已经成为一个核心且永恒的主题。同时，在每一种情况下，机会识别都是以某种形式或者其他方式处理的，并且所有的样本教师都认为这是创业过程中关键的一步。此外，近四分之三的受访者希望学生事实上能学会辨别潜在的商业机会。

大多数有质疑的教师在这方面似乎使用了一种分析方法。例如要求学生审视创业案例或者面试创业者，以发现引领他们洞察力的商业理念和认知过程的源头。这里的意图是，学生最终能够辨别样本，并且通过反复练习为自己获得这些样本。虽然不太常见，但实验方法也被用于在机会识别过程中提高学生的感性技能。例如要求学生写日记，每天写下一个商业想法。到月底要求他们选出最好的三个，从而学着评估他们自己的想法。

显然，在商业机会识别和是否能够被实际教授这个问题上是没有真正共识的。然而，越来越多的人对教授亚技能感兴趣，这个亚技能对创业识别过程极其重要，名曰创新。

（二）教授创新思维的几点教学建议

许多作者主张支持完善创业教育以把这个因素考虑在内。例如，拉比尔（Rabbior，1990）提到了对更多学习活动的需求，活动中教育者可以帮助学生产生和探索新思维。最近一些教师在尝试介绍用来帮助学生发展创新思维技能的练习或活动。在这里，创业和创新又一次具有相关性——和商业机会识别或发展特别相关。因此，教学生寻找创新的经营理念是很有必要的。正如冈德里和基克尔（Gundry and Kickul，1996）所指出的，对潜在商机的寻找必然始于观念生成的阶段。学生往往认为发明家或创新者是"特殊"或古怪的，或者认为他们有特殊的权力，而事实上只是他们打破陈规并发现其他人看不到的机会的能力有所不同罢了。

冈德里和基克尔（1996）提出，学生应该要被教授使用一定数量的创意技巧，他们还提倡概念创新方法，例如思维导图（mind-mapping）、发散式思维（divergent thinking）、头脑风暴（brainstorming）、横向思维（lateral thinking）、隐喻技术（metaphorical techniques）和脑裂对抗（split-brain comparison）。他们还提倡中心行为方式，例如棋盘游戏、音乐制作、绘画和想象（比如图像仿真）。他们自己和本科生、研究生一起使用了这些练习，并指出大学生倾向于更自发的、更热情地接受它们。

卡里尔（2000）在给未来创业者上课的过程中也广泛使用创意技巧。例如，在她的一些课程里，学生必须使用发现矩阵（discovery matrix）或形态分析（morphological analysis）去探索可能的新产品或服务，或者改造现有的产品和服务并为它们提供新的用途和客户。他们也可以把这些技巧应用到在市场上使用新技术的可能性分析上。在其他活动中，学生需要运用价值分析（value analysis）和横向思维技术去解决某些具体问题。在有些班级中，他们需要使用属性列表技术（attribute-listing techniques）去扩大产品的现有范围，或者是根据他们的个人喜好在各自选择的主题上放置一个思维图。一些真正的头脑风暴研讨也在运用。根据卡里尔的观点，大多数学生以为这意味着简单自由地陈述他们的想法，而且也不知道以确保一个头脑风暴研讨会产生一个有效结果所需要的方法。其中基本的想法是，学生必须带着自己的眼睛去观察，并运用这些技术得到的令人惊喜的结果。而且学生必须受到鼓励去更多地使用右脑的功能以处理他们遇到的问题。

在创业者开始更系统地搜索详细、合理的信息之前，一些创业培训教师承认了这一需要——帮助未来的创业家更深入地探索他们的经营理念。在他们埋头于预启动、启动、生存和增长策略之前，帮助他们改进愿景，并为他们的产品或服务合理地创造一个更具体的形象。正是从这个角度，卡里尔（即将）开发一种方法以帮助未来的创业者探索他们最初的商业想法的全部潜力。她称之为"愿景蓝图"（the prospective map）的这种方法结合使用了两个创意技术——名义群体和思维导图。

这种由合作学习原则启发的教学方法允许学生团队使用他们其中一个成员的最初的商业想法，然后带着寻找创新转折的想法探索所有的可能性。他们先确定主要的环境趋势，对他们认为会对已选想法的发展产生最大影响的趋势进行排名，最后运用思维导图探索可能的变化。该方法在12组学生中进行了测试，并收集和评估了学生对其效用的看法。结果显示，绝大多数学生真的喜欢这项训练，这不仅使他们可以在一张单一的地图上查看一整套可能性，还对他们最初的商业理念做了一些有趣的改进。

六、讨论和结论

正如本章开头所提及的，我们的目标是制订一个关于一些非传统的教育方法的清单，这些方法在过去15年间的教育文献中有所提及。正如我们所看到的，这些建议都是多种多样且具有启发性的，虽然大多数的工具和技术并不一定对学生学习的效果未必已得到实证研究。表面上看，方法的数量和种类似乎表明我们在大学阶段的创业教育已经取得了显著进步。但是，如果我们真正想要完善我们的教学实践，前路依旧漫漫。在本章开头引用的所罗门等（2002）最近的研究显示，绝大多数创业教师依然更喜欢传统的方法，例如创业计划、讲座和案例教学。

一般来说，后一种观点关于广泛使用讲座（关于某一特定主题的传统讲座，或如何制订创业计划或如何解决特定案例），可以用我们大学现有的主导教学模式来解释，并由我们的大学教师倡导。在大学社区，这种主导教学模式似乎仍然是知识的传递中介；因此，教师提供了一个能让他们系统地向学生传递知识的平台。就德拉尔（Delaire，1988）提出的隐喻而言，学生是电脑，而教师则是程序。教师的任务是正确地组织和呈现课堂内容，以便学生理解和记忆。评价只是用来检查这个系统是否有效运行的工具。

因此，很显然，遵循主导教学模式的教师倾向于把重点放在作为一种教学方法的教授上，该方法往往揭示的更多是关于教师本身而非教授的科目的方式。当教授的课程是创业时，这种传授知识的方式就更不可靠了。用渥太华大学的帕劳斯卡斯－拉玛纳斯（Paplauskas-Ramunas）教授[①]的话说，演讲的方法最多为教师提供了揭露一个问题然后试图解决它以提供一个例子的机会。事实上，教师只是倾向于模仿自己的教师，从而保持主导模式。这表明对创业教师而言，训练他们自己，使他们自己接触其他的教学方式可能是非常重要的。这样做的其中一种方式可能是在一个科学会议上举行研讨会，允许参与者测试或观察新的教学工具。这将使我们能够从一个对等的环境中相互学习，这很可能比正式的训练

---

① 博伊文（Boivin，1997）引用了帕劳斯卡斯－拉玛纳斯教授的陈述。

课程更激励人。

但是，避免简单地对传统方法和首创方式以及古代方法和现代方法进行比较是很重要的。新的或首创的东西不一定会更好。我们需要做的就是观察这个新兴的方法在帮助学生获得创业的态度和能力（例如创造性解决问题、战略性思考、社交、谈判、创造性地集合事物、寻找与把握机会等）等方面的有效能力（Gibb，2005）。

希望能向学生介绍创业和创新的教师必须愿意采用创新教学模式，这个模式同时涉及苏格拉底的领悟法和主动方法模式。目标不再是"传递"知识，而是"确保知识的获得"。此外，所获得的这种知识不仅是智力上和认知上的，而更重要的是技能型知识与每个学生的个人发展息息相关。这对教师而言是一个重大的挑战，因为正如加拉瓦和奥西内德（Garavan and O'Cinneide，1994）在他们对创业培训课程的评估中所指出的，对知识的关注太多，而对能力提升的关注则太少。

同样地，对开放学生的思想以接受例如识别、发现或创造机会的基础技能的需要的最新发展，也表明了对创业培训内容思考的需要。例如，如果我们观察由沙恩和文卡塔拉曼提出的对机会的定义，大多数课程甚至没有提到内部创业，这是有点令人惊讶的。大体上而言，还有许多工作需要做。正如科里尔斯基所指出的，"目前的创业教育倾向于向'最小阻力'——传统企业管理流程领域的自然焦点处迁徙；但是，没有企业管理层以前的机会识别、资源编组以及商业风险的创造，创业教育不可能成功"（Kourilsky，1995，被引用于 DeTienne and Chandler，2004: 242）。最近，柯比（Kirby，2004）更进一步认为，在强调从"关于"创业的教育到"为了"创业的教育中需要有一个转变。更难得的是，他建议创业教育应该停止专注于小企业的创建或管理，而开始专注于创造力和变化。

很显然，我们希望本章介绍的非传统的教学方法会激励我们当中那些希望思考和完善我们的教学实践的人。但更要注意的是，还有一个需要——增加允许作者解释如何使用这些新的教学策略的出版物的数量；本章所提及的文献多半在这方面不是很明确。同样地，虽然这些方法可能不会常用，就审阅课程需要的内容而言，他们也都没有相同程度的兴趣。例如，在这里提出的许多计算机模拟，仍然是为了教授纯粹的分析技能或小企业管理技能。此外，许多最初的练习和活动专注于技能和态度的发展，这些技能和态度更直接关系到由钱德勒和詹森创业能力模型所引发的管理和计数能力。然而，在最近的文献中，就基本创业能力这个问题已经出现了一些针对性建议。

即使如此，对这种对能力的新的强调不应该是对知识的"伤害"。正如菲特（2000）所指出的，这是一个关于改变我们所认为的学生学习理论视角的问题，而不是把这些理论从我们的课程中完全删除。菲特说，

> 创业能力由技能、知识和资源的组合构成，这使得一个创业者与他或她的竞争对手区分开来……关于学生创业者在课程上掌握一门技能，他们必须充分参与会将技能传授给他们的活动。因此，在接受这个能力时，学生和教师都要发挥其作用。（2000：107）

因此，他提出了一个以行动为基础的教学法，这使学生成为学习过程中的积极参与者，并且提出一系列的活动和实验来帮助实现这个教学法。他提出了一个特别有独创性的方案，即让学生参与学习活动的开发，例如通过邀请他们来思考一些有助于他们理解一个给定理论或模型的练习。

在本章的最后，我们的最大愿望，是在这里提出的非传统的教学策略会使希望扩大其教学工具范围的教师感兴趣并帮助到他们，甚至可能会鼓励其中一些教师调整或创造新的工具。创业教育中，学生是学习过

程中的核心元素，教师的作用不是教授，而是提供有助于学生拓宽他们创业能力领域的活动。当想象力和创造力的发展成为这些能力的核心元素时，教师也必须鼓励学生使用他们——常常被把分析和逻辑当作邪教的教学系统忽视——的右脑。为了回到由德拉尔（1988）提出的隐喻，教师必须停止把自己视为知识的源泉，取而代之的是成为"园丁"或"导师"。

参考文献

Ardichvili, A., Cardozo, R. and Ray, S. (2003), 'A theory of entrepreneurial opportunity identification and development', *Journal of Business Venturing*, 18 (1), 105–23.

Audet, J. (2004), 'L'impact de deux projets de session sur les perceptions et intentions entrepreneuriales d'étudiants en administration', *Journal of Small Business and Entrepreneurship*, 17 (3), 223–40.

Béchard, J.-P. and Toulouse, J.-M. (1991), 'Entrepreneurship and education: viewpoint from education', *Journal of Small Business and Entrepreneurship*, 9 (1), 3–13.

Benson, G.L. (1992), 'Teaching entrepreneurship through the classics', *Journal of Applied Business Research*, 8 (4), 135–42.

Block, Z. and Stumpf, S.A. (1992), 'Entrepreneurship education research: experience and challenge', in D.L. Sexton and J.D. Kasarda (eds), *The State of the Art of Entrepreneurship*, Boston, MA: PWS-Kent, pp.17–42.

Boivin, M. (1997), *La pédagogie prospective, Nouveau paradigme*, Québec: Les Presses de l'Université du Québec.

Bosman, C. and Gerard, F.-M. (2000), *Quel avenir pour les compétences?* Brussels: De Boeck.

Buckley, M.R., Wren, D.A. and Michaelsen, L.K. (1992), 'The role of managerial experience in the management education process: status, problems and prospects', *Journal of Management Education*, 16 (3), 303–

13.

Carrier, C. (2000), 'Défis, enjeux et pistes d'action pour une formation entrepreneuriale renouvelée', *Revue Gestion 2000*, bimestriel 3, May–June, 149–63.

Carrier, C. (2005). 'Pedagogical challenges in entrepreneurship education', in P. Kyrö and C. Carrier (eds), *The Dynamics of Entrepreneurship Learning in a Cross Cultural University Context*, Tampere, Finland: University of Tampere, Entrepreneurship Education Series.

Carrier, C. (forthcoming), 'The prospective map: a new method for helping future entrepreneurs in expanding their initial business ideas', *International Journal of Entrepreneurship and Small Business*.

Carrier, C., Raymond, L. and Eltaief, A. (2004), 'Cyberentrepreneurship: a multiple case study', *Journal of Entrepreneurial Behaviour and Research*, 10 (3), 349–63.

Chandler, G.N. and Jansen, E. (1992), 'The founders' self-assessed competence and venture performance', *Journal of Business Venturing*, 7 (3), May, 223–35.

Charney, A. and Libecap, G. (2000), 'Impact of entrepreneurship education', *Insights*, A Kauffman Research Series, Kauffman Center for Entrepreneurial Leadership.

Davis, M.G. and Parker, J.J. (1994), *The Business Enterprise Simulator* (Version 2.00), Saint John, New Brunswick: Simian Software.

Delaire, G. (1988), *Enseigner ou la dynamique d'une relation*, Paris: Les Éditions d'Organisation.

DeTienne, D.R. and Chandler, G.N. (2004), 'Opportunity identification and its role in the entrepreneurial classroom: a pedagogical approach and empirical test', *Academy of Management Learning and Education*, 3 (3), 242–57.

Epstein, R. (1996), *Cognition, Creativity and Behaviour*, Westport, CT: Praeger.

Fayolle, A. (2003), *Le métier de créateur d'entreprise. Motivations, parcours, facteurs clés de succès*, Paris: Éditions d'Organisation.

Fiet, J.O. (2000), 'The pedagogical side of entrepreneurship theory', *Journal of Business Venturing*, 16 (2), 101–17.

Fiet, J.O. (2002), *The Systematic Search for Entrepreneurial Discoveries*, Westport, CT: Quorum Books.

Filion, L.-J. (1991), *Vision et relations: clefs du succès de l' entrepreneur*, Montreal: Les Éditions de l'entrepreneur.

Garavan, T.N. and O'Cinneide, B. (1994), 'Entrepreneuship education and training programmes: a review and evaluation-part 1', *Journal of European Industrial Training*, 18 (8), 3–17.

Gartner, W.B. (1990), 'What are we talking about when we talk about entrepreneurship?', *Journal of Business Venturing*, 5, 15–28.

Gibb, A.A. (1988), 'Stimulating new business development', *in Stimulating Entrepreneurship and New Business Development*, Geneva: Inerman International Labour Office, pp. 47–60.

Gibb, A.A. (1994), 'Do we really teach small business the way we should?', *Journal of Small Business and Entrepreneurship*, 11 (2), 4–27.

Gibb, A.A. (2005), 'The future of entrepreneurship education—determining the basis for coherent policy and practice?', in P. Kyrö and C. Carrier, (eds), *The Dynamics of Entrepreneurship Learning in a Cross Cultural University Context*, Tampere, Finland: University of Tampere, Entrepreneurship Education Series.

Greenberg, J. and Eskew, D.E. (1993), 'The role of role-playing in organizational research', *Journal of Management*, 19 (2), 221–41.

Gundry, L.K. and Kickul, J.R. (1996), 'Flights of imagination: fostering creativity through experiential learning', *Simulation & Gaming*, 27 (3), 334–49.

Gupta, S.K. and Hamman, R.T. (1974), *Starting a Small Business: A Simulation Game*, Englewood Cliffs, NJ: Prentice Hall.

Hindle, K.G. (2002), 'A grounded theory for teaching entrepreneurship using simulation games', *Simulation & Gaming*, 33 (2), 236–41.

Hindle, K.G. and Anghern, A. (1998), 'Crash landing at INSEAD: initiating a grounded theory of the pedagogical effectiveness of simulation games for teaching aspects of entrepreneurship', in S. Birley (ed.), *8th Annual Global*

Entrepreneurship Research Conference, The Wharton School, Imperial College, Fontainebleau, France.

Hisrich, R.D. and Peters, M.P. (2001), *Entrepreneurship*, Boston, MA: McGraw-Hill Irwin.

Honig, B. (2004), 'Entrepreneurship education: toward a model of contingency-based business planning', *Academy of Management Learning and Education*, 3 (3), 258–73.

Katz, J.-A. (1995), 'Managing practitioners in the entrepreneurship class', *Simulation & Gaming*, 26 (3), 361–75.

Katz, J.-A. (2003), 'The chronology and intellectual trajectory of American entrepreneurship education', *Journal of Business Venturing*, 18 (2), 283–300.

Keeffe, M.J., Dyson, D.A. and Edwards, R.R. (1993), 'Strategic management simulations: a current assessment', *Simulation & Gaming*, 24, 363–8.

Kirby, D.A. (2004), 'Entrepreneurship education: can business schools meet the challenge?', *Education & Training*, 46 (8/9), 510–19.

Kyrö, P. (2005), 'Entrepreneurial learning challenges previous learning paradigms', in P. Kyrö and C. Carrier, *The Dynamics of Entrepreneurship Learning in a Cross Cultural University Context*, Tampere, Finland: University of Tampere, Entrepreneurship Education Series.

Learned, K.E. (1991), 'The use of living cases in teaching business policy', *Journal of Management Education*, 15 (1), 113–20.

Low, M., Venkataraman, S. and Srivastan, V. (1994), 'Developing an entrepreneurship game for teaching and research', *Simulation & Gaming*, 25 (3), September, 383–401.

Marion, S. and Sénicourt, P. (2003), 'Plan d'affaires: réponses aux nécessités et réduction des hasards', in S. Marion, X. Noël, S. Sammut and P. Sénicourt (eds), *Réflexions sur les outils et les méthodes à l'usage du créateur d'entreprise*, Lille: Les Éditions de l'ADREG.

McGrath, R. (1999), 'Falling forward: real options reasoning and entrepreneurship failure', *Academy of Management Review*, 24, 13–30.

Menzies, T. (2005), 'Entrepreneurship education at universities across

Canada', in P. Kyrö and C. Carrier (eds), *The Dynamics of Entrepreneurship Learning in a Cross Cultural University Context*, Tampere, Finland: University of Tampere, Entrepreneurship Education Series.

Mitchell, R.K. and Chesteen, S.A. (1995), 'Enhancing entrepreneurial expertise: experiential pedagogy and the new venture expert script', *Simulation & Gaming*, 26 (3), 288–306.

Neck, H.M., Neck, C.P. and Meyer, G.D. (1998), '"Dead Poet's Society": eight lessons for entrepreneurs', *Proceedings of USASBE Annual National Conference*, Clearwater, Florida, 15–18 January.

Penderghast, T.F. (1988), *Entrepreneurial Simulation Program*, San Diego, CA: Harcourt Brace Jovanovich.

Petranek, C.F. and Corey, S. (1992), 'Three levels of learning in simulations: participating, debriefing, and journal writing', *Simulation & Gaming*, 31 (1), 108–19.

Plaschka, G. and Welsch, H.P. (1989), 'Predictors of planning modes among entrepreneurs: the impact of size, profitability, industry structure and decision behavior on formality of planning', third workshop on recent research in entrepreneurship (ESIAM), Durham, England.

Rabbior, G. (1990), 'Elements of a successful entrepreneurship/economics/ education program', in *Entrepreneurship Education: Current Developments, Future Directions*, New York: Quorum Books.

Rae, D. and Carswell, M. (2000), 'Using life-story approach in researching entrepreneurial learning: the devel opment of a conceptual model and its implications in the design of learning experiences', *Education & Training*, 42 (4/5), 220–27.

Reid, G.C. and Smith, J.A. (2000), 'What makes a new business start-up successful?', *Small Business Economics*, 14, 165–82.

Robinson, P.B. (1996), 'The Minefield exercise: "The challenge" in entrepreneurship education', *Simulation & Gaming*, 27 (3), 350–64.

Ronstadt, R. (1987), 'The educated entrepreneurs: a new era of entrepreneurial education is beginning', *American Journal of Small Business*, 11 (4), 37–53.

Sahlman, W. and Roberts, M. (1999), *Launching a High-risk Business*, CD:

Interactive Simulation Product No 9326, Cambridge, MA: Harvard Business School Publishing.

Saks, N.T. and Gaglio, C.M. (2002), 'Can opportunity identification be taught?', *Journal of Enterprising Culture*, 10 (4), 313–47.

Shane, S. and Venkataraman, S. (2000), 'The promise of entrepreneurship as a field of research', *Academy of Management Review*, 25 (1), 217–26.

Shepherd, D.A. (2004), 'Educating entrepreneurship students about emotion and learning from failure', *Academy of Management Learning and Education*, 3 (3), 274–87.

Smith, J.R. and Golden, P.A. (1987), *Entrepreneur: A Simulation*, Boston, MA: Houghton Mifflin.

Solomon, G.T. and Fernald, L.W. Jr (1991), 'Trends in small business entrepreneurship education in the United States', *Entrepreneurship Theory and Practice*, 15 (3), 25–39.

Solomon, G.T., Duffy, S. and Tarabishy, A. (2002), 'The state of entrepreneurship education in the United States: a nationwide survey and analysis', *International Journal of Entrepreneurship Education*, 1 (1), 1–22.

Solomon, G.T., Weaver, K.M. and Fernald, L.W. (1994), 'A historical examination of small business management and entrepreneurship pedagogy', *Simulation & Gaming*, 25 (3), September, 338–52.

Stumpf, S.A. and Dutton, J.E. (1990), 'The dynamics of learning through management simulations: let's dance', *Journal of Management Development*, 9 (2), 7–15.

Stumpf, S.A., Dunbar, R.L.M. and Mullen, T.P. (1991), 'Developing entrepreneurial skills through the use of behavioural simulations', *Journal of Management Development*, 10 (5), 32–45.

Thavikulwat, T. (1995), 'Computer-assisted gaming for entrepreneurship education', *Simulation & Gaming*, 26 (3), September, 328–45.

Vesalain, J. and Strömmer, R. (1998), 'Teaching entrepreneurship in the university: methods rather than contents', *Proceedings of International Conference Higher Education and SMEs*, Rennes, France, pp. 150–74.

Vesper, K.H. (1990), *New Venture Strategies*, revd edn, Englewood Cliffs, NJ:

Prentice-Hall.

Willmer, M.A.P. (1986), 'Venture Forth: an experience in entrepreneurship', *Simulation & Gaming*, 24, 230–39.

Wilson, K. (2004), 'Entrepreneurship education in European universities', results of the joint pilot study, European Foundation for Entrepreneurship Education Research (EFER), www.efer.nl.

Wolfe, J. and Bruton, G. (1994), 'On the use of computerized simulations for entrepreneurship education', *Simulation & Gaming*, 25 (3), September, 402–15.

Zinger, J.T. and LeBrasseur, R. (2003), 'The benefits of business planning in early stage small enterprises', *Journal of Small Business and Entrepreneurship*, 17 (1), 1–16.

第八章 社会建构主义思想：对创业研究和创业教育的几点启示

丹尼丝·弗莱彻

一、引言

目前，创业演讲和创业实践越来越流行。创业课程在大多数商学院课程中发挥着主要的作用。报纸每日提供成功和失败的企业报告。出版商委托出版的传记、教科书、研究专著和杂志致力于明确创业活动的不同形式、背景和实践。研究人员运用一系列的理论、概念和方法来解释、理解创业实践。学术界梳理了创业研究的发展和在过去30年里的调查所使用的概念、理论和方法的范围。

因此，相比洛（2001: 17）的主张——"为了做一些创业领域的事情，学者已经远远不够多，更新不够快了"，所有的证据似乎表明我们在确定创业实践的许多不同的形式、定义和种类上，已经走了很长一段路。我们的理解已经远远超越了对用于决定创业的人格特质或属性的"传统"关注。对"结构"的分析有助于创业，例如政治经济环境、机构框架、政府政策扶持、监管框架、社会、个人或工具网络和教育方案。此外，调查研究也开始采用强调创业观的前后关系、整体性和语言或过程导向的方法，并将创业作为一个固定的或静态的实体来挑战，这种观念是可以被完全理解的（Dodd，2002; Fletcher，2003; Gartner，1990; 1993; Gartner et al.，2003; Kupferberg，1998; Steyaert，1998）。从这些研究中找出关键的调查点也是有可能的，这些研究质疑了创业研究中有时压抑和抑制的问题（Nodoushani and Nodoushani，1999; Ogbor，2000）。

创业研究中还有一点很明显，即创业研究的目的、过程和结果及其知识建构反映出了更加努力的结果。对创业研究的目的、过程和理论影响的研究可以在特殊问题的数量上（*Journal of Business Venturing*，1999; *Entrepreneurship Theory and Practice*，2001; *Journal of Management*，2003）以及"创业新运动"（Steyaert and Hjorth，2003）中看到。

创业研究中反思性努力的一个共同特点是对这一研究领域的学术地位和合法性的关注。尽管（也许是因为）创业实践的受欢迎度高、形式多样，然而创业研究面对的一个重大挑战是在课程领域保持相关性和可访问性的同时，提高这一研究领域的学术地位和合法性。对创业研究的关注以其作为一个"专门"领域而受到"重视"（Low，2001: 17）——该领域与管理、市场营销或策略不同。人们对很多概念、背景、理论和学科的根源都感到担忧，这导致了研究领域缺乏连贯性和碎片化（Aldrich and Baker，1997; Harrison and Leitch，1996）。"实际"理论的不足和为了提高理论深度而创建研究主题和兴趣的一致性的需要，都受到了关注（Busenitz et al.，2003）。在研究方法的使用上，一些创业研究需要更好的清晰度、充分性和复杂性。这是否如钱德勒和莱昂（Chandler and Lyon，2001）要求的那样以统计分析的形式来检验因果关系的问题，或由奥尔森（Olson，见 Sarasvathy，1997）、塞克斯顿（Sexton，见 Sarasvathy，1997）和萨拉斯瓦斯（1997）鉴定的定性研究、案例分析和历史调查法。此外，还有要求对创业研究的认识论和本体论问题更多关注的呼声（Shane and Venkataraman，2000）。

这种反思性检验和分析是创业研究学术发展不可或缺的活动。这对创业而言也是尤为重要的,因为正如斯泰亚特和约尔特(Steyaert and Hjorth, 2003: 3)所主张的,创业"处于许多项目的中心——理论、经验、方法、教育——而且它无法再存在于一个展望里"。他们认为需要有反思的空间,"远离创业学者们日常繁忙的生活,反思我们在创造这个领域的方法途径"(同上: 3-4)。这样的反思使研究人员能够评估用于进行研究的特定的概念、命题、模型和方法的清晰性以及充分性(Turner, 1990)。他们鼓励关于理论转变的累积效应的对话和辩论,随着时间的推移,这将有助于在创业学者之间设立"共同体"(Gartner, 2001)。同时,通过这样的反思,原理论话语能够被激活——一个关于在理论重点和层次分析方面建立理论的理论(Ritzer, 1991)。

因此,反思性检验和分析可以证实创业研究作为一个可探究的学术领域。它有利于思考和"(正)创造一个由团体和关系组成的集合"(Steyaert and Hjorth, 2003: 3)。这在创业研究中受到欢迎,不仅是因为上面提到的原因,还因为它能促进我们认为的创业哲学前提有更好的透明度和辨识度。正如沙恩和文卡塔拉曼(2000)以及布兹尼茨等(Busenitz et al., 2003)所提出的,对本体论和认识论假设的研究更加明确,可以使学术研究和坚实的理论蓬勃发展。但与此同时至关重要的是,创业研究者注意到其中一些反思或元理论的工作方式,而不是阐明我们研究的认识论/本体论的基础,只是为了加强模式的区别和二元论。值得注意的是,因为这种模式审视和区分——围绕着占主导地位的组织理论的紧张局势(见 Keleman and Hassard, 2003)——可能会在这一领域内引发更大的分歧。

接下来的第一部分探讨了一些由模式审视和划分所产生的紧张局势问题。有人认为,创业需要的是对创业实践更综合的理论理解,它有可能弥合分析水平,并将机构和结构的问题联系起来。在本章的第二部分我们会探讨社会建构主义及其观点如何帮助我们理解创业实践。我们的主张是，社会建构主义观点不仅促进了我们对创业现象的哲学假设，而且还提供了整合理论工作和创业研究学术发展的展望。本章最后总结了采用社会建构主义观点得到的关键研究启示。

二、模式审视和解构主义（compartmentalism）的问题

在欧洲的研究中，伯勒尔和摩根（Burrell and Morgan，1979）的框架经常被引用，以帮助组织研究人员就特定组织行为如何在社会世界开始"发生"或"形成"做出表面假设。在这方面，作者提出了四种模式，包括对社会现实的特殊假设（激进建构主义、激进人文主义、功能主义和解释学）。有人认为，这个框架的价值在于通过显示这类地位的差异和二元性，鼓励研究人员就我们开始理解或"知道"的世界做出表面假设，而且能够从一个特定的研究方法或模式中找到它们。在创业研究中，格兰特和佩雷恩（Grant and Perren，2002）已经推进了这个框架，他们证明了这种模式框架是如何被用来评估与分类研究的，这些研究被英国、欧洲和美国前沿的创业期刊引用并强调了其认为的功能主义模式的主导地位。

这种框架的缺点是他们迫使世界和研究的二元论观点专注于将他们自己（或他们的研究）定位在一个或其他模式中。通过这个框架，研究者将被吸引到只能二选一的理解之中——"世界上的事情是怎样的"和"我们怎样才能了解这样的活动"。研究人员是主观主义者或客观主义者；功能主义者或解释主义者；现实主义者或非现实主义者；演绎的或归纳的，关心如何知道或理解是个人的/个体的/社会的或客观的，指定的或中立的和/或是由个别机构塑造的，还是由外部条件、结构或因果机制决定的。

不管怎样，这样的框架鼓励我们思考和理解二元论和极化。[①] 而且，对模式二元论的密切关注和在创业中对他们的应用和统一只会加剧缺乏连贯性和碎片化的紧张局面。

由于这个原因，在创业研究中需要更综合的方法——不仅是洛（2001）所认为的来自不同学科的借鉴意义上的见解或概念，而且也通过考虑创业实践是如何构造各个机构、行业/部门/公司结构和更广泛的经济、社会或文化环境间的相互作用的。当他们敦促研究人员探索机会、创业个人（或团队）和组织方式间的关系时，布兹尼茨等（2003）暗示了对创业的一个更综合的理论认识。他们声称，这个关系中的研究过程很重要，因为它处于这个创业领域所存在的更广泛的环境中的交集（人、机会和组织方式）。我们需要的是一种方法，不仅使我们能够调查涉及行业、公司和个人的不同层次的分析（Davidsson and Wiklund, 2001），而且还包括理论和结构的关系问题。

心中带着对发展超越代理结构二元论的理论框架的关注，我现在转向对社会建构主义观点的讨论。这不是为了提出观点作为创业研究中所有问题的解决方案，也不是为了提出观点以提供完整的创业观的理论化唯一的论断。相反，我的目的是梳理其在创业中的观点及应用，为了展示它们如何提供一种应对以前讨论的紧张局面和问题的方法。因此，根据查尔尼娅维斯卡（Czarniawska, 2003）的观点，目的是促进研究思考的建构方式，而不是排斥其他方式。有人认为，社会建构主义观点对创业是有用的，因为它们提供了一种理论，超越了对二元论结构/机构的强调。这些思想也提供了一些理论，来解释为什么创业活动会发生在文化、社会和机会结构的环境中，这些活动会被循环复制。

[①] 这场辩论在组织研究中得到了广泛关注（见 Keleman and Hassard, 2003）。

三、社会构建主义和建构主义思想——在创业研究中的根源、变异和应用

自从伯杰和勒克曼（Berger and Luckmann，1966）创造了术语"现实社会建构"（social construction of reality）来强调人们不断地创造意义的共享流程和协商理解。在商业和管理学研究中，这些观点拥有应用潜力。但在最近的几十年里，我们在对组织（Czarniawska，2003; Czarniawska-Joerges，1993; Hosking and Bass，2001; Watson，2002）、创业（Bouchikhi，1993; Bouwen and Steyaert，1990; Fletcher，2003; Fletcher and Watson，in press; Mumby-Croft and Hackley，1997; Steyaert，1998）、小企业（Chell，2000）、家族企业（Fletcher，2002）和跨国创业（Fletcher，2004）的研究中意识到了这种潜能。

然而，与这些观点的融合不是一件容易的事。不同的术语，例如建构主义和构成主义，经常交替使用。各种重点和变体（例如认知建构、社会建构论或构造论以及过程或关系的建构主义）可得以辨认。这种多样性是由于这些观点在许多知识传统方面是有其根源的。伯杰和勒克曼（1967）以及格根（Gergen，1999）指出，它们由象征互动论（及其对主观意义的兴趣）（Blumer，1969; Goffman，1972; Mead，1934）和社会现象——意识经验于此从社交中（Schutz，1967）生成。但是，格根（1999）给予通过社会过程形成的认知和心理过程的思想和途径的文化心理根源更多的重视（Piaget，1967; von Glasersfeld，1974; 1991）。伯杰和勒克曼（1967）把他们的工作和杜尔凯姆（Durkheim，1982）和韦伯（Weber，1978）联系起来，并且就客观事实和主观意义如何在社会现实建构中重现进行辩论。

在某种程度上，这些观点的力量在于它们涉及一些哲学传统。这种不同的根源意味着人们对被社会构建的是什么（Hacking，1999），对这

是不是时间（Fischer et al., 1997）、意义、身份、"生活经验"、自我或社会现实（Gergen, 1999）怀有疑惑。因此，社会建构主义观点常常被误解（因为语言简化论）和污蔑（因为人们有能力说出任何关于社会现实的东西）。此外，这种疑惑也意味着任何强调词汇、认知、解释、认知特性和过程的定性研究工作（见例如 Hill and McGowan, 1999）——相对于数字和统计——经常被误认为带着建构主义的标签。

接下来，我们对被称为"社会建构主义"的观点进行广泛的审视。它们在创业研究中的应用也得到了解决。在后续的部分，我们会回顾社会构成主义的观点，因为正是这种观点在创业研究中被应用得最为频繁。然后，我们分析社会建构主义观点及其扩展。在最后和总结部分中，我们总结这些观点，为创业探索提供一些展望。

四、社会建构主义思想和创业研究

社会建构主义思想的核心是一套关于社会现实的关键假设，以及我们如何认识或建构对现实的理解的方式。主要利用皮亚杰（1967）并一定程度上运用凯利的建构理论（Kelly, 1963），社会建构主义思想的一个关键假设就是，社会现实是预先给定的，为了建立对这一现实的准确描述，认知和因人而异的处理能力的目标是吸收和理解环境以及感官信息。在细微的对比下，社会建构主义更关注个体如何以社会关系提供的类别在精神上构建其世界（Gergen, 1999）。此外，进一步的关键假设使这样的认知处理能力可以在研究过程中准确地知道、反应或表现。这些假设在表 8-1 的左栏中列出，现在进行关于它们的讨论，以说明社会建构主义的假设是如何形成研究方法的。以这样的方式构造图表，这并非暗示构成主义和建构主义思想可以整齐地分为两类或两个"阵营"。相反，图表是一种组织和理解社会建构主义的两个主要重点的方法，目的是为了展示每一种观点的独特之处（而不是不同的）。

在第一个实例中，当研究问题是关于创业活动如何和为什么以它们的方式构建时，其与社会构成主义思想是息息相关的。实地调查活动及分析主要集中在个人、他们的认知处理能力、人格和社会心理特征方面。考虑到研究兴趣，关键的解释性任务就是对研究对象倾斜和审视个人主体性。人们关注的是用意义或语言来表达他们的观点、感受和经历。在环境/文化背景下，社会环境或"结构性"力量受到了一定的关注，但仅在它们如何被人吸收或体现的意义上。在分析过程中，当研究者将内在过程、属性、特征或思维方式的外在表现映射到认知倾向时，就会产生回归。

对创业活动的认知主义理解在创业研究中具有很强的影响力。然而，需要指出的是，研究人员可以在倾向上成为认知主义者，而不需要成为哲学上的建构主义者。当他们实施创业实践时，相关人员的认知能力与信息处理能力间的关系使得作者强调了人们如何发展创业探索法（Manimala，1992），运用隐喻和思维模式（Hill and Levenhagen，1995），以及在和非创业者（Baron，1998）或管理人（Busenitz and Barney，1997）的想法不同且对情境线索的反应也不同时，以发现、评估和利用机会去创造未来的商品和服务（Shane and Venkataraman，2000）。

然而，有些创业研究是明确的社会建构主义。例如布希基（Bouchikhi，1993）将建构主义观点作为一种处理个人（内因）和环境（外因）的创业方式。他认为，创业的结果不是由创业者或环境决定的，而是由他（它）们相互作用的过程决定的。同时，切尔（Chell，2000）研究了创业者如何使用词汇来标记过去的商业冒险经历，以及这些如何构成模式。虽然以社会构建主义的方式呈现其研究，但切尔在阐述人格社会构建的中心性时更倾向于构成主义。布鲁耶和朱利恩（Bruyat and Julien，2001）也采用了构成主义的立场，为了争辩在没有考虑到个人创业者以及他们从事的项目和环境的相互关系时，理解创业现象是非常困难的。

表 8-1　社会建构主义思想在创业研究和教育中的应用

	社会构成主义	社会建构主义
我们想要学习的是什么？	创业活动是如何通过个体建构的，社会环境中的认知过程	如何通过对话、社会结构和关系过程建立创业活动？
为了学习、教学与研究，我们要专注于什么？	个体——他们的表达 认知过程 人格 社会——心理属性 意义 语言	社会/关系的　　意义 自我　　　　　合作 团队　　　　　多视角 共同行为 合作　　　　　对话 协调　　　　　话语
我们的学习、教学和研究任务是什么？	要引起注意并映射出内部过程、属性、特征或思维方式的个体外向表达。强调如何以个人思想构建知识，而不是通过共同的互动。	在考虑创业报告时，要注意解释性和相关性。检查个人行为的创业机构与这类活动递归复制的文化、社会和机会结构环境间的相互关系。
我们如何使创业在我们的学习中概念化？	作为头脑工作　　作为个体的 一种思维方式　　变革 一种形成方式　　作为顿悟 一种行为方式　　作为意义	作为关系　　　作为协调 作为多声音的　作为对话 作为集体　　　作为社会/形态/生活的变革 作为社区
我们如何发展对创业活动的学习和理解？	对这门学科向内倾斜——专注于个人主体性和认知倾向的回归。处理创业自我、其"存在"和感知	向外看构建创业时间的关系过程。通过对话过程处理关系的形成、了解、行为、关联和变化。关注创业实践的多重声音
我们可以从创业被认为是"存在"和了解的方法中推断出什么？	这种创业活动是通过认知处理能力构建而成的。创业活动反映、规划或表现即将发生在个人身上的事情	创业理解是解释和互动过程的结果，而且是持续不断的。每一件事情都是关系的表达，且总是不断出现和形成。不否认"外部"的现实，但是怀疑构建现实的方式
我能利用什么学习工具、技巧和方法？	探索法 心理测验 传记 语篇分析 自传	人种论 语篇分析 参与者观察 记叙文 传记

五、在创业研究中运用社会构成主义思想

第一，社会构成主义分析给予个体主观认知特权。研究关注的焦点将集中在新的创业中心的个人或团队。但是，更明显的是，对创业的理解将被视为由人们头脑中的认知活动构造而成。

第二，从社会构成主义视角看，需要考虑创业活动的社会背景和环境。这里参考和关联了创业者的教育和家庭背景，作为一种理解和解释新的商业冒险的认知结构的方式。然而，首先要考虑到新企业建立的认知（而不是更广泛的社会或文化结构影响）过程。

第三，运用社会构成主义思想的分析，将特别关注构建创业报告所需的语言表达或话语资源。构成主义研究者会映射和辨别给定表达的认知/语言类别。他或她也倾向于声称这些语言表达是个体认知过程活动正在发生什么的反映或代表。[①]

通过被称为"代表主义"的假设，创业实践以某种方式被感知、描述或反映（Chia，1996；Rorty，1980）。有着社会构成主义取向的许多创业研究倾向于代表主义。代表主义者更关注的是世界上发生着的过程，或正在创业者头脑中酝酿的过程。这是通过作家们在访问、发现、发觉和标记、分类或映射在谈话或采访情境中揭示的认知属性来表达他们的研究任务的方式。那些声称他们的研究已经使他们说出一些社会现实的研究者，更倾向于拥护代表主义。对于这些探究者来说，他们的关键研究任务是揭示或发现特定的结构或因果机制来解释事物为何是这样的。

当我们分析人们参与创业活动的理由时，很容易强调如何通过个

---

① 冯·格拉塞斯费尔德（Von Glasersfeld）的"激进建构主义"方法（1991）试图放弃所有的代表性或反映性声明，取而代之关注的是知识和理解是如何通过认知过程被建构的。

人的认知处理活动来构建一个商业理念。但是，以沙恩和文卡塔拉曼（2000）或社会构成主义者会争论的方式——仅仅因为人们以他们的方式谈论机会识别，这并不意味着他们作为个体把握评估机会的特殊认知过程使他们对情境线索做出异于他人的反应。相反，对于一个社会建构主义者，这只是故事的一部分。

六、社会建构主义思想和创业研究

像社会构成主义一样，社会建构主义思想的中心就是关于社会现实的一套关键假设和我们与之相关的方法以及建构对该现实的认知。这些假设在表8.1的右列中列出，并进一步阐述了目前已经确定的四个问题。

第一，与社会构成主义的认知取向相反，社会建构主义思想更关心的是人们如何以交互的方式逐步认识世界，通过对话、交流、谈话、关系、共同行为和协调。与构成主义有些类似，社会建构主义思想强调个人是社会的人，但关注的是社会化的关系而不是认知方面。一个关键的假设是，社会现实一直是一种关系的表达——表达已发生的和即将发生的。人们也是关系中的一员，在他们的家庭、社会和文化中形成和出现。

第二，有了这些假设，研究的问题就是针对调查构建创业活动的对话、解释、社会和关系过程。研究的主要任务是"向外看"和当创建、分析创业报告时保持相关认知。这可能由关注社会环境或创业实践的"嵌入"来完成（Jack and Anderson，2002; Zafirovski，1999）。而且分析会比声称创业活动处于社会中或创建于社会更进一步，它们将展示如何、为什么以及以何种方式。而且，当构建商业理念的时候，现场活动和分析会强调人们参与的联合行动、对话、谈话和协调。研究可能会专注于创业个人作为关系人，但是更关注创业实践的多重性。其他人可能会研究一个行业、团队、家庭和/或合作伙伴的情况。无论哪种方式，研究兴趣远离了捕捉关于创业人的"本质"是什么的尝试，取而代之的是探索如何构建创业活动，对话中人们间的协调以及关于他们的环境和文化的共同行为。

第三，与许多批评家声称的相反，社会建构主义思想家不否认外部现实的存在。相反，调查者会关心、询问现实构建的方式。更具体地说，他们的目的是研究创业机构的个人行为和这类活动递归复制的文化、社会、机构结构环境间的相互关系。在这个意义上，社会建构主义思维往往是非再现性的（Chia，1996; Rorty，1980），也就是说，我们不能声称我们的研究精确地"捕获"或反映了什么"是"创业现实，这是对于那些谈论他们经历的人们而言的。相反，我们的研究任务是对关系过程进行更深入的研究，通过这些过程，一些创业现实的概念被引入。

最后，在应用社会建构主义思想和在研究中保持相关认知的情况下，研究人员声称他们是独立的或脱离正在进行的调查的是远远不够的。在面试过程中，创业家构建意义，讲述他们和面试官有关的创业活动。讲述着他们的创业经历，创业家与研究者对话有着非凡的意义，并且根据诸如背景和他们创建的人物等情境线索，选择或决定如何在当天设计他们的报告。当然，在面试之后，当创业研究者成为一个作家且正在创建一个报告，进一步的构建将会发生。这份书面报告是关于创业者如何创造创业过程的意义和描述的分析。在这之中，来自文献的概念和敏感主题使得报告具有意义。运用社会构建主义思想，就意味制造明确或透明的过程，通过这个进行研究工作（文献梳理、理论化、概念化和分析）。

七、结论：社会建构主义思想——创业研究和教育的几点启示

在本章中，有人认为社会构成主义和社会建构主义思想可以显著地帮助我们加深对创业实践的理解。它展示了这种观念是如何扎根于社会

现象学和知识社会学的——在研究调查中特别强调（构成主义和建构主义）的根源。根据研究，要调查的问题既强调了理论工作的收益潜力，也强调了创业教育的学术发展。在这一点上，再次引用表 8-1 是很有帮助的。

从社会构成主义的角度看，学习和教学与创业活动通过社会背景下的个人、认知过程构建的方式有关。我们的教学要关注的是如何以个人的思想而不是通过共享的相互作用或关系过程建立创业知识。学习目标会给予创业作为一种主要的认知能力、一种思维模式和成为/行为方式的特权。一个关键的假设是，个体拥有被创业活动转变的能力。学习的重点是个体的人——其表达方式、认知过程、人格特征、社会心理特征、意义和创造意义的过程。课程方案会给予创业本身和个体的"成为"或"知道"特权。课程材料将构成心理测验、启发式、语篇分析、自传性报告和创业者的传记。这些材料将强调个人主体性和认知倾向，带着对环境或文化中的"结构"力量的一些关注，但只为了说明这些材料是如何被人们吸收或体现的。

带着社会构成主义的观点，学习、教学和研究过程变得更加关注创业机构的个人行为和文化、社会、机会结构环境间的相互关系，通过或者在此环境中，这类活动递归复制。这是因为社会构成主义思想使得一个特定的理论取向——突出创业活始终是关系的表达——不仅是如达基尔等（Dachler et al., 1995）、伯尔（Burr, 1995）和格根（1999）所声称的过去（和未来）的对话、事件、经历、思想、想法、家庭和教育背景，还有个人存在的社会和文化背景（Fletcher and Watson，出版中）。所以，无论是单独或共同创造一个新的企业，个体都存在于一个特定的社会或文化和经济背景中，这影响了他们尝试建立一家企业的方法。此外，社会中也有塑造他们行为（例如家庭观念、语言区分、自主创业、企业文化）的结构性质。但同时，他们创造新企业的行为也有助于与他们相关的结构特性。

转向更具体的与社会构建主义思想结合的学习和教育含义，我们努力关注如何通过对话和关系过程构建创业活动。而且这一理论取向会引起创业活动观作为相关的、多声音的，作为对话的以及作为社会模式/生活的转化。就方案或课程材料设计而言，我们的教学将努力强调带来创业活动的联合行动、协调和相互作用。但并不是把这些见解和某些人的内在认知能力或特殊人格联系在一起，这些活动将被视为外向地或相关地/共有地构成（Fletcher，2006）。因此，教学将努力关注集中创业的实体性观点，在这之中可以"充分认识"和通过学习及研究发现创业（其行为和特性）。

相反，学习目标会给予获得标记的创业活动"持续生成"特权。在教学过程中这是一种解放，因为这样的假设鼓励了对学生不同能力和需求的包容和尊重。它也会激发表达的创造力和自由，在学习过程中那些认为自己不一定是创业家的，在某种意义上传达了英雄创业者的媒体形象的学生可以探索在通常意义上与他们的同龄人相关的自身能力。教学方法往往会利用小组或团队合作来说明知识和理解间的关系。案例或研究材料将强调学习的关系，并在个人和文化/社会中成为一个重要方面。由于这个原因，民族志研究、参与者观察、记叙文、说书和传记是有用的学习资源，因为它们考虑到创业活动初具规模时的文化、政治和历史背景。但是，这些资源的观点不只形容创业实践的政治或社会背景，还研究文化、政治、经济、社会问题如何在创业成果的生产中"汇集"。最后，利用社会建构主义思想来学习、教授创业意味着多层次的（如个人、企业和行业、社区、家庭或社会）相关的创业理解——从而提供创业实践的多维度的、更综合的解释。

最后，与其说制造了该领域的分歧——有时被归因于创业现象学方法的使用（Ucbasaran et al.，2001）——不妨说社会建构主义思想为创业活动研究的一体化理论工作和学术发展提供了展望。但是，如前所述，创业不能再活在一个展望里（Steyaert and Hjorth，2003）——它必须开始兑现这一展望，而且社会建构主义思想可以帮助我们去实现这件事。

参考文献

Aldrich, H. and Baker, T. (1997), 'Entrepreneurship blinded by the cites? Has there been progress in the entrepreneurship field?', in D.L. Sexton and R.W Smilor (eds), *Entrepreneurship 2000*, Chicago, IL: Upstart.

Baron, R.A. (1998), 'Cognitive mechanisms in entrepreneurship: why and when entrepreneurs think differently than other people', *Journal of Business Venturing*, 13 (4), 275–94.

Berger, P. and Luckmann, T. (1967), *The Social Construction of Reality*, New York: Anchor Books.

Blumer, H. (1969), *Symbolic Interactionism: Perspective and Method*, Berkeley, CA: University of California Press.

Bouchikhi, H. (1993), 'A constructivist framework for understanding entrepreneurship performance', *Organisation Studies*, 14 (4), 549–70.

Bouwen, R. and Steyaert, C. (1990), 'Construing organisational texture in young entrepreneurial firms', *Journal of Management Studies*, 29 (6), 637–49.

Bruyat, C. and Julien, P.A. (2001), 'Defining the field of research in entrepreneurship', *Journal of Business Venturing*, 16 (2), 165–80.

Burr, V. (1995), *An Introduction to Social Construction*, London: Routledge.

Burrell, G. and Morgan, G. (1979), *Sociological Paradigms and Organisational Analysis: Elements of the Sociology of Corporate Life*, London: Heinemann Educational.

Busenitz, L.W. and Barney, J.B. (1997), 'Differences between entrepreneurs and managers in large organizations: biases and heuristics in strategic decision-making', *Journal of Business Venturing*, 12 (1), 9–30.

Busenitz, L.W., West, G.P., Shepherd, D., Nelson, T., Chandler, G.N. and Zacharakis, A. (2003), 'Entrepreneurship research in emergence: past trends and future directions', *Journal of Management*, 29 (3), 285–308.

Chandler, G.N. and Lyon, D.W. (2001), 'Issues of research design and construct measurement in entrepreneurship research', *Entrepreneurship Theory and Practice*, 25 (4), 101–14.

Chell, E. (2000), 'Towards researching the "opportunistic entrepreneur": a social constructionist approach and research agenda', *European Journal of Work and Organizational Psychology*, 9 (1), 63–80.

Chia, R. (1996), *Organizational Knowledge as Deconstructive Practice*, Berlin: DeGruyter.

Czarniawska, B. (2003), 'Social constructionism and organization studies', in R. Westwood and S. Clegg (eds), *Debating Organization Point-counterpoint in Organization Studies*, Oxford: Blackwell.

Czarniawska-Joerges, B. (1993), *The Three-dimensional Organisation: A Constructionist View*, Bromley: Chartwell-Bratt.

Dachler, H.P., Hosking, D.M. and Gergen, K.J. (1995), *Relational Alternatives to Individualisation: Management and Organisation*, Aldershot: Avebury.

Davidsson, P. and Wiklund, J. (2001), 'Levels of analysis in entrepreneurship research: current research practice and suggestions for the future', *Entrepreneurship Theory and Practice*, 25 (4), 81–97.

Dodd, S.D. (2002), 'Metaphors and meaning: a grounded cultural model of US entrepreneurship', *Journal of Business Venturing*, 17 (5), 519–35.

Durkheim, E. (1982), *Rules of Sociological Method*, London: Macmillan, first published 1895.

Entrepreneurship Theory and Practice Special Issue (2001), 24 (4).

Fischer, E., Reuber, A.R., Hababou, M., Johnson, W. and Lee, S. (1997), 'The role of socially constructed temporal perspectives in the emergence of rapid growth firms', *Entrepreneurship Theory and Practice*, 22 (2), 13–18.

Fletcher, D.E. (2002), 'Family as a discursive resource for understanding the small family business', in D.E. Fletcher (ed.), *Understanding the Small Family Business*, London: Routledge.

Fletcher, D.E. (2003), 'Framing organisational emergence: discourse, identity and relationship', in C. Steyaert and D. Hjorth (eds), *New Movements in Entrepreneurship*, Cheltenham, UK and Northampton, MA: Edward Elgar.

Fletcher, D.E. (2004), 'International entrepreneurship and the small business', *Entrepreneurship and Regional Development*, 16 (4), 289–305.

Fletcher, D.E. (2006, under review), 'Entrepreneurial processes and the social construction of opportunity', *Entrepreneurship and Regional Development*.

Fletcher, D.E. and Watson, T.J. (in press), 'Entrepreneurship, management learning and negotiated narratives', *Management Learning*.

Gartner, W.B. (1990), 'What are we talking about when we talk about entrepreneurship', *Journal of Business Venturing*, 5, 15–28.

Gartner, W.B. (1993), 'Words lead to deeds: towards an organisational emergence vocabulary', *Journal of Business Venturing*, 8, 231–9.

Gartner, W.B. (2001), 'Is there an elephant in entrepreneurship? Blind assumptions in theory development', *Entrepreneurship Theory and Practice*, 25 (4), 27–40.

Gartner, W.B., Carter, N.M and Hills, G.E. (2003), 'The language of opportunity', in C. Steyaert and D. Hjorth (eds), *New Movements in Entrepreneurship*, Cheltenham, UK and Northampton, MA: Edward Elgar.

Gergen, K.K. (1999), *An Invitation to Social Construction*, London: Sage.

Goffman, E. (1972), *Encounters: Two Studies in the Sociology of Interaction*, Harmondsworth: Penguin Books.

Grant, P. and Perren, L. (2002), 'Small business and entrepreneurial research: metatheories, paradigms and prejudices', *International Small Business Journal*, 20 (2), 185–209.

Hacking, I. (1999), *The Social Construction of What?* Cambridge, MA: Harvard University Press.

Harrison, R.T. and Leitch, C.M. (1996), 'Discipline emergence in entrepreneurship: accumulative fragmentalism or paradigmatic science?', *Entrepreneurship, Innovation and Change*, 5, 65–83.

Hill, R. and Levenhagen, M. (1995), 'Metaphors and mental models: sensemaking and sense giving in innovative entrepreneurial activities',

Journal of Management, 21 (6), 1057.

Hill, J. and McGowan, P. (1999), 'Small business and enterprise development: questions about research methodology', *International Journal of Entrepreneurial Behaviour and Research*, 5 (1), 5–18.

Hosking, D.M. and Bass, A. (2001), 'Constructing changes in relational processes: introducing a social constructionist approach to change work', *Career Development Journal*, 6 (7), 348–60.

Jack, S.L. and Anderson, A.R. (2002), 'The effects of embeddedness on the entrepreneurial process', *Journal of Business Venturing*, 17 (5), 467–87.

Journal of Business Venturing Special Issue (1999), Seminar on research perspectives in entrepreneurship (1997).

Journal of Management Special Issue (2003); 29 (3).

Keleman, M. and Hassard, J. (2003), 'Paradigm plurality: examining past, present and future trends', in R. Westwood and S. Clegg (eds), *Debating Organization Point-counterpoint in Organization Studies*, Oxford: Blackwell.

Kelly, G.A. (1963), *A Theory of Personality: The Psychology of Personal Constructs*, New York: Norton.

Kupferberg, F. (1998), 'Humanistic entrepreneurship and entrepreneurial career commitment', *Entrepreneurship and Regional Development*, 10, 171–88.

Low, M.B. (2001), 'The adolescence of entrepreneurship research: specification of purpose', *Entrepreneurship Theory and Practice*, 25 (4), 17–26.

Manimala, M.J. (1992), 'Entrepreneurial heuristics: a comparison between high pioneering-innovative (PI) and low PI ventures', *Journal of Business Venturing*, 7, 477–504.

Mead, G.H. (1934), *Mind, Self, and Society*, Chicago, IL: University of Chicago Press.

Mumby-Croft, R. and Hackley, C.E. (1997), 'The social construction of market entrepreneurship: a case analysis in the UK fishing industry', *Marketing Education Review*, 7 (3), 87–94.

Nodoushani, O. and Nodoushani, P.A. (1999), 'A deconstructionist theory of entrepreneurship', *American Business Review*, 17 (1), 45–9.

Ogbor, J.O. (2000), 'Mythicising and reification in entrepreneurial discourse: ideology-critique of entrepreneurial studies', *Journal of Management Studies*, 37 (5), 605–35.

Olson, M. in Sarasvathy, S.D. (1997), 'Seminar on research perspectives in entrepreneurship', *Journal of Business Venturing*, 15, 1–57.

Piaget, J. (1967), *Six Psychological Studies*, trans A. Tenzer and D. Elkind, New York: Vintage Books.

Ritzer, G. (1991), *Metatheorizing in Sociology*, Lexington, MA: Lexington Books.

Rorty, R. (1980), *Philosophy and the Mirror of Nature*, Oxford: Blackwell.

Sarasvathy, S.D. (1997), 'Seminar on research perspectives in entrepreneurship', *Journal of Business Venturing*, 15, 1–57.

Schutz, A. (1967), *The Phenomenology of the Social World*, Evanston, IL: Northwestern University Press.

Sexton, D. in Sarasvathy, S.D. (1997), 'Seminar on research perspectives in entrepreneurship', *Journal of Business Venturing*, 15, 1–57.

Shane, S. and Venkataraman, S. (2000), 'The promise of entrepreneurship as a field of research', *Academy of Management Review*, 25 (1), 217–26.

Steyaert, C. (1998), 'A qualitative methodology for process studies of entrepreneurship', *International Studies of Management and Organisation*, 27 (3), 13–33.

Steyaert, C. and Hjorth, D. (eds) (2003), *New Movements in Entrepreneurship*, Cheltenham, UK and Northampton, MA: Edward Elgar.

Turner, J. (1990), 'The misuse and use of metatheory', *Sociological Forum*, 5 (1).

Ucbasaran, D., Westhead, P. and Wright, M. (2001), 'The focus of entrepreneurial research: contextual and process issues', *Entrepreneurship Theory and Practice*, 25 (4), 57–80.

Von Glasersfeld, E. (1974), 'Piaget and the radical constructivist epistemology', in C.D. Smock and E. von Glasersfeld (eds), *Epistemology and Education*, Athens, GA: Follow Through Publications.

Von Glasersfeld, E. (1991), 'Knowing without metaphysics: aspects of the radical constructivist position', in F. Steier (ed.), *Research and Reflexivity*, London: Sage.

Watson, T.J. (2002), *Organising and Managing Work: Organisational, Managerial and Strategic Behaviour in Theory and Practice*, Harlow: FT Prentice-Hall.

Weber, M. (1978), *Economy and Society*, Berkeley, CA: University of California Press.

Zafirovski, M. (1999), 'Probing into the social layers of entrepreneurship outlines of the sociology of enterprise', *Entrepreneurship and Regional Development*, 11 (4), 351–72.

第九章 跨学科创业分析：理论与实践中的体验教育

彼得·鲁宾逊　桑德拉·马拉克

子曰：闻之我也野，视之我也饶，行之我也明。

一、引言

创业是一系列复杂的活动，它包含了广泛的知识、行为和识别、评估以及机会发展的动机（Shane and Venkataraman，2000）。发展创业需要一系列同等复杂的活动，以促进必备的创业能力的获取和理解。[①] 那么，教授创业需要一个强调动态过程的多维度、跨学科的方法，这将使学生在与其创业发展相关的背景下，以其行为可以被检查和理解的方式接触创业活动的复杂性。

体验式教育为教授复杂观念和活动提供了这样一系列的活动。本章为创业的有效体验式教育实践的发展提供了一个理论基础，然后通过使

[①] 能力是指在某一特定领域内以自然或后天获得的技能和知识来完成具体行为的力量或特质。它是行为与知识以及态度的结合，专注于情境或环境的要素（Robinson et al.，1997；*Webster's Collegiate Dictionary*，1991）。

用商务与法律的现场教育，继续描述这个理论基础的成就。最后，提供了三个涉及理论框架的案例来说明体验式教育结果的有效性。

二、教育理论

（一）动态模式

鲁宾逊（1996）指出，当前的社会科学对个人特征本质的理论采用了个体与环境之间动态互动关系的观点。米切尔和詹姆斯（Mitchell and James，1989）这样描述这种关系：

> 这是一个强调人的重要贡献、他们的背景以及之间的相互作用的新观点。第一，人被视为适应环境。第二，人和环境都随着时间的推移而变化。第三，人的变化会引起环境变化，环境变化也会引起人的变化。第四，人们都是或主动或被动地带着尊重地面对这些变化。第五，人们对他们过去和未来的看法会影响他们是主动或被动以及他们改变多还是少。因此，出现的是一个拥有积极的心理和行为的人，在不断变化的环境中以动态的方式相互影响。对一个人而言，这就同时显现着稳定和变化、主动和被动行为，（以及）合并的能力和获得的技能。（第401页）

这种人与环境互动的模式对以超越机械学习为目的的教育和培训有很强的意蕴。伴随着一个动态模式，学习成为一个过程，一个知识和理解[①]是通过体验现实环境的转变而创造的过程。在教育中，这最好是通过与学习目标相关任务的实际表现来实现（Specht and Sandlin，1991）。该

[①] 定义为了解超越认知，如事实、概念、信念和原则，包括整合和影响。

模式成为医药领域的标准已经几百年了。医学专业的学生应该通过医学的"实践"来学习,这种"实践"通常包括现场设置,作为整体课程的一部分。也因此,学习创业或法律最好是通过在现实环境中从事创业活动或"法律实践"来完成。

体验式教学的基本假设包括各种各样的符合动态的人——环境相互作用关键的活动,以实现理解和上述讨论的学习类型。克罗斯比(Crosby,1995)表示,以经验教育为基础的假设比那些以传统教育理论为基础的假设更可靠。她指的是"根据这些假设教育出来的学生比那些根据传统的认识论教育出来的学生有更好的准备去应对世界"(Crosby,1995:4-5)。

这类学习的基础是学习者与环境的互动方式的转变。仅仅与环境互动对教育而言是不够的;乔普林(Joplin,1995)指出,该过程必须包括反思。她为这种相互作用如何构建可能发挥最大效益提供了一个五步模型。这些包括:

1. 焦点。这包括介绍任务和隔离学习者的注意力以便其集中精力,为随后的挑战性行动做好个人准备。

2. 行动。这个阶段会把学习者放置在一个有压力的情境中,在这之中他或她不能避免出现的问题,经常置身于需要新技能或使用新知识的不熟悉的环境中。行为可能是身体上的、心理上的、情绪上的、精神上的或几种行动的任意组合。行动以学生为中心,要求在观察、分类、排序、分析、行为、情感、奋斗和一般而言的环境与提出的问题的相互作用等方面持续地努力。

3. 支持。支持为学习者提供安全和保护,给予他们自信去尝试新事物以及在危险情况下充分发展自己。

4. 反馈。反馈提供了学生任务表现的相关信息,并为将来的行动给出一些指导意见。

5. 汇报。在这里，学习是公认的、相连接的、可评估的。老师负责查看以前采取的行动有没有随波逐流、不切实际、不完整或散乱的。

（二）体验式教育和态度理论

从态度理论和态度转变的模式中获取理解的概念。获得理解涉及个人感知周围世界并与之互动的方式的转变。这种转变通常不仅包括人—环境关系的认知方面，还包括意动①和情感方面。简言之，态度理论为理解体验式学习活动影响人们的方式提供了框架。

在此背景下，态度被定义为一种有组织的倾向，以普遍的有利或不利的方式做出回应，在环境中带着对一个对象或一个特定类别的社会对象（例如人、地方、事物、事件或想法）的尊重（Ajzen, 1982; Rosenberg and Hovland, 1960; Shaver, 1987）。态度理论的一种方法认为，在我们的社会环境中，有三种态度对象的交互影响：情感、认知和意动。态度是这三个要素对感知环境及对方交互影响的结合（Allport, 1935; Bar-Tal, 1992; Brecklet, 1984; Kristensen et al., 2001; McGuire, 1969; Smith, 1947; Verplanken et al., 1998）。那么，态度就是在个人环境中，一个人对真实或概念对象的情感、认知和意动。对象可以像一种特殊的艺术或一种食物一样具体，或像一个商业机会或一个法律问题的结构一样抽象。关于创业，鲁宾逊等（1991）表明，一系列态度在一群人中能有效地细分谁开始了创业而谁没有。

对特定对象的态度可以改变（被学得），通过聚焦于与该对象相关的情感、认知和/或意动要素。把这种方法应用到教育中为体验式学习提供了基础，体验式学习不仅包括传统教育计划的认知要素，而且还包括

---

① 心理生活方面不得不处理意向行为，包括欲望、解决和奋斗（Webster's College Dictionary, 1991）。

了对原理和过程的理解，通过将情感、意动元素融入学习过程中。例如在传统教育中，学习主要由课堂经验构成，在这之中一个讲师或发表一个演讲，或讨论一个案例。这一过程主要关注商业的认知方面，例如对手边的学科知识和信念的获得，却很少考虑商业经验的情感、意动方面。

虽然对大多数企业的成功而言，商业的认知和分析方面是很重要的，但它们缺乏情绪焦虑、兴奋和行动的必要性，这来自存在于商业"实践"或更精确的创业和法律的动态紧张。

传统的教育方法并不直接处理商业的情感和意动方面，从而限制了学生对创业实践的理解。正如在卡尔加里大学的创业发展法律事务所（Venture Development Legal Clinic at the University of Calgary）所展示的那样，类似于"现场经验"的体验式活动结合了认知、情感和意动要素，这可以单独或一致检查以提高学生在创业过程中对商业和法律原则的理解。通过体验式教育，学生获得的更进一步的理解提供了更可靠的学习；这使概念和原则得以更好地保留与应用。

施佩希特和桑德林（Specht and Sandlin，1991）和麦克马伦和博贝格（McMullan and Boberg，1991）已经证实，当一种教学法从传统教学转向更多以经验为基础的方法时，材料得以长期保留，对概念的理解和知识的应用就会得到提升。概念承担一种更大的现实感，这在个体中创造了一个更相关的知识背景。

（三）实践中的体验式教育

一般的体验式学习活动的目的是通过使用结构化的行为活动，教授复杂的原理（Dutton and Stumpf，1991；Thatcher，1990）。正是通过这些活动，可以为特定的人和特定的一套复杂原则建立或改变关于认知、情感、意动方面的人—自然关系。以下就是会提高态度转变的有效性的要素，因此也就是良好的体验式教育的要素：

- 内容与过程的平衡。过程的检测是体验式学习的基础。我们如何解决问题同学习过程中的解决方案一样重要（Chapman et al., 1995; Joplin, 1995）。
- 以学生而非教师为基础。教师会创建安全的工作边界，然后避开，并以直接对学生的研究为责任（Joplin, 1995）。
- 性质上个人的而非普遍的。作为一个感知、思考、感受、行动的人，学习者在特定的情况中被置于压力之下工作。个体必须经历这一过程，将他们所有的能力都花在这个问题上。这肯定会变得和他们个人相关（Joplin, 1995）。
- 整体的而非还原的。复杂的环境状况有助于学习现实世界环境中关系的复杂性。解决方案必须考虑到现实环境状况下的丰富多样性。整体事实上大过部分的总和（Chapman et al., 1995; Joplin, 1995）。
- 创建一个情感投资。任何不承认情感投资的体验式学习模式都会对学习者削弱其潜在的有效性。该过程需要吸引学习者到一个关键点，这之中经历的正好击中学习者的关键中心弦（Chapman et al., 1995; Joplin, 1995）。
- 反思与自省。没有反思与检测的经历只是互动，而非教育。学习者必须反思过程并检验他们对形势和他们的行动的反应（Chapman et al., 1995）。
- 在一个人的舒适区之外活动。体验式学习常常使学习者超越他们认知、意动、情感的正常范围。这使得他们能检验他们的正常反应，并且学习应对情况的新模式（Chapman et al., 1995）。

总之，体验式教育是通向学习的一种方法，通过一系列复杂的思考、感受、行为和复杂环境之间的相互作用获得知识和理解。通过这种相互作用，关系和理论可以被探索和检验来创造对任何特定领域实践的新见解。

三、跨学科现场教育

创业发展法律事务所是法学院（Faculty of Law）和卡尔加里大学哈斯凯因商学院（Haskayne School of Business at the University of Calgary）的联合计划，从1986年运行到2003年。在此期间，超过600名法律专业学生和200名MBA学生协助了超过3000名创业者，向他们提供关于预先启动法律和商业问题的信息。该事务所的首要目的是给予法律系学生和MBA学生体验式学习的机会，通过让他们在有创业者的事务所工作并应用他们的专业知识为预启动问题确定、提供解决方案。事务所的次要目的是向当地创业者提供法律和创业计划的建议。因此，这个项目为法律系学生和MBA学生提供跨学科体验式教育，为创业者提供一个负担得起且触手可得的商业、法律专业知识来源。

学生经历了与客户和其他学院学生的半独立的相互作用，通过这个他们把实质性知识和问题解决策略应用到实际商务中去。借此过程，学生在学习过程中完全沉浸在认知、情感、意动中。结果是一个丰富的体验式学习环境，这之中对企业和法律原则理解的获得远远超出了传统的教育学或案例分析。

（一）现场操作

该事务所由一位主管和一名行政助理负责。这些职位因全职或兼职而异，取决于资金的可用性。主管，一个有实践经验的律师，负责监督管理事务所和现场教育，还要报告给法学院和卡尔加里大学哈斯凯因商学院的院长。管理活动包括：资金筹备、财务报告、政策创新、运营管理、公众关系和导师关系。现场讲师的作用包括：筛选客户，进行面试前的会议，主持面试后的汇报环节，决定每个学生任务的范围，对学生的研究要求提出建议，审查所有客户信函和评估学生工作。

行政助理在各方面帮助主管，主要是与客户电话往来和为学生信函邮寄做准备。就读法学专业的暑期学生和 MBA 项目的暑期学生在 5 月与 8 月之间为客户提供服务。

在秋季和冬季学期之间，根据每一个事务所会议的标准协议（附录 9-1），每周召开事务所会议。至少 5 名客户、5 名法律学专业学生和 5 名 MBA 学生出席事务所会议。标准化程序的使用是学生经验中的重要因素。因为它使学生在过程中树立信心，即使对客户关系和问题存疑。所建立的过程还使得事务所工作人员有效地学会业务操作和质量控制，以确保客户的满意度。

在每个学期的开始，学生参加一个定向会议，在会议中他们就现场程序接受指导并注册事务所会议。这使得学生明白了他们自己的角色和职责以及事务所的支持服务，这也为复核客户资料以及期望提供了一个机会。在面试的前两天，学生从一个描述业务和法律问题的列表中选择了他们的客户。学生自我选择客户是为了增加学生对客户业务的兴趣和动机。在客户到来之前，学生大约提前半小时到达事务所，为使主管有空介绍法律系学生和 MBA 学生，组织面试策略，确定调查的相关路线以及向学生提供其他保证。长达一小时的客户面试并没有受到直接监督；但是，允许学生暂停面试，向主管寻求意见。

客户面试结束后，所有的学生立即和主管与顾问（执业律师）参加情况汇报会议。在这个会议中，每组法律系学生和 MBA 学生首先描述他们客户的业务，然后从所有法律系学生中确定相关的法律问题和投入，并且征求指导意见，尝试确定最佳的解决方案或法律研究课程。MBA 学生提供有关于各种法律策略对创业计划影响的评价，然后讨论创业计划的弱点，并且确定策略，可用于其改进。在每个讨论的结尾，主管概述了学生研究任务和客户信函的范围。对所有学生而言，这个会议是一个动态交互的学习体验，而由于讨论的交叉学科性和经常进行的辩论的激烈性，每个学生都会获得教与学的体验。

面试后的活动包括学生在法律或商业问题上进行的适用的研究和客户报告信函撰写。法律系学生的信函草案由专业从事相关法律问题的律师顾问审阅，最终草案则由主管审阅、评估。MBA学生的信函由主管审阅。主管对学生信函的审阅和评估不仅基于技术信息的准确性，还以有关客户业务和清晰的写作技巧的相关事实的整合为基础。学生通过他们的信函收到反馈，有时候为了向客户提供适用的信息，还需要重写信函。这些活动对学生是个挑战——他们需要确保所进行的研究对客户业务而言是正确、适用的，还要以客户可以理解的非学术型方式书写。

（二）事务所环境

对学生而言，事务所环境在两方面是新奇的：（1）要求他们与客户进行互动；（2）他们与来自另一学科的学生形成了一个分析小组。客户来自当地社区，有着不同的年龄和受教育程度（Brown and Sears,1990）。此外，客户往往比学生拥有更多的技术知识。跨学科学生互动使得学生接触其他拥有适用认知知识的学生，这些知识在应用于客户问题时可能会相互冲突或互补。正如达顿与斯顿夫（1991）和撒切尔（Thatcher,1990）所认定的，客户案例的例子可能最好地说明了通过现场模式以获得体验式学习。

四、球门网

一个创业者开发了一个可折叠的曲棍球球门网，以便于球网在不同室外练习和比赛场地之间的运输。球网的目标市场是参与曲棍球项目的父母和孩子们。球网的设计结合了一个锁定针，当球网倒塌的时候从前部的横梁向下抛射。锁定针足够长，而且以一个特定的角度向下抛射，如果横梁倒塌时一个球员不幸被网压住，那么他便极有可能受伤。

创业者将他的产品展示给一个由 MBA 学生、法律系学生和工程专业学生组成的客户组。学生们一致认为，产品理念有优点，也有很好的潜力去市场化。但是，他们对设计缺陷的反应却反映了不同的认知知识。MBA 学生认为，缺陷会对产品市场化产生负面影响。法律系学生认为这是一个产品责任问题。双方学生都认为这个问题是一个致命缺陷，这将否定企业的可行性。然而，在法律系学生和 MBA 学生评估有关于针的使用的重大问题之后，工程专业学生只确定了设计缺陷。简单的解决方案是用锁定铰链代替针。该技术方案被采用。消除了致命缺陷并进行了产品开发。最终将产品推向了市场。

观察由法律系学生和 MBA 学生展现的认知失调是很有趣的。最初，法律系学生和 MBA 学生都因向客户提供负面评价而表现出情感焦虑，他们认为客户已经开发了一个可用的产品，除了"针"这个机制。随后，当技术解决方案被采纳时，他们认为，通过采纳技术解决方案，他们的贡献被边缘化了。发送负面客户报告的要求很快被采用重新设计的解决方案所淘汰，他们的边缘化信念就会减少。在教练指导、法律和 MBA 学生说明与初步设计相关的影响后，工程专业学生讲述他只确定了产品设计缺陷是严重的。当学生意识到跨学科知识有助于解决问题，以及一个孤立的学生无法设计出最佳的解决方案时，认知失调和情感焦虑就会消散。结果是一个指数更高的理解水平，增加了可用于复杂业务问题的解决方案的范围。学生还获得了对知识的更深入的理解和其他学科可促进业务发展的观点。

五、派对策划

这个创业者是一个年近三十的非常平易近人的单亲妈妈，她参加了一个创业计划项目。她打算开展一个生日派对策划业务。然而这不是普通的派对。对孩子而言，这是永远不会被忘记的盛大生日派对。其中一个主题是与娱乐设施配套的"生日会"，包括一个儿童过山车。

学生立即喜欢上了客户，并对这些想法极为感兴趣。然而，法律系学生却对过山车操作所产生的责任感到担忧。学生认为，一份精心起草的弃权声明书将为创业者提供一些对这种不确定风险的保护。然而，指导律师劝告，法院常常不愿意支持弃权书。主管还讨论了在宴会主人与客人家长没有联系的情况下（邀请通常是在学校分发，学生是乘车到聚会去的）获得正确的执行弃权书的逻辑。在这一点上，MBA学生关注的是事件的负面影响，一旦客人拒绝参加以及与客户业务相关的商誉相应减少。因此，对弃权书的依赖被认为是减少负债的最佳解决方案。

MBA学生就运行管理质疑过客户并收到了建议——客户在第三方处租用了过山车。过山车供应商负责供应、组装、操作过山车。因此，MBA学生认为，过山车供应商将承担操作带来的任何损伤。法律系学生告知MBA学生，任何诉讼都可能会指控派对主人、客户和过山车供应商的过失。但是，MBA学生关于过山车供应商责任的评价导致法律系学生建议在客户与过山车供应商的合同中成立一个赔偿条款。结果是客户可以将任何责任风险转移给过山车操作员。这一解决方案提供了比弃权书更好的责任保护，并减少了因排除了未能正确执行弃权书的客人而导致的不成功事件的风险。

六、婴儿车座

这位客户是工程师，设计了一个新的婴儿车座，该车座拥有为孩子提供额外的舒适的特点。为了便于学生们审查，该客户提出了一个原型车座椅和草拟的创业计划。初步审查之后，MBA学生对该计划提出了一个现实的生产需要、市场化产品的市场和融资评估感到很满意。但是，法律审查确定了创业计划中缺少的关键因素：监管审查。婴儿车座设计必须符合极其严格的安全标准并在经过批准的实验室中进行测试，以确保该车座符合规定的规范标准。在产品开发的早期阶段，原型设计是否满足这些规范标准是不明晰的。一旦有关监管要求的信息被传递给客户，创业计划需要进行重大改变就是预料之中的事。这些变化包括为适应测试过程推迟拟议的产品推出日期，至少一个财政季度的收入便会因此推迟。还需要额外的资金为测试和测试过程制造额外的原型。由于材料和制作过程成本可能会增加，不确定性也随之增加。结果是财政预测较差，需要额外的外部融资。在工程师创业者进行技术法规审查后，由于成本结构增加和降低车座可行性的测试过程推迟了收益，该项目被放弃。虽然生意不成功，但事务所项目的确节省了客户大量的时间、金钱和试图把这个产品推向市场的挫折。如果没有商业、法律双方投入关心，车座可能就是一个重大的失败，而不是一个"亮红灯"的决定。

七、理论实现

（一）实施经验式教育理论的事务所

开发并一贯遵循事务所方案，为所有的学生提供关于其角色和期望的确定性。该方案包含乔普林的五步模型以优化经验。

1.通过允许学生根据所提供的信息（由创业者确定业务类型和法律问题）选择他们的客户。要求学生通过进行初步研究和开发面试问题来准备客户面试。例如，当客户是一个新产品的发明者时，要求法律系学生将面试重点放在知识产权保护上，而商务专业学生则专注于市场可行性。

2.在客户面试时采取行动，这要求跨学科小组实施个人面试技巧，并接纳来自不同教师的学生。面试要求学生在过程中不断变化的环境里同时采取多种行动。小组最普遍的做法是由法律系学生公开面试，利用开放式的问题来征求对业务的描述，其次是一系列逐步缩小范围的问题，然后是法律系学生提出法律问题（即知识产权法、财政法和企业结构）。然后，MBA学生将担任面试官的角色，围绕相关业务可行性问题提出一系列问题（即工业结构、确定目标市场、分销渠道、金融项目和融资要求）。面试以MBA学生在通知客户完成文件之前，从客户和法律系学生处征求附加问题为结束。实施这种面试方法对及时准确地获得创业者信息而言是非常关键的。不使用这种方法的面试往往导致双方学生在不可预知的时间间隔中随机提问。通常情况下，创业者无法以一种有意义的方式充分回答问题，导致信息缺乏清晰度且脱离背景。

3. 支持与反馈主要由主管和实习者以顾问的身份提供。在面试之前，主管采用正面强化以重申学生的认知知识并批准面试计划。这是一个必要的步骤，因为通常学生都是第一次进行客户面试。主管刻意回避直接观察面试，以减少学生的焦虑。但是，允许学生短暂地中断面试向教师寻求支持。虽然很少有人中断面试寻求支持，大多数支持是为了肯定学生们征集了足够的信息以及面试可以用比分配更少的时间得出结论。

4. 面试成功之后，在全体学生汇报时，就会提供关于面试成功的反馈。本次会议利用准苏格拉底（quasi-Socratic）式教学风格进行，在此期间导师的问题使学生意识到是否需要正确识别客户信息以及对面试中获得的问题进行分析。通过顾问评审和寄给客户的信函，给客户编制的关于信息质量的进一步反馈也提供给了学生。学生通常深入讨论与客户业务有关的问题；但是，常见的缺陷未能充分详细地描述业务，也不足以将业务或法律信息与面试中的事实联系起来。收到学生的报告后，复杂案例的客户会在一个额外的面试中向学生提供再次反馈。在后续面试中，学生和创业者讨论报告的重点并评估替代方案对创业计划的影响。客户报告被包括在所有报告之内,以确定对客户服务的价值。一种确定价值的方法是让客户在提供的信息上评估一个美元值。平均约为1000美元。

5. 在第一次面试之后,立刻举行汇报会议——为学生提供一个明确客户业务、有关问题的初步鉴定和潜在解决方案的相关细节的机会。精度和缺陷的识别由主管、顾问和问题讨论中的同学提供。评估通过谈论初步传达,随后由顾问和主管在客户信函上提供。

(二)教育理论的教学方法论

在事务所计划中使用的教学方法论通过运用技术以使学生的学习经验最大化,也表现出良好的体验式教育元素。

1. 内容与过程的平衡。用于解决客户问题的跨学科方法是平衡的,允许每个学生在认知知识的基础上做出贡献。这使得学生能够同时承担起学生和教师的身份。在总结每个案例时,主管概述重要事实、识别关键问题、可能的商业和法律解决方案以及已达成的共识。以这样的方式总结会议的讨论,使学生能够保持对每个客户文件达成的共识。

2. 以学生而非教师为基础。教授只是引导学生经历问题识别、讨论和结论的过程。此外,通过识别认知失调,在学生的认知知识未能提供最佳解决方案时,他们的贡献就是承认。有时候,必须鼓励缺乏自信的学生表达他们的专业意见。比如,当法律系学生鼓励在产品包装上使用产品的免责声明时,导师就该"哄骗"MBA学生,去征求她关于产品包装上众多的免责声明的负面影响以及市场策略有效性的意见。

3. 性质上的个人而非普遍。学生—创业者关系的形成提高了学生走向卓越的动机,因为创业者的激情和情感转移给了他们。通常,学生对产品或创业者表达意见。常见的评论是"我当然希望能将这个产品推向市场,因为我已经迫不及待地要买它了",抑或是"那些客户是非常聪明的，似乎拥有能让这项业务成功的特质"。但是，有时候，学生要么认为产品很低劣，要么认为创业家没有开始启动业务的能力。其次，学生对准确告知非学科专业学生其对问题和得出结论的观点很有兴趣。简述会议给了学生一个机会去解释具体学科的问题和信息，以加强跨学科的沟通并协助小组达成共识。例如，在派对策划案例中，法律系学生纠正了MBA学生关于责任方的概念。即使没有要求学生互相交换客户信函，他们也常常这么做。

4. 整体的而非简化的。虽然每个学生缩小问题以便于在其认知知识的局限内评估它，但对问题、解决方案和影响的分享与讨论则让学生达成共识并采取对客户最有利的解决方案。利用运动球门网的例子，每个学生在他们的专业领域内发现了正确问题。跨学科小组的建议往往远远优于来自单一角度的建议。例如，法律系学生可能提出了免责条款的重要性，市场营销专业的学生可能会在保修期内避免针的损坏，而工程专业学生可能会建议并非强烈推荐锁定针的另一种选择。整体解决方案从责任方面为客户提供了最大化的保护，还减少了营销问题。

5. 创建一个情感投资。学习者被创业者雇用，创业者情感化地向学生介绍他或她的产品，使他们认识到他们工作的应用是如何影响该产品在市场上的可行性的。当最终产品递交给客户时，许多学生都对他们工作的质量和表现过于认真，包括用客户可理解的方式写信。通常，学生要求顾问和教师多次审阅他们的工作。

6. 反思与检测。学生得到了一个在汇报会议和客户报告过程中反思客户问题和面试过程的机会。进一步的反思发生在研究阶段和客户信函的创作之时。反思时，学生经常向教师和其他学生咨询，以确认信息的准确性。当学生意识到需要关于业务的额外信息时，就会联系客户了。

八、结论

学科间的现场教育为学生提供了最佳教育体验。当与客户合作时,学生承担着咨询师的角色,当传递知识给其他学生时,学生是老师,当向其他学生学习时,学生是学生。教育的成分可分为:认知、情感和行为。

有四个来源的认知知识提供了一个复杂的学习环境,在这之中所有各方都有助于该项目(表9-1)。这是一个现实生活企业问题解决的模拟,在模拟中,会议和项目小组经常由拥有免费知识库的个体组成。学生在他们的专业中必须拥有坚实的知识基础,往往通过传统的教育方式实现,因此这项计划的一个先决条件是至少持续两年的时间。

学生的行为在以学生身份离开了自己的舒适区时受到挑战。客户认为他们是专业人士,并应具有相对应的行为。以学生着装、仪态和以一种及时、有意义的方式给客户编写信函为例。

由于创业本质上是整体的,教师通过将跨学科现场经验融入其课程以提供最佳的学习经验。结果是通过对客户问题的经验应用,在传统学习方法中获得的实质性知识得以实施。此外,跨学科教育在学生中产生了一种意识,即在一项研究中获得的专业知识并不是整体的,而与具有互补专长的个人进行咨询往往是获得最佳客户解决方案的关键。

表 9-1 认知知识的来源

来源	认知知识
事务所	技术/产业知识,人力资源
法律系学生	法律原则
MBA 学生	商业知识
工科/理科生	技术知识

参考文献

Ajzen, I. (1982), 'On behaving in accordance with one's attitudes', in M.P. Zanna, E.T. Higgins and C.P. Herman (eds), *Consistency in Social Behavior: The Ontario Symposium*, 2, 131–46, Hillsdale, NJ: Lawrence Erlbaum.

Allport, G.W. (1935), 'Attitudes', in C. Murchison (ed.), *Handbook of Social Psychology*, Worcester, MA: Clark University, pp. 709–884.

Bar-Tal, Y. (1992), 'The effect of the experience with attitude object on the relationships among cognitive and affective components of attitude and behavioral intentions', *Psychological Record*, 42 (1), 131–40.

Brecklet, S.J. (1984), 'Empirical validation of affect, behavior, and cognition as distinct components of attitude', *Journal of Personality and Social Psychology*, 47, 1191–205.

Brown, C.A. and Sears, W.R. (1990), Entrepreneurs and the law: a discussion of critical legal issues that affect your business', unpublished paper.

Chapman, S., McPhee, P. and Proudman, B. (1995), 'What is experiential education', in K. Warren, M. Sakofs and J.S. Hunt, Jr, (eds), *The Theory of Experiential Education*, Dubeque IA: Kendall/Hunt.

Crosby, A. (1995), 'A critical look: the philosophical foundations of experiential education', in K. Warren, M. Sakofs and J.S. Hunt, Jr (eds), *The Theory of Experiential Education*, Dubeque, IA: Kendall/Hunt.

Dutton, J.E. and Stumpf, S.A. (1991), 'Using behavioral simulations to study strategic processes', *Simulation and Gaming*, 22, 149–73.

Joplin, L. (1995), 'On defining experiential education', in K. Warren, M. Sakofs and J.S. Hunt, Jr (eds), *The Theory of Experiential Education*, Dubeque, IA: Kendall/Hunt.

Kristensen, K.B., Pedersen, D.M. and Williams, R.N. (2001), 'Profiling religious maturity: the relationship of religious attitude components to religious orientations', *Journal for the Scientific Study of Religion*, 40 (1), 75–87.

McGuire, W.J. (1969), 'The nature of attitudes and attitude change', in G. Lindzy and E. Aronson (eds), *The Handbook of Social Psychology*, 2nd edn, Reading, MA: Addison-Wesley, pp. 136–314.

McMullan, C.A. and Boberg, A.L. (1991), 'The relative effectiveness of projects in teaching entrepreneurship', *Journal of Small Business and Entrepreneurship*, 9, 14–24.

Mitchell, T.R. and James, L.R. (1989), 'Conclusions and future directions', *Academy of Management Review*, special issue, 14, 401–8.

Robinson, P.B. (1996), 'The Minefield exercise: "The challenge" in entrepreneurship education', *Simulation & Gaming*, 27 (3), 350–64.

Robinson, P.B., Christensen, M.A. and Hunt, H.K. (1997), 'A personal characteristics model of the individual entrepreneur', *Proceedings of the Canadian Council for Small Business and Entrepreneurship* (CCSBE) *1997 Annual Meeting*, Vancouver, British Colombia, Canada.

Robinson, P.B., Stimpson, D.V., Huffner, J.C. and Hunt, H.K. (1991), 'An attitude approach to the prediction of entrepreneurship', *Entrepreneurship Theory and Practice*, 15 (4), 13–31.

Rosenberg, M.J. and Hovland, C.I. (1960), 'Cognitive, affective and behavioral components of attitudes', in M.J. Rosenberg, C.I. Hovland, W.J. McGuire, R.P. Abelson and J.W. Brehm (eds), *Attitude Organization and Change: An Analysis of Consistency among Attitude Components*, New Haven, CT: Yale University Press.

Shane, S. and Venkataraman, S. (2000), 'The promise of entrepreneurship as a field of research', *Academy of Management Review*, 25, 217–26.

Shaver, K.G. (1987), *Principles of Social Psychology*, Cambridge, MA: Winthrop.

Smith, M.B. (1947), 'The personal setting of public opinion: a study of attitudes toward Russia', *Public Opinion Quarterly*, 11, 507–23.

Specht, L.B. and Sandlin, P.K. (1991), 'The differential effects of experiential learning activities and traditional lecture classes in accounting', *Simulation and Gaming*, 22, 196–210.

Thatcher, D.C. (1990), 'Promoting learning through games and simulations',

Simulation and Gaming, 21, 262–73.

Verplanken, B., Hofstee, G. and Janssen, H.J. (1998), 'Accessibility of affective versus cognitive components of attitude', *European Journal of Social Psychology*, 28, 23–35.

附录9-1：法律事务所流程

这是对一份文件通过法律事务所流程的描述。

1. 学生在年初报名参加事务所会议。

2. 客户通话并进行筛选。

3. 学生于下午6点到达事务所参会，以便于接收客户的相关背景信息。学生于下午6点半面试客户，最长一个小时。

4. 学生与法律顾问和桑德拉·马拉克一起参加简报会议，目的是讨论文件和确定客户的需求。学生受到鼓舞充分参与这项讨论，并运用他们的知识和经验为客户提供有关他们的商业协会及其内部、外部特征的法律策略。会议大约于晚上8点半结束。

5. 学生进行研究，并准备一份概述商业协会问题及其重要性的客户信函草稿。在此阶段，学生可能会得到主管的关于客户业务内法律原则的范围和应用的指导。

6. 学生需要在他们的客户面试后三周内上交他们的作业。完整的文件包括：(a)保密协议，(b)客户发布，(c)面试笔记，(d)研究笔记，(e)客户文档，(f)组成作业的客户信函的打印件和光盘。所有的文件都必须以富文本格式（RTF）保存。

7. 如果重大的修改不是必需的，这封信会被印刷在创业发展的信笺上，由主管代表你签署并邮寄给客户。

8. 如有更改，将会联系学生就信函与主管进行讨论。然后做出修改并重新提交信函。

9. 事务所的表现由主管根据包括信函和敬业精神的分布式分级标准进行分级。

第十章　走向一种新的评估创业教育课程的方法[①]

阿兰·法约尔　贝努瓦·盖伊　纳吉斯·拉赛斯–克拉克

当前在创业教育领域的一个主要研究课题是了解创业教育课程（ETPs）在多大程度上影响学生对创业行为、创业意图和行为本身的态度（Hytti and Kuopusjärvi，2004; Moro et al.，2004）。创业的相关文献也强调了社会环境的作用。学生和年轻毕业生的行为与倾向受到许多个人和环境因素的影响（Lüthje and Franke，2003）。举一个例子，研究人员已经揭示了在参与者环境中创业活动与情境（Begley et al.，1997）社会地位的重要性。特别值得一提的是，关于父母角色模型和个人职业生涯偏好之间关系的实验证据已被报道多次（Matthews and Mos，1995; Scott and Twomey，1988）。

以这些观察为基础，本章的目的是为评估创业教育课程的新方法提供一个完整的实验，以解决上述研究呈现出的问题。本章的重点显然是创业教育，特别是关于评估方案的问题。新方法以计划行为理论为基础（Ajzen，1991; 2002），并由法约尔（2005）来阐述。首次实验由法约尔和盖伊（2004）报告。更准确地说，我们的研究目的是把我们的理论和方法论体系应用到实验中，该实验为期三天，以275名法国管理专业硕

[①] 本章来源于西班牙期刊 *Estudios de Economia Aplicada* 上发表的一篇文章。

士学生为样本。

我们的研究样本由学生组成,这些学生最近于一所在法国排名前四的商学院开始了为期一年的专业管理课程。在过去的 20 年中,该商学院一直在促进和传播创业精神,这贯穿了整个项目和课程。在参加专门的硕士课程之前,学生已经获得了理科硕士学位,通常来自法国工程学院和科技大学的技术学科。

硕士课程刚开始的时候,学生们集中训练了好几个星期,以获得基本的管理技能和能力。完成这部分课程之后,他们根据自己选择的专项接受培训和教育。在硕士课程的第一周,学生们都参加了为期三天的与创业相关的案例研究。我们将这个教学活动用作我们研究课程的一个研究领域,把我们的方法应用到一种纵向的方式中,以通过为期三天的课程来捕捉学生态度和意图的变化。为了开始我们第一阶段的研究,我们在课程一开始开展了问卷调查,来测量态度(意图的前提)和创业意图水平。所有的前提和措施都源自文献,集中在意向性理论与实证研究。

在研究的第二阶段,我们在后续的问卷调查中设置了相同的方法条件以测量相同的变量,重点是测量教学过程对创业意图最终变化的影响。

我们对整个样本的测量结果进行了分析,并通过以影响创业意图的各种社会因素为基础将样本分为不同的小组。

在本章的第一部分,我们研究创业文献,处理创业教育课程影响的问题。第二部分介绍了我们以计划行为理论为基础的理论方法。需要注意的是,该理论并非用作创业行为的预测因素,而是用作一个强大的创业意图及其影响因素的概念模型。第三部分描述了我们研究的细节,包括样品和研究材料,并介绍和讨论了我们得到的结果。在结论部分,我们强调了主要的研究结论,论述了发展这项研究的理论和实践意义,就它对未来研究的局限和途径做出评价。

一、创业教学课程的影响

在世界各地，对创业感兴趣并将其作为职业生涯选择的学生数量正在增加（Brenner et al., 1991; Fleming, 1994; Hart and Harrison, 1992; Kolvereid, 1996a），而学生对大企业传统专业就业的兴趣正在减少（Kolvereid, 1996b）。学生和年轻毕业生的行为与倾向会受到许多个人和环境因素的影响（Lüthje and Franke, 2003）。实证研究已经表明，创业教育课程的存在和大学里创业家的积极形象都是大学生选择创业生涯的诱因。约翰尼森（1991）和奥蒂奥等（Autio et al., 1997）强调学生的创业认知的影响以及大学环境中提供的资源和其他支持机制，这都积极影响学生对创业生涯的态度。其他研究也显示了创业活动与社会地位（Begley et al., 1997）的重要性，以及创业意图等级和参加其他课程的学生参与管理课程数量间的统计关联（Chen et al., 1998）。创业教育和培训同时影响当前行为和未来意图（Fayolle, 2002; Kolvereid and Moen, 1997; Tkachev and Kolvereid, 1999）。换句话说，已参与创业课程的学生与未参与的学生间存在着显著差异。但问题是，教育变量（课程内容、教学方法、教师、资源和支持等）以及直接的意图和/或行为的前因（态度、价值观、知识等）之间的因果关系是否真的能被详细解释？曾试图做这个研究的人员发现并总结如下，我们相信仍需进一步的概念化和测试。

尝试对来自不同群体学生的意图和/或行为进行比较的研究。例如，瓦雷拉和希门尼斯（Varela and Jimenez, 2001）在一个纵向研究中选择了哥伦比亚三所大学的五个课程的若干组学生。他们发现，获得最高创业率的大学对其学生的创业指导和培训投入最多。

诺埃尔（Noel, 2001）详细观察了创业培训对创业意图和自我效能感发展的影响。样本中的学生都参加了创业教育课程,并在创业、管理或其他学科毕业。诺埃尔的发现至少部分证实了这一假设,即创业毕业生比其他两组学生更有可能创建企业以及拥有更高水平的意图和更发达的自我认知效能感。

但是,人们对教育变量的关注却较少。迪尔茨和福勒(Dilts and Fowler, 1999)试图揭示,对为创业生涯做准备的人而言,某些教学方法(培训和现场学习)要比另一些更成功。卢策和弗兰克(Lüthje and Franke, 2003)探讨了大学环境中某些环境因素的重要性,这些因素会阻碍或促进技术类学生获得创业行为。他们的研究印证了奥蒂奥等(1997)和法约尔(1996)的研究,这些研究都使用了相似的样本。

二、研究的理论模型

关于具体的针对学生的研究,虽然有些人认为制度环境的作用很重要(Autio et al., 1997),但并没有很明确地考虑到培训和课程的类型。对这类与创业意图的形成有关的变量的影响所知甚少,它是以阿杰恩(Ajzen, 1991; 2002)的原始模型为基础的。

计划行为理论是理性行为理论的延伸(Ajzen and Fishbein, 1980),包括"直觉行为控制"因素。这一理论的核心因素是执行一个给定行为的个人意图。意图是一个人准备执行一个给定行为的认知表征,且被视为行为的直接前因。首要的前提——意图是三个概念决定因素的结果:

1. 行为态度。一个人对行为是有利或不利的评估或评价的程度(Ajzen, 1991)。当一个需要评价性反应的新问题出现时,人们可以借鉴记忆中的相关信息(看法)。因为每一个看法都伴随评价性影响,所以态度是自动形成的。

2. 主观规范。感知社会压力来执行或不执行行为(Ajzen, 1991);

换句话说，对其他人看待建议行为观点的看法。这些压力在意图创造中可能发挥或强大或弱小的作用。例如，在法国一家公司的失败往往是负面的，而在美国，一个人可以经常承受多次失败，却依然为创建成功的公司进行新的尝试。

3. 直觉行为控制。感受执行行为的难易（Ajzen，1991）。这一概念被引入计划行为理论以适应非意志因素，至少在所有行为中（Ajzen，2002）都可能如此。克鲁格和迪克森（Krueger and Dickson，1994）向我们表明，人们对行为控制的增加提高了对机会的感知。

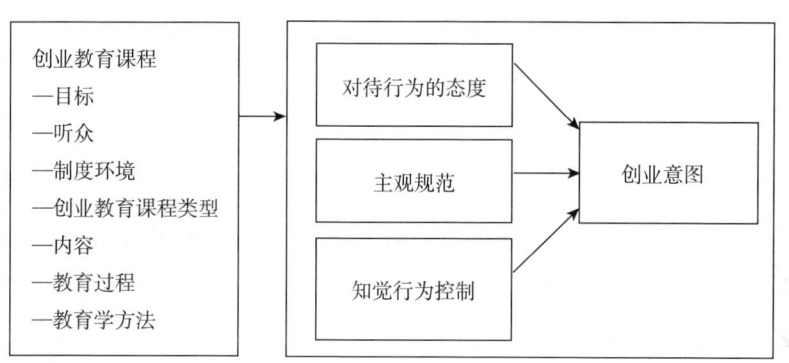

图 10-1　创业教育课程评估模型

用于评估创业教育课程影响的模型展示在图 10-1 中。在这个模型中，以对参与者态度和创业行为意图的影响为基础评估创业教育课程（Fayolle，2005; Fayolle and Gailly，2004）。

在这个模型中，自变量是创业教育课程希望进行评估或比较的特征。这些变量与创业教育课程本身相关（无论是否参与），或在某种程度上与其目标、内容（Gasse，1992; Ghosh and Block，1993; Gibb，1988; Wyckham，1989）、教学方法、听众或机构设置相关（Safavian-Martinon，1998）。

值得一提的是，约翰尼森（1991）确定了可用于表征创业教育课程内容维度的创业知识发展的五个内容层次：知道为什么（态度、价值、动机），知道怎么办（能力），知道谁（短期和长期社会技能），知道什么时候（直觉）和知道什么（知识）。同样，迪韦利（Develay，1992）区分了教学方法的三个维度：内容策略、关系策略和收购策略。

模型中的因变量与用阿杰恩理论定义的创业行为前因有关，即对行为的主观规范、直觉行为控制和意图的态度措施。它们可以通过参与者完成创业教育课程前后的调查进行测量。

在我们的研究中，我们不会使用模型中所有的自变量。我们只是将创业教育课程看作一个整体和唯一的实验自变量。

三、实验和实证结果

在这部分中，我们展示实验过程和主要的实证研究结果，这些结果从我们进行的学生创业培训课程前后的调查中得出。我们用标准的统计程序（SPSS）来描述这个样本，并检验一些关于意图模型的假设，以及它的前因是如何受创业教育课程和学生背景影响的。

（一）研究

我们的研究是短期的。它以一个为期三天的研讨会为支撑，该研讨会的重点是对新投资项目的评估，主要以为相关企业所写的创业计划书为基础。本次研讨会的目的是提高学生的创业意识，并帮助他们了解创业者和他们自己创业项目中的一些问题。研讨会涵盖了许多创业的关键方面，特别是新投资项目的背景。在研讨会期间，学生以小组形式（4或5人）工作，并与专门从事创业的创业者或教授进行交流。

在项目刚开始的时候，我们对275位参与者进行了问卷调查，以掌握他们的态度和测量他们的创业意图水平。正如前面所讨论的，我们使用了来自社会心理学文献的标准。在为期三天的项目结束时，我们以类似的方法条件测量了相同的变量。

两份问卷（创业教育课程前后）被分发给 275 名学生，包括关于阿杰恩意图模型（对行为、主观规范、知觉行为控制和意图的态度）47 个问题的利克特量表和 23 个关于学生背景（年龄、性别、创业经历等）的问题。我们的研究材料来自由科尔沃雷德（Kolvereid，1996a and b）为测量阿杰恩意图模型而开发的验证问卷。每个题目的范围从 1 到 7 级，而不同的模型参数以一组预定义的项目的平均得分作为测量标准。

如上所述，研究材料还包括与通常被称为"人口统计"变量（Robinson et al.，1991）相关的项目和学生背景变量（以往创业经历和接触过创业）。最后，我们还通过由约翰尼森（1991）开发的特殊方法测量了参与者获得创业知识和技能的程度。

（二）样本分析

问卷调查中，275 份答案里有 131 份是不完整或不一致的（52% 的有效回应率）。如果一个阿杰恩模型参数的相关项目的标准差大于 2（范围 1 至 7 级），那么这份问卷就被认为是不一致的。受访者的平均年龄是 25 岁，除 7 人以外都是法国人。关于阿杰恩模型参数在创业教育课程前后的主要统计在表 10-1 中展示。

在测试创业教育课程的影响之前，我们在创业教育课程前后测试了阿杰恩模型的有效性（即前因是否是创业意图的良好预测）。表 10-2 展示了相应的线性回归的结果。请注意，先行措施是显著相关的（相关性范围从 0.3 到 0.6，$p<0.01$）。

这些结果能使我们验证阿杰恩模型可以用来预测被调查学生的创业意图。我们还注意到，创业教育课程之后回归的增加可以解释为创业教育课程对学生的态度和期望调整的结果。

表 10-1　调查结果

测量	题目数量	平均得分	标准差	克朗巴哈系数
创业教育课程之前				
创业行为态度	32	5.01	0.54	0.86
主观规范相关态度	6	3.69	0.96	0.77
直觉控制相关态度	6	3.86	0.75	0.70
创业意图	3	3.90	1.24	0.83
创业教育课程之后				
创业行为态度	32	5.00	1.52	0.87
主观规范相关态度	6	3.67	0.91	0.75
直觉控制相关态度	6	3.95	0.76	0.75
创业意图	3	3.97	1.25	0.86

表 10-2　阿杰恩模型验证

变量	价值	标准偏差	重要性
创业教育课程之前			
创业行为态度	0.40	0.17	0.02
主观规范相关态度	0.57	0.09	0.00
直觉控制相关态度	0.23	0.12	0.06
R^2	0.36		0.00
创业教育课程之后			
创业行为态度	0.34	0.14	0.04
主观规范相关态度	0.56	0.06	0.00
直觉控制相关态度	0.27	0.10	0.01
R^2	0.51		0.00

（三）对创业教育课程影响的分析

为了测试创业教育课程是否对学生的意图和态度有影响，我们采用了均值比较检验法，并分析了与学生背景相关的其他因素平均差异的相关性。

如表 10-1 所示，就整个样本而言，作为创业教育课程的结果呈现了有限的差异。在创业意图的三个前因中，就整个学生样本而言，只有直觉控制相关态度明显受到创业教育课程影响（平均差 =0.09，$p<0.05$）。

态度的其他两个措施并没有受到创业教育课程明显的影响。但是，创业行为态度和意图的影响（平均差）之间以及对主观规范相关态度和直觉控制相关态度之间存在着显著相关性（分别为 0.20 和 0.30，$p<0.01$）。

在考虑创业意图的时候，创业教育课程在绝对影响统计上并不显著（平均差 =0.06，$p<0.36$）。但是，相对影响（创业教育课程之前平均差除以平均数）是显著的（相对平均差 =4%，$p<0.05$）。

当考虑所有参与者时，创业教育课程似乎表现出只对直觉控制相关态度有显著影响。而且，相对而言（仅仅是相对而言），才对创业意图有影响。此外，观察到的影响之间有显著相关性，这可能表明受创业教育课程影响的态度之间有很强的相互依存性。

考虑到这一明显的相互依存和绝对、相对影响之间的差异，我们对这些结果在参与者为一个子集时是否有效进行了测试，并将他们的初始情况和背景纳入考虑。

（四）学生初始情况分析

我们首先分析一些众所周知的影响创业行为的学生特征是否对上述结果有影响。为此，我们根据所收集的社会人口统计数据考虑了样本的子集，并测试了这些样本的结果是否与上面给出的结果有出入（见表 10-3）。

表 10-3 学生背景分析

样品	样本容量	初始意图	创业教育课程影响（平均差）			意图
			行为意图	感知社会规范	知觉控制	
所有学生	144	3.90	0.00	0.02	0.09**	0.06
家族企业家 =Y	90	4.05	−0.01	−.04	0.06	0.12
家族企业家 =N	54	3.67	0.00	0.02	0.15*	−0.04
协会经验 =Y	78	4.09	−0.03	0.03	0.15	0.09
协会经验 =N	65	3.72	0.02	−0.07	0.01	0.03
国外经验 =Y	68	3.95	0.00	−0.04	0.09	0.07
国外经验 =N	76	3.87	−0.02	0.00	0.10	0.06
创业培训 =Y	33	4.28	−0.03	−0.10	−0.04	0.05
创业培训 =N	111	3.80	0.00	0.00	0.13	0.07

注释：* p<0.10，** p<0.05。

使用均值比较的 T 检测法来比较上述的子集，可控性的影响对没有过任何创业培训（p<0.13）或有关联经验（p<0.14）的学生而言似乎有点高。另一方面，一个角色模型的存在，比如一个家族创业者，就创业意图而言似乎能降低创业教育课程的影响，虽然从统计上看不明显（p<0.25）。

国际经验（在国外超过六个月）对创业教育课程的效果没有影响。

通过比较想提高创业意图初始水平的学生子集（表 10-4），我们对大学生创业意图初步看法是否影响创业教育课程的结果做了测试。

这些结果表明，学生对创业意图的初步看法对创业教育课程的效果有很大的影响，从显著负向到显著正向。这要求就学生选择和特定学生情况的方程做进一步的研究。

特别在创业动机方面，首先确定了创业教育课程没有或负面影响学生，这是非常重要的。而使用意图作为选择标准的措施可能会因为自我选择而导致有偏见的结果。但使用学生背景作为标准，可以提供潜在有效的结果，因为在考虑的学生子集之中，就初始意图而言存在着显著差异(表10-3)。特别是家族中有创业者、有社团经验或已参与创业教育课程的学生，往往有较高的初始创业意图（平均差异分别为0.39、0.37和0.47，重要性分别为0.08、0.07和0.10）。

表10-4 学生初始意图分析

样品	样本容量	初始意图	创业教育课程影响（平均差）			
			行为意图	感知社会规范	知觉控制	意图
所有学生	144	3.90	0.00	0.02	0.09**	0.06
第一个四分位数	36	2.39	0.00	-0.08	0.11	0.25**
第二个四分位数	36	3.39	0.09	0.05	0.19**	0.27*
第三个四分位数	36	4.29	-0.05	-0.01	0.03	0.09
第四个四分位数	36	5.56	-0.07	-0.04	0.06	-0.36***

注释：*p<0.10，** p<0.05，*** p<0.01。

四、创业教育课程的影响和反影响

在本项研究中，我们的主要目的是在以创业为重点的为期三天的研讨会中，捕捉学生的态度和意图变化，以了解创业教育课程影响和可能的反影响。

审视我们的结果并试图从它们的关键要素中进行提取，我们可以得出一组非常有趣的结论。

第一，对整个样本而言，研究创业教育课程对创业意图的影响似乎与直接行为控制显著相关。其他的研究已经强调了这种意图和自我效能感或知觉行为控制之间的关系。这可能会引发针对知觉行为控制和教育或教学变量间关系测试的进一步研究，以理解这些变量的影响。这些变量可能涉及，比如，我们一般的研究模型建议的教学方法或教师类型。

第二，考虑到从之前接触过创业（来自一个创业者家族、具有创业行为经验或长期国际背景）的学生中选出的子集的结果，我们已经通过这些额外的结果发现了实证。尤其是对另一个学生子集而言（在创业过程中没有参加过课程的学生，没有通过家庭接触过创业的学生，以及没有积极参与学生社团的成立与发展的学生），我们已经发现了创业教育课程对直觉行为控制和创业意图的积极影响。在其他案例中，我们没有发现影响。

第三，在我们最有趣的结果中，我们发现创业教育课程对创业意图的影响显著依赖学生对创业意图的看法（见表10-4）。这意味着，就在第一个四分位数的学生（创业意图最低者）而言，创业教育课程的影响显著为正，而就在第四个四分位数的学生（创业意图最高者）而言，创业教育课程的影响显著为负。换言之，创业教育课程可能会对某些学生有强烈的积极影响,这取决于他们的背景和对创业意图的初步看法。同时，就那些尚未接触创业或在一定程度上经历了一些类似创业的情况的学生而言，创业教育课程也确实可以降低创业意图的等级（反影响）。

这些结果引导我们提出一些新颖且重要的研究问题。例如，根据创业教育课程类型，在选择学生并找出适合他们的情况和背景的创业教育课程时，是否有方法或工具？在某些情况下，旨在提供创业意图的创业教育课程对于某些特定类型的学生并不管用（反影响的存在）。沿着这些思路的进一步研究可以增强我们对这些问题的理解。此外，我们尚未掌握在创业教育课程中发挥作用的主要因素的影响。进一步的研究使我们能够验证教育教学变量与知觉行为控制之间的特殊关系。因此，我们的研究模型可以通过加入新的影响一个或多个阿杰恩前因独立变量来完善。

参考文献

Ajzen, I. (1991), 'The theory of planned behavior', *Organizational Behavior and Human Decision Processes*, 50, 179–211.

Ajzen, I. (2002), 'Perceived behavioral control, self-efficacy, locus of control, and the theory of planned behavior', *Journal of Applied Social Psychology*, 32, 1–20.

Ajzen, I. and Fishbein, M. (1980), *Understanding Attitudes and Predicting Social Behaviour*, Englewood Cliffs, NJ: Prentice-Hall.

Autio, E., Keeley, R.H., Klofsten, M. and Ulfstedt, T. (1997), 'Entrepreneurial intent among students: testing an intent model in Asia, Scandinavia and USA', *Frontiers of Entrepreneurship Research*, Babson Conference Proceedings, www.babson.edu/entrep/fer.

Begley, T.M., Tan, W.L., Larasati, A.B., Rab, A., Zamora, E. and Nanayakkara, G. (1997), 'The relationship between socio-cultural dimensions and interest in starting a business: a multi-country study', *Frontiers of Entrepreneurship Research*, Babson Conference Proceedings, www.babson.edu/entrep/fer.

Brenner, O.C., Pringle, C.D. and Greenhaus, J.H. (1991), 'Perceived fulfilment of organizational employment versus entrepreneurship: work values and career intentions of business college graduates', *Journal of Small Business Management*, 29 (3), 62–74.

Chen, C.C., Greene, P.G. and Crick, A. (1998), 'Does entrepreneurial self-efficacy distinguish entrepreneurs from managers?', *Journal of Business Venturing*, 13 (4), 295–316.

Develay, M. (1992), *De l'apprentissage à l'enseignement*, Paris: ESF Editeur.

Dilts, J.C. and Fowler, S.M. (1999), 'Internships: preparing students for an entrepreneurial career', *Journal of Business and Entrepreneurship*, 11 (1), 51–63.

Ehrlich, S.B., De Noble, A.F., Jung, D. and Pearson, D. (2000), 'The impact of entrepreneurship training programs on an individual's entrepreneurial self-efficacy', *Frontiers of Entrepreneurship Research*, Babson Conference Proceedings, www.babson.edu/entrep/fer.

Fayolle, A. (1996), 'Contribution à l'étude des comportements entrepreneuriaux des ingénieurs français', thèse de doctorat en sciences de gestion, université Jean Moulin de Lyon.

Fayolle, A. (2002), 'Les déterminants de l'acte entrepreneurial chez les étudiants et les jeunes diplômés de l'en seignement supérieur français', *Revue Gestion 2000*, (4), 61–77.

Fayolle, A. (2005), 'Evaluation of entrepreneurship education: behaviour performing or intention increasing?', *International Journal of Entrepreneurship and Small Business*, 2 (1), 89–98.

Fayolle, A. and Gailly, B. (2004), 'Using the theory of planned behaviour to assess entrepreneurship teaching programs: a first experimentation', IntEnt2004 Conference, Naples, 5–7 July.

Fleming, P. (1994), 'The role of structured interventions in shaping graduate entrepreneurship', *Irish Business and Administrative Research*, 15, 146–57.

Gasse, Y. (1992), 'Pour une éducation plus entrepreneuriale. Quelques voies et moyens', *Colloque l'Education et l'Entrepreneuriat*, Centre d'Entrepreneuriat du cœur du Québec, Trois-Rivières, mai.

Ghosh, A. and Block, Z. (1993), 'Audiences for entrepreneurship education: characteristics and needs', paper presented at the Project for Excellence in Entrepreneurship Education, Baldwin Wallace College, Cleveland, Ohio.

Gibb, A.A. (1988), 'Stimulating new business development', in *Stimulating Entrepreneurship and New Business Development*, Geneva: Interman International Labor Office, pp. 47–60.

Hart, M. and Harrison, R. (1992), 'Encouraging enterprise in Northern Ireland: constraints and opportunities', *Irish Business and Administrative Research*, 13, 104–16.

Hansemark, O.C. (1998), 'The effects of an entrepreneurship program on need for achievement and locus of control of reinforcement', *International Journal of Entrepreneurial Behaviour and Research*, 4 (1), 28–50.

Hytti, U. and Kuopusjärvi, P. (2004), 'Evaluating and measuring entrepreneurship and enterprise education: methods, tools and practices', www.entreva.net.

Johannisson, B. (1991), 'University training for entrepreneurship: a Swedish approach', *Entrepreneurship and Regional Development*, 3 (1), 67–82.

Kolvereid, L. (1996a), 'Prediction of employment status choice intentions', *Entrepreneurship Theory and Practice*, 20 (3), 45–57.

Kolvereid, L. (1996b), 'Organisational employment versus self-employment: reasons for career choice intentions', *Entrepreneurship Theory and Practice*, 20 (3), 23–31.

Kolvereid, L. and Moen, O. (1997), 'Entrepreneurship among business graduates: does a major in entrepreneurship make a difference?', *Journal of European Industrial Training*, 21 (4), 154–60.

Krueger, J.R. and Dickson, P.R. (1994), 'How believing in ourselves increases risk taking: perceived self-efficacy and opportunity recognition', *Decision Sciences*, 25 (3), 385–400.

Lüthje, C. and Franke, N. (2003), 'The making of an entrepreneur: testing a model of entrepreneurial intent among engineering students at MIT', *R&D Management*, 33 (2), 135–47.

Matthews, C.H. and Moser, S.B. (1995), 'Family background and gender: implications for interest in small firm ownership', *Entrepreneurship & Regional Development*, 7 (4), 365–77.

Moro, D., Poli, A. and Bernardi, C. (2004), 'Training the future entrepreneur', *International Journal of Entrepreneurship and Small Business*, 1 (1/2), 192–205.

Noel, T.W. (2001), 'Effects of entrepreneurial education on intent to open a business', *Frontiers of Entrepreneurship Research*, Babson Conference Proceedings, www.babson.edu/entrep/fer.

Robinson, P.B., Stimpson, D.V., Huefner, J.C. and Hunt, H.K. (1991), 'An attitude approach to the prediction of entrepreneurship', *Entrepreneurship Theory and Practice*, 15 (4), 13–30.

Safavian-Martinon, M. (1998), 'Le lien entre le diplôme et la logique d'acteur relative à la carrière: une explication du rôle du diplôme dans la carrière des jeunes cadres issus des grandes écoles de gestion', thèse pour le doctorat en sciences de gestion, université Paris I.

Scott, M.G. and Twomey, D.F. (1988), 'The long-term supply of entrepreneurs: students' career aspirations in relation to entrepreneurship', *Journal of Small Business Management*, 26 (4), 5–13.

Tkachev, A. and Kolvereid, L. (1999), 'Self-employment intentions among Russian students', *Entrepreneurship and Regional Development*, 11 (3), 269–80.

Varela, R. and Jimenez, J.E. (2001), 'The effect of entrepreneurship education in the universities of Cali', *Frontiers of Entrepreneurship Research*, Babson Conference Proceedings, www.babson.edu/entrep/fer.

Wyckham, R.G. (1989), 'Measuring the effects of entrepreneurial education programs: Canada and Latin America', in G. Robert, W. Wyckham and C. Wedley (eds), *Educating the Entrepreneurs*, Faculté d'administration, Simon Fraser University, Burnaby, Colombie-Britannique, pp. 1–16.

第十一章 一个概念性方法——更好地诊断和解决创业研究中跨文化和性别问题的挑战

博妮塔·L.贝特斯-里德 琳达·L.摩尔 劳里·M.亨特

一、引言

在美国，最近的这几年不断发展的各种创业者和学生已经在历史上被标记为少数创业团体，他们创造了越来越多的收益。然而，很多研究者和教育者都是在以英格兰知识库为基础的大多数教育性、理论性模型时代接受的教育。因此，为了反映当前各种创业者的实践，研究和教育就需要文化范式的转变。虽然许多创业学者理解从种族中心模型和单一文化模型转化的需要，但是这种框架还未出现。

本章提出了一个明确的模型，为变化模型提供了一个概念基础，以应对在创业研究和教育中跨文化和性别挑战的诊断和解决。整篇文章中都涉及了调查研究和教育，因为我们设想，这个范围会相互交织而不应该分离。我们首先提出挑战当前研究模型的案例。基于我们最近对美国有色人种女性创业者的案例研究，以及我们之前在多元化研究、教学和实践中探索"粉饰"（white-wash）困境的基础上，我们提出了一个包容并重视不同创业者之间独特性的新模型。该模型确定了大部分现有文献和教材中帮助研究者和教育者诊断主观视角问题的因素。本章以对教育工作者和研究者做出的结论和产生的影响为结束，因为他们承担了将研究和教学向前推进所需的范式转变。

在拓展这个模型之前，有必要理解我们多样化的视角和前提。

二、首要前提

我们的观点是，以多元化视角为基础的创业文献已经落后于美国多元化管理文献差不多十年。而且，在美国的研究关注的是种族、性别和社会阶层对组织行为和成功的影响。当前对白人女性和有色人种女性研究的本质使人们很难对这些创业者做出明确的解释。以我们的经验，需要一个运用了多种方法论的、跨学科的方法来帮助我们拓展创业的知识基础，特别是当试图更多地囊括反映出不同文化背景的多种创业者的时候。然而，我们已经发现，跨领域的主题关联很难操作，因为当文献的宽度扩大时，深度却非常受限。在过去的十年里，我们指导了一个综合性的、以日志为基础的、探索多样化女性的文献。虽然我们可以从这个分析中看出一些有趣的趋势，但是由于缺少在任何一个领域的知识深度，我们无法做出一些关于多样化女性创业者的具体结论。女权主义、多元文化主义和跨文化交际的社会科学领域为研究不同的创业者提供了丰富的背景。这种宽度是重要的，因为没有了这种研究的平衡性，作为研究者和教育者的我们很可能会对创业者的相似性和差异性做出错误的假设；以及基于目前主导的相对同类的创业模式的假设。这些错误的假设反映了大多数群体的视角并且也降低了对白人女性和有色人种女性创业者研究的质量和准确度。我们相信这同样适用于不同的男性创业者的研究和教学，但由于我们的专业知识、研究和经验的性质，本章侧重于不同的女性创业者。不管怎样，在这个急速扩展的领域里，有足够理由来确保我们所使用的研究模式扩大了我们对美国不同女性创业者的认识——基于一个新的视角。

三、挑战当前研究模型的案例

截至2004年，大约有1.06亿人创办了私营公司，50%或者更多的拥有自己公司的女性占了这个国家所有私营公司数量的将近一半（47.7%）。在这些公司中，29.9%属女性拥有多数股权，17.8%的公司由男性和女性共同所有。这50%或者更多由女性所有的公司在市场销售上达到了2.46亿美元并且雇用了1.91亿全球范围内的员工（Center for Women's Businers Research，2005）。实际上，女性所拥有的公司比全球财富500强公司多雇用了三分之一的员工（Moore，1999）。女性正以男性同行两倍的速度创建公司（Adler，2004）。

这个数据也推动了美国有色人种女性拥有公司。截至2004年，大约有140万美国有色人种女性创业并拥有了她们自己的公司，并且雇用了1300万员工，在销售额上的盈利将近1470亿美元。五分之一（21.4%）的由女性所有的公司由有色人种女性拥有。另一个有趣的事实是，且不论种族或伦理背景，大量女性创业者把增长作为首要目标（86%的非裔美国人，71%的亚洲人，80%的白种人和84%的拉美裔）。并且在1997到2004年间，由有色人种女性创业者所拥有的公司数量估计增加了54.6%；就业增加了61.8%，销售增加了73.6%。在世界范围内，女性创业者的公司通常占四分之一到三分之一的商业人口（Trieloff，1988）。在加拿大和美国，女性拥有的公司的增长速度继续超过总体商业增长的两倍（"Leading women entrepreneurs of the world and women to watch"，1997）。

对女性创业者的研究不应该再被当作创业的一个分支——在研究的

最后一章,或成为研究中的"少数群体"。但是,在我们更好地认识主流的同质模型以及女性创业者与这种"主流"模式的不同之处之前,要囊括对不同女性创业者的研究,从而提供相关和最新的教育都是困难的。我们之前的许多研究和著作都为我们的失败提供了一个解释,即研究者认识到白人男性模式的"霸权",我们称之为"粉饰困境"(the whitewash dilemma)。

四、粉饰困境的重新审视

在20世纪90年代早期,我们的研究集中在管理领域的女性。在美国,这一研究主要集中在美国企业界的"玻璃天花板"(glass ceiling)工作上(Morrison et al.,1992)。我们得出这样的结论:这个领域——由白人女性研究者主导——已经重复了我们白人男性同行的错误,这是一个占主导地位的白人群体模式的产物。我们确认了一个基本的假设,构成了历史女性在管理研究中的基础,目前已构思和建构的组织也基本上被原封接受;因此,对于有色人种女性来说,其中的一个问题就是使这些女性适应规范的主导组织文化。非常有趣的是,早期对女性管理的研究源于对挑战主流管理教育范式的需求,这种范式可以被概括为"想到了经理就想到了男性"(Nkomo,1989)。我们试图在现有研究中揭露性别偏见,最重要的是,批评并挑战以男性为主导的公司层级制度。然而,所发生的事情就是大多数的著作都重复着同一个排他性的错误,这个错误又催生了此类著作。也就是说,很多早期的研究只是强调了一组女性创业者。随后,我们几乎没有了解到种族和性别对妇女在管理职位上的地位的影响(Betters-Reed and Moore,1995)。

我们发现,在管理学研究中妇女并没有影响性别本身,但却对组织的性别产生了影响。例如,大多数著作和研究集中于女性和组织之间的"匹配"。实际上，在大多数的管理教育学的假设中，人力资源一定要"配合"或者是适应组织文化。贝克尔（Becker，1963）就偏差描述了"匹配"。

> 社会团体通过制定规则来制造偏差，将这些规则应用于特定的人，并将其贴上局外人的标签。从这个观点来看，偏差并不是一个人做错事的一种"品质"，而是规则的其他应用和对"冒犯者"制裁的结果。（第9页）

如果主导的组织性结构已经是等层级体系的，并且是白人的、男性的、盎格鲁—撒克逊人的文化，那么"匹配"的概念肯定是女性的悖论；特别是有色人种女性。因此管理研究和教育会将偏差假设为一种缺陷并且通过少数团体去"匹配"大多数群体的人生观、准则、期望等来鼓励同化作用。对白人女性管理人员来说，种族特权提供了准入和晋升的机会，但当其为有色人种女性铺平领导职位道路时就不那么奏效，重要的是创造一种玻璃天花板（是指在公司企业和机关团体中制约某些人口群体，如女性、少数民族等晋升到高级职位的障碍）的等级制度或者"有色玻璃天花板"（Betters-Reed and Moore，1995）。

粉饰困境思考管理和白人男性（然后是白人女性），这已经很明显地成为研究女性创业者的一个问题。被日益增长的女性拥有企业的数量吸引以及她们所面临的外部的组织性挑战，我们在20世纪90年代中期将注意力转移到创业中。虽然公司的女性管理者会处理组织性天花板障碍，女性企业家也依然面对着关于国籍、种族、阶级和性别的相似的问题。很明显，粉饰困境对于研究有色人种女性创业者是一个关键的问题。它已经掀起了对美国有色创业者的第一轮研究。

五、跨文化挑战的诊断和对女性创业者研究的建议

我们作为研究者对多样性和创业的早期研究使我们不断地质疑主导思想，因为它涉及研究和理论。在这个章节中，我们打算提供一个概念模式，这个概念模式会从跨文化的角度将女性创业者的主导思想进行转化。尽管我们的研究是基于美国文献对女性创业者和有色创业者女性案例的多学科梳理，我们预计这个模型将会调查所有创业性研究和教育的种族核心本质。它的目的是帮助调查研究者拓宽研究方向，使研究倾向于文化、种族或性别的交叉领域。我们认为，对于包括不同所有者和背景的创业者以及创业教育研究来说，范式转换是必要的。我们将探索一个概念性的框架，挑战传统智慧，即以成功的白人男性和女性创业者为主导的美国文献，衡量不同的女性创业者。

越来越多美国的多样化研究调查者询问国际观点是如何影响我们的工作的，反之亦然。重要的是要研究以种族为中心的和以国家为中心的关于创业教育和实践的假设，因为它们影响着我们的工作。值得一提的是，我们感兴趣的是在多样性教育中美国概念的独特之处是什么，不需要翻译给其他国家或国际上的创业者。

我们正在学习处理我们自己的种族和社会特权问题，因为我们研究的是其他不同于我们自己的问题。我们清楚地意识到，对于任何一个冒险进入这类研究或教学的人来说都有必须做出一些贡献，会有许多令人蒙羞的时刻，也会有许多令人振奋的机会。例如，许多当前的关于有色创业者的案例对他们来说都有一定的缺陷。转换研究范式会帮助研究者和教育者看到不断扩展的基准以及成功的定义。这不仅有益于在文献中增添新的多样化的角色模型，也可能会改变我们讲授当前案例的方式。这些案例以不同的创业者或不同类型的公司为特征，例如，我们怎样才

能"更好地"定义社会创业者或企业所有者的成功?他们认为社会领导和贡献与经济指标一样合法吗?另一个必须处理的问题涉及不干预案例研究的伦理,这是由良好的研究实践所决定的,在道德上有必要帮助一个被低估的人口群体。这与这种类型工作本质上所面临的总体挑战有关,它基本上为商业教育者定下了一个社会议程。在进行研究或讲授概念时,我们在拥护自己主张的道路上走了多远?协调所有研究调查者和教育者的这些挑战对于拓展创业知识是很重要的。我们提出,当我们提供概念性和实践性的方法去帮助不同创业者发展时,确认这些以及其他的多样化的相关挑战。

接下来,我们将我们的前提、见解和与粉饰困境有关的研究转换成五个因素,这些因素共同构成了过去大部分在美国进行的创业者研究和教育研究的"单镜片"。

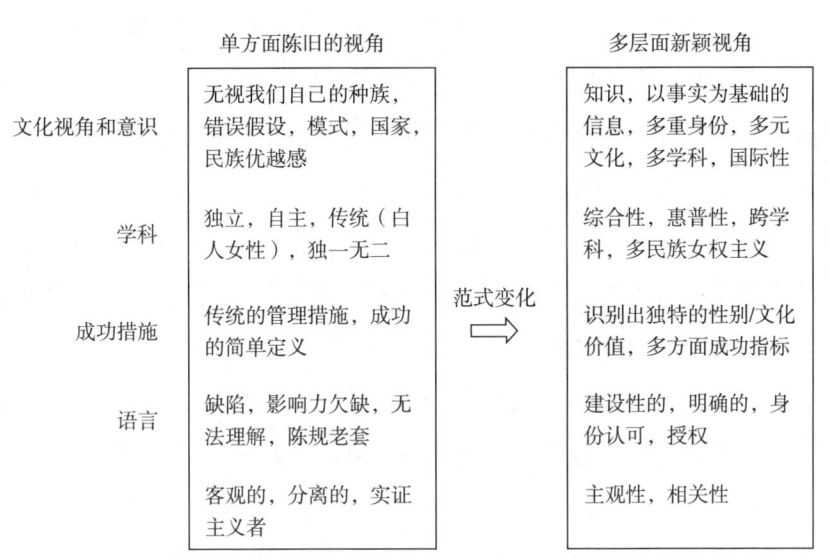

图11-1 五个因素:从单方面到多维度方法

当我们讨论并且批评这个"旧镜头"时,我们也会突出一些多角度的"新镜头",它反映了进行研究和教授不同女性创业者所必需的范式转换。随之得到的更改模型的摘要如图 11-1 所示。

六、创业研究和教育的变革模式:跨文化和性别挑战的诊断和解决

在这节中,我们会描述创业研究中的主导思维、"旧镜头"或者单边方法,并且运用我们自己或他人研究的例子提出一个"新镜头"或多维度方法。我们认为这是一种概念重建研究的变革模式,这个新模式可以诊断关键问题并提供跨文化挑战的解决方案。有五个因素对理解学科研究固有的问题和教授各种女性创业者至关重要。

(一)因素一:文化视角和意识

文化视角和意识对于理解"镜头"观念很重要。这个因素基于对文化作为"心理软件"观念的敏感度(Hofstede,1991),一个复杂的认知概念或心智模型塑造了我们周围世界的假设。如果没有这种意识,我们在理解什么是好的创业研究方面仍然持地方观念和种族主义。正如我们在之前的工作中所描述的,我们发现对种族特权的认识要求研究者承认文化上的错误和遗漏,并利用新颖的多维度"镜头"来探索不同肤色女性创业者经历的不同之处。

从历史上看,大多数英美人的观点主导了美国的创业研究和实践。即使在研究和写作中包含女性和性别视角,也无助于使英美基金会多元化和改变。更具体地说,女性的创业领域类似于管理领域的女性,直到最近才加入了有色人种女性(Betters-Reed and Moore,1995)。在美国的背景下,我们认为范式转变必须以理解大多数白人特权开始。成功地理解多元文化女性创业者的能力始于对美国文化中多数群体特权的理解,

以及其同化同质商业文化的倾向。尽管我们的目标是以欧洲为中心，但我们认为制度优势或制度化的权力结构在许多其他文化中创造了相同的主要/少数群体的社会群体动态。我们的文化视角需要理解"声音"和新兴国际妇女创业研究的概念。对于这首个也是最复杂的因素，接下来我们在创业框架范围内，在我们自己的研究和经验中阐述观点。

1. "旧镜头"与"新镜头"。我们探讨了白人种族身份和白人特权对管理著作和实践的影响，我们也看到了其与创业领域的相似之处。例如，白人种族身份和种族特权以及由此产生的观念阻碍了对文化差异的理解和精确感知。此外，流行的关于文化差异群体相似性的假设不接受理解这些差异。在美国，研究者记录了白人特权（McIntosh，1988）和制度化的种族主义（hooks，1989）对女性的影响是有差异的。

认识到自己的种族和性别差异，使得人们在当前的组织中听到许多不同的声音以及承认自己的身份成为可能。其他作家也强调了一个事实，即声音的历史记录是优势群体——白人权威的代表，因此记录的只能是白人女性（Cianni and Romberger，1991; Collins，1990; hooks，1989，1990; Martinez，1992; Moraza and Anzaldúa，1981; Betters-Reed and Moore，1995：31）。

2. 美国的种族特权。种族特权的观念在美国最典型的实践可以通过佩姬·麦金托什（Peggy McIntosh，1988）的著作很好地印证。佩姬·麦金托什认同"白人特权作为一种无形的非收入资产，我可以指望它每天兑现，但我的'本意'是要保持对它的关注"（第95页）。因为在美国，白人被赋予了这种种族特权，所以他们永远不需要考虑成为白人。他们也可能对自己种族和身份的其他方面一无所知。我们看到这种遗忘在我们之前讨论过的"粉饰的困境"中表现出来，在一个主流文化中没有理解我们多重身份的相互关联。

既然种族主义、性别歧视和异性恋都不一样，那么与之相关的优势就不应该被认为是一样的。此外，我们很难分清非劳动优势的各个方面，这些优势在社会阶层、经济阶层、种族、宗教、性别和民族认同等方面都比其他因素重要。有一个因素似乎清楚地表明了所有的相互关联。他们既采取一些我们能够看到的积极的形式，也会采取一些嵌入形式，但作为优势群体的一员他们并未被教导去观察（McIntosh，1988：104）。

其他的调查研究者也探索了将种族作为一种中介变量的复杂性，以及将种族、性别和阶级同时与之互动的本质（Blake-Beard，2001；Cox，2004；Holvino，2001；Nkomo，1989；1992）。芭芭拉·史密斯（Barbara Smith，1983；1998），一个黑人女权主义者，主张种族、阶级、性别和性是至关重要的连锁因素，必须在任何对有色人种女性的分析中综合考虑。

当研究一名亚裔女性创业者的创业案例时，我们领悟到多重身份的重要性。1988年，当凯亚·金（Kija Kim）——一位韩国女性在马萨诸塞州剑桥市创建哈佛设计和筹划公司时，该州只有1%的软件公司是由女性经营的，其中只有8%的公司是由有色人种女性经营的。金描述了她在建立自己的公司时所面临的挑战："关系，关系，还是关系……我曾反复的思量，作为一名女性，是少数族裔，还是移民，这些都是进入商界最大的障碍。"（Kim，2004）

在美国，白人大部分多样性的话语似乎都暗示平等的机会——试图进入主导地位，同时否认存在着统治体系（McIntosh，1988）。正如麦金托什所雄辩地论述的那样，对白人优势的遗忘，像对男性优势的遗忘一样，在美国被强烈地保留着，以维持精英统治的神话，即民主选择同样适用于所有人的神话。它让大多数人未意识到自由的行动是只有少数支配权的人，并且权力掌握在已经拥有大部分群体支持的人手中。

当管理发展到将女性纳入其研究领域，那么我们的研究就开始强调白人女性为管理和组织带来独一无二的贡献。并不是仅仅适应当前的组织形式，女性被认为是为组织带来了独一无二的管理方式。近年来所有的研究都明确强调了分权的领导模式。它们表明，女性的发言权或者领导和管理方式反映了这样的一个概念，即在女性管理者和创业者之间存在很明显的文化差异（Betters-Reed，1994; Betters-Reed and Moore，1995; Helgesen，1990; Loden and Rosener，1991）。

3. 研究的早期阶段：稀缺和比较。当术语"女性创业者"真正表示白人女性创业者时，表明对女性创业者的独立研究还未能承认独一无二的文化差异。"对于女性研究的独立开展开始于20世纪70年代，然而直到20世纪80年代晚期，女性创业者的研究才是学术研究中被忽视的一个重要的领域。"（Moore，1999: 372）直到最近来自美国劳工部的数据才收集了美国范围内不同种族/族群的女性信息。事实上，对女性的研究被沃特曼和克莱斯（Wortman and Kleis，1991）描述为"一个仅由小部分集中于行为动态的研究者把持的创业分支领域研究"（见Moore，1999: 372）。创业研究的根基反映了吉利根（Gilligan）概念中的历史偏差。

吉利根（1993）解释，"声音"的概念代表了两种不同的思想和交流方式，而不是对性的概括。在等级机构中，当权者的发言权主导着其他所有人的发言权。因此，那些相对无权的声音几乎是听不到的或者基本上没有什么价值；他们的声音已经飘散了或被压制了（Betters-Reed and Moore，1995: 30）。

我们刚开始看到研究美国不同文化背景创业者的经验。例如，亚当斯和赛克斯（Adams and Sykes，2003）报告称，很少或者几乎没有什么研究已经涉及非裔美国人创业者："资本市场障碍、主要的业绩指标和成功的自我措施并未在非裔美国人创业者中得到检验。"（第418页）一个研究发现，米尔肯协会（Milken Institute）的报告确认了非裔美国企业所面临的挑战，这是建立在这些作为小型的、无利益的、未占据理想地理位置的企业的认知上的。亚当斯和赛克斯确认了《黑人企业杂志》（*Black Enterprise Magazine*）——一个美国的出版物，是如何通过出版一年一度的顶尖非裔美国人所有企业的清单来反对一成不变的模式:"这是些已经占据新经济体重要一席之地的企业——它们是那些坚持自己的主张、重写规则,并由技术创新、高生产率和金融市场飙升而驱动的公司。"(2003:418)在他们自己的研究中,亚当斯和赛克斯也认同非裔美国创业者所采取的用来衡量其企业成功与否的金融类和非金融类措施。尽管他们的工作在有色人种创业者领域有很大的贡献,并且指引他们走向正确的方向,但是有关性别分类的调查也仍然未得到报道。

粉饰困境主要假设了所有的女性创业者都类似白人女性,这个假设在有关女性创业者多样化的研究中有所体现。虽然穆尔(1999)呼吁:"是时候阻止创业者们聚集在一个团体中了"(第388页),但大多数研究者还没有明确指出他们研究对象的文化背景,更重要的是没有考虑到这种身份对他们分析或解释的影响。我们认为处理文化认同复杂性的失败,部分原因是由于缺乏自我意识和多元文化主义。

在研究有色人种女性创业者的经历中,我们发现我们正在与理解不同于我们自己文化的挑战做斗争。我们怀疑,那些研究了成功创业文化渊源的其他研究者同样也在与"业余人类学者"的感觉做斗争。在我们的案例研究中,我们的研究对象是一个非裔美国人和一个韩国移民。虽然我们对非洲和韩国的文化了解有所欠缺,但是我们的这种不安全感并未阻止我们学习与之相关的文化。在变革模式中的其他因素和国际视野下,我们进行进一步的讨论。

4. 国际视野。虽然对国际和国内多文化问题的合理理解已经得以妥善记录,但缺乏理论管理材料,使得教育者无法在所有的领域中研究和教授不同的群体,只能采取一种说教的、文化上有限的或狭隘的方式。南希·阿德勒(Nancy Adler,2004)认为,这些狭隘的文化意识似乎适用于创业研究和实践。尽管毫无疑问,创业教育和研究已走向全球化,但"构建一个全球化的商业和作为一名国际创业者的假设仍然是狭隘的"

（Adler，2004：1）。根据阿德勒（2004）所说，在创业中似乎出现了两种层次的狭隘主义：一种是基于男性总体经验的观点，另一种是基于他们国家内男性经验的观点。

阿德勒还指出，要区分女性经理与女性创业者或企业高管之间的影响，以及调查世界各地不同国家和文化的女性创业者的积极和消极反应，需要进行研究。此外，她还指出，我们需要衡量企业和个人平衡职业和私人生活需求的最具创新性的方法，尤其是在职业涉及全球承诺的情况下。一种新的多维视角使得在多元文化背景下，无论是在国内还是在跨文化背景下，女性创业者得以被更透彻地理解。

（二）因素二：学科

这个因素考虑了传统观念中嵌入的文化假设。每一学科的价值都受到研究和文化环境的影响。我们会讨论整体创业的规律性观点、主导模式的领导权以及打破封闭式新领域本质的挑战，这个新的领域阻碍了跨学科的和更有活力的研究方法。

1."旧镜头"。在创业研究中，确定哪一种模式是占主导地位的非常重要，因为其会因文化环境而不同。研究以及它对任何领域的贡献都可能是封闭的，从而迫使研究者扩大研究领域，特别是运用跨学科的方法（Calas and Smircich，1992）。如果在竞争与协作、自治与团队、传统观念与解构主义方法之间存在着更高的价值，那么这些属性就会使一个整体的学科观点永存，并使它很难融入新的方法。

创业从历史的观点上说是一个被边缘化的领域，因为在学术领域中对其的普遍态度即它是一个理论性的事物，只有在近几年才开始得到接受和认可。在学术界范围内为合法地位奋斗的过程中，创业学科便犯了与管理学科所犯的同样的错误：一是无视女性（性别），二是无视女性的多样化（种族和阶级）。

一个新学科中存在的另一个问题是提供足够的知识深度。因此，提供深度和专门化的研究有很高的价值，并且在主流评价中得到高回报。随后，研究者提出了跨学科的问题，或者关注那些不被认为是"合法"的创业者。这些创业者冒着被编辑拒绝的风险，这也使得他们对学科的观点是片面的、不准确的。较低的提交率、审稿人对相关文献的不熟悉、编辑和评论家对比较研究设计的坚持，最近被认为阻碍了管理期刊中种族问题研究的发表（Cox，2004）。当然，发表论文和出版著作是终身职位和晋升的要求，这使得研究者不太可能去追求一个不会发表或出版的领域。玛丽·松田（Mary Matsuda，1988）明确了教育工作者和研究者的责任，包括"局外人"的声音，否则我们将支持"排他性体系的延续，并使所有学者都（正在）丧失思考的广度和严谨性"（第 8 页）。

在世界各地，女性和有色人种并不适合这个学科中的传统定义。例如，哪些专业领域与微型企业、第三世界的发展有关并且与移民创业相符合？因为创业这个学科现在还处于初期阶段，所以它将呈现的是单一形式的文化。而且，由于它尚处于一个以不同的文化视角去了解不同的女性创业者的初期阶段，已发表的研究使人们对哪些人值得研究以及他们如何被研究（Betters-Reed，1994）产生了重要的预设。这门学科的传统观念引导那些应该被问到的问题，并没有意识到女性创业者应该根据自己的优点来研究，而不是与大多数男性创业者进行对比。此外，作为一个新的领域，甚至在关于创业和小企业的定义上存在分歧，这就束缚了模式和范例的发展（Moore，1999: 386）。

作为终身教职的一员，我们有自由在一个以前不被认可的领域进行研究，而不是在被认为是"合法的"领域里。我们选对了时间。在美国，关于女性企业主研究的数量在不断地增长，我们有机会对多元化女性创业者多样性的理解做出贡献。当我们进一步着眼于创业领域时，当前缺乏对女性创业者背景理解的程度令人吃惊。我们的研究需要论证文化的重要性以及个人传统和它对领导阶层的影响。讽刺的是，我们并未准备好论述这种"镜头"是多么意义重大。在我们关于非裔美国创业者达琳·杰特（Darlene Jeter）的案例中，初期采访揭示了一种敏锐的社会服务意识。但是，当我们考察了服务意识的主导力时，就会清晰地发现她的价值深植于曾祖母对每一代女儿的影响力上。实际上，如果考虑到她曾祖母的企业，达琳·杰特应该被认为是第四代创业者。没有这个历史和文化环境，对这个故事的讲述和解释就会不同，尤其是在企业的创立往往归功于她丈夫的时候。

2. 面向"新镜头"。新的学科模式更具完整性、跨学科性、多民族性以及女性主义化。我们的经验是需要运用不同的方法论帮助扩大创业知识基础。这一研究挑战将突破传统创业研究者的学术准备，使其变得更加一体化和包容。

跨文化的文献需要更全面的跨学科方法（见因素五）。正如之前提到的，争取在新学术领域接受它会难得多。除了这个"镜头"本身就很复杂之外，它可能不会被创业学科中的教师较好地理解。例如，我们已经努力地写案例研究笔记来帮助教育者们了解前沿领域。当前研究者是如何按照性别划分领导力并且将表面上看起来是不同领域的学科综合起来的？又如何同时在这些相互竞争的学科中保持完整性？

进一步来说，我们的案例反映了一种广度并且证明了理解女性创业者生活的复杂性。在我们试图为不同的女性创业者的成功领导提供一个全面的观点时，我们遇到了领导力、多样性和创业等学科缺乏整合的问题。我们发现，创业者，特别是女性创业者的研究是融合多样性和领导力的成熟领域，因为它不受企业文化的主导，而企业文化将个人与组织和领导力区分开来。例如，领导力领域最近才刚刚转向支持新声音的理论，但这些声音在文化上仍是具体的，反映出白人占多数的群体。基于这些原因，似乎这个论点同样有力地推动了一个更具包容性的发展阶段；

创业学科足够"年轻"、足够"聪敏"来融入多样化的领导力视角。

很明显的是，跨学科工作的本质要求编辑和审稿人对新的学识"镜头"所提供的贡献都非常熟悉和欣赏。一段时间以来，女性研究者在其所属学科范围中已经面临着这些问题（Matsuda，1988）。很明显，我们也受益于这 50 年的经验，作为研究者有成功的出版记录。我们的记录是长期建立的，因此在一定程度上我们放弃了这个话题的权威性。这并不意味着它是一夜之间被接受的。作为两个白人女性，我们最初的动机、我们的专业知识和我们的权利受到了很多次挑战。种族问题作为社会科学研究的主题应该是当今有色人种学者的专属领域，在作家和编辑（Cox，2004）中都是如此。

所有的创业研究者和教育者都可以学习学科的新视角，一个包容的、跨学科的、知识丰富的多方面的认知。但是这些多维视角的一个重要挑战就是不仅要挑战这个学科的传统知识，还要另辟蹊径，挑战传统的成功标准。每个学科都包含价值，这些价值确立了成功的标准。我们接下来详述因素三——"成功标准"。

（三）因素三：成功标准

这个因素关注的是揭示传统管理和商业标准，以有限的文化方式定义了何为成功。在美国，"更大"往往是"更好"的同义词。另外，底线是衡量成功的最终标准。很少有个人和社会标准考虑这条底线的标准。如果不加批判地审视传统的、文化上的结构，我们就会对各种各样的组织和个人判断自己成功的方式视而不见。我们讨论了占主导地位的"镜头"，并提出了一种新的视角来认识性别和文化价值观，以及提出了应用于创业研究的建议。

1. "旧镜头"。传统的创业研究和教育服从于企业成功的标准，从而维持占主导地位的白人男性标准"合法"。在商业规则中，高增长、高利润、大规模是判断企业成功的标准。例如，巴特纳和穆尔（Buttner and Moore，1997）观察到，创业文献中商业绩效通常是从销售或雇员增长以及/或利润增长的经济角度来衡量。因为女性所拥有的企业呈现出更小更慢的增长趋势，所以它们显得不如以传统经济标准来衡量的企业成功。此外，这些标准不适用于社会企业、非营利性组织和非政府组织等新兴领域。

考虑到男性和女性拥有的企业经历了可比较的生存率（Kalleberg and Leicht，1991），女性领导企业获得成功的方式加上有限的增长机会，可能意味着传统的标准无法充分评估女性创业者的商业成功。其他的标准，例如就业的稳定性、企业的生存期和她们工作的满意度可能为女性创业者的成功提供不同的维度。

巴特纳和穆尔（1997）的研究也发现，成功似乎是由个人成长、专业发展、提高自身技能等内部方面来衡量，而不是由利益和企业发展的外部因素来衡量。阿德勒（Adler，2004）认为："在成功的职业生涯、企业、生活和社会中，环境、深刻的意义和灵魂都是没有对应的。"（第1页）

我们发现，文化多元的创业者的案例将有助于我们理解新的成功标准。女创业者案例的缺乏，特别是有色人种女性创业者案例的缺乏，代表我们知识的空白和企业、创业教育中延续的错误。

2. 面向"新镜头"。新兴的研究提供了一些更为复杂的跨文化成功标准的例证。在美国和其他文化的女性或许会在与主流的衡量标准的冲突中定义其成功。

许多女性，特别是在诸如美国这样的盎格鲁文化中的女性，一直相信她们必须仿效男人以达到成功。害怕用任何方式把自己同其成功的男性前辈中区分开来，她们拒绝公开挑战女性试图在国外经商时所面临的种种障碍（Adler，2004：4）。

将女性创业者与男性标准进行比较似乎也发生在美国以外。穆尔

（1999）引用了大量横跨欧洲的研究来说明创业者被视为男性特征的广博。鉴于女性拥有的企业数量在北美和国际上大幅增长，以男性为基础的假设是不适当的标准或创业成功的指南（Adler，2004）

研究已经表明，女性可以运用比之前提到的传统标准更多的其他的成功标准。一些研究指出，提供专业成长、发展和自我实现的工作是女性的重要目标。其他研究也考察了女性创业动机与衡量成功的方式之间的联系。斯托那和弗赖伊（Stoner and Fry，1982）发现了创业者反映的他/她对先前工作的不满意程度和随后开始的商业类型之间的关系。最近对公司女性的玻璃天花板的研究表明，女性之所以离开公司岗位，是因为晋升障碍（Catalyst，2000; Merrill-Sands et al.，2005）。

巴特纳和穆尔（1997）表明，创业女性的动机可能与她们衡量自身公司成功的标准有关。例如，在他们的研究中，一些女性由于在其先前职位缺乏挑战而感到沮丧，她们以内部的个人发展和/或外部的商业利润和企业发展衡量成功。他们也发现，那些经历着工作/家庭角色与先前工作相冲突的女性可能会以实现工作和家庭责任的平衡来衡量成功。诺布尔（Noble，1986）提出，女性并未把创业看作是一种事业，而是看作一种生活策略。另一项研究发现，女性创业者在家庭和工作之间的平衡是使她们在组织中处于优先地位的重要原因。家庭、动机因素和利润之间的相关性表明，女性通过经营利润丰厚的公司来确保家庭的财务安全（Buttner and Moore，1997）。在我们的研究中，一个女性创业者无疑地将她的儿子作为继承者，以期盼获得财富来确保家庭的安全。

女性也可能对他人有更高的责任感，这反映了另一种衡量成功的标准。吉利根（1993）在其关于男性和女性以及他们道德决策的研究中，描述了女性在"关怀的伦理"方面的方法。这是在探索一种解决方案，以满足所有涉及的个人的需要。女性可以通过她们的慈善或社会活动来展示这种方法。我们所研究的女性创业者具有强烈的社会责任感和"回馈"群体的强烈欲望。她们可能来自这些群体，或者她们的公司在这些群体中运作。其中的一个女性创业者承认，她作为一名积极的志愿者是衡量成功的一个重要方面。她在新闻报道中获得了公众对这一"双重底线"（double bottom line）的承认，这证明了她作为一名成功的女性创业者的历程。

在国际层面上，认可性别和文化价值的多方面成功指标的需要正在得到公认。阿德勒（2004）的文件显示，如果企业领袖们继续认定当前关于企业成功狭隘的假设，那么基本上没有什么女性超越她们的国界在世界中冒险，且只有更少的人会取得成功。她承认通过提供一个意义环境从而带来一个更广泛视角的重要性。这个意义环境超越了每一个创业者的具体职位、公司和行业。她向我们提议，我们需要问一些超越底线的问题并且"为创业者们提供机会，让他们更有意识地思考自己为社会做出的贡献"（Adler, 2004: 5）。

新的视角将运用更能代表创业者价值观和目标的成功标准。换句话说，如果社会的发展、家庭财务的安全或自我的实现是重要的标志，那么就必须采用适当的标准。这些标准将是多方面的并且以文化为基础的。

创业中的主导话语反映了这个领域基本假设以及我们交流这些观念的方式。下一个因素考察了我们当前在文化基础上对创业和多样性的解释。

（四）因素四：语言

这第四个因素关注的是一个人可以在一个学科或领域内改变占主导地位的话语。我们讨论了创业的主导缺陷和/或失去影响力的语言，并提出了一种新的语言"镜头"，这是一个建设性的、认可独一无二身份的、已授权的新语言。

1. "旧镜头"。语言是一个重要的因素，因为它象征着研究者在创业领域中提出的隐性假设和解释。语言作为思维的一种象征形式，传达了我们可能没有意识到的假设。这些术语表示的意义是强化和保持一个共同的解释，甚至可以不知不觉地保持一个现状。如果没意识到我们的假设反映了我们自己的文化背景，那么不了解潜在文化知识的重要性就会被低估。研究者运用语言中的变化来描述他们的"主题"以及要解决的问题，这意味着主导研究范例中的一个转变。在创业领域，"创业者"这个标签在历史上意味着白人男性，这是一种误解。

另一个使人产生误解并透着傲慢的标签是"少数派"这个术语。它意味着一个从属的地位，言外之意就是更少的权力，因为"少数派"与更强大（大）的群体形成对比。同样地，"非传统"这个术语已经适用于有色人种和白人女性，这与传统标准群体（白人女性）并列；当传统的群体被看作是一种现状时，这就暗示了一个问题取向。进一步来说，就美国人口统计资料来说，"少数派"这个术语可能不再是那么准确的了。例如加利福尼亚州，这里的大多数人口是拉丁美洲裔的男性和女性。

语言也反映了个人和组织意识或包容的阶段。多样性的定义侧重于差别，而多元文化主义侧重于多元文化的方方面面。在这里，这个差别指的是与主导群体相反，在美国环境下与白人男性相悖。美国公司中的项目已经从"欣赏多样性"到"注重多样性"再到"接受多样性"了。当这些计划项目和政策包括了从一个跨文化的角度看待主导群体时，它就反映了在主导思维中的一个重要的转变（Cox，1993；Thomas，1990）。

作为两个白人女性研究者，我们意识到确保我们使用的语言是有礼貌的、包容性的、适合于不同听众需要的。我们也意识到因为我们在多样化研究中拥有25年的经验，所以我们需要提醒自己：听众可能并没有理解这个术语，或者我们的工作并未深入人心。作为专业学者，我们频繁地使用编码语言来交流，这是难以实现并且具有排他性的。

2. 面向"新镜头"。最近美国关于种族和种族识别的研究表明，美国的少数种族群体比欧洲裔美国群体更能意识到他们的种族划分。因为他们的文化是主导文化,所以欧洲裔美国人并不需要经常地去思考它。然而,少数群体的人必须时不时地考虑他们的文化,因为到处都有暗示来提醒他们——他们的文化只是一个子集而不是整体的一部分(Connerley and Pedersen,2005)。因此,创业教育领域的早期研究并未发现人们之间种族和种族的差异。后来在女性中又犯了同样的错误(Moore,1999)。

当一个人不能认识到他的种族身份时,他就会把自己和非白人人种的少数族裔进行比较。一个新的概念范式将使用一种语言来明确地识别被研究的文化群体:当我们说到女性时,我们是说白人女性还是有色人种女性?(注意这里所说的"有色"只是指的那些非白人女性,与主导群体形成对比。)我们在研究中纠结于标签和术语:少数群体还是有色人种?英国人、白人还是欧裔美国人?黑人还是非裔美国人?主导群体还是多数团体?多样性、跨文化还是多文化?国际性还是全球性?

为了改变关于女性创业者的描述,我们已经发现需要弄清楚我们使用的术语以及它们的意思。当然,在跨学科的著作中,不同的术语用于相同或相似的概念中,如上所述才是正确的。

我们同样也发现了必须要考虑对著作的听众/读者的设想。最近我们正在一个国际会议上展示我们的案例,并且发现一个案例的文化语境被人误解。在这种情况下,当问到一个非裔美国创业者关于他的领导能力的文化起源时,他为我们陈述了在非裔美国群体中作为一个领导者角色的重要性。并且他解释了自己的陈述,意思是他只会雇用非裔美国人——而我们的读者大部分是白人男性。同时,如果采用了这种带有种族偏见的聘用主义,他们会表达对公司生存能力的关注。这使我们清楚地认识到要以一种允许多角度看待的方式来书写和展示我们的案例,既要考虑教师,也要考虑观众的文化意识。我们有时会忘记我们的读者并不具备同等的跨文化意识,并会错误地解释我们的语言和隐含的文化隐喻。

由于案例研究者在案例教学说明中为案例服务商提供了指导,这引入了额外的工作水平和技能，以描述对反映不同层次的文化意识的探讨问题的可能回答。

"新镜头"对文化认同更具建设性和确定性。这可能会给那些害怕使用种族/民族标签的研究者带来新的困境。然而，如果研究人员的文化认同并没有发现之前被确认的相同的概念错误，那么研究就会持续下去。

（五）因素五：研究方法

这个因素质疑了传统的方法。传统的方法根植于西方的科学认识论和实证主义的主流组织科学和商业研究方法之中。本部分探讨了传统商业研究、设计和方法的边界。当我们试图汲取一些文化上的不同声音时，单边的方法就呈现出有限性。这个"新镜头"主张使用更具叙事性和相关性的方法，同时也挑战了在研究关系中关于适当角色和伦理的传统假设。

1. "旧镜头"。传统的实证研究方法具有客观性和超然性。正如我们前面讨论的，成为一名成功的创业者并不仅仅关于采取传统的管理实践和成功标准。有色人种和白人女性有多维的一套视角，他们用这些视角制定策略、衡量成功。为了让研究者了解这些创业者如何经营他们的公司并取得成功，我们需要理解他们的动机以及价值体系。这就意味着传统实证主义白人男性的客观性模式以及学科的举例并不会在理解多文化女性创业者方面起作用。"为了解释和理解任何人类社会行为，我们需要通过参与者本身了解其附加的含义。"（Nielsen，1990：7）一个新的、多维的研究方法需要包含相关的伦理规范。

研究人员目前掌握着一套传统的伦理规范，它反映了客观性和超然性，以避免研究不纯粹。在没有严格遵守这一规范的情况下进行研究是缺乏可信度的。我们提出的问题不仅要关注它的质量，还要关注其伦理道德方面。然而，为了汲取文化上的不同声音，新的视角需要更具主观性和相关性的方法。

我们的研究已经采取了一个更具批判性和解构主义的方法。正如乔伊丝·尼尔森（Joyce Nielsen, 1990）所描述的："理论是重要的，因为它从属但又质疑了主导意识形态，至少创造了'外部'意识形态的可能性……每一个人或者每一个群体都被置于社会和历史之中，环境不可避免地影响了他们所创造的知识……知识是社会构建的。"（第9页）

当我们研究不同的创业者时，我们不能把这个观点认为是理所当然的。与主导群体的观点不同，他们的位置"已经在发展或者通过教育来获得"（Nielsen, 1990: 11）。

2. 面向"新镜头"。当我们研究不同的创业者时，我们发现了并不适合我们模型中单边视角的反常现象。这让我们开发了一套多维的视角，这些视角涉及辩证的交换或"范围的融合"（Gadamer, 1976）。这种融合导致了一个"规模化的、扩展的或一个人自身范围的丰富"（Nielsen, 1990: 29）。关于多文化创业者的研究可以丰富管理学、社会学和女性以及文化研究学科的基础知识。将这些知识聚集在一起就意味着转入一个更女性主义的、更叙事化的方法。这个方法体现了一种文化意识。引用斯廷普森（Stimpson）的话就是，"这似乎很简单，但却显而易见是一个以女性为中心视角的重要转变，并且影响着我们所研究的事物以及如何去做研究"（见 Nielsen, 1990: 21）。

新的研究视角更具主观性、相关性并且明确地考虑了伦理学。当我们用跨文化的视角指导创业研究时，就将一个新的复杂性引入这种关系。例如，在我们最近关于有色人种女性的案例研究中，我们遇到了一个问题，即女性领导人如何将种族和文化传统作为优势，在不出现机会或剥削的情况下发挥其作用。在一个案例中，这位女创业者明确地指出她的文化传统在她的竞争对手中是独一无二的，并自豪地承认它给了她更多的优势。我们作为白人女性的两难处境是，在不利用她的独特性的情况下以完整和真实的方式展现她的多重身份。汤普森（Thompson, 1998）

指出了关于有色人种研究的四项伦理原则：对主观性的评价、问责的伦理、认识论特权和民主体现的伦理。汤普森还表示，研究设计需要确保多重身份的敏感性在研究设计中占有一定比例。

人种志和叙事法可能更准确地捕捉到构建创业研究的文化差异，但这些方法不一定能使你的研究得到快速或确定的出版（Hjorth and Steyaert, 2005）。有一些文章支持种族研究本质上是传记性和自传性的观点，而且这个话题的复杂性使得调查和其他大量样本的方法不适用。此外，文章中也认为完善理论基础的相对缺乏要求更深入的数据收集以促进理论建设。然而，研究者关心他们的著作是否能被他人接受，所以会调整以适应主导模式并也遵循这个行业或领域中"把关人"制定的标准。跨文化创业研究需要更多定性的和其他非传统的设计，其出版可能会被要求更多量化设计的主流期刊的偏见所阻碍。

另一个必须处理的问题涉及不干预案例研究的伦理，这是由良好的研究实践所决定的，在道德上有必要帮助一个被低估的群体。对我们来说，提供咨询和反馈是不符合伦理规范的。在我们的一个案例中，作为研究者向一位女性创业者提供反馈时，我们感到左右为难，她的领导地位显然被"员工"破坏了。

在这类工作的本质中，存在着一种包罗万象的挑战，它基本上是商业教育者的社会议程。我们的议程是为社会变革提供信息和教育，这要求我们在研究方法和方法论上对我们自己的假设保持警惕之心。我们知道，许多教育工作者不愿意把主张和研究混在一起，这会让他们感到不自在。

这个新的多维研究视角涉及丰富性和之前在主导研究方法中被忽视的稳固性。我们已经找到了探索创业领导力与文化传统之间联系的研究之路。采用人种志和叙事法进行研究的新方法将给学科注入新的知识。我们相信，我们的案例研究将有助于重新构思女性创业者的多样性。虽然女性创业者的统计数据比比皆是,但对她们是谁以及她们对国家和全球经济的贡献缺乏真正的了解。这种新的视角将有助于我们理解和欣赏女性创业者在文化层面上领导企业的最佳实践。

七、结论和启示

也许有色人种女性和白人女性在创业领域取得了成功,正是因为她们能够制定自己的规则。她们不需要遵循白人男性主导的商业和管理模式。这种做法的改变是企业经营方式的一种范式转变。正如我们已经说明的那样,如何在创业者身上进行研究也是必要的。"范式转换更有可能发生在一个社会或学科边缘。"不同学科之间的人更有可能形成并采用新的范式(Nielsen,1990:21)。在商业和管理学科的这一点上,创业正好处于这种转变的位置。

根据库恩(Kuhn)的观点,范式转变中存在的两个必要的要素是"反常现象的存在和意识——不适合、矛盾或不能由现有主导模式解释的现象,以及替代范式的存在,一个可以说明早期范式解释的现象和它没有的异常现象"(Nielsen,1990:12)。

我们对不同创业者的研究揭示了不符合单边"镜头"或早期范式的异常现象,而这种模式是遵循创业和管理研究的传统进行的。我们提出的另一种新的范式或多维"镜头",提供了一种包容的、多学科的、基于知识的方法,以认识独特的性别和文化价值,承认人们的多重身份,并使用主观的、关系的研究实践。这种变革的模式可以作为一种诊断关键问题、重构概念研究以及为与有色人种和白人女性创业者相关的教与学提供跨文化挑战的解决方法的手段。

有很多方法可以助推研究范式的转变,这将对创业教学有相关的影响。从一个理论性的视角来看,今后的研究可以检验少数群体成员所面临的特殊障碍，并且探索创业教育领域中合适的解决方案。调查研究旨可明确用以在设计项目时假定和测试少数群体成员的观点。并且案例研究也会使用聚焦大多数群体的全球研究，因此提出相似性和差异性的叠加，这些相似性和差异性可能会通过深度的案例分析来检验。

评估当前的研究是否"去粉饰"并确定今后的研究不会重复旧的单边"镜头"所犯的错误，这对创业教育者来说也是很有帮助的。从本质上来讲，"新镜头"为方法论提供了一个重要的文化分析或主题的解构。这个模式可以用于选择合适的教育材料的标准以及如何进行相关研究，将有可能防止"粉饰困境"的延续。作为更准确的多元文化认知和理解同一性的标准，该模式将帮助教育工作者和研究者认识到影响教育的多种声音，即研究者或理论家、创业者和自己的声音。特别是大多数团队研究者，需要一种深思熟虑的干预作为创业知识的"守门员"。出版编辑和审稿者需要改变自身的视角来鼓励和支持对创业研究和教育所做的新贡献。

注释

这章是从两个主要作者 20 年的合作和不同的工作经历的角度来撰写的。而且，作者身份也与她们的助理研究员劳里·M. 亨特共享。

参考文献

Adams, B. and Sykes, V. (2003), 'Performance measures and profitability factors of successful African-American entrepreneurs: an exploratory study', *Journal of American Academy of Business*, 2 (2).

Adler, N. (2004), 'Women in international entrepreneurship', in L.P. Dana (ed.), *The Handbook of Research in International Entrepreneurship*, Cheltenham, UK: Edward Elgar.

Becker, H.W. (1963), *Outsiders: Studies in the Sociology of Deviance*, New York: Free Press.

Betters-Reed, B.L. (1994), 'Toward transformation of the management curriculum: visions and voices for inclusion', *Working Paper No. 269*, Wellesley, MA: Center for Research of Women, Wellesley College.

Betters-Reed, B.L. and Moore, L.L. (1995), 'Shifting the management development paradigm for women', *Journal of Management Development*, 14, 24–38.

Blake-Beard, S.D. (2001), 'Mentoring relationships through the lens of race and gender', *CGO Briefing Note No. 10*, Boston, MA: CGO, Simmons Graduate School of Management.

Buttner, E.H. and Moore, D.P. (1997), 'Women's organization exodus to entrepreneurship: self-reported motivations and correlates with success', *Journal of Small Business Management*, 35, 34–46.

Calas, M.B. and Smircich, L. (1992), 'Using the "F" word: feminist theories and the social consequences of organizational research', in J. Acker (ed.), *Gendering Organizational Theory*, Newbury Park, CA: Sage.

Catalyst (2000), *Cracking the Glass Ceiling*, New York: Catalyst.

Center for Women's Business Research (2005), www.womensbusinessresearch.org.

Cianni, M. and Romberger, B. (1991), 'Belonging in the corporation: oral histories of male and female white, black, and Hispanic managers', in J. Wall and L. Javed (eds), *Best Papers Proceedings*, *Academy of Management Proceedings*, Vancouver, BC: Academy of Management, pp. 358–62.

Collins, P. (1990), *Black Feminist Thought: Knowledge, Consciousness and the Politics of Empowerment Perspective on Gender*, vol. 2, Boston, MA: Unwin-Hyman.

Connerley, M. and Pedersen, P.B. (2005), *Leadership in a Diverse and Multicultural Environment*, Thousand Oaks, CA: Sage.

Cox, T. Jr (1993), *Cultural Diversity in Organizations: Theory Research and Practice*, San Francisco, CA: Berrett-Koehler.

Cox, T. Jr (2004), 'Problems with research by organizational scholars on issues of race and ethnicity', *Journal of Applied Behavioral Science*, 40, 124–45.

Gadamer, H.G. (1976), *Philosophical Hermeneutics*, trans. D.E. Linge, Berkeley, CA: University of California Press.

Gilligan, C. (1993), *In a Different Voice*, Cambridge, MA: Harvard University Press.

Helgesen, S. (1990), *The Female Advantage: Women's Ways of Leadership*, New York: Doubleday.

Hjorth, D. and Steyaert, C. (2005), *Narrative and Discursive Approaches in Entrepreneurship*, Northampton, MA: Edward Elgar.

Hofstede, G. (1991), *Culture and Organizations: Software for the Mind*, London: McGraw-Hill.

Holvino, E. (2001), 'Complicating gender: the simultaneity of race, gender and class in organization change(ing)', *CGO Briefing Note No. 14*, Boston, MA: CGO, Simmons Graduate School of Management.

hooks, B. (1989), *Talking Back: Thinking Feminist, Thinking Black*, Boston, MA: South End Press.

hooks, B. (1990), *Yearning: Race, Gender and Cultural Politics*, Boston, MA: South End Press.

Kalleberg, A. and Leicht, K. (1991), 'Gender and organizational performance: determinants of small business survival and success', *Academy of Management Journal*, 34, March, 136–61.

Kim, K. (2004), Harvard Design and Mapping Inc., 23 April, Cambridge, MA, interview.

'Leading women entrepreneurs of the world and women to watch' (1997), Washington, DC: National Foundation of Women Business Owners, p. 45.

Loden, M. and Rosener, J. (1991), *Workforce America: Managing Employee Diversity as a Vital Resource*, Homewood, IL: Irwin.

Martinez, E. (1992), 'Caramba, our Anglo sisters just didn't get it', *National Women's Health Network*, November/December, 1 and 4–5.

Matsuda, M. (1988), 'Affirmative action and legal knowledge: planting seeds in plowed-up ground', *Harvard Women's Law Journal*, 2, 1–17.

McIntosh, P. (1988), 'White privilege and male privilege: a personal account of coming to see correspondences through work in women's studies', *Working Paper 189*, Wellesley College Center for Research on Women, Wellesley, MA.

Merrill-Sands, D., Kickul, J. and Ingols, C. (2005), 'Women pursuing leadership and power: challenging the myth of the "opt out revolution"', *CGO Briefing Note No. 20*, Boston, MA: CGO, Simmons Graduate School of Management.

Moore, D.P. (1999), 'Women entrepreneurs: approaching a new millennium', *Handbook of Gender & Work*, Thousand Oaks, CA: Sage.

Moraza, C. and Anzaldúa, G. (1981), *This Bridge Called My Back, Writings by Radical Women of Color*, Watertown, MA: Persephone Press.

Morrison, A.M., VanVelsor, E. and White, R.P. (1992), *Breaking the Glass Ceiling*, Reading, MA: Addison Wesley.

Nielsen, J.M. (1990), 'Introduction', in J.M. Nielsen (ed.), *Feminist Research Methods: Exemplary Readings in the Social Sciences*, San Francisco, CA: Westview Press.

Nkomo, S.M. (1989), 'Race and sex: the forgotten case of the black female manager', *Women's Career: Pathways and Pitfalls*, New York: Praeger.

Nkomo, S.M. (1992), 'The emperor has no clothes: rewriting "race in organizations"', *Academy of Management Review*, 17, 487–513.

Noble, B.P. (1986), 'A sense of self', *Venture*, July, 34–6.

Smith, B. (1998), 'Toward a Black Feminist Criticism', in B. Smith (ed.), *The Truth that Never Hurts: Writings on Race, Gender and Freedom*, New Brunswick, NJ: Rutgers University Press, pp. 4–21.

Smith, B. (1983), 'Combahee River Collective Statement', in B. Smith (ed.) *Home Girls: A Black Feminist Anthology*, New Brunswick, NJ: Rutgers University Press, pp. 264–74.

Stoner, C.R. and Fry F.L. (1982), 'The entrepreneurial decision: dissatisfaction or opportunity?', *Journal of Small Business Management*, 20, April, 39–44.

Thomas, R. Jr (1990), 'From affirmative action to affirming diversity', *Harvard Business Review*, 68, 107–17.

Thompson, B. (1998), 'Afterword', *The Death of White Sociology: Essays on Race and Culture*, 2nd edn, Baltimore, MD: Black Classic Press.

Trieloff, B. (1998), 'Succeeding in new markets through diversity', *Women in Management*, 8, 3.

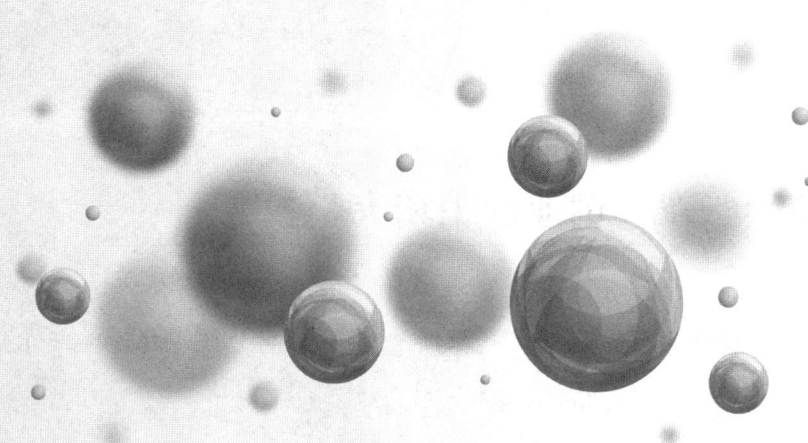

第三部分

理解内容

第十二章　创业营销和大学教育

杰拉尔德·E. 希尔斯　克拉斯·M. 赫尔特曼　摩根·P. 迈尔斯

一、引言

在 20 世纪，市场营销课程的内容主要是了解大公司内部的实践和过程；然而，在美国以及全球范围内，对中小型企业营销实践感兴趣的人数正在与日俱增。[①] 我们认识到，99.7% 的美国员工被划分为小型企业职员，并且有 90% 的公司雇用的人数少于 20 人。小型和中型的企业为民营企业收入做出了 50% 的贡献，为美国民营企业就业做出了 54% 的贡献以及大部分的新增就业岗位（US SBA, 2004）。虽然就业机会从传统的大型企业转向中小企业，但营销教育并未反映出这种变化。在本章中，我们采用了文卡塔拉曼（1997: 123）的观点，即创业是创业"机会和创业个体"的纽带。这个创业的定义广泛地包含了个体和组织性的风险、战略更新以及社会创业。创业营销明确地将文卡塔拉曼（1997）的创业机会与个体的连接和创造价值、需求—满足的营销原理联系起来。虽然创业营销可以应用于任何组织环境——从一个新创企业到一个大型老牌企业，但我们本章采取的立场是，高增长的中小企业有独特的资源约束、

[①] 本章在希尔斯和赫尔特曼（2001）的研究之上建立并完善。

营销过程和营销策略——这些都是当前研究的重点。

中小企业营销的独特性在很大程度上被营销学者们忽视。走马观花的观察得出了肤浅的结论，即新创企业和小型企业需要简化而不是另一种形式的市场营销。同样，很少有研究关注高增长中小企业营销的本质。

然而，越来越多的学者最后开始质疑当前的营销观念和理论，以及质疑这些框架如何适用于中小企业。例如，十多年前韦伯斯特（Webster，1992）和格罗鲁斯（Gronroos，1990；1994）明确地挑战了这种主导的营销范例，其他人则认为新企业和中小企业的特殊情况与成熟的大公司的情况大不相同，规范的营销管理规定可能不适用（Birley，1982; Bjerke and Hultman，2002; Carson，1985; Carson et al.，1996; Davis et al.，1985; Hills et al.，1982; Hills，1994; Hultman et al.，1998）。

创业营销涵盖在新创公司中所有的营销活动。科特勒（Kotler，2003: 5）在他最新的国际版著作中将创业营销作为营销实践在组织成熟时自然形成的三个阶段中的第一个阶段。在后来的发展阶段，组织的营销实践会发展为"定制营销"。

然而，创业营销行为可能只发生在大企业中。许多企业处于持续的创业状态。创业行为要么在一个长时间的企业成长中呈现，要么在企业发展过程中重新定位或重组阶段呈现。此后，当毕尔克和赫尔特曼（Bjerke and Hultman，2002）将创业过程在不同的发展阶段与营销过程联系在一起时，他们采用了一个更广泛的理论框架以理解周期性的创业营销。迈尔斯和达罗克（Miles and Darroch，2006）讨论了在竞争优势周期中企业营销的战略使用。

无论如何，创业营销在传统教科书中被认为与市场营销截然不同。一般来说，营销教育持续专注于成熟的大公司。这种专注在几乎所有的商学院和大学营销教科书中都有不同的体现。这样的风险在于，今天在营销教育中所提出的基本概念和原则，与现在和未来相比，更适合于过去。

本章的第一部分在一定程度上基于一项跨国研究①，研究市场相关行为是如何在高增长的中小企业中发生的。第二部分重点介绍了在高速增长的中小企业为学生提供许多职业机会的时代里，营销教学的教育意义。

二、高增长中小企业的创业营销行为

（一）营销的本质

本研究首要和最突出的问题，是评估中小企业的创业者是否能以一种与市场教科书一致的方式概念化营销。例如，一个主要问题是传统的教科书"营销组合"是否存在于实践创业者的头脑中。创业者们似乎认为市场营销是一组分散的因素，它会影响销售业绩，而不是一个可替代的、连贯的、全面的需求生成变量的集合，这些变量包括价格、地点、促销和产品的传统营销的组合变量。令人惊讶的是，成功创业者的最佳实践并不包括营销组合结构。实际上，很少有证据表明企业所有者在进行营销的过程中有一种认知营销模式，而这种模式与前沿的营销教科书

---

① 方法论。本章讨论了20世纪90年代后期对59家瑞典和美国公司进行定性研究的结果。我们采访了一个方便样本，其中有29个独立的瑞典中小型企业，并且由其所有者管理。这些所有者拥有不到200个员工（Hultman et al.，1998）。另外，我们采访了15个美国公司，这些公司被评入"名人创业名人堂"（Entrepreneurship Hall of Fame），以及15家没有经历增长的美国中小企业。作者选取了制造业、服务业和贸易公司的组合来反映当地的经济状况。

无论是在瑞典还是在美国，这些数据收集都包含了深度、半结构化的访谈，平均每人90分钟。访谈从广泛的问题开始，然后根据讨论的流程提出额外的问题。例如一个问题是："你如何创造销售？"尽管访谈的性质是非结构化的，但其还是以34个项目的常规访谈提纲为指导，确保所有访谈都能解决类似的问题。所有的瑞典采访都被转录成英语。

我们力求更好地了解中小企业面临的营销问题。采用非数值、非结构化数据检索、搜索和理论构建计算机软件（NUD*IST）对访谈进行定性分析。从访谈数据和编码中创建了39个类别，包括市场研究、价格、资金流动、业绩和目标市场。该软件使得检索所有被访者访谈中所有编码的文本单元成为可能。编码也有可能输入相关的备忘录，然后同时被检索。搜索包括不同的文本检索，部分文本甚至是与分析中各种步骤相关的单词和短语，以及索引材料中挑选出来的分类。NUD*IST也提供了在编码中发现和分析的模式。对瑞典和美国公司的访谈记录进行的独立分析显示，这两个国家的样本具有高度的一致性。

中的内容类似（Bearden et al.，2004; Kotler，2003）。除了拥有工商管理硕士学位的两位美国创业者外，许多高绩效的中小企业都是如此。事实上，当被问及"市场营销"时，83%的美国企业主讨论了"促销"，除了针对特定的定价问题，他们很少提及价格。尽管他们讨论了公司的产品和服务，但很明显，很多受访者不认为这些是"营销"功能的一部分。在瑞典的研究中，有60%的高增长企业和几乎所有的美国高增长企业都强调了灵活性和适应性的重要作用，而且也强调了要与营销理念的教学相一致，它们几乎竭尽所能来满足顾客的要求。

创业者要优先考虑的事是让顾客满意，他们才会再次光临。事实上，高绩效的中小企业愿意承担额外的成本，并根据客户的意愿在每个订单执行阶段做出必要的变更。他们还认为自己有能力迅速做出决策并迅速适应，这些都是至关重要的战略能力。他们明确指出，这些能力是为了满足客户的需求并增加销售——无论是在短期还是长期，都是为了提供"最佳客户价值"。美国中小企业的调查结果显示，93%的成长型企业都在为客户提供服务和产品的"优质定制"服务，在对客户的回应中保持着巨大的灵活性。尽管许多营销教授毋庸置疑地指出了灵活性和定制化在教学中的重要性，但对于寻求增长的中小企业来说，这点并没有特殊强调。因此，证据表明市场营销的定义和概念模型应该被重新考虑。成功的创业者并不总是信奉营销，即使营销教育者经常讲授这方面的知识。

（二）销售与营销

尽管市场营销原则对"销售取向"提出了警告，但美国的研究对象非常重视销售。据估计，77%的企业整体营销重点实际上是销售，而不是更广泛的营销功能。除一家公司外，其余的公司都保持着销售和营销的平衡。只有一家公司被归类为主要采用了"市场营销"。正如一位更成功的企业主所说：

> 营销可能……像会计学……有一些做事情和搜集、分析信息的方法。当我认为销售更为个人化和经验主义时……你就会知道那真的是人们之间的互动，并且营销是基于已发生或者你认为会发生的事情来搜集事实并做出决策。但是它太正式了……我的营销更依赖直觉，我从来没有耐心去挖掘……市场规模或类似的事物。

大多数成长的以及还未成长的创业者们将个人销售看作是他们的营销计划和预算占优势的一部分。同样，大多数发展的和还未发展的创业者们认为与营销目标相比较，销售目标对企业表现更为重要。这与瑞典的研究结果是一致的，所有的瑞典公司也重点强调销售并将它视为关键技能。

（三）营销计划

营销教育者通常运用传统的营销法则，鼓励学生制订一个营销计划。我们询问被调查者关于他们的计划步骤，在瑞典的这些企业中，执行正式营销计划的只占28%。而在这17个高速增长的中小企业中，实施这个正式计划的企业只有6家（35%）。通过在瑞典数据库中对所有的公司进行分析，我们侦测到一个与行业有关的模式。没有一个成长服务公司制订正式计划，但是大部分的贸易公司都制订了计划。在7家被归类为高增长制造商的公司中，有3家公司制订了正式的营销计划，而4家公司则没有。在成长型贸易公司中，有75%的企业主使用了正式的营销计划。

在美国的研究中，只有13%的公司有书面营销或战略计划。大多数受访的企业主在做营销决策时都有很强的"直觉"特征，尽管少数人也有一定的分析能力。

在美国的研究中，只有13%的公司有书面的营销或者战略性计划。大多数被采访的企业所有者在他们的营销决策中具有"直觉性"的特征，尽管少数人也有一定的分析能力。大多数正在运作的公司具有微小的结构，基本上没有什么公司被传统的管理和大学教育的职能专门化。老板不仅是首席执行官，还是公司的高级营销人员，而且积极主动。这种集成的"结构"促进信息的快速交换，并与客户紧密衔接，有助于快速决策。正如一个专家所言："当我认为大多数创业者都是机会主义者时，我猜想我们也是这样。我有能力经营公司并极为重视机会，而不是制订一个创业计划。"还有人说，"我认为你可以全面地超越计划。我还认为我们的公司是最好的因为它属于一种有创造力的公司"。

即使不占多数，其他的研究也报道了创业者们有限的采取正式计划的趋势（Lumpkin et al., 1998）。鉴于日益增长的经验证据，可能一个规范的、主要强调计划的营销模型需要在根本上被质疑。

（四）正式的市场研究

营销教育一个重要的部分是公司如何获得关于环境方面的知识。在传统的营销中，营销研究以及与它结合的销售人员方面的知识是信息的主导资源，但信息产生的方式可能与中小企业不同。当受访者被问及正式的市场调查活动时，结果是压倒性的。在所研究的瑞典公司中，只有41%的高增长公司使用了正式的营销研究活动。在15家美国高增长公司中，只有3家表示它们会进行正式的市场调查。它们还指出，它们没有在商业生命周期的早期阶段进行研究。许多成功的创业者通过与市场中的人持续互动来发现市场信息，而不是通过正式的学习和掌握商业环境的课程。他们不断地努力了解商业环境，他们对自己应对这些挑战的能力持有乐观的态度。一位瑞典经理就很好地陈述了这点："我可以获取信息。我经常出差且总不闲着，无论是在外部市场还是在公司内部。我搜集信息并且也有一个报告系统。信息不是问题。"相反，一个美国经理解释道："我认为我很幼稚……我在正式的市场研究中投入了大量的资金。

它对我毫无用处，它甚至没有告诉我任何我不知道的事情。"

这个环境将会被分析并且通过旁观者——创业者的观察来理解。在相似的商业环境中，很少有两个创业者以同样的方式行事。他们可能存在于同一个商业环境中，但是由于他们感知、解释和识别不同的部分和可能性，因此他们采取行动的感知环境可能完全不同。

（五）长期关系和人际关系

受调查的瑞典公司，特别是以知识为基础的服务类公司，经常使用营销手段来强调人际关系。正如一位经理所说，

> 我们跟人打交道，并不是与公司打交道。如果有一个好的人际关系并且他们都是聪明人，在任何地方你都可以和他们一起工作。但如果他们是一群傻瓜，他们为一个多大规模多好的公司工作就变得无关紧要了。一切都取决于像我们一样做生意的人。没有制度上的合作——只是从一个人到另一个人。当我们这样看待它时我们就会有很多的合作伙伴。

我们也发现，大多数的瑞典公司都讨论了长期关系，强调了人际关系是销售和利益的关键，并且将它作为应对价格竞争的一种方法。正如一位经理曾说的："在我们和客户之间，我们有合作与整合，一起工作起来会更加容易。即使你深陷困境，你也可以推销你的公司。你应对投诉和解决技术问题的方法很大程度上会决定你未来的经营。"

更重要的是，在许多瑞典和美国的公司研究中，专注于长期的营销关系并没有被视为与交易导向冲突。许多高增长公司都以关系和交易为导向。关系营销越来越被市场营销学的教师所接受，但它通常被认为是一种交易导向的替代（见例如 Li et al., 1997）。

(六)社交网络和推荐

在瑞典案例中,76% 的高增长型中小企业使用推荐作为市场营销的重要方式。非增长型企业使用推荐的程度要少得多。在美国的研究中,社交网络的重要性以及商业推荐同样也非常重要,有 40% 的被调查者高度强调了其重要性。在这 6 个创业者中,有 5 人认为社交网络不重要,他们都来自非增长型企业。而所有认为"网络工作者是重要的"创业者都来自成长型企业。许多中小企业的市场规模有限并伴随着一些容易控制的客户。与全球市场的大企业相比,社交网络在中小型企业中可能是营销功能中一个尤其重要的部分。近年来,尽管人们开始关注关系营销,但在传统的营销管理和教学中,社交网络受到的关注非常有限。一位在这方面表现出色的人指出了社交网络的实际影响:

> 好吧,对我来说这让我非常感兴趣,你可以参加一场午宴并且在进餐时可以和其他 9 个人讨论而不是挨家挨户地拜访……9 次。这对我来说很有趣……你可以做到,至少你可以让你自己在这里声名远扬。你从来不是为自己而工作,你为其他在这里工作的人工作。

她接着说,通过帮别人一个忙,之后你就会得到一个"筹码"。

与非增长型创业者相比,这些创业者的关系网迅速壮大。在创业教学和研究中(见 Johannisson, 1995),经常会强调个人社交网络的重要性,但是很少在营销课程中强调。对于市场营销专业来说,个人销售课程通常更注重推荐,但对于大多数接受营销课程的商学院学生来说,社交网络和人际关系的构建应该得到更多的重视。

(七)声誉/信用/客户诚信度

在美国的研究中,87% 的高增长公司非常重视保持良好的声誉,并不断建立信任和信誉。同样，与"适度"客户诚信度相比，"高"客户诚信度似乎与更高的绩效有关。虽然这个研究发现与传统的营销教学相一致，但是我们不能过分夸大它的重要性。再次强调，与大企业的市场规模相比，可管理的客户数量常常使这些关系因素对中小企业更重要。正如一个中小企业所有者所说，"你的声誉可能是你拥有的最重要的东西——你的个人声誉和公司声誉。它们很容易得到但也容易失去，所以你需要非常仔细地去爱惜它们"。

被调查者也强调信用的重要性。这对新企业非常重要，因为其之前没有声誉或经验。

（八）营销目标

营销策略包括营销目标、目标市场的定义以及营销组合。虽然大型上市公司的目标是实现投资和利润等财务目标，但中小企业的所有者通常将个人目标和偏好与他们的目标相结合。这一点可以看出，营销目标容易受到极大的影响。例如，中小企业所有者试图最大化销售增长，这往往是非理性的。尽管市场营销教科书通常假定销售增长是可取的，但中小企业的所有者并不总是做出这样的假设。我们的研究结果表明，对增长目标的期望是大量的。我们的研究设计确保了无/低增长的公司的加入，但我们预计这种情况将是战略失败的结果，而不是深思熟虑的个人目标。管理更多员工的不适以及对保持公司财务管理的关注都是不希望增长的原因。此外，股权的稀释可能源于增长。这些原因深植于个性甚至心理，一直被经典的营销教学所忽略。正如一个美国的被调查者所说，

> 这是一个伟大的教训，它是很久以前的事了，但是我所决定的其中一件事就是我不会以牺牲利益而去发展，因为我从商是为了有一个美好的生活，而不是为了经商而经商……在某某年我就会40岁然

后这个目标就是……有足够的被动收益这样我就可以选择我是否想要工作。

另一个公司所有者说道，

我真正奋斗的并不是3到5年或10年的目标……我……的目标是有一家业绩良好的公司……我希望它值几百万美元……我希望我可以有做一些其他事情的选择。

营销行为经常被个人目标和创业者的意愿所引导，而不是营销机会（见例如Bolton，1971；McClelland and Winter，1969；Scheinberg and MacMillan，1988）。

三、结论

四十多年前，尼尔·博登（Neil Borden，1964）问了这样一个问题，"营销是一门科学还是一门艺术？"如今，这个问题似乎比1964年变得更为遥远。我们有证据表明，许多创业者的行为在20世纪50年代和60年代被认为是非理性的、无序的，同时也是可取的。相反，他们会不断地"活"在市场上，他们的脑海里有客户的偏好，他们不断地思索如何提高客户价值。当他们发现新的方法来改善他们的市场时，他们不会受到预定计划的约束。然而，这种行为并不基于传统的营销原则，也不是大多数教育者教授的营销。此外，作为学者，我们知道，成功的创业者和其营销行为要求重新审视我们对市场营销的假设。很明显，市场营销中的几个基本的"真理"应该受到质疑，至少在中小企业的背景下是如此。卡森和吉尔摩（Carson and Gilmore，1997）以及赫尔伯特等（Hulbert et al.，

1997）的报告显示了一致的发现。

很明显，不断发展的组织形式强调了在应对客户需求变化方面的灵活性，为市场的作用和它在企业中的角色赋予了新的含义。在中小型企业中，市场营销的作用、实施和体现，可能与几十年前主导经济的大企业的等级管理结构不同。在本研究中，中小企业首席执行官的实际行为与市场营销原则之间存在着一些重要的差异。中小型企业对营销的本质提出了质疑，因为它被广泛教授，而营销组合等核心概念也受到了挑战。我们还发现，中小企业的营销通常被成功实施，但方式不同于传统的营销方式。相对缺乏规划和正式的营销研究、个人目标对公司营销行为的影响以及人际关系和转介作为营销工具的重要性，提供了一个改变营销教育的机会，这正如我们所领悟的那样。

一般来说，市场营销学教科书与20世纪60年代的赫尔特曼和霍格兰（Hultman and Hoglind, 1998）一样。对美国和英国的市场教科书进行了审查，内容在几十年里几乎没有变化，尤其是在美国教科书上。这种情况今天仍然持续。针对商业经理和咨询师的最新的"如何做"的文献源源不断，但在基本营销、营销原理和营销管理方面的基本文献几乎没有改变。新千年的学生仍然面临着同样的营销理念，因为他们的教师是20世纪六七十年代的人。

即使不是大多数，但是很多营销教学忽视了已经出现的动态的商业变化，包括快速增长的中小企业的新的重要性和行为。此外，营销教学常常忽略了有关管理和创业等其他学科的决策和战略制定等方面的最新知识。

从积极的一面来看，新的关注点是买家与卖家之间的长期关系，以及社交网络和供应链管理之间的关系，这些都是重要的新成果；然而，我们需要鼓励更多的对商业实践的归纳研究，从营销教育的角度来探讨21世纪新兴的营销挑战。此外，越来越多的创业文献的重要贡献应该得到市场教育工作者的支持，以更充分地让学生理解创业组织的营销。

虽然营销教育的许多传统组成部分对中小企业仍然有用,但我们需要加强包括强调营销的"艺术方面"的学习模块的传统的营销教育。这涉及内容和形式。教学内容需要更改并且要少关注理性分析和规划模型。这些更适用于稳定商业环境中的大型跨国层级组织。清单和规划模型应该更少,且功能性思考应该更少。

我们建议,营销课程的传统内容应该以一个对商业流程更全面完整的理解做补充,而不是以一个如何创造消费者价值的功能性视角,进一步将重点放在是什么原因让消费者去购买物品以及对动态情境中决策和网络结构中的领导能力的理解。此外,坎宁安(Cunningham,1995)指出了营销技能发展的必要性,而不仅仅是新的营销知识。在运用分析技巧时,实用技能是很重要的,例如如何进行消费推销以及使用基本的社交技能。

我们还建议让学生更接近市场,有更多非正式的课堂课程。要传授与中小企业更相关的技能,学生需要与实际的商业问题和行为保持接触。我们推荐更多的行动学习原则(Pedler,1991)和更具合作性的营销教育方法,这种方法会将学生放置在一个实际实时的环境和行为之中。同时我们还建议实习——在成长企业中解决实际问题的课程以及继续与企业代表持续互动。进一步来说,对理论性知识和实践中的创业者的定期讨论,代表着营销教育者在21世纪满足不断增长的企业需求的另一种途径。

为了实现对营销课程教学的改变,可能需要进行广泛的调整。我们列在表12-1中的研究结果,以及以行动为导向的教学建议,呼吁市场营销院系持开明的态度。一些更为基本的营销原理正在受到质疑,因此,初看上去拒绝这些发现是很诱人的。当然,我们认识到这些发现是基于中小企业的一个小样本,事实上,表12-1中提到的每一种行为都需要进一步的研究。然而,我们相信在创业驱动的、高增长的企业中,市场营销与大型成熟公司的营销方式不同。比如说,当这种差异与服务营销做比较时,它能和消费者产品市场一样具有实质性,或者说更具实质性。

非常重要的是，为学生们讲授我们所了解的营销法则可能并不是那么普遍地适用于所有的组织和所有的营销活动。

在表 12-1 中，可以认为所有的 12 个创业者行为都可以在被引用的六种方法中加入营销课程的原则，但是应该优先考虑如何对接。可以开发全新的课程和课堂活动，以扩大对销售、推广和社交的关注。一场新的讲座与班级活动和/或迷你案例相结合，也可以用来加强创业者个人目标对营销目标的影响。示例和迷你案例可以用于几乎所有新增的重点。另外，"现场案例"或中小企业的演讲者可以大大提高营销课程的原则。例如，邀请三位成功的创业者和/或非常成功的中小企业所有者作为课堂演讲者，并鼓励他们（和学生通过他们的问题）解决表 12-1 中的几个问题来丰富整个课堂。

一个富有洞察力和令人愉快的课程是让学生或小团队（2 个或最多 3 个）访谈成功的中小企业创始人，并让学生和创业者讨论表 12-1 所列的问题（例如，"对……你是否同意？"）。学生还可以添加其他令自己特别感兴趣的问题。然后，在所有学生访谈结束的情况下，可以用一节课的时间来讨论表 12-1 中的每一个问题。也可以访谈大企业的管理人员，并将结果与在课堂讨论中的创业者进行比较。

表 12-1　市场营销教学方法主张：创业者的营销行为以及教学活动建议

主　张	使用 / 建议					
	A	B	C	D	E	F
1. 增长型创业者对"营销"着重于推销的观念	X	X	X	X	X	X
2. 大多数增长型创业者以销售而不是以市场为导向	X	X	X	X	X	X
3. 增长型创业者通常并不会承认或实施"营销组合"	X					X
4. 在追求完全满足客户需求的过程中极其随机应变的是一个典型的增长型创业者	X		X	X		X
5. 大多数的创业者发展了与重要客户间的紧密、私人关系	X		X	X		X
6. 长期的关系导向和较短期的交易导向通常会被增长型创业者采用	X	X				

续表

主 张	使用 / 建议					
	A	B	C	D	E	F
7. 增长型创业者通常会使用网络并且会转介以建立他们的顾客群		X	X	X	X	X
8. 增长型创业者通常重视建立信任、信誉和声誉,以培养顾客的忠诚度	X		X	X		X
9. 正式的、书面的营销计划并不是大多数增长型创业者的首选	X			X		X
10. 大多数增长型创业者所做的营销决策是直觉性而不是分析性的	X		X	X		X
11. 增长型创业者极少使用正式的市场研究,但会通过频繁的客户联络以及二手资料获取市场信息	X		X	X		X
12. 增长型/非增长型创业者的营销目标通常会被个人重点驱使		X	X	X		X

注释:
A. 现有课程的一体化
B. 新课程和课堂活动
C. 增长型创业者案例的应用
D. 邀请创业者演讲
E. 补充阅读
F. 咨询项目和实习

很明显,在创业营销的层面上,实施教学重点的选择数不胜数。这些过程与学生和创业者的反馈相结合,会帮助我们在这个新世纪开创一个营销教学的新局面。

参考文献

Bearden, W., Ingram, T. and LaForge, R.W. (2004), *Marketing Principles and Perspectives*, Chicago, IL: Irwin.

Birley, S. (1982), 'Corporate strategy and the small firm', *Journal of General*

Management, 8 (2), 82–6.

Bjerke, B. and Hultman, C. (2002), *Entrepreneurial Marketing: The Growth of Small Firms in the New Economic Era*, Northampton, MA: Edward Elgar.

Bolton, J.E. (1971), *Small Firms: Report of the Committee of Inquiry on Small Firms*, London: Her Majesty's Stationery Office.

Borden, N. (1964), 'The concept of the marketing mix', *Journal of Advertising*, Advertising Research Foundation, Inc, June, 2–7.

Carson, D. (1985), 'The evolution of marketing in small firms', *European Journal of Marketing*, 19 (5), 197–216.

Carson, D. and Gilmore, A. (1997), 'Teaching and researching interface marketing: a critique and some alternatives', *Marketing Education Review*, 7 (3), 11–21.

Carson, D., Cromie, S. McGowan, P. and Hill, J. (1996), 'Effective marketing education for SME owner managers', *Marketing Education Review*, 6 (2), 1–12.

Cunningham, A.C. (1995), 'Developing marketing professionals: what can business schools learn?', *Journal of Marketing Education*, 5, Summer, 3–9.

Davis, C.H., Hills, G.E. and LaForge, R.W. (1985), 'The marketing/small enterprise paradox: a research agenda', *International Small Business Journal*, 3, 31–42.

Gronroos, C. (1990), 'Relationship approach to marketing in service contexts: the marketing and organizational behavior interface', *Journal of Business Research*, 20, 3–11.

Gronroos, C. (1994), 'Quo vadis, marketing? Toward a relationship marketing paradigm', *Journal of Marketing Management*, 10, 347–60.

Hills, G.E. (ed.) (1994), *Marketing and Entrepreneurship: Research Ideas and Opportunities*, Westport, CT: Quorum Books.

Hills, G. and Hultman, C. (2001), 'Teaching marketing principles for rapidly growing firms: student employment by the Gazelles', *Marketing Education Review*, 11 (2), 43–52.

Hills, G.E., Barnaby, D.J. and Duffus, L.R. (1983), *Marketing and Small Business/Entrepreneurship: Conceptual and Research Directions*,

Washington, DC: International Council for Small Business.

Hulbert, B., Brown, R.B. and Adams, S. (1997), 'Towards an understanding of opportunity', *Marketing Education Review*, 7 (3), 67–73.

Hultman, C. and Hoglind, U. (1998), *Content Analysis of Some Popular Textbooks in Marketing*, Orebro, Sweden: Orebro University.

Hultman, C., Gunnarsson, C. and Prenkert, F. (1998), *Marketing Behaviour and Capabilities in Some Swedish SMEs—Expanders as Opposed to Non-expanders*, Orebro, Sweden: Swedish Foundation for Small Business Research.

Johannisson, B. (1995), 'Personliga natverk som kraftkalla i foretagandet' (Personal networks as a source for business power), in B. Johannisson and L. Lindmark (eds), *Foretag-Foretagare-Foretagande*, Lund: Studentlitteratur.

Kotler, P. (2003), *Marketing Management: Analysis, Planning, and Control*, International edn, Englewood Cliffs, NJ: Prentice-Hall.

Li, F., Greenberg, B. and Li, T. (1997), 'Toward a general definition of relationship marketing', in W.M. Pride, G. Tomas and M. Hult (eds), *Enhancing Knowledge Development in Marketing*, 1997 AMA Summer Educator's Proceedings, vol. 8, Chicago, IL: American Marketing Association, pp. 238–44.

Lumpkin, G.T., Shrader, R. and Hills, G. (1998), 'Business plans and new venture creation', in *Frontiers of Entrepreneurship Research 1998*, Wellesey, MA: Babson College, pp. 180–89.

McClelland, D.C. and Winter, D.G. (1969), *Motivating Economic Achievement*, New York: Free Press.

Miles, M.P. and Darroch, J. (2006), 'Large firms, entrepreneurial marketing and the cycle of competitive advantage', *European Journal of Marketing*, 40 (5/6), 485–501.

Pedler, M. (ed.) (1991), *Action Learning in Practice*, 2nd edn, Aldershot: Gower Publishing.

Scheinberg, S. and MacMillan, I.C. (1988), 'An 11 country study of motivations to start a business', in *Frontiers of Entrepreneurship Research 1988*, Wellesey, MA: Babson College, pp. 669–87.

US Small Business Administration (SBA) (2004), *Quarterly Indicators: The Economy and Small Business*, Office of Advocacy, Washington, DC: USSBA.

Venkataraman, S. (1997), 'The distinctive domain of entrepreneurship research: an editor's perspective', in J. Katz and R. Brockhaus (eds), *Advances in Entrepreneurship, Firm Emergence, and Growth*, vol. 3, Greenwich, CT: JAI Press, pp. 119–38.

Webster, F.E. Jr (1992), 'The changing role of marketing in the corporation', *Journal of Marketing*, 56, October, 1–17.

第十三章 创业过程中创业教育的作用

弗朗西斯科·利南

一、引言

首先，创办一个新企业是一个人的个人决策。很明显的是，这种决策常常被人们遗忘。一旦人们做出了创办一个企业的决定，并且完全忽视了引导人们做出这个决定的内在过程，那么大多数的创业研究就会集中于分析创办企业的过程。从这个观点出发我们可以看出，重要的并不是哪一个特定的个体将会创办企业。据了解，一些人也许会接受这一决策并且开办他们自己的企业。极端些讲，创业的生态方式可能是这个观点的一个案例（Aldrich and Wiedenmayer, 1993）。然而，它并没有回答为什么在区域创业率中会存在如此巨大的差异。

在另一方面，有一个完全相反的方式，即确定的先决条件可能被忽视了。个人决策有时候被假定为依赖个人特点："如果你有恰当的个人性格，那么你迟早会成为一名创业者。"这就是谢弗和斯科特（Shaver and Scott, 1991）所说的"人格学"（personological）方法，这似乎在很大程度上证明了个人的创业决策是徒劳的。即使我们找到了一些统计上显著的个人特点和成为一个创业者之间的关系，但是我们的预测能力还是很有限的（Reynolds, 1997）。

当创业教育者们设计、实施和评估培训课程时，他们就该将这些理论的分析熟记于心。企业创新的方式无疑会在培训活动的每一个阶段起到相应的作用。因此，从我们的角度出发，个人成为创业者的决策不应被视为理所当然。它应该是首要被强调的要素。

当仔细地分析了创业教育的过程后，我们发现，任何一家初创企业都会与至少三种变量有关联：(1) 领导这项计划的人（们）；(2) 其所处的环境；(3) 可利用机会的特性。在创业教育课程中，选择参与者是非常普遍的。首先，决定并建立一个平衡的创业团队；其次，发现一个可把握的机会。在这种情况下，教学集中于如何去管理这个项目，即企业规划、配置资源、销售商品或服务等。因此，由参与者所创办的初创企业的数量可能会提高。但这个方法是有局限性的，因为它让所有那些仍未决定或没有明确商业想法的人退出了这个项目。

从我们的角度来看，创业教育可能会对创业过程的三种因素发挥作用，但所达到的程度不同，所使用的工具也不同。首先，它会在人们成功地尝试去开办一个企业的准备中扮演重要的角色。在这个意义上，意向模型提供了一个前景良好的工具来解释成为一名创业者的决策以及影响它的变量（Fayolle and Gailly, 2004）。其次，创业教育在为当地环境提供具体知识和社交联系方面可能非常有帮助。但是，它肯定不能完全改变这些。最后，它在经济机会方面的作用在某种程度上更具争议性。这里有一个值得思考的争论：是否应该发现或制造这种机会？后者意味着创业教育将发挥更大的作用。但是前者也意味着需要传媒技能，这种技能可以更加积极地寻找新机会的存在。

因此，在本章中，创业被视为一个复杂的过程，在这个过程中，以上所提到的三个方面都非常重要。在此介绍以后，我们就会考虑一些关于创业过程的贡献。然后，在本章的第三部分，我会提出一种创业教育概念。我们尤其关注的是它可能在增加人们的供给方面发挥的作用。这些人有意愿也有自信成为一名创业者，因此，他们会做出坚决的创业决策。然而，仅有个人决策是远远不够的。在本章的第四部分，我们考虑创业教育在创业过程中的作用。最后，本章的第五部分会概述我们的主要结论。

二、创业过程

自 20 世纪 70 年代的经济危机以来，创业者们作为就业机会的创造者（Acs and Audretsch，1990）、创新者（Cohen and Klepper，1996），以提高灵活性（Kirchhoff，1990）、提高生产力（Nickel，1996）和促进经济增长（Wennekers and Thurik，1999）而备受关注。他们越来越多地被视为"英雄"（Allen and Lee，1996），至少在学术和政策制定群体内是如此。不足为奇的是，我们做了很多尝试去确定什么因素才可以成就一个创业者以及如何将他们与其他人区分开。

然而，正如加特纳（1985）所说，这个问题已经把人们的注意力从一个至关重要的地方转移开来。从本质上说，新企业互不相同，因此很难建立对所有新企业都有效的一般特征。加特纳确认了在创建任何一个新企业时都会出现的四个因素。根据这四个因素的具体组合，公司特点迥异。特别是，他认为研究创业者是没有意义的，因为他们本身只是新企业创造过程的一个维度而已。

除了研究个体，在这个过程中还有另外三个因素。其中有一个会涉及个体执行创业功能而采取的行为。这就是加特纳（1985）所说的"过程"。从这个意义上来说，执行的功能以及所采取的行动将会产生不同的企业。最后，环境和组织是另外两个互补的因素。因此，这些情况被认为是与复杂的、来自外部的条件有关，并隶属这个环境。新企业必须调整以适应这个环境。另一方面，在新企业可能有不同程度控制的变量，这些变量应该被看作是属于这个组织的，特别是所谓战略决策变量。

近来，拜格雷夫（2003: 2）将创业过程描述为"所有与感知机会相关的功能、活动和行为，并创造组织去追求它们"，并将其考虑为创建新企业的个人、社会学和环境因素。为了描述这个过程，拜格雷夫（2003）遵循了蒂蒙斯（1999）的框架。据此，新企业是结合了三个重要组成部分的结果。这三个重要组成部分是：创业者、机会和所需资源。

从一个不同的视角来看，卡茨和加特纳（1988）研究了可能表明一个新组织（企业）正在形成的属性，并提出了必须考虑到的四个因素：

- 创建一个组织的意向（个人决策和承诺）
- 建立一个组织边界（商标、合并公司等）
- 配置资源（资金、经营场所、设备等）
- 跨界限的资源交换（销售、资金流动、市场销售协定等）

雷诺兹和米勒（Reynolds and Miller, 1992）运用这个框架发现，在企业创建的过程中最常见的第一大事，就是初期创业者对创建公司的个人承诺。在他们的样本中，每6个被访问者就有5个这样回答，他们的承诺是在公司成为一名经济参与者之前的几年里做出的。从这个意义上来说，克鲁格在创业意向分析上做了大量的工作（Krueger, 1993; 2000; Krueger and Brazeal, 1994; Krueger and Carsrud, 1993; Krueger et al., 2000），并且展示了阿杰恩（1991）的计划行为理论在创建公司活动中的适用性。

到目前为止所提到的贡献在对创业过程的分析上强调了不同的因素。它们有一个共同点，那就是它们对创建公司的个体的重视。在某种程度上，加特纳（1985）的个体以及过程维度专注于人以及他们的行为。拜格雷夫（2003）和蒂蒙斯（1999）都认为个体因素是一个重要的因素。最后，卡茨和加特纳（1988）也强调了个人意向的关联性。因此，我们认为个体创建公司的心理决策应该被当作第一因素去分析。

在我们看来，个人意向在创业过程中是一个早期因素。意向是一种认知结构，它捕捉影响行为的动机因素（Ajzen，1991：181）。因此，意向较行动先行。正如德乔治和法约尔（Degeorge and Fayolle，2005：53）所说："创业意向是一个反映，指导着立誓者的行为向新观念的发展或改善。"然而，可以这样说，在意向转化为行动的过程中，人们并不是孤单的。他们必须面对现实，与他们的环境互动，追求他们的商业机会。

执行一个既定行为的意向被描述为实际行为的最佳预测指标（Ajzen，1991）。特别是，创业意向将会是预测个人创建公司行为的最重要的因素（Fayolle，2003；Kolvereid，1996）。然而，意向是很难去分析的，并且它与实际表现的联系也值得密切关注。正如谢弗和斯科特（1991：28）指出的：

> 大多数现代心理学都赞同某些版本的 S-O-R（刺激－有机体－反应）模型，但所有人都认识到只有刺激和反应可以直接观察到。任何乃至所有的机体变量（各种 O 变量）都必须从在刺激类别和反应类别之间观察到的联系中推断出来。

在阿杰恩（1991）最初的构想中，意向取决于个体关于这三个因素的观念：对行为、社会规范和行为控制的吸引力。这个模型已被用于创建有佳绩的公司，成为在刺激与反应之间协调的"有机体"变量之一。在本章，我们把创业意向模型看作是创业过程中的一个基本因素。

创建企业的环境可以被视为创业过程中的第二个重要因素（Bygrave，2003；Gartner，1985）。很明显，潜在创业者在一个具体环境下的行为会影响他们的决策以及行动（Bird，1989）。我们所追寻的机会至少在一定程度上取决于环境特点。在这个意义上，生态方法已经广泛地使用了这两个概念：宽宏大量和承载能力（Specht，1993）。第一个概念被定义为在那个环境中的资源丰富度。这将特别适用于更具体的资产，例如高技能劳动力或高级商业服务。因此，从广义上讲，宽宏大量可能与蒂蒙斯（1999）的"资源"因素相似。相应地，承载能力指的是为同一资源或市场而竞争的组织的数量。有一些经验证据表明，这两个因素确实对创业率有影响（Begley et al.，2005）。

在这个社会中，创业者榜样的存在是另一个在文献中被广泛强调的环境因素。角色模型被普遍认为是"替代性学习"的重要来源（Bandura，1986）。特别是，关于创业，有强有力的经验证据表明，创业者的榜样倾向于自我雇用（Carsrud et al.，1987; Matthews and Moser，1995; Scott and Twomey，1988）。如果他们被视为成功的创业者，那么与其中一个或多个榜样密切的个人接触将有助于潜在的创始人将创建企业视为一个可见的、可行的、受人尊敬的职业选择（Davidsson，1995; Kirby，2003; Scherer et al.，1991）。

最后，我们认为商业机会是创业过程中的第三个因素。在文献中，有一个值得深思的争论，即是否要发现机会或创造机会（Alsos and Kaikkonen，2004; DeTienne and Chandler，2004）。前者意味着它们是客观的、潜在的、等着被人们发掘的商机（Shane and Venkataraman，2000）。在另一方面，后者意味着机会必须通过结合个人知识、技能、经验等（Gartner et al.，2003）去创造。人们很容易想到这两种机会的例子。一个处于20世纪90年代中期的便捷的手机销售商店，就是前者所说的一个明显的例子。同时，由两个工程师创建的公司去开发他们自己的专利发明，是一个制定行为（后者）的例子。

正如阿尔索斯和凯卡农（Alsos and Kaikkonen，2004: 4）所指出的，这两种截然不同的观点将基于对世界的不同本体论观点。其中一种认为它是由客观事实构成的，而另一种则认为它是由主观感知和建构构成的。从这个意义上说，机会识别可以被理解为两个要素的结合：首先是客观资源、市场需求和信息；其次，潜在创业者的主观能力、技能和观念。

正如谢弗和斯科特（1991）指出的，在新的理论和实证研究得到发展之前，在两个极端观点之间的平衡可能是我们理解机会识别现象的最佳选择。从这个意义上说，阿尔索斯和凯卡农（Alsos and Kaikkonen, 2004）认为机会产生的过程可能包括发现性和创造性要素。机会可以被看作是变化的，在纯客观的发现和纯主观的创造两个相反极端的轴线之间。

德蒂安和钱德勒（2004）将创造力视为机会识别中的一个基本要素，即使他们认为机会是被发现的。同样地，克鲁格（2000）将创造力理解为对一个特意行为的机会追求，因此他建议将意向模型用于研究机会识别的过程。

从一个相似的观点来说，希尔斯等（1999）将机会的识别作为一个创造性的过程。根据他们的解释，从准备（获得知识、经验，等等）到孵化（潜意识考虑某个特定问题或情况），到洞察（寻找出路）再到评估（考虑机会所具的价值）的路径本质上就是创造力的问题（Kao, 1989; Wallas, 1926）。当然，在这条路上，也会有无数的反馈过程。最后，一旦这个想法被接受了并且成为一个机会，它可能就成为一个新企业的基础。最后一个阶段可能就是对创业计划的苦心钻研。对于那些作者来说，这个细化阶段将是一个与机会识别分离开来的不同因素，但随着问题和障碍的出现，可能有必要回到创造性过程的早期阶段并（部分）重新阐述机会。

在我们看来，正如这里所描述的一样，创业过程可以被认为由三个重要的因素组成（见图13-1）：个体成为一个创业者的意向；其所处的环境；建立在机会基础之上的企业。只有当这三个因素恰当地结合，才可能促成一个潜在企业成功创建。在整个过程中，创业教育的作用可能是非常重要的。到目前为止，大多数培训课程都集中在如何通过制订创业计划（Honig，2004）来增加令企业成功的商业机会的比例。也就是说，他们只按图13-1的右边（"机会/新企业"的连结）行事。

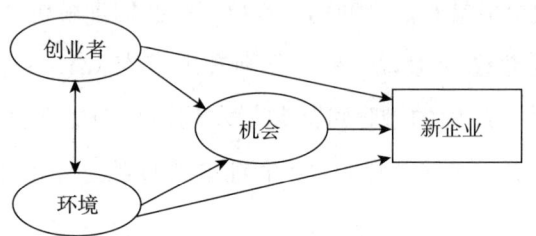

来源：由辛格等（Singh et al.，1999，图1）阐释

图13-1　创业过程

然而，我们认为创业教育课程至少还有三种可能的功能：提高想成为创业者的人员数量；提高对商业环境的具体了解；获得更多的成功机会生成过程。因此，课程的主要目的是提高参与者的创业意向。其他目标（具体的知识、机会的创造和商业规划）将是重要的工具，以将这一意向转化为行动。

三、创业教育的概念

与学术界和决策者对创业者的日益关注并行不悖的是，创业教育在世界各地也经历了快速增长（European Commission，1999; Loucks，1988; SBA，2000）。目前关于经济发展和结构调整的理论都把创业推广作为其关键因素之一（Linan and Rodriguez，2004; OECD，1998）。从这个意义上说，有很多人试图将这种教育形式概念化。最简单的一种方法是为创建企业进行的培训。因此麦金太尔和罗奇（McIntyre and Roche，

1999：33）断言："向个体提供概念和技能的过程，以认识他人忽视的机会，并富有洞察力和自尊心，在他人犹豫不决的情况下行动。"它包括在机会识别方面的指导，面对风险整合资源并创建企业。因此，这个观念似乎从蒂蒙斯（1999）创业的观点中得到了启发。

另一方面，更广泛的概念是由很多目标和不同的阶段组成的，这些不同的阶段通常包括整个教育体系中的行为。创业教育联盟（Consortium for Entreprenurship Education）的观点就是一个例子。据此，创业教育应该被视为终身学习的典范。它最突出的特点之一是分为五个阶段，这五个阶段在形式上是独立的，并且不需要它们之间的紧密协调就可以发展起来（Ashmore，1990）。然而，这五个阶段的结合可能会对一个社会的创业者的精神水平、创业率、企业的生存和随后的活力产生显著的影响。欧盟委员会（European Commission，2003）支持一种类似的观点，尽管不是很广泛。

然而，如上述所说，意向模型似乎提供了一个非常有用的创业过程的分析框架（Fayolle，2003；Kolvereid，1996；Krueger，2000）。在这个意义上，克鲁格等（Krueger et al.，2000）或利南（2004）在结合夏皮罗和索科尔（Shapero and Sokol，1982）关于创业性事件以及阿杰恩（1991）的计划行为理论的基础上，发展了创业意向模型。图13-2就代表了这样一个集成。关于创业环境方面的知识帮助个体去形成他们自己的关于事业选择的认知。这些评估可以被分成两个不同的类别。一方面，感知到的愿望将会衡量创建公司的意向，它基于个人的态度（成为一个创业者积极和消极结果的信念）以及感知到的社会规范（社会和家庭的压力，用于或反对执行这种行为）。

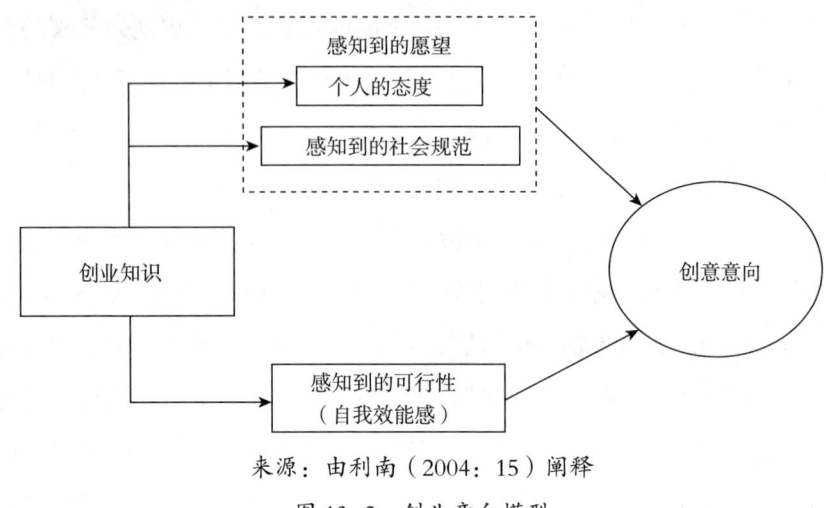

来源：由利南（2004：15）阐释

图 13-2　创业意向模型

另一方面，感知的可行性指的是人们认为自己能够执行某种行为的程度（Shapero and Sokol，1982）。因此，它非常接近自我效能感的概念，正如班杜拉（Bandura，1997: 3）所定义的"对一个人的能力进行组织和执行所需要的行动路径的判断"。虽然在一开始，与阿杰恩（1991）的感知性行为控制的观点似乎非常相似，但是我们最近已经强调了它们之间的差异。因此，在最近的研究中阿杰恩（1991）证实了："正如我们通常的评估，感知性行为控制是由两个部分构成的：自我效能感（主要是行为的放松或困难）和可控性（表现取决于参与者的程度）。"然而，把感知性行为控制看作是一个单因素，或者区分自我效能感和可控性的决定，将取决于调查研究的目的（Ajzen，2002b）。因此，由于本章本质上是理论性的，虽然在经验研究中我们应该熟记于心，但是我们并不会做出很明确的区分。

因此，在我们看来，上一部分已经确定了个人意向作为创业过程的第一个关键要素，这种创业意向模型可以作为创业教育有效定义的基础。除此之外，以下的观念将广泛地包含以上所提到的事项："整个的教育和培训活动——在或不在教育体系中——试图培养参与者创业行为表现的意图或者是一些影响意图的因素，比如说创业知识、创业活动的愿望或其可能性"（Liñán，2004：17）。这包括知识、能力、态度和个人素质的发展。特别是对于工作年龄的人来说，创业教育将寻求企业的有效创造和随之而来的活力。

这种创业教育观点背后的观点是，创业意图是由一系列创业的信念决定的（Ajzen，1991：189）。从这个意义上讲，这些对环境、机遇或企业创造的实际步骤的培训要素，将会对个人意向产生影响：创业知识、个人态度或吸引力、社会规范和自我效能感。正如阿杰恩（2002a）所指出的那样，意向可能是在整个实现过程中建构的，因为与行为的实际冲突会影响之前的感知，从而修改它们。

如图13-1所示，个体与环境之间存在着相互关系。这在两个前提下尤其明显：创业知识和感知的可行性（自我效能感）。首先，更好地了解当地的商业环境将有助于提供更好更丰富的学习榜样、资源获取、专业的社交联系以及有关行业和竞争对手的具体知识。反过来，这也可能会改善其他的意向影响因素（Krueger et al.，2000）。

另一方面，自我效能感应该通过提供实际的信息和经验学习来不断加强，以建立和管理一个新企业（Bandura，1997）。创业计划的细化将是其中的一个因素，以促进可感知的可行性。同样，通过创造性和其他技能培养机会识别能力也将促进创业的可行性和更有利的个人态度（Hills et al.，1999）。

在我们看来，这里所展现的创业教育的概念展现了很多特征，让它在实践中更有用处。当研究不同的现有教育措施时，该概念可以作为其分析和分类的参考框架。这些最显著的特征将是：

● 第一，它寻求的是所有的教育活动，并不只是在教育体系中发展起来的活动。

- 第二，与创业文化或企业创造的传播相比，它包括更宽泛的目标。它也试图去激发创业者们的活力；也可以说是创业者的素质（Guzmán and Santos，2001）。

- 第三，教育者的角色将会明确。教师应专注于创建和加强参与者的创业意向（Fayolle and Gailly，2004）。这种意向是否能够转化为行动取决于不同的因素（环境、机会、资源等），这些因素都不在教育者可完成的范围之内。

此外，这一定义明确区分了创业教育和管理培训。后者的一个典型例子是大学商业研究。管理培训通常不涉及参与者的特征、技能、态度或意向，但主要是为企业管理提供必要的技术知识。类似地，管理培训也不会对一个独立的创业项目过程或它的动态感兴趣，而主要是对企业运转组织构架感兴趣。反过来，创业教育特别关注态度、意向和公司创建（或创业）的过程。

原则上，任何创业教育活动都能符合这个概念，所以建立一些"分类"变得有必要了。因此，麦克马伦和吉林（McMullan and Gillin，1988）明确了创业教育课程的六个不同的要素：（a）追求的目标；（b）将要传授知识的全体教职员工和教学团队；（c）学生参与者；（d）课程内容；（e）教学方法；（f）参与者创业的具体辅助活动。

正如布罗克豪斯（Brockhaus，1992）所指出的，目标才是基本问题，其他的因素都应该先被搁置。因此，在本章中，我们使用这些目标作为主要的分类标准。在这个意义上，柯伦和斯坦沃斯（Curran and Stanworth，1989）试图去定义创业教育可以追求的主要目标类型。加拉瓦和奥西内德（1994a）或利南（2004）大体上赞同他们的分类。在我们来看来，虽然大体的想法是有根据的，但还是要包括一些变化才能让它与我们的设想相符合。图13-3以图表的方式概括了以下每一个分类的不同目标：

1.创业意识教育。它的目的是增加对小型企业、自我雇用和创业有充分理解的人数,因此他们认为替代方案是一种理性和可行的选择。因此,这个教育类别将追求更多的潜在创业者,不在于他们是否在培训后立即创建他们的企业。根据意向模型,它将在一个或多个前提下采取行动(创业知识、有利条件或可行性),以及——间接地——在意向下。此类建议的一个例子是在大学里开设的课程,这些课程通常是商业或工程专业的选修课。

教师实际上并没有试图将学生转变为创业者,他们只是允许学生以一个更好的视角做出他们自己未来职业生涯的选择(Garavan and O'Cinneide,1994a)。

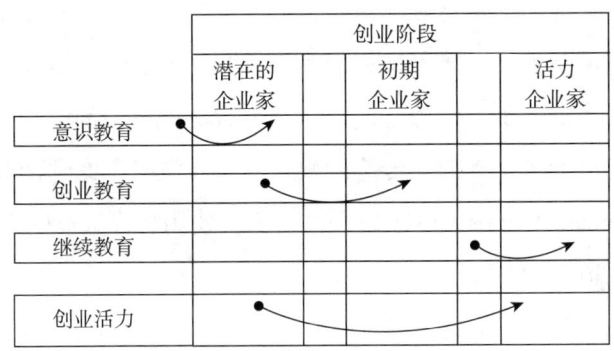

图 13-3 创业教育的目的

2.创业教育。这包括成为一个小型传统企业管理所有者的准备,这些传统的小型企业管理在所有的新公司中占大多数。它将集中在与启动阶段有关的具体实践层面:如何融资;法律规范;税收;等等(Curran and Stanworth,1989)。这种课程类型的参与者经常对课程充满热情。所以,他们表现出对课程内容的很大兴趣。通常选择标准过分依赖于已有的可行性商业理念。从这个意义上说,在实践中,这些课程非常普遍地选择了那些表现出高水平意向的人——他们已经是潜在的创业者——并且专注于创业的实际问题。参与者最好在课程结束后或（短期内）成为新生的创业者。

3. 创业者们的继续教育。一般而言，这是一个成人教育的专业版本，它的设计意图就是改善当前创业者的能力（Weinrauch, 1984），从而帮助他们成为充满活力的创业者。特别要说的是，很难吸引积极的创业者参加这些类型的方案，因为他们往往认为这些措施对其公司的特殊需要过于宏观。克服这个困难的一个办法是将这个类别与其他类别结合起来。从这个意义上来讲，参与一些创业或富有活力的课程可以使创业者更容易接受持续的培训。

4. 创业活力教育。在创业阶段之后，这类教育将会促进动态的创业行为。因此，他们的目标并不只是去增强成为一个创业者的意向，而是要在创业者准备就绪时培养他们的积极性行为的意识。因此，它将会是最有雄心壮志的类别，因为它试图将参与者从潜在的创业者发展为有活力的积极的创业者。然而，传统的教育形式并没有考虑到创业质量的培养（Guzmán and Santos, 2001），因此有必要使用替代教育模式（Garavan and O'Cinneide, 1994a）。

创业教育的这四个目标仍然需要大量的研究来拓展它们的知识基础，完善它们的教学技巧，提高它们的效率，并朝着它们所有潜在的成就（Curran and Stanworth, 1989）不断前行。不管怎样，对将创业活力教育看作是最有雄心壮志的类别有了一定的共识（Garavan and O'Cinneide, 1994a；Liñán, 2004），虽然这也是最困难的。同样，创业意识教育将会是一个重要的起点。

四、创业教育的作用

正如本章第一部分指出的，创业教育课程非常普遍地关注那些已经有创业意向并发现机会的参与者。这些人中的许多人即使不参加这门课程，也可能会尝试创建企业。然而，他们可能缺乏具体的与他们更密切的环境（公司将建在哪里）知识，最重要的是，他们并不知道创建一个公司应该具体遵循哪几个步骤。在这种情况下，培训就会非常有用，并且会有效地增加初创企业的数量。这就是我们所确定的"创业教育"，它通常专注于创业计划的细化，对创业者和支持机构进行访谈，或参加当地的相关嘉宾的讲座（Honig，2004）。

然而，在相对落后的地区，创业型活动的水平有变低的趋势（Westall et al.，2000），虽然情况并非总是如此（Nolan，2003）。同样，奥瑞兹（Audretsch，2002）发现大量的研究结果表明较高的创业水平和较低的失业率之间的联系。因此，在落后地区，很少有人对成为创业者感兴趣。如果是这样的话，传统的创业教育只会帮助那些有兴趣的人。但它实际上对绝大多数人没有任何影响，他们并不倾向于创业的职业选择。即使他们曾经申请参加这样的培训课程，他们也可能不符合入学要求而被排除。

当决策者关心的是大幅度增加创业活动的水平时，就像欧盟（European Commission，2003）一样，一些更广泛的创业教育方法就应该被采用了。在培训中加入一些意识内容是非常重要的。它可以在同一课程内，或在整合后作为单独的课程。后者已被大学以外的一些相关机构所采纳，例如英国的研究生创业计划（Brown，1990）或挪威的创业者服务（Kaltenborn，1998）。在这两种情况下，一个由"个人规划"和"创业研讨会"组成的第一阶段独立于主要的培训课程。参与者有机会探索创业者是什么样的。如果他们喜欢这样的经历，他们可能会继续下一步。

另一方面，没有必要将教育方案限制在启动阶段。有可能开发和实施那些试图在参与者中培训动态行为的课程（Foley and Griffith，1998）。从这个意义上看，吉布（1987）指出了培训内容的重要性，这不仅关系到前期启动阶段,还包括创建后阶段。在这方面,加拉瓦和奥西内德(1994b)强调了如"管理成长"和"持续团队建设"等方面。

在图 13-1 中,我们描述了能够促成新公司创建的创业过程。教育干预可能对过程中的不同因素起作用。因此,在图 13-4 中,我们试图总结不同类别的培训活动,以及在哪些方面可以发挥它们的作用。按照上一部分的分类,当两种"意识"形态和"创业活力"整合在一起时,创业过程中的创业教育才会发挥最大作用。

根据图 13-4,创业者意向的发展可以被认为是第一个需要解决的因素。在这个意义上,肯特(Kent,1990)表明,对创业者的普遍看法并不十分有利。他指的是美国,但这在欧洲可能更真实(European Commission,2003)。创业者在经济增长和发展中发挥的重要作用将有助于提高参与者的创业价值。同样,菲利翁(1995)在"创业基础"分类中添加了一系列课程,这些课程可以被很明显地视为创业意识教育。特别要说的是,除了坚持认为创业者在经济中的重要性,以下的内容可能也

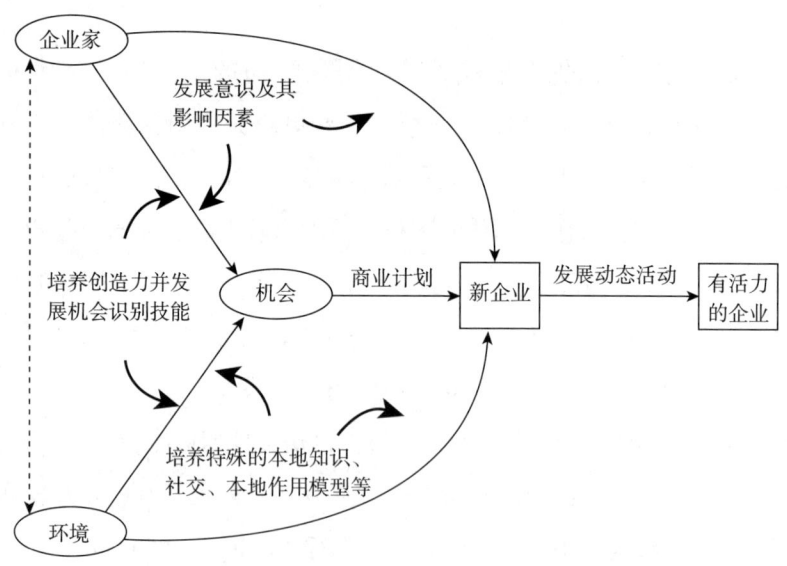

图 13-4 创业教育在创业过程中的作用

要高度重视：传播创业的作用方面，伴随着我们经常面临的问题；确认创业者的能力并且弄清楚他们可能会发展并且展示一些技巧；明确包括初始阶段和公司发展阶段连续的步骤。

彼得曼和肯尼迪（Peterman and Kennedy，2003）发现，参与者并没有很多关于创业方面的经验——而且不是特别积极——增加了他们认为的可行性和意愿。那么，试图触及那些甚至不考虑这些选项的人将会有一个理由，他们很有可能在参与了这个项目后改变了主意。从这个意义上讲，帮助参与者在短期和长期内明确他们的个人目标（他们的"使命"），观察它如何与创业相容是另一个非常有趣的活动，而且已经取得了良好的结果（Brown，1990; Fillion，1995; Folley and Griffith，1998; Garavan and O'Cinneide，1994b）。

我们目前所描述的内容在影响感知的愿望时有很大的影响，也会在较小的程度上影响可行性。然而，我们应该注意到，图13-4所示的所有其他内容也可能会影响意向和其前提。因此，不同之处在于它们的主要目的。由于这个原因，下面所述的这些内容应该被认为主要是追求既定的目标，但间接地有助于增加创业者的意愿。

为了培养机会识别能力，爱波斯坦（1996）提出了提高创造力的四种技能。德蒂安和钱德勒（2004）将这些技能应用于一个名为SEEC的培训模式中。他们提供了一系列详细的活动清单，这些活动可以应用于机会识别的课程中。当他们对这个模型进行评估时，结果表明这个培训模型产生了更多识别的机会和更具创新性的机会。

在图13-4的下部，环境/机会/新企业区域，我们包括了一组具体的措施，增加了本地商业环境的知识、发展社交网络与当地成功榜样的联系。许多作者（Johanisson，1991）强调了发展当地社交网络的重要性。

然而，我们很有可能会进无止境。哈茨霍恩和帕尔文（Hartshorn

and Parvin，1999）描述了一个培训课程，这个培训课程包括私营创业者对参与者的指导。每一个学生被安置给了一位创业者/指导者，这些创业者或指导者将学生看作建议者，并且让他们参与创业者所做出的所有的经营决策。这将是非常重要的，不仅要更准确地了解创业者是什么，还要把未来的创业者引入当地的商业圈（Gibb，1998）。

同样，肯特（1990）赞成为参与者提供"社会化"研讨会的效果。当地的创业者和相关的商业团体股东也被邀请。这就给参与者一个在当地商界中了解"谁是谁"的机会，建立重要的联系，解决他们可能存在的特定疑问，并加强他们的动机。

在机会/新企业连接中，创业计划是一个众所周知的被广泛使用的教育学方法（Gorman et al.，1997）。它不仅提供了商业机会的运作（Lechner and Dowling，1998），而且还可以名正言顺地使人们成为创业者。它们会产生"一种形式和信念的光环，在一个人创建新组织之前常常需要被认真对待"（Honig，2004：260）。除此之外，可以合理地认为商业理念的具体知识和形式化也有助于增加潜在创业者的自我效能感。然而，最近的一些研究（Carrier，2005）表明，只包含一个创业计划的课程可能会对意愿产生负面影响。这一结果如果得到证实，将完善更广泛的创业教育方案，包括本章所述的部分或全部内容作为创业计划的补充。

最后，在创业教育中还可以包含一个额外的因素，即一旦公司运作起来，就会有动态行为的发展。如果这些内容是相互协调的，我们将讨论"创业活力教育"或创业质量。加拉瓦和奥西内德（1994b）已经描述了一些我们可能考虑到的例子，其中包括如何管理增长及其对创业者时间、公司的结构和功能、融资需求等的影响。同样，还应包括为适应新情况而不断重建的创业团队以及人力资源和领导动机。

五、结论

创业教育作为促进不同经济增长和发展的重要工具，正日益为人们所认识，它正在世界各地广泛传播。希望这些培训活动能帮助社会创造更多更好的创业者和企业。然而，很少有实证证据能够清楚地证明创业教育促进企业的创造和创业活力的有效性。因此，人们越来越担心创业教育在这一领域的作用。

然而，创业教育概念的建立从一开始就绝非易事。事实上，确定其到底是什么难之又难。原则上，任何针对决定创业过程要素的培训活动都可以被考虑其中。然而，似乎大多数的培训都是设计和实施的，没有足够重视引导个人成为创业者的本质过程。

从理论的角度来看，我们认为有必要界定什么是创业教育。然而，理解创业教育需要企业本身的概念。目前，还没有关于创业的共识定义，更别说创业教育了。本章所采用的观点集中于这样一个事实，即这种教育的直接或间接的最终目标是增加成功企业的数量。因此，我们的出发点应该是引导创业的过程。

为此，我们通过分析创业过程开始了本章。正如所呈现的那样，对于包含创业过程的因素，存在着几种不同的方法。在这些贡献中，基于有关文献的整合，采用了一种关于创业过程的具体观点。鉴于此，个人意向是在任何企业创建过程中要考虑的前提和首要因素。然而，对于企业来说，要有效地融入生存环境，人的内在环境和所追求机会的特征也必须被考虑进去。

在此基础上，应采用创业意向模型来描述个体创业的意向。只有在决定被采纳后，它与环境特征的结合才会引起机会的识别。最后，如果这个意向仍然存在，环境会最小限度地得到支持，机会也会有可行性，一个新的企业可能会被创建出来并最终蓬勃发展。

一些作者，比如雷坦（Reitan，1997）认为机会识别可能在培养创业意图之前发生。在这种情况下，在发展一个可行的商业机会之后，人们才会决定开始创建新企业，而不是在此之前。即使我们在实践中遇到过这种情况，但个人意向在这个过程中仍然是一个基本的因素，如果没有个人意向，那么就不会创建企业。

一旦创业过程被描述出来，就有可能从理论上分析创业教育。结果与个人决策相关，本章采用创业意向模型的创业教育观点。人们还认识到，各种不同的课程或方案都有各自的目标。最常见的"创业教育"通常基于创业计划的制订。然而，其他类别却存在着不同但互补的目标，如"创业意识教育"或"创业活力教育"。

在实践中，建立创业教育课程的分类可能非常有用。大多数课程和项目都集中在创业计划上，并且可能被当作是"起始阶段的教育"。这个类别非常有用。它帮助那些已经有强烈意愿的人确定一个可行的商业机会，采取具体的步骤来开始创办他们的企业。

当然，总会有一些具有高创业意向的人，尤其是善于识别机会的人。对他们来说，专注于创业计划的创业课程是最有效的工具。如果这些课程为发展商业增加了具体的培训，那么它们就可以被认为属于更有抱负的"创业活力教育"。

然而，大多数人甚至没有考虑过成为创业者。这在一些创业活动较低的地区尤其如此，而创业并不是一种社会价值的职业选择。他们中的一些人可能已经考虑过创业，但是没有发现一个可行的机会，他们可能决定放弃并寻找一个有薪水的职位。如果我们想使这部分人达到更大的数量，创业教育应该整合大量的"意识"内容。发展意图、创造力和商业知识将是实现这一目标的最相关途径。只有这样，社会中潜在创业者的数量才会显著增加。

当强调培育和促进这些目标时，政策的制定者应该将这些考虑熟记于心。如果要建立一个更具创业精神的社会，正如经济合作与发展组织（OECD，1998）或者欧盟委员会（1999）建议的，人们的创业意愿以及其机会识别能力都必须得到加强。根据这章中所描述的立场，在不同的培训计划中包括意识教育是最好的策略。

最后，对于未来研究可能的方法，我们至少有两种可行的路线计划去遵循。第一，创业教育课程应该完整地将这些理论性的注意事项考虑其中。然而，在这样做的过程中，创业教育的目的不仅要扩展到初创企业，还要扩大目标和机会识别。因此，很可能会出现这种情况——与传统的创业计划课程不同，这种课程设计并没有显示出更高的企业创造率。但是，如果它们能够成功地提高创业意识，它们的目标便将会实现。它们会带来更有潜力的创业者，并且有助于创造一个更具创新性的社会。

第二，高度相关的评价策略可以用来评估这些结果的有效性。从这个意义上说，我们已经在尝试建立一个创业意向调查问卷（EIQ），在衡量成为创业者的意向方面这可能是有效的。我们的意图是运用这个调查问卷设计一个研究项目，在经历不同的创业教育课程后评估意向的变化。通过逐个分析内容，可以确定每个培训课程中的哪些要素对意向产生了较大的影响。该项目的一些理论基础已经由法约尔（2003）建立。此外，首个对为期一天的创业研讨班的评估申请已经由法约尔和盖伊（2004）实现了。

参考文献

Acs, Z.J. and Audretsch, D.B. (1990), 'Small firms in the 1990s', in Z.J. Acs and D.B. Audretsch (eds), *The Economics of Small Firms: A European*

Challenge, Dordrecht: Kluwer Academic.

Ajzen, I. (1991), 'The theory of planned behavior', *Organizational Behavior and Human Decision Processes*, 50, 179–211.

Ajzen, I. (2002a), 'Residual effects of past on later behavior: habituation and reasoned action perspectives', *Personality and Social Psycology Review*, 6 (2), 107–22.

Ajzen, I. (2002b), 'Perceived behavioral control, self-efficacy, locus of control, and the theory of planned behavior', *Journal of Applied Social Psychology*, 32, 1–20.

Aldrich, H.E. and Wiedenmayer, G. (1993), 'From traits to rates: an ecological perspective on organizational foundings', in J. Katz and R. Brockhaus (eds), *Advances in Entrepreneurship, Firm Emergence, and Growth*, I, Greenwich, CT: JAI Press, pp. 145–95.

Allen, C. and Lee, D.R. (1996), 'The entrepreneur as hero', *Journal of Private Enterprise*, 12, Fall, 1–15.

Alsos, G.A. and Kaikkonen, V. (2004), 'Opportunity recognition and prior knowledge: a study of experienced entrepreneurs', paper presented at 13th Nordic Conference on Small Business Research, Tromsø (Norway), 10–12 June.

Ashmore, C.M. (1990), 'Entrepreneurship in vocational education', in C.A. Kent (ed.), *Entrepreneurship Education: Current Developments, Future Directions*, Westport, CT: Quorum Books.

Audretsch, D.B. (2002), *Entrepreneurship: A Survey of the Literature*, working paper, European Commission, October.

Bandura, A. (1986), *Social Foundations of Thought and Action: A Social Cognitive Theory*, Englewood Cliffs, NJ: Prentice-Hall.

Bandura, A. (1997), *Self-efficacy: The Exercise of Control*, New York: Freeman.

Begley, T.M., Tan, W.-L. and Schoch, H. (2005), 'Politico-economic factors associated with interest in starting a business: a multi-country study', *Entrepreneurship Theory and Practice*, 29 (1), 35–55.

Bird, B.J. (1989), *Entrepreneurial Behavior*, Glenview, IL: Scott Foresman.

Brockhaus, R.H. (1992), 'Entrepreneurship education: a research agenda', paper presented at IntEnt92 conference, *Internationalizing Entrepreneurship Education and Training*, Dortmund (Germany), 23–26 June.

Brown, R. (1990), 'Encouraging enterprise: Britain's Graduate Enterprise program', *Journal of Small Business Management*, 28 (4), 71–7.

Bygrave, W.D. (2003), 'The entrepreneurial process', in W.D. Bygrave and A. Zacharakis (eds), *The Portable MBA in Entrepreneurship*, 3rd edn, New York: John Wiley and Sons.

Carrier, C. (2005), 'Pedagogical challenges in entrepreneurship education', in P. Kyrö and C. Carrier (eds), *The Dynamics of Learning Entrepreneurship in a Cross-Cultural University Context*, Research Center for Vocational and Professional Education, University of Tampere, Hämeenlinna, Finland.

Carsrud, A.L., Gaglio, C.M. and Olm, K. (1987), 'Entrepreneurs—mentors, networks, and successful new venture development: an exploratory study', *American Journal of Small Business*, 12 (2), 13–18.

Cohen, W.M. and Klepper, S. (1996), 'A reprise of size and R & D', *The Economic Journal*, 106, July, 925–51.

Curran, J. and Stanworth, J. (1989), 'Education and training for enterprise: some problems of classification, evaluation, policy and research', *International Small Business Journal*, 7 (2), 11–22.

Davidsson, P. (1995), 'Determinants of entrepreneurial intentions', paper presented at RENT IX conference, Piacenza, Italy, 23–24 November.

Degeorge, J.M. and Fayolle, A. (2005), 'Is entrepreneurship intention stable through time? First insights from a sample of French students', paper presented at IntEnt2005 conference, Guildford (UK), 10–13 July.

DeTienne, D.R. and Chandler, G.N. (2004), 'Opportunity identification and its role in the entrepreneurial class room: a pedagogical approach and empirical test', *Academy of Management Learning and Education*, 3 (3), 242–57.

Epstein, R. (1996), *Cognition, Creativity and Behaviour*, Westport, CT: Praeger.

European Commission (1999), *Action Plan to Promote Entrepreneurship and Competitiveness*, Luxembourg: European Commission.

European Commission (2003), *Final Report of the Expert group 'BEST Procedure' Project on Education and Training for Entrepreneurship*, Brussels: Enterprise Directorate-General.

Fayolle, A. (2003), 'Using the theory of planned behaviour in assessing entrepreneurship teaching programmes: exploratory research approach', paper presented at IntEnt2003 conference, Grenoble, 7–10 September.

Fayolle, A. and Gailly, B. (2004), 'Using the theory of planned behaviour to assess entrepreneurship teaching programs: a first experimentation', paper presented at IntEnt2004 conference, Naples, 5–7 July.

Fillion, L.J. (1995), 'Entrepreneurship and management: differing but complementary processes', *Cahier de Recherche 95-01*, CETAI, HEC Montreal.

Foley, A. and Griffith, B. (1998), 'Education, training and the promotion of high quality entrepreneurs in the Republic of Ireland', in M.G. Scott, P. Rosa and H. Klandt (eds), *Educating Entrepreneurs for Wealth Creation*, Aldershot: Ashgate.

Garavan, T.N. and O'Cinneide, B. (1994a), 'Entrepreneurship education and training programmes: a review and evaluation', *Journal of European Industrial Training*, 18 (8), 3–12.

Garavan, T.N. and O'Cinneide, B. (1994b), 'Entrepreneurship education and training programmes: a review and evaluation—part II', *Journal of European Industrial Training*, 18 (11), 13–21.

Gartner, W.B. (1985), 'A conceptual framework for describing the phenomenon of new venture creation', *Academy of Management Review*, 10 (4), 696–706.

Gartner, W.B., Carter, N.M. and Hills, G.E. (2003), 'The language of opportunity', in C. Steyaert and D. Hjort (eds), *New Movements in Entrepreneurship*, Cheltenham, UK: Edward Elgar.

Gibb, A.A. (1987), 'Designing effective programmes for encouraging the business start-up process: lessons from UK experience', *Journal of European Industrial Training*, 11 (4), 24–32.

Gibb, A.A. (1998), 'Entrepreneurial core capacities, competitiveness and management development in the 21st century', paper presented at IntEnt98 conference, Oestrich-Winkel (Germany), 26–28 July.

Gorman, G., Hanlon, D. and King, W. (1997), 'Some research perspectives on entrepreneurship education, enterprise education and education for small business management', *International Small Business Journal*, 15, 56–77.

Guzmán, J. and Santos, F.J. (2001), 'The booster function and the entrepreneurial quality: an application to the province of Seville', *Entrepreneurship and Regional Development*, 13 (3), 211–28.

Hartshorn, C. and Parvin, W. (1999), 'Teaching entrepreneurship: creating and implementing a naturalistic model', paper presented at International Conference EURO PME, Rennes, 30 September–2 October.

Hills, G.E., Shrader, R.C. and Lumpkin, G.T. (1999), 'Opportunity recognition as a creative process', *Frontiers of Entrepreneurship Research*, Wellesey, MA: Babson College.

Honig, B. (2004), 'Entrepreneurship education: toward a model of contingency-based business planning', *Academy of Management Learning and Education*, 3 (3), 258–73.

Johanisson, B. (1991), 'University training for entrepreneurship: Swedish approaches', *Entrepreneurship and Regional Development*, 3(1), 67–82.

Kalternborn, O. (1998), 'Entrepreneur-Service (ES)— a national project for improved local service to entrepreneurs', in M.G. Scott, P. Rosa and H. Klandt (eds), *Educating Entrepreneurs for Wealth Creation*, Aldershot: Ashgate.

Kao, J.J. (1989), *Entrepreneurship, Creativity and Organization*, Englewood Cliffs, NJ: Prentice-Hall.

Katz, J. and Gartner, W.B. (1988), 'Properties of emerging organizations', *Academy of Management Review*, 13 (3), 429–41.

Kent, C.A. (1990), 'Entrepreneurship education at the collegiate level: a synopsis and evaluation', in C.A. Kent (ed.), *Entrepreneurship Education: Current Developments, Future Directions*, Westport, CT: Quorum Books.

Kirby, D.A. (2003), *Entrepreneurship*, Maidenhead: McGraw-Hill Education.

Kirchhoff, B.A. (1990), 'Creative destruction among industrial firms in the

United States', in Z.J. Acs and D.B. Audretsch (eds), *The Economics of Small Firms: A European Challenge*, Dordrecht: Kluwer Academic.

Kolvereid, L. (1996), 'Prediction of employment status choice intentions', *Entrepreneurship Theory and Practice*, 21 (1), 47–57.

Krueger, N.F. (1993), 'The impact of prior entrepreneurial exposure on perceptions of new venture feasibility and desirability', *Entrepreneurship Theory and Practice*, 18 (1), 5–21.

Krueger, N.F. (2000), 'The cognitive infrastructure of opportunity emergence', *Entrepreneurship Theory and Practice*, 24 (3), 5–23.

Krueger, N.F. and Brazeal, D.V. (1994), 'Entrepreneurial potential and potential entrepreneurs', *Entrepreneurship Theory and Practice*, 18 (3), 91–104.

Krueger, N.F. and Carsrud, A.L. (1993), 'Entrepreneurial intentions: applying the theory of planned behaviour', *Entrepreneurship and Regional Development*, 5 (4), 315–30.

Krueger, N.F., Reilly, M.D. and Carsrud, A.L. (2000), 'Competing models of entrepreneurial intentions', *Journal of Business Venturing*, 15 (5/6), 411–32.

Lechner, C. and Dowling, M. (1998), 'How to design business plan seminars? Single topic business plan courses as a focused approach', paper presented at IntEnt98 conference, Oestrich-Winkel, Germany, 26–28 July.

Liñán, F. (2004), 'Intention-based models of entrepreneurship education', *Piccolla Impresa/Small Business*, (3), 11–35.

Liñán, F. and Rodríguez, J.C. (2004), 'Entrepreneurial attitudes of Andalusian university students', 44th ERSA conference, Porto, 21–25 August.

Loucks, K.E. (1988), *Training Entrepreneurs for Small Business Creation*, Geneva: International Labour Office.

Matthews, C.H. and Moser, S.B. (1995), 'Family background and gender: implications for interest in small firm ownership', *Entrepreneurship & Regional Development*, 7 (4), 365–77.

McIntyre, J.R. and Roche, M. (1999), 'University education for entrepreneurs in the United States: a critical and retrospective analysis of trends in the 1990s', *Center for International Business Education and Research*,

1999–2000 Working Paper Series, num. 99/00-021, Georgia Institute of Technology, Atlanta.

McMullan, W.E. and Gillin, L.M. (1998), 'Developing technological start-up entrepreneurs: a case study of a graduate entrepreneurship programme at Swinburne University', *Technovation*, 18 (4), 275–86.

Nickel, S.J. (1996), 'Competition and corporate performance', *Journal of Political Economy*, 104 (4), 724–46.

Nolan, A. (2003), *Entrepreneurship and Local Economic Development*, Paris: OECD.

Organisation for Economic Co-operation and Development (OECD) (1998), *Fostering Entrepreneurship*, Paris: OECD.

Peterman, N.E. and Kennedy, J. (2003), 'Enterprise education: influencing students' perceptions of entrepreneurship', *Entrepreneurship Theory and Practice*, 28 (2), 129–44.

Reitan, B. (1997), 'Where do we learn that entrepreneurship is feasible, desirable and/or profitable?', paper presented at USASBE Annual National Conference, San Francisco, California, 21–24 June.

Reynolds, P.D. (1997), 'Who starts new firms? Preliminary explorations of firms-in-gestation', *Small Business Economics*, 9 (5), 449–62.

Reynolds, P.D. and Miller, P.B. (1992), 'New firm gestation: conception, birth, and implications for research', *Journal of Business Venturing*, 7, 405–17.

Scherer, F.R., Brodzinsky, J.D. and Wiebe, F.A. (1991), 'Examining the relationship between personality and entrepreneurial career preference', *Entrepreneurship and Regional Development*, 3, 195–206.

Scott, M.G. and Twomey, D.F. (1988), 'The long-term supply of entrepreneurs: students' career aspirations in relation to entrepreneurship', *Journal of Small Business Management*, 26 (4), 5–13.

Shane, S. and Venkataraman, S. (2000), 'The promise of entrepreneurship as a field of research', *Academy of Management Review*, 25, 217–26.

Shapero, A. and Sokol, L. (1982), 'Social dimensions of entrepreneurship', in C.A. Kent, D.L. Sexton and K.H. Vesper (eds), *Encyclopaedia of Entrepreneurship*, Englewood Cliffs, NJ: Prentice-Hall.

Shaver, K.G. and Scott, L.R. (1991), 'Person, process, choice: the psychology of new venture creation', *Entrepreneurship Theory and Practice*, 16 (2), 23–45.

Singh, R.P., Hills, G.E. and Lumpkin, G.T. (1999), 'New venture ideas and entrepreneurial opportunities: understanding the process of opportunity recognition', paper presented at USASBE/SBIDA annual national conference, Sailing the Entrepreneurial Wave into the 21st Century, San Diego, California, 14–17 January.

Small Business Administration (SBA) (2000), *Building the Foundation for the New Century. Report on the Implementation of the White House Conference*, Washington, DC: Small Business Administration.

Specht, P.H. (1993), 'Munificence and carrying capacity of the environment and organization formation', *Entrepreneurship Theory and Practice*, 17 (2), 77–86.

Timmons, J.A. (1999), *New Venture Creation: Entrepreneurship for the 21st Century*, 5th edn, Singapore: Irwin McGraw-Hill.

Wallas, G. (1926), *The Art of Thought*, New York: Harcourt-Brace.

Weinrauch, J.D. (1984), 'Educating the entrepreneur: understanding adult learning behavior', *Journal of Small Business Management*, 22 (2), 32–7.

Wennekers, S. and Thurik, R. (1999), 'Linking entrepreneurship and economic growth', *Small Business Economics*, 13, 27–55.

Westall, A., Ramsden, P. and Foley, J. (2000), *Micro-Entrepreneurs: Creating Enterprising Communities*, London: Institute of Public Policy Research and New Economics Foundation.

第十四章 评估创业教育和培训：项目设计的含义

科利特·亨利　弗朗西斯·M.希尔　克莱尔·M.利奇

一、引言

从历史的视角来看，经济学家把创业与利润导向、资本投资和风险（Cantillon，1755［1931］；Say，1803［1964］；Schumpeter，1934）联系在一起，支持经济扩张的观点（Cole，1965；Schumpeter，1965；Weber，1930）。然而，创业在现代社会中的作用越来越大，人们倾向于将其视为一种社会的万灵妙药。例如在经济合作与发展组织中，《博洛尼亚宪章》（Bologna Charter，OEDC，2000）建议，创业和富有活力的中小企业对于经济增长、创造就业、区域和地方发展以及社会凝聚力来说，在经济结构调整和消除贫困方面是至关重要的。同样，从欧洲层面来说，创业被视为创新、竞争和增长的主要驱动力以及增加社会凝聚力的工具（EC，2004）。

然而，随之而来的担忧是欧盟没有充分挖掘创业的潜力。这个问题有两个主要方面：(1)创业者（准备）不足；(2)不充分的企业产生显著的增长（EC，2004）。因此，《欧洲行动计划》提出了一系列旨在解决这些问题的倡议和干预措施。一个解决问题的方法是通过提供高质量和有针对性的支持，包括教育、培训和指导，为有抱负和已建立企业的创业者提供服务。这就体现了一个信念（并不新），即创业可以通过政府的帮助行为使乃至最贫困的地区得到经济上的发展。

鉴于此，麦克马伦等（2001）认为，必须评估这种支持的有效性有以下几个原因：首先，人们预期这些方案的净收益应大于其成本和风险，特别是由于这种费用由纳税人承担。其次，为创业者和参与者提供资金、培训项目的费用可能很高。第三，除了显而易见的成本之外，可能还有一些隐形的成本，比如由特邀发言人、导师和与项目交付有关的无偿顾问所承担的额外费用。第四，如果参与者决定实施从创业计划中获得的学习和建议，他们可能会承担额外的风险。

本章将在理论、方法学和实践层面上对创业培训方案的有效性进行研究。"有抱负的创业者"的定义是："正在考虑建立自己的企业，并可能处于各种准备阶段的人"（Henry et al., 2003a）。关于创业培训，我们的定义是明确的：第一，贾米森（Jamieson, 1984）对创业教育的三个分类，特别是第二个"创业教育"，专注于特定的有抱负的创业者自主创业的准备上，鼓励参与者建立和经营自己的企业；第二，通过加拉瓦和奥西内德（1994）的著作把一个类似的分类命名为企业所有者的教育和培训。这样的规定旨在为那些寻找从就业到自我创业转变的人提供一个实践性的支持。从文献资料和实证研究成果的基础上提出一种框架，以提供这种培训方案的结构和评价。然而，对不同环境的认识的基础上，这个框架设计变得具有灵活性和适用性了，而不是在教学层面上过于规范。本章结构如下：首先，作为以下内容的基础，创业培训项目的重点在于挖掘资源以及讨论创业基础知识的价值；其次，探索了一些对评估项目有效性的核心问题；第三，呈现本文所承担的研究；第四，考虑由此产生的框架以及它的理论性和经验性基本原理；第五，讨论了决策者、创业培训项目投资人、设计者以及提供者设计的提议框架的潜在价值；最后，结论部分重点强调了进一步研究的必要性。

二、培养创业者资源和知识基础

考虑到提供的创业培训和其他支持项目渐渐增多，赞助方的资金以及参与者的时间和努力不断加大（McMullan et al.，2001），因此对这种支持的价值和效力有兴趣。在以资源为基础的理论视角下，它的潜在价值变得显而易见，它强调企业内部资源是盈利能力和战略优势的主要驱动力（Kostopoulos et al.，2004）。可持续的竞争优势可能来源于有价值的资源（即利用机会和/或消除外部环境中的威胁）；它们非常稀缺（在公司现有和潜在的竞争者中）；是独特且不可取代的（Barney，1991；Penrose，1959；Pitelis，2004）。另外，资源可以被分为有形的（金融或物质上的）和无形的（员工的经验和技能；公司的声誉、商标品牌、生产商等）（Hitt et al.，2001）。

与后者相比，这引出了以知识为基础的公司的知识观，强调知识（"行动能力"；Sveiby，2001）作为一种战略资源，作为其竞争成功的重要决定因素。斯维比认为，一个以知识为基础的战略应该从人们开始，他将这些人以及他们的能力称为"主要的无形资源"。这是因为所有有形实物产品和资产，以及无形的关系，都是人类行为的结果，最终取决于人们的持续存在。因此，根据这一观点，价值创造的关键在于这种转移和转换的有效性（Sveiby，2001）。

克里斯曼（Chrisman，1999）建议，新企业创建可能被视为一个资源基础理论的特例，因为一个新企业除了创业者的知识之外几乎没有其他资源。创业者和投资者都评估企业的预期收益，根据他们对创业者开发独特资源的能力的看法，这些资源可以应用于某个特定的特殊市场或创造市场，以创造价值。这就暗示了创业者本身是企业获得可持续竞争优势的关键资源。克里斯曼也强调了知识作为一种资源的重要性，无论它是由创业者或与该公司相关的其他人所拥有。同样，卡特等（Carter et al.，1996）也指出影响创业过程的一个重要因素是创业者和外部顾问之间的互动。所有的创业者，无论知识渊博或经验丰富，都有局限性。因此，好的顾问可以作为新想法的共鸣板，提供一个有价值的关系网或提供一些互补的技能（Chrisman，1999）。另外，好的顾问也可以担任促进者、培训者以及指导者。吉布（2000）也强调了社交和社会资本的重要性。从这个角度看创业的干预，以培训计划的形式针对新企业创建有可能是有效的，前提是这样的计划：

● 帮助创业者识别资源的类型，他/她的目标应该是接受并且发展，目的是价值创造和竞争优势。

● 帮助创业者（他/她的企业）开发适当的功能将提高公司的效率和生产力的资源，以创造价值和满足适当的目标。

● 强调知识作为一种资源的重要性，同时也强调它的转化以及帮助它获得想要得到的事物。

● 压力的重要性和促进社交和交流。

三、评估效率

这一部分讨论了关于创业培训有效性评估的问题，包括研究设计和测量中固有的困难，以及评价标准的问题。

（一）评估问题

就企业创建的培训来说，对于最合适的衡量有效性的方法存在相当大的争论（Westhead et al.，2001）。确实，似乎没有一种标准的方法来评价这种干预，也没有一套共同的评价标准来确定有效性（Henry et al.，2003b；Wan，1989）。尽管许多创业项目倡导者表达了热情，但很少有人致力于对预期结果的影响进行严格、客观的分析（Oldman and Hallberg，2001）。人们普遍认为，对这种性质的评估是有问题的。事实上，在回顾了对创业培训的成本效益分析进行的研究之后，吉布（1997）总结道，"是否能够在回报方面找到一个有效的问题"的答案令人生疑。在这方面确定的一个特别问题是，除非政策目标明确说明和可衡量，否则评价是不可能的。不幸的是，正如斯托里（Storey，2000）指出的那样，在宏观层面上政府往往对这些目标不点明。其结果是，分析师必须推断出政策目标，而不是明确定义它们。麦克马伦等（2001）同意这个观点，他认为最适当的方案评价方法是与方案结果和目标直接相关。与政策和评价相关的一个复杂因素是，各国政府需要确保选票和政策制定者证明其政策的有效性。因此，可能有一种倾向，即鼓励"草率"的分析，（通过有限的预算加强），以及/或声称目标是任何由干预引发的事情（Harrison and Leitch，1996）。很明显，这种倾向应该被抑制，因为被误导的/不恰当的干预不太可能产生令人满意的结果，而无效的政策则是永存的。因此，柯伦（2000）认为政策评估应该由独立研究人员，例如学者，以非营利性的方式进行。

（二）方法论问题

另一类评估涉及的问题是与研究设计和测量有关的注意事项——详细信息见亨利等的著作（2004）。对于前者，斯托里（2000）称，想要评估政策的影响，有必要确定在没有政策的情况下，创业者以及他们的企业将会发生什么。詹森和哈弗尼斯（Jenssen and Havnes，2002）阐述了类似的观点并提出了一些问题，例如，如果没有这种支持，这些企业是否仍然是由同样的人或其他人创建？新的企业是否已经取代了现有的企业？

关于后者的问题，斯托里（2000）提出，将一个暴露于政策（实验组）

的组与一个与实验组相匹配的非暴露组进行比较。然而，也有必要控制复杂的变量，这些变量可能会模糊兴趣变量之间的关系，在此处便为创业者培训和有抱负的创业者的表现，以及他们建立的任何企业。就这一点而言，两个主要的复杂变量就是动机和选择。就动机而言，可能尽管与非暴露组（在匹配的变量中）相似，但是实验组可能在其他方面上与非暴露组（实验组）存在差异。例如，那些寻求培训的人可能比那些不接受培训的人更有活力，更乐于接受新思想。因此，如果两组调查对象的动机不同，任何绩效差异都可能反映出这一结果的影响而非政策的影响。

同样，当方案提供者选择一些申请者而不是其他人，在没有足够的资源来容纳所有人的情况下，选择偏差就会发生。假设选择者将会选择他们所认为最"好"的情况是合理的。在此实例中，即使策略没有任何好处（Storey，2000），所选组的性能也可能比匹配组更好。对这些混杂变量的控制包括使用随机面板将申请者随机分配给实验和非实验组，从而消除选择和动机的影响。奥尔兹曼和哈尔伯格（Oldsman and Hallberg, 2001）已经确认了五个基本的评估选项，并且承认带有随机分配的实验在评估框架中是"黄金标准"。然而，这个条件在实践中难以得到满足，尤其是因为方案管理者在道义和经济上有义务在最有可能从他们获益的项目上花费资源。由奥尔兹曼和哈尔伯格提出的另一种方法是用构造的控制进行准实验，在这个过程中，对控制组的赋值是非随机的。在这个方法中，认识到选择性偏差（无论是自我还是管理选择的偏差）很重要，并在可能的情况下控制这些偏差。奥尔兹曼和哈尔伯格也提供了三个额外的评估方法（非实验与反射性控制；参与者判断和专家意见；结构案例研究），这些评估方法并不是那么严格，接受设计和实施评估框架常常涉及权衡，即在严格的分析与预算和时间约束之间进行权衡。

就测量而言，麦克马伦等（2000）提议，有三个标准测量用来评估创业项目的影响，即：主观评估客户满意度，对关于他们后续表现的协助的影响力的客户归因和客观的测量，如企业和就业岗位的数量，以及增加的销量。他们的研究表明，依赖于参与者满意度或计划效率主观判断的项目评估可能会得出错误的关于项目在绩效方面的结论。他们可以从他们的调查研究中得出结论，当属性测量与主观测量一起使用时，可能在支持效率要求中有一定的价值。然而，这可能是一种主观的满意度测量方法，在完成一个项目后的一段时间（参与者在此期间有时间来反思其内容和他们自己的后续表现），可以产生有益的见解。

（三）评价标准

尽管在创业干预范围内还存在一些问题，但是本次内容的政策和评估讲的是在经济合作与发展组织中国家日益增长的重要性，于是，我们就采用了评估技巧和方法论的结合去评定这种干预的直接和间接影响（Andersson，2000：5）。然而，关于这些干预措施，包括将结构性计划调整到企业创造中，就会有缺乏连贯性并伴随着评估问题和遗留方法论的挑战（见例如 Curran and Storey，2002；Henry et al.，2003b，以及以上的论述）。

虽然不同的国家有它们自己的经济优先级，因此，干预措施将在不同条件下进行，某些关键部分会被强烈建议应用在评估框架开发过程中：

- 使用成本效益分析
- 可量化的标准确定的就业成功
- 在缺少计划或政策的情况下，会产生怎样的决心以及评估一个对照组是否需要就业
- 考虑时间维度的项目及其影响
- 评估工具和方法的结合（既定量又定性）
- 同时期的评估和干预设计
- 用户导向型集中在不同计划的参与者和客户的信息需要上

● 传播评估结果，包括政策和决策者适当的回应（改编自 Andersson, 2000: 6-7）

关于以上建议，值得注意的是，它们是根据已建立的一套明确的方案目标而设定。然而，虽然它们在通常情况下提供指导，但更明确的方向将使那些负责方案设计和提供的人受益。也有人建议，有必要鼓励政策制定者采用"评价文化"，这将导致对评价方法和评价结果的批判态度（Andersson, 2000: 8）。如上所述，这意味着由独立研究员指导的客观评价并不依赖于政策制定者或者他们研究结果的提供者（Curran, 2000）。

克里斯曼和麦克马伦（2000）说道，源自创业干预措施的竞争优势是通过隐性知识和显性知识来实现的。因此，评价应该包括定量和定性的因素。关乎后者，FIELD（Microenterprise Fund for Innovation, Effectiveness, Learning and Dissemination）（Field Best Practice Guide, 2002: 47）项目建议应评估创业培训方案有效性的五个关键类别：参与者特征；商业技能（对于商业成功和学习阶段至关重要的商业技能）；个人效能（方案干预如何影响核心创业者态度和行为）；参与（培训和技术支持的数量和顺序如何影响商业结果）；以及干预的差异（培训师的技能、经验和风格如何影响学员在培训和商业方面的成功）。由于必须考虑的变量数目，评估创业教育和培训方案的效力是一个复杂的问题（Westhead et al., 2001）。这给方案设计者和提供者提出了一项挑战，以制定适当、有效的评估方法。

四、研究

（一）研究设计

这项研究的主要目的是尽可能严格地调查新企业创建的培训方案的有效性，其中包括根据客观、主观和归因综合评价培训的数量和质量。

定量结果包括新企业和创造就业机会的数量，而定性结果则包含了参与者对他们所接受的培训的看法。随着时间的推移，这些变量也有了变化。因此，从参与者的角度评估了有效性，并从项目问题中的经济产出方面进行评估。具体的研究问题是："为新企业创造的培训计划实际上实现了什么？对参与者有哪些可衡量的收益？参与者对这些好处的看法会随着时间而改变吗？"人们希望这些问题的答案将有助于揭示这些方案的结构。

这个研究由三个主要的要素组成：

1. 八个成功的创业项目案例分析（由新建企业建议书的转化率衡量）被提供给五个不同的欧盟国家（芬兰、爱尔兰、荷兰、西班牙和瑞典），其综合了来自多种来源包括书面证据，如项目文献、新闻发布、评估报告以及深入访谈的定量和定性数据。这些案例被选为大学管理项目的典型例子，这些项目主要针对有抱负的创业者。八种不同创业方案的效力（结构、持续时间、内容和产出）得以确定。在此之后，确定了在设计和发展未来方案时要考虑的一些具体的关键要素和特点。另外，还有项目提供者和投资者的观点；参与者（有抱负的创业者）的扼要描述和观点；他们的之前、期间以及之后的观点，全部的学习转移（使用配对样本 t-检验）为这种性质结构的创业项目的直接和间接影响提供了更深入的洞悉——详细信息见亨利等（2003a）的著作。

2. 一个基于五个调查问卷的纵向研究（在下文被称作"实验组"）（n=35）在为期三年（在前期、中期和后期方案基础上）的时间里由参与者使用。

3. 一项比较研究包括实验组和对照组。对照组包括 48 位有抱负的已经申请了同样的项目作为实验组的创业者，但是由于可利用的位置有限，他们并没有被全部接纳。这个小组特别值得考察，因为它的成员和那些实验组的人有相似性，并且涉及很多的变量。例如，显然他们的个人资料很相似；比如实验组中的人员在培训前就有已经有了一个商业理念；他们全都表达了对创建一个企业的兴趣；如上所述，他们已经申请了同样的项目。他们的进展在他们申请加入这个项目（即他们实际上并未参加这个项目开始的两年后）三年后又得到了评估，并且他们的进展也同那个时候的实验组进行对比。从部分研究中得出的结果表明参加了创业培训项目的有抱负的创业者们比那些没有参加的人员取得了更为显著的进步。这些创业者也随着他们商业理念的发展而不断进步——详细解释见亨利等（2003a；2004）的著作。实验组中的参与者比对照组创办了更多的企业，提供了更多的工作岗位。

基于欧洲最有效的关于结构、持续时间、内容和产出方面的重要组成部分，项目投资者和提供者的视角，以及纵向研究的调查结果，我们构建了一个灵活的、非规范性的框架（将会在下面展示并讨论），以提高效率的视角说明计划的结构。图14-1总结了运用于构建这个框架的方法。

（二）方法的局限性

当我们竭尽所能地在这个研究中采用一种综合严格的方法时，它就被数据的可用性／可访问性、时间和预算（Oldman and Hallberg，2001）所局限。在这三年的纵向研究中，小型的实验组的反应率下降使研究结果的普适性变得困难。关于案例研究，我们希望采访更多与每个创业培训项目有关的个体。然而，由于预算限制，这项计划的实施实际上只包括了非常少的一部分人——一般是可以提供大部分所需信息的项目经理。

正如纵向研究的设计在本质上是一个准实验，它不可能被管理选择偏差控制，因为所采用的选择过程似乎并不包括评估分数。因此，控制选择性偏差的统计技术，例如赫克曼（Heckman）的两步调整程序，由于缺乏具体的数值选择变量，所以无法建立适当的选择方程

(Heckman,1974)。然而,重要的是要注意到选择过程中的两个关键点:首先,由于重点放在了有抱负的创业者身上,在这个选择程序中的一个主要的因素就是拥有一个企业理念的大纲,这个理念由选择小组讨论并达成共识;其次,正如提供者所要求的,不选择的主要原因是有限的位置数量。

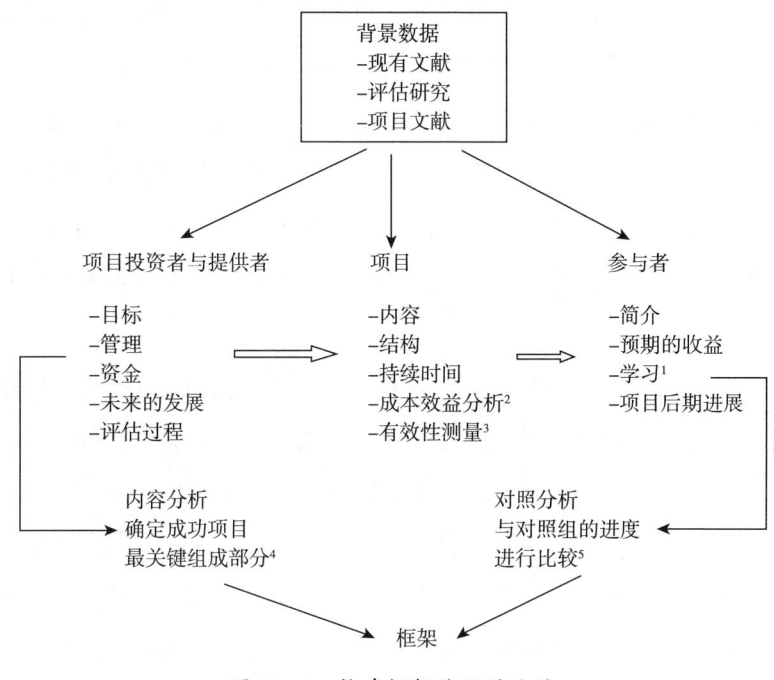

图 14-1 构建框架使用的方法

注释:
1. 由资格证书(NVQ)、完成创业计划、自我评价以及前、后调查问卷衡量。
2. 由每个项目成本、每名参与者、每家新公司和创造的工作岗位衡量。
3. 以完成率、实现方案目标、新公司/工作岗位的创造、创业计划的实现、感知学习成果、感知收益来衡量。
4. 由转化率的百分比来衡量(即从提议到企业的创建)。
5. 用于比较的独立变量包括:就业状况;个体是否还继续经营商业理念;拟议的公司是否已创建;创造的工作岗位数量。

就自我选择偏差而言，由于所有的参与者（包括实验组和对照组）都已经申请加入一个新公司创建的培训项目，因此可以假定在本研究中，自我选择／动机并不是一个主要的干扰变量。

五、框架

所提议的框架包括三个连续的阶段。第一个是前期阶段，其中包括一个互动的研讨会，大约持续半天或一天的时间，以提高人们的意识，鼓励参与者并解释在项目中涉及的内容。很可能随后而来的就是申请的过程。在申请的过程中，有抱负的参与者的申请由项目管理团队以及一个专家小组来评估，这个专家小组包括一些成功的创业者。然后，一旦参与者被选中，就表明他们要参加一个技术审查来确定他们具体的培训需求。

在框架的第二个阶段——中期阶段——研究结果表明，图 14-2 所列出的是在大约 12 个月内的核心要素。当然，内容应该反映特定的项目目标。大约十天的培训和／或研讨会贯穿于这个项目似乎是合适的。主题重点放在了这个研究中的项目参与者，并且作为一种特殊的收益，包括创业计划、市场营销和财务。在可能的情况下，将成功的创业者和过去的参与者作为嘉宾演讲者似乎也很合适。这些人有可能代表项目参与者的有价值的榜样和导师。当我们把训练和资格联系到一起时，可能会／不会对参与者有益处，这取决于组织的性质。将项目目标和学习成果与一些可识别的标准相联系可能为提供者提供一个有用的模板。资金和其他支持机构以及潜在的投资者也可以通过研讨会向项目参与者介绍。在整个项目中，参与者应该有机会尝试他们的商业想法的可行性并得到建设性的反馈。

第十四章 评估创业教育和培训：项目设计的含义　369

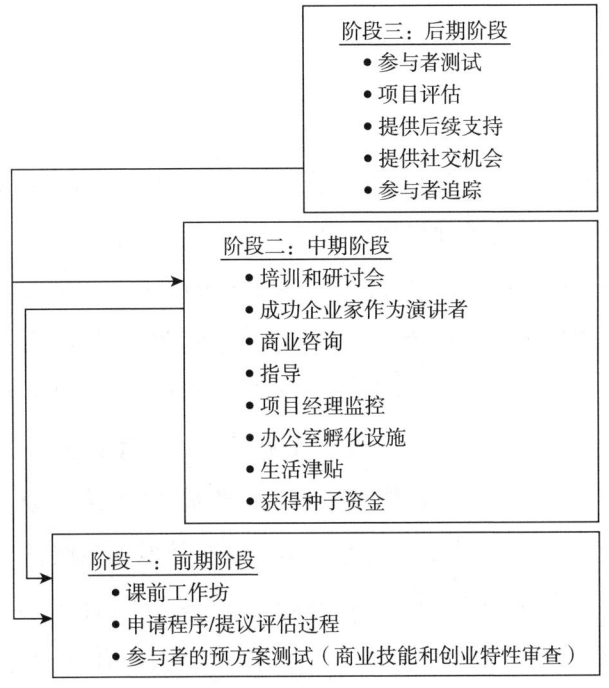

来源：亨利等（2003a：189）。

图 14-2　创业培训项目的框架

第三阶段——后期阶段——建议对参与者的商业技能和知识进行测试，以确定项目的直观效果。此外，还要进行彻底的评估，评估经济产出和参与者的看法与态度。后续支持——作者所审查的许多项目中缺少的一个因素——几乎所有被调查的参与者所要求的一个因素，都应该在可能的情况下提供。这可能包括扩展创业者的社交网络，将他们引入潜在的资金来源（例如风险投资家、商业天使），这可能会促进商业的增长。从这项研究的调查来看，似乎没有后续的支持主要是由于资金缺乏。为了确定项目的纵向价值，建议随着时间的推移追踪参与者。这也为参与者提供了其他支持的机会。

显然，项目的提供者应反馈每一阶段的学习，这些阶段应使他们的项目得到改进和演变。

六、讨论

上述框架旨在改善为新公司创建而设计的创业培训项目的结构和整体效率。虽然关于这类项目如何构成良好或最佳实践是一个值得深思的争论（见如"最佳项目"报告，European Commssion，2002），但在这里提出，就表明这种担心多余了。不如说这个问题应该是"什么构成了有效的实践"。因此，这个框架的设计意图是在不同的需要和环境中变得具有灵活性和适应性，同样，过度死板的实践教育要素也是不合适的。然而，由于新企业的创建可能被认为是资源基础理论的特例，这主要是因为新企业除了创业者知识之外，几乎没有其他资源储备（Chrisman，1999），项目设计者可以从这个角度推导出一些关于项目内容的指导。例如，创业计划中的顾问恰当地扮演导师、培训者和促进者的角色很重要，在他们和参与者之间建立起高度的环境兼容性同样重要（Dalley and Hamilton，2000）。

至于这个评估，我们必须认识到由于不同地区和国家之间创业项目的不同，因此目标也不尽相同，需要采取各种有效的测量方法。这样的测量方法应该在特定项目范围内定制；将具体目标产出与投入联系起来；考虑相关性、有效性、可靠性和实用性等问题；尽力去建立一种因果关系；采取奥尔兹曼和哈尔伯格（2001）所概述的五种基本评估方法中的一种或多种。此外，评估应该在可能的情况下控制选择偏差，并考虑可能的权衡问题。

我们认为本章的研究是有价值的，有以下几点原因。该框架是试图综合现有的高层宏观框架所提供的指导，在文献中由主要的评论人士提出的问题以及初级研究的结果，形成一个实用而灵活的模板。此外，它旨在改善新企业创建的创业者培训项目的结构和整体效率。因此，这一框架应该有利于创业者培训方案的设计者、提供者和资助者。例如，项目提供者可以在没有自己的项目的情况下实现这个框架。此外，经验丰富的项目提供者可以将该框架作为基准，将其与现有项目进行比较，并在必要时做出修订完善。

该框架是一个综合的项目，它将前期、中期和后期项目因素纳入项目评价。列入前期阶段研讨会，同时支持"挑选优胜者"的做法（Bridge et al.，1998；Storey，2000），将有助于显著提高项目提供者收到的申请质量，并将给予申请者关于如何期望从项目中获益的暗示。此外，参与者的前期项目调查不仅有助于确定具体的培训需求，还有助于准确衡量学习转化——前提是在项目完成后再次进行调查。该框架创新之一是需要后续支持。虽然由于预算限制这经常被排除在项目之外，但这种后续支持不必过于昂贵。即使是提供社交机会也是一项非常必要的、高成本/收益的支持活动，对有抱负和创业的创业者来说也是有益的。鉴于上述讨论，人们认为该框架可能为决策者、创业培训项目设计者、提供者和资助者提供有价值的支持。

七、总结

虽然该框架需要进行严格的测试，但它代表了一种影响创业培训项目结构和评价的尝试，即便它需要进一步的研究来完善。尽管有各种评估方法可用（Andersson，2000；EC，2002；OECD，1991；Oldsman and Hallberg，2001；Storey，2000；Westhead et al.，2001），但运用严格技术的研究还很缺乏（Storey，2000）。这似乎是被数据、预算和时间限制的组合，最重要的是，未能在项目设计阶段纳入评价框架。更多的研究使用整体控制的有效性，包括纵向设计和对选择偏差的考虑，这样研究的结果可以有更大的外部效度。研究比较项目的产出、报告的效益和更大范围的成本也是必要的。此外，诸如此类项目所使用的不同教学方法也对培训效果有影响，且涉及的培训人员的特殊创业经验等问题也需要加以考察。

参考文献

Andersson, T. (2000), 'Policy design, implementation and evaluation—rationale, efficiency and systemic concerns', Directorate for Science, Technology and Industry, OECD, paper presented at the Forum on Public Policies for SMEs in Europe, Lisbon, 13–14 April.

Barney, J. (1991), 'Firm resources and sustained competitive advantage', *Journal of Management*, 17, 99–120.

Bridge, S., O'Neill, K. and Cromie, S. (1998), *Understanding Enterprise, Entrepreneurship and Small Business*, London: Macmillan.

Cantillon, R. (1755), *Essai sur la Nature du Commerce en Général*, reprinted, H. Higgs (ed.), (1931), London: Macmillan.

Carter, N.M., Gartner, W.B. and Reynolds, P.D. (1996), 'Exploring start-up event sequences', *Journal of Business Venturing*, 11, 151–66.

Chrisman, J.J. (1999), 'The influence of outsider-generated knowledge resources on venture creation', *Journal of Small Business Management*, 37 (4), 42–58.

Chrisman, J.J. and McMullan, W.E. (2000), 'Outsider assistance as a knowledge resource for new venture survival', *Journal of Small Business Management*, 42 (3), 229–44.

Cole, A.H. (1965), 'An approach to the study of entrepreneurship', in H.G. Aitken (ed.), *Explorations in Enterprise*, Cambridge, MA: Harvard University Press, pp. 30–34.

Curran, J. (2000), 'What is small business in the UK for? Evaluation and assessing small business policies', *International Small Business Journal*, 18 (3), 36–50.

Curran, J. and Storey, D.J. (2002), 'Small business policy in the United Kingdom: the inheritance of the Small Business Service and implications for its future effectiveness', *Environment and Planning C: Government and Policy*, 20, 163–77.

Dalley, J. and Hamilton, B. (2000), 'Knowledge, context and learning in the small business', *International Small Business Journal*, 18 (3), 51–7.

European Commission (EC) (2002), 'Final report of the expert group "Best Procedure" project on education and training for entrepreneurship', Enterprise Directorate-General, Brussels, November, available from: www.europa.eu.int/comm/enterprise.

European Commission (EC) (2004), *EC's Action Plan: The European Agenda for Entrepreneurship*.

Field Best Practice Guide (2002), *Building Skills for Self-Employment: Basic Training for Microentrepreneurs*, Washington, DC: FIELD, Aspen Institute, available from www.fieldus.org.

Garavan, T.N. and O'Cinneide, B. (1994), 'Entrepreneurship education and training programmes: a review and evaluation', *Journal of European Industrial Training*, part I, 18 (8), 3–12; part II, 18 (11), 13–21.

Gibb, A.A. (1997), 'Small firms' training and competitiveness: building upon the small business as a learning organisation', *International Small Business Journal*, 15 (3), 13–29.

Gibb, A.A. (2000), 'SME policy, academic research and the growth of ignorance, mythical concepts, myths, assumptions, rituals and confusions', *International Small Business Journal*, 18 (3), 13–35.

Harrison, R.T. and Leitch, C.M. (1996), 'Whatever you hit call the target: an alternative approach to small business policy', in M.W. Danson (ed.), *Small Firm Formation and Regional Economic Development*, London: Routledge.

Heckman, J. (1974), 'The common structure of statistical models of truncation, sample selection, and limited dependent variables and simple estimator for such models', *The Annals of Economic and Social Measurement*, 5, 475–92.

Henry, C., Hill, F. and Leitch, C. (2003a), *Entrepreneurship Education and Training*, Aldershot: Ashgate.

Henry, C., Hill, F. and Leitch, C. (2003b), 'Developing a coherent enterprise support policy: a new challenge for governments', *Environment and Planning C: Government and Policy*, 21, 3–19.

Henry, C., Hill, F. and Leitch, C. (2004), 'The effectiveness of training for new business creation: a longitudinal study', *International Small Business Journal*, 22 (3), 249–72.

Hitt, M.A., Bierman, L., Shimizu, K. and Kochlar, R. (2001), 'Direct and moderating effects of human capital on strategy and performance in professional service firms: a resource-based perspective', *Academy of Management Journal*, 44, 13–28.

Jamieson, I. (1984), 'Schools and enterprise', in A.G. Watts and P. Moran (eds), *Education for Enterprise*, Cambridge: CRAC, Ballinger, pp. 19–27.

Jenssen, J.I. and Havnes, P.A. (2002), 'Public intervention in the entrepreneurial process: a study based on three Norwegian cases', *International Journal of Entrepreneurial Behaviour and Research*, 8 (3), 137–87.

Kostopoulos, K.C., Spanos, Y.E. and Prastacos, G.P. (2004), *The Resource-Based View of the Firm and Innovation: Identification of Critical Linkages*, Athens: Athens University of Economics and Business, available from axion@aueb.gr.

McMullan, E., Chrisman, J.J. and Vesper, K. (2001), 'Some problems in using subjective measures of effectiveness to evaluate entrepreneurial assistance programs', *Entrepreneurship Theory and Practice*, 26 (1), 37–54.

Oldsman, E. and Hallberg, K. (2001), 'Framework for evaluating the impact of small enterprise initiatives, Nexus Associates Inc.', available from www.wiram.de/dokumente/EvaluationPaper.PDF.

Organisation for Economic Co-operation and Development (OECD) (1991), 'The DAC Principles for the evaluation of development assistance', available from www.oecd.org.

Organisation for Economic Co-operation and Development (OECD) (2000),

'The Bologna Charter on SME policies', available from www.oecd.org.

Penrose, E.T. (1959), *The Theory of the Growth of the Firm*, New York: Wiley.

Pitelis, C.N. (2004), 'Edith Penrose and the resource-based view of (international) business strategy', *International Business Review*, 13, 523–32.

Say, J.B. (1803), *A Treatise on Political Economy, or, the Production, Distribution and Consumption of Wealth*, imprint (1964), London: Sherwood, Neeley and Jones.

Schumpeter, J.A. (1934), *The Theory of Economic Development*, Cambridge, MA: Harvard University Press.

Schumpeter, J.A. (1965), 'Economic theory and entrepreneurial history', in J.G. Aitken (ed.), *Exploration in Enterprise*, Cambridge, MA: Harvard University Press.

Storey, D.J. (2000), 'Six steps to heaven: evaluating the impact of public policies to support small businesses in developed economies', in D. Sexton and H. Landstrom (eds), *The Blackwell Handbook of Entrepreneurship*, Oxford: Blackwell, pp. 176–93.

Sveiby, K.-E. (2001), 'A knowledge-based theory of the firm to guide strategy formulation', *Journal of Intellectual Capital*, 2 (4), 344–58.

Wan, V. (1989), 'The Enterprise Workshop Programme in Australia', *International Small Business Journal*, 7 (2), 23–34.

Weber, M. (1930), *The Protestant Work Ethic and the Spirit of Capitalism*, London: Allen and Unwin.

Westhead, P., Storey, D.J. and Martin, F. (2001), 'Outcomes reported by students who participated in the 1994 Shell Technology Enterprise Programme', *Entrepreneurship and Regional Development*, 13, 163–85.

第十五章 高等教育中创业教学创新的原型：模型和例证

让-皮埃尔·贝查德 丹尼斯·格列瓦

一、引言

在这个全球化的时代，地方、区域和国家经济相互联系日益紧密，高校和其他高等教育机构的创业教育被要求帮助我们的社会应对就业和经济发展的挑战，这种呼声越来越高。令人印象深刻的是，将创业引入高等教育可能会引发人们质疑。更重要的是创业课程和项目是否在质量上有所提高——随着创业从一个有趣的商业活动转变为一个跨部门和学院共享的核心教学焦点。

但是，在这个大背景下，我们注意到，以研究为基础的关于创业教育质量的讨论相对缺乏。更具体地说，即什么使教学创新"生效"。这并不是说创业教育学者还未关注这一重点。例如，布洛克和斯顿夫（Block and Stumf, 1992）呼吁要更好地了解参加创业课程和培训项目的不同群体的需要，并针对这些需要制定各具特色的评估标准。在创业教育中决定什么是高质量的评估标准是"相当易变和模糊的"，因此维斯珀和加特纳（1997）建议使用马尔科姆·鲍德里奇国家质量奖（Malcom Baldrige

National Quality Award）开发的系统方法。贝查德和图卢兹（1998）鼓励学者通过考虑其所追求的教学目标来评估不同创业项目的质量和有效性。但是，除了这些反复的呼吁，很少有对创业教育中教学创新设计的研究和讨论，也很少有关于成功或不成功的教学改革特征的研究。

这种情况引起的后果是多方面的。例如，在创新者真正实施之前，他们并没有实际的方法去评估他们的教学计划的设计——项目主管和其他部门也面临着相同的问题。对他们来说，学者几乎没有什么方法去正式地比较各种教学改革的异同，也没办法研究为什么有些改革可能在某些情况下或对某些特殊目标而言是更为恰当/高效的原因。如果没有办法去理解什么是成功的创新，教育者们就很难在其他机构的同行们开发的成功的创新上建立自己的创新。因此，我们认为，如果没有针对教育创新的各个组成部分如何相互关联的研究，那么创业教育的发展就会受到严重阻碍。

为了解决这个问题，我们借鉴了教学改革的教育文献，提出了一个研究基础的分析框架，突出了不同类型创新的核心特征以及这些特征之间的关系。然后我们从创业教育的多样性中发现，一个人可以识别至少四种典型的创新实践，每一种都有其自身的特点和特殊性。我们以北美和欧洲高等教育学院著名的创业学者所开发的教学创新实例来说明该框架如何导入。在每个案例中，外部审稿人、教育专家和/或专业协会都识别了这些项目的创新特征。但与此同时，每一项创新的内在特征——以及如何使其适应于特定的环境——并未完全强调，特别是关于教育改革的学术知识。

通过突出教学创新的核心特征之间的一致性关系，并结合相关理论思考，我们设法为创业教育者提供具体的工具，以反思自己的创新实践，发现和开发他们可以创新的领域以及评估他们的创新的质量。更具体地说，我们的目的是使学者对不同的教学创新的不同维度之间的一致性进行正式的研究。相应地，我们希望这里介绍的框架和例证不仅会鼓励创业教育者继续创造新的创新，还会鼓励他们开展创业教育创新实践的学术研究。

二、理论发展

（一）一个突出教学创新核心特点的框架

为了建立一个分析框架，使我们能够理解创业教育中的教学创新的不同特征如何共同形成连贯的整体，我们转向有关于教学改革的教育研究文献。更具体地说，我们开始对这些文献进行认识论的梳理。在梳理中，贝查德（2006）分析了63篇最引人注目的文章之间的衔接（和分歧），这些作品来自三种超过25年的教育期刊的1335篇文章中的23,715篇引用：《创新高等教育》(*Innovative Higher Education*)（以了解美国教育文献的贡献）、《理学学术研究》(*Res Academica*)（以了解法语文献的贡献）以及《高等教育研究》(*Studies in Higher Education*)（以了解英美文献的贡献）。细读这些文章就会发现，在不同的研究方法和传统中，教学创新经常以两个相关的维度来研究：

- 对每个教学创新的教学基础的理解。
- 对每个教学创新开发和实施的背景因素的理解。

在文献梳理的基础上，我们开发了合成在表15-1中的框架，以上述两个维度来组织不同的教学创新特征。我们在下文各段中描述了这些维度的分析重点和相关指标。

1.教学基础 这个框架的第一个维度与教学创新的教学基础有关。从分析的角度来看，这个维度包含两个相关重点：支撑创新的本体论假设和这一创新特有的操作元素。本体论假设的重点指的是教育者的教学观、他们对自己和学生的看法以及他们对所传授知识的假设。就这部分而言，操作元素的重点指的是创新追求的教学目标、这类知识的重点、使用的教学方法和手段以及与创新的评价形式。

表 15-1 分析框架

分析指标	分析重点	指示变量
创新的教授和学习基础（教学模式）	什么样的本体论假设支撑着这一创新？ 什么样的操作元素是这一创新的特点？	● 教育者的教学观 ● 教育者对自己和学生的观点 ● 教育者对所传授知识的假设 ● 教学目标 ● 知识重点 ● 教学方法和手段 ● 评价形式
参与创新开发和实施的背景因素（支持基础设施）	什么样的安排在制度层面上支持这一创新？ 什么样的安排在教育体制层面上支持这一创新？	● 学术自治的程度 ● 机构的特殊使命 ● 结构协调机制 ● 分配资源用于开发和维持教学活动的制度 ● 机构自主权的等级 ● 教育系统的集中度 ● 针对创新和创业的国家政策

但是，理论上和实践上本体论假设和操作元素的两个重点是高度相关的，如组成一枚硬币的两面，即一个教育者的教学模式。教学模式的关联性来自有经验的教育者在一定的指导思想和原则内普遍实行他们的技艺（参见 Anderson，1995；Joyce and Weil，1996；Kember，1997）。相应地，这些指导思想和原则构成了教育工作者阐述他们的教学实践的基础——我们最近在一个关于创业教育教学模式的章节中扩展了这个观点。

教学模式是教育工作者的知识、观念和信念以及他们教学行为之间的桥梁。一方面，教学模式受到从能力到性别，从态度到过去的经验等个人特征、所学习的学科、所教授的学科以及一系列的部门和体制因素的影响（参见 Neumann，2001；Singer，1996）。另一方面，教学模式影响授课方式（参见 Robertson，1999; Saroyan and Snell，1997），授课方式相应地影响学生的学习方法，最终影响学生的学习结果（参见 Kember and Gow，1994）。在实践中，这些因果关系的考虑暗示了保持最佳一致性的重要性，即一个人的教学观念、信念和一个人对于给定的教学情境所做出的行为间的一致性（参见 Murray and MacDonald，1997；也见比格斯1999年提出的"建设性结盟"概念）。Béchard and Grégoire，2005：107-108）

在上面提到的章节中，我们注意到创业教育者可以用不同的模式来传授他们的教学，包括供应模式、需求模式、能力模式和至少两种模式混合的可能性（参见 Béchard and Grégoire，2005）。我们进一步明确了教育者的概念是如何在具体的教学内容中找到相关的回应的。相应地，这些观察指出了一些变量，这些变量可以区分教学模型。

例如，供应模式的重点是由教育者传授给学习者的知识、技能和其他能力。在这个模式中，教学被认为是"传递信息"（Kember，1997），抑或是"讲故事"（Ramsden，2003）。教师被认为是信息的"传播者"，学生或多或少地被认为是信息的"接受者"。从供应模式角度来看，所教的知识主要是由学科的学术研究来界定的。在操作层面，供应模式与教学目标相关联，例如"教授学生事实和学科的原则"以及"为学生提供一个角色模型"（Angelo and Cross，1993）。同时，供应模式往往从例如讲座、阅读材料、观看/听音视频文件等的教学方法中找到其方式。评价往往是终结性的，即重点评估学生对传授知识的保留程度。

需求模式的重点是回应学生的学习目标、动机和需求。在这种模式下，教学被认为是致力于传授所教知识的环境构建（Kember，1997），抑或是"组织学生活动"的环境构建（Ramsden，2003）。教师作为"促进者"和"指导者"——当学生被视为其学习的积极参与者时。从需求模式的角度来看，所教的知识主要是由学生对某一特定活动领域的需求来界定的。在操作层面上，需求模型和教学目标相关联，例如"帮助学生培养基本的学习技能"和"促进他们的个人发展和成长"（Angelo and Cross, 1993）。在实践中，需求模式经常与强调探索、讨论和实验的教学活动（如图书馆、网络和其他互动搜索、实验室实验、实地考察、模拟、小组讨论等）联系在一起。评价倾向于从知识形成的视角入手，要求学生反思自己的学习。

正如其名字所暗示的，能力模式的目的是培养学生的能力，即通过调动相关知识和能力来解决复杂问题的知识（参见 Le Boterf, 1998）。在这种模式下，教学被认为是教师与学生之间的互动过程（Kember, 1997），抑或是"使学习成为可能"（Ramsden, 2003）。教师被认为是"教练"和"开发者"——而学生则被认为是通过与教育者和同伴的互动来积极建构自己知识的个体。从能力模式的角度来看，所教授的知识主要是由现实生活中的有能力者所要解决的复杂问题来界定。在操作层面上，能力模式与教学目标相关联，例如"帮助学生培养高层次思维技能"和"为学生的工作/职业做准备"（Angelo and Cross, 1993）。相应地，能力模式常常与交流活动（例如研讨会、演讲、辩论）和知识产品（例如文章、动画、建模、投资组合）相关联，一般在尽一切可能接近实际情形的环境中进行。因此，评估一般着重于学生解决复杂的实际问题的能力。

在实践中，教育工作者们可以借鉴以上多个模式，因此而上述三个模式组合使用也未尝不可（Béchard & Grégoire, 2005: 117-119）。教学模式的教育研究已经表明，教育者的教学实践倾向于以一致的本体论假设为基础。因此，离散形式的教学创新也应该与特定的教学模式相关联。事实上，这一主张是我们分析框架的内在组成部分以及下文所述的经验分析。但我们也提出，这一教学模式的维度也可以与其他维度合并，从而创造一个特定的教学创新。

2. 背景因素框架的第二个维度与创新的背景相关联,更具体地说,那些决定创新的背景因素影响其发展和实施。从分析的角度来看,这个维度包括两个相关重点:支持制度层面创新的安排和支持教育系统层面创新的安排。

在制度支持层面,学者们观察到一些变量可能会影响创新的出现、发展和成功实施。例如各机构在教师拥有的自主权程度方面有所不同,相应地,这些变化影响将在不同的机构进行的教学创新的性质、范围和频率(Boyer,1990)。同样,机构的特殊使命——无论是强加的还是自我定义的——可以鼓励(或抑制)其内部的教学创新(Hannan and Silver, 2000)。不同的协调机制也会引起不同类型的创新(Fanghanel, 2004;Trowler et al., 2005)。例如,不同的部门经常在合作项目上共同工作,使得创新更有可能在校园范围内出现。相反,如果缺少部门之间的频繁合作,创新就会被限制在机构部门的内部层面上。此外,教育活动的价值与强调不同的机构有不同的做法是相关的,特别是教学活动的发展和维持方面资源配置的不同做法。当然,制度实践中的这些变化也被证明影响教学创新的类型和出现(Donald, 1997; Donnay and Romainville, 1996)。就像我们的框架中的其他维度一样,我们认为,不同的创新之间的差异,使得它们不会相互独立地发生,而会在分散中相互作用。

同样,一般性讨论可以在更大的教育体系中进行。例如,不同国家在给予高等教育机构的课程、项目和具体衔接上有不同程度的差别(Crespo, 1999)。在其他事情上,这可能会证明针对高等教育的国家政策的出现或国家教育体系中的集权程度。教育学者的研究再次表明,教育制度的自治程度和集中化程度影响着高等教育教学创新的性质、范围和发生(Dearing, 1997)。关于创业教育,我们也注意到针对创新和创业的国家政策的存在似乎也在创业教育的主动性培养中发挥着重要作用

（Wilson and Twaalfhoven，2005）——当高等教育决策高度集中时，更是如此（Léger-Jarniou，2005）。

和其他的维度一样，我们的论点是，这些背景因素可能不是彼此独立的。更重要的是，我们认为，它们协同工作以培养创业教育不同类型的教学创新。

（二）在创业教育中探索不同类型教学创新的原型

在更高的层次上，教与学的基础和背景两大维度指向几个可以描述不同类型的创新的变量。但是，正如我们在整个框架的描述中强调的，教育研究表明，这些特征之间应该有高度的一致性（Fanghanel，2004；Trowler et al.，2005）。换句话说，教学创新可能不会出现——以及功能——作为特征的随机组合，而往往倾向于离散的原型。最终，从设计的角度看，这些因素表明特征之间的一致性程度可能指向一个创新的内在质量（参见 Barnett and Coate，2005；Hannan and Silver，2000）——我们会在本文的总结部分提供一个结论。

但是，在讨论这些影响之前，我们使用上述的框架来突出创业教育中四种不同的教学创新的区别特征。因为这样做，我们就可以解释框架如何帮助人们了解创业教育中的教学创新的多样性，并指出这些创新建立的内部和外部一致性的特定关系。接下来，我们简要地介绍了指导这一实证工作的方法选择。

三、研究方法

为了最大限度地提高我们的例证的外部相关性，我们把重点放在了那些获得特别奖项的创业项目上，这些项目被视为在其社区教育中卓越和创新的案例，和/或已成功转移到其他高等院校的创业项目。这些有区别的外部标志——通常基于同行评价——对确保我们专注的教学创新是特别重要且意义深远的。同时，我们也力求从不同的国家教育制度中，在不同的制度层次上，提出具有代表性的案例。表 15-2 列出了我们参考的主要来源，以确定高等教育机构创新创业项目。

表 15-2　确定高等教育机构创新创业项目的参考来源

来源	项目
教学奖获奖者名单	Academy of Management's Entrepreneurship Division Awards（www.usfca.edu/alev/aom/AwardWinnerList.htm#Teaching） USASBE's entrepreneurship education awards（www.usasbe.org/about/awards/model.asp）
网站所列最佳做法	USASBE's innovative practices（www.usasbe.org/knowledge/innovation/index.htm） USASBE's syllabus exchange（www.usasbe.org/knowledge/syllabus/index.htm）
研究数据库	ERIC（www.eric.ed.gov/）
有关此类项目的研究出版物	《管理学院的学习与教育》Academy of Management Learning and Education 《国际创业教育杂志》International Journal of Entrepreneurship Education 《意图会议程序》IntEnt Conference Proceedings

在确定了一些创新项目之后，我们开始根据分析框架中突出的指标来区分它们（见表 15-1）。为了做到这一点，我们从描述每一个项目的网站的公开可用信息，以及从诸如描述这些项目所发生的背景的文章等次要数据中进行了审查。然后我们根据迈尔斯和休伯曼（Miles and Huberman，1994）的建议，在我们对数据和分析框架的检查之间来回切换。相应地，我们发现了第一组四种原型，每一种都以特定的教学创新作为例证，这种创新已经在某一特定机构中得到了成功实施。有趣的是，分析的每一个维度上的变化都使我们可以对比在北美和欧洲不同国家的不同的教育体系中发现的不同类型的创新。因此确定的四个项目是：

1. 在俄勒冈州立大学的奥斯汀创业项目（美国）
2. 在巴黎多芬纳大学的全球创业管理硕士课程（法国）
3. 在班贝格大学、耶拿大学和雷根斯堡大学实施的高科技创业研究生课程（德国）
4. 维多利亚大学创业项目（加拿大）

为了展开我们的分析，我们对这些创新进行了全面描述——典型的标准案例分析方法（参见 Eisenhardt，1989；1991）。表 15-3 列出了为构建这些案例所参考的来源材料。我们共同努力识别我们所考虑的创新的核心特征是什么：在这种情况下，下面列出的结果通过一种开放式相互协商的形式呈现。

表 15-3　每个案例的来源材料

项目 / 机构名称	来源材料
奥斯汀创业计划	www.bus.oregonstate.edu/programs/austin_entrep.htm（于 2005 年 9 月 16 日）
俄勒冈州立大学(美国)	最初信息提供者：克雷格·贾斯廷博士（Justin.Craig@bus.oregonstate.edu） 相关背景材料：Crespo（1999）；Katz（2003）；Kuratko（2005）；Lynch（2005）
全球创业管理硕士课程	www.dauphine.fr（于 2005 年 12 月 1 日）
巴黎多芬纳大学(法国)	最初信息提供者：凯瑟琳·莱杰-雅尔尼乌博士（catherine.leger-jarniou@dauphine.fr） 相关背景材料：Fayolle（1999；2000）；Klapper（2004）；Léger-Jarniou（1999；2002；2005）；Saporta and Verstraete（2000）
高科技创业研究生课程	www.exist.de/（于 2005 年 4 月 1 日和 9 月 16 日） www.exist-hightepp.de（2005 年 4 月 1 日和 9 月 16 日）
班贝格大学、耶拿大学和雷根斯堡大学(德国)	最初信息提供者：霍尔格·帕策尔特博士相关背景材料：Achtenhagen and zu Knyphausen-Aufseβ（2002）；Klandt（2003；2004）
创业项目维多利亚大学（加拿大）	http//business.uvic.ca（2005 年 4 月 3 日和 9 月 16 日） 最初信息提供者：博伊德·科恩博士（bcohen@business.uvic.ca） 相关背景材料：AUCC（2001）；Beaulieu and Bertrand（1999）；Menzies（2004；2005）；Menzies and Gasse（1999）；Mitchell（2003）；Mitchell and Chesteen（1995）；Mitchell et al.（2000）

一旦我们生成了每个案例的初稿，我们就联系一位参与创新的教育者。这些"最初信息提供者"阅读了相关案例并提供额外的见解，以验证我们在最终分析中使用的版本。当然，我们想要向这些信息提供者表示感谢，感谢他们慷慨地给予我们的帮助。

四、结果与分析

为了说明上述分析框架如何在创业教育中区分不同类型的教学创新，以下部分描述了上述四个创业教育项目的特点。表15-4根据我们在上面开发的分析框架，总结了每个项目的特点。然而，鉴于本章篇幅有限，我们只报告对每个项目的综合分析。对这些项目的完整描述可以访问免费网站（http://web.hec.ca/creationdentreprise/CERB/），和/或与作者联系（Grégoire and Béchard，2006）。

表15-4 四种创业教育中教育创新的原型

原型	运营一个创业型学习者社区	培养一个人的创业精神	在创业中培养学术专家	培养一个人的创业能力
项目	奥斯汀创业项目	全球创业管理硕士课程	高科技创业研究生课程	创业项目
机构（国家）	俄勒冈州大学（美国）	巴黎多芬纳大学（法国）	班贝格大学，耶拿大学和雷根斯堡大学（德国）	维多利亚大学（加拿大）
分析维度				
教学基础	*教学模型：需求*	*教学模型：多种能力要求*	*教学模型：供给能力*	*教学模型：能力*
	教学＝提供使学生借用知识成为可能的环境/组织学生活动	教学＝提供使学生借用知识成为可能的环境/组织学生活动	教学＝给予（学术性的）信息，而且要让学习成为可能	教学＝使教学成为可能

续表

什么样的本体论假设支撑着这种创新	老师＝促进者、指导者	老师＝促进者、指导者	老师＝推荐者也是建议者（教练）	老师＝教练、开发者
	学生＝参与者	学生＝参与者	学生＝在知识形成中积极的参与者	学生＝在知识形成中积极的参与者
	内容基本上是根据学生关于创业的需求来界定的	内容基本上是根据学生关于创业的需求来界定的，以及在真实生活中参与者解决的问题	内容基本上是根据相关学科的学术研究来界定，但是也会根据科技创业所面临的特殊问题	内容基本上是根据创业者在真实环境下需解决的问题
是什么操作元素塑造了这种创新？	教学目标：帮助学生发展基本的学习技能/培养学生发展和个人成长	教学目标：帮助学生培养基本的学习技能/培养学生发展和个人成长	教学目标：为学生讲授事实以及主旨的原则/为学生提供一个角色模型	教学目标：帮助学生培养更高层次的思维技能/为学生工作事业做准备
	教学方法强调个人探索	教学目标2：帮助学生培养更高层次的思维技能/为学生工作事业做准备	教学目标2：帮助学生培养更高层次的思维技能/为学生工作事业做准备	教学法强调讨论和知识的开发
	讨论交流活动无处不在	教学法重视交流和知识开发	教学法重视知识的转变和再生产，还有新知识的建构	评估强调真实环境中的表现
	形成性评价的方法	形成性和总结性评价的方法		
背景因素	高度教师自治	平均程度的教师自治	平均程度的教师自治	高度教师自治。创业学者的严谨团队，这些学者一起发展和促进创新
在制度层次上需要准备什么以支持创新？	以网络支撑部门的网络整合和服务考虑到大学制度与大学的综合代表团一致	重点是跨职能、团队商业专业人员的运用以及与所有的和大学目标有关的商业团体相互作用	大学和公司的现有关系	

续表

在教育体系层次上，需要准备什么以支持创新？	得益于高度的机构自治/教育的分散系统 建立在美国大学兄弟会传统的基础上	与法国体系的其他制度相关，从历史上来说，得益于高度自治 最新的政策对创新和创业的支持并且作为一个促进发展的手段	最新政策对创新和创业的支持，以此为基础促进经济的发展 政府层面强烈支持这种大学间的合作	得益于重视和支持这种创新的组织性文化（例如合作项目） 创新与维多利亚大学相比于其他加拿大大学的差异，优势是一致的

（一）类型一：俄勒冈州立大学的奥斯汀创业项目（美国）

始于2004年的秋天，俄勒冈州立大学（OSU）的商业学院与工程学院将其工作与学生宿舍和餐饮服务（UHDS）结合在一起，启动了"奥斯汀创业项目"（AEP）。这个项目的一个显著特点是它（实体上）嵌入学生宿舍——韦瑟福德大楼——专为那些对创业有兴趣的学生量身定制，而非仅仅专注于各种课程和选修课。通过固定在一个独特的物理空间，奥斯汀创业项目旨在有效地运营一个创业型学习者社区。

从我们的分析框架来看，俄勒冈州立大学的奥斯汀创业计划主要从教学的"需求"模式受益（Béchard and Grégoire，2005）。在这一模式中，教育者们认为教学本质上是在开发和支持一种环境，使学生能够利用相关知识（Kember，1997）或作为"组织学生活动"（Ramsden，2003）。这些概念特别体现在韦瑟福德住宿型学院被设计成一个体育竞技场，参与者可以在课堂内外全天候学习。推而广之，教师居住区和专业访问者的出现表明了教育者把他们自己定位为"促进者和指导者"（Kember，1997）。更重要的是，这些项目的总体设计和学习活动要求教育者关注的不是传递正式的学术知识，而是如何才能最好地帮助每个学生培养他们在创业方面的特殊潜力。这在奥斯汀项目非正式课程强调的四个能力方面特别明显（即团队协作、个体发展、社区建设和创业知识）。同样，就学生个人关于创业的需求而言，所教知识的概念符合需求模型的本体论概念。

以上述本体论概念为基础，俄勒冈州立大学项目特别强调社会和个人发展（参见 Groebe，1994; Pontecorvo，2003）或"培养学生个人发展与成长"（Angelo and Cross，1993）的学习成果。与这些教学目标一致，整个项目旨在鼓励尽可能多的互动，不仅仅在各种各样的"教育者"和学生之间，也在学生与学生之间。本着同样的目的，该项目依赖于强调个人探索的教学方法（例如个人反思的组合），并且交流与讨论活动无处不在（例如圆桌会议、炉边谈话、与导师单独交流等）。人们还注意到形成性评价方法的运用（例如投资组合、指导）——这又是"需求"模式的主要内容。俄勒冈州立大学项目依赖于交流的学习环境，正是通过所有这些互动，学生将发展他们的创业相关技能和知识。

作为一个旨在促进俄勒冈州的创业、技术转移与经济发展的校园举措，该项目很好地整合了其内部支持网络，即在学校、学院、行政和支持单位之间（例如住宿和餐饮服务），以及外部支持网络，例如当地的创业者、校友会等（参见 Grégoire and Béchard，2006）。同时，该项目针对所有学科的学生，表现出与俄勒冈州立大学综合使命的一致性。该项目还受益于决策范围，在美国分散系统的教育以及美国文化中这允许这样的地方性举措的出现以及发展。同样引人注目的是，作为一个根植于校园的项目，奥斯汀项目以兄弟会和姐妹会这个历史悠久的传统为基础——大多数美国校园里发现了无处不在的"希腊"系统的学生协会。

最后，从案例中得出的是一种教学创新，其中该项目的本体论和操作基础不仅是彼此一致的，而且还与创新发生的背景的特殊性相一致。

俄勒冈州立大学的奥斯汀项目采取它所用的形式是合理的。同时，我们在这里开发的框架表明，奥斯汀项目的成功不仅在于它的特殊性，还在于这些不同的特性如何形成一个连贯的整体。

（二）类型二：巴黎多芬纳大学的全球创业管理硕士课程（法国）

巴黎多芬纳大学是法国第一个提出创业项目的高等学府——早在1989年（Léger-Jarniou，2005：341）。但是，在2005年，正是一个外部变化在巴黎多芬纳大学掀起了一个新的创新浪潮：调整大学课程使其适应欧洲信用转账系统（ECTS）的需要。现在被称为全球创业管理硕士课程的新课程依旧保持了旧课程的首要目标——并不是为了开创新企业而培养学生的创业精神。除了一系列的正规课程，该项目还包括两项要求更高的活动。首先，学生以三人小组的形式合作，开发、完成并为一个"现实生活"创业者的创业计划申辩。第二项活动包括一个为期6个月的创业实习，在法国或国外并在监督下完成。在这两种情况下，目的依旧是培养学生对创业和创业相关事务的普遍态度。

从我们的分析框架来看，巴黎多芬纳大学新的全球创业管理硕士课程主要受益于教学中"需求"和"能力"两种模式的混合形式（Béchard and Grégoire，2005）。

一方面，该项目支持若干与能力模型相关的概念。这在项目的总体方向上特别明显（参见 www.dep.dauphine.fr/pages/ece/plaquette%20Master.pdf）：在一定程度上，大型或小型的创业企业隐含一个"项目管理的跨职能模式"，学生发展与这种模式相关的知识、能力和一般态度是很重要的——包括"一种成熟的创业精神"，以及他们的"自主性"和"责任制"。从这个角度看，该项目的内容在很大程度上是由复杂的问题来界定的，是在现实生活中需要有能力者解决的问题。另一方面，项目中的教育者们被要求强调不同学科之间的相似之处以及创业的实际需求——

也许更接近教学需求模式的"促进者"和"教练"的概念（Kember，1997）。例如，在咨询工作中值得注意的是，双方都先于认可并支持这项为期两个月的创业计划项目。通过辅导，项目中的教育工作者有效地组织了学生的学习活动（Ramsden，2003）。

　　需求和能力模式的合并可在项目运行的特点层次上观察到。通过其培养学生"创业精神"的既定目标——即他们对创业相关事务和活动的总体态度，巴黎多芬纳大学新的全球创业管理硕士课程特别强调个人发展的学习成果（Groebe，1994）。该项目还促进了学生沟通能力的发展，特别是通过强调团队合作和在一个专家小组面前进行创业计划的口头申辩。然而差异是微妙的，该项目更接近"帮助学生建立基本的学习技能"和"促进他们的个人发展和成长"的教学目标——两个教学目标与需求模式明显相关（Angelo and Cross，1993）——胜过"帮助学生培养高层次思维技能"这一个教学目标——这更为明确地阐述了能力模式。同时，该项目利用教学方法的组合，其中一些与"需求"模式相关（例如团队合作、实习），不过另一些与"能力"模式联系更为紧密。这是创业计划研讨会的典型案例，它被定位在现实生活中真实的项目上——即使是在这样特殊的案例中，这个项目也并非来自学生本身。虽然大多数正式课程都使用了总结性考试，但对个人投资组合的依赖增加了一个形成性的维度。现实生活中的创业者面临的现实问题的关注也增加了一个更接近能力模式的维度。因此我们观察到，支持项目的混合概念在项目的操作特性中也找到了一致的表达。

　　在制度层面上，强调跨功能与团队合作，利用商业人士积极参与项目，与企业界的融合都符合大学使命明确规定的一般方向（www.dauphine.fr/，参见 *Dauphine en bref*, *Il était une fois Dauphine*）。正如我们在别处记录的（参见 Grégoire and Béchard，2006），需要注意的是，相对于在法国系统中的其他机构，大学和其全体教职员工从历史上曾经受益于更高程度的自治——这一事实使得他们成为创业教育在其国家发展的先驱。然而与此同时，有人认为，这些成果也得到了最近针对创新和创业政府政策的支持，这些政策以创新和企业家精神作为促进经济发展的手段（参见Klapper，2005：190；Léger-Jarniou，2005：337）。

同样，从这个案例中得出的是一种针对创业精神发展的教育创新。更重要的是，我们的分析表明，创新的教学和学习基础是如何与发生创新的背景的特殊性高度相关的。例如，俄勒冈州和巴黎的项目之间有细微但重要的区别——即使两者都建立在通常与"需求"模式相关的假设和实践基础上，如果前者强调的是社交和沟通技能的发展（在个人发展的某些方面），后者更侧重于个人发展，尤其是在对待创业态度方面。就算沟通技巧也很重要，它们也只能处于第二位。但是，这些细微的差异却得到了不同的教学手段和方法的支持。但是，我们也观察到，这种对发展学生创业精神的强调恰好符合法国创业和创新当前观点。从分析的角度看，上面开发的框架有助于发现这些微妙但重要的差异。

（三）类型三：德国目前的高科技创业研究生课程

意识到低层次的创业驱动与对现有和潜在创业者而言非常官僚的基础设施息息相关，德国联邦教育与研究部在20世纪90年代末/21世纪初引入了一系列政策措施，特别是为了解决"仍然可以在德国大学里观察到的创业研究和教育的不足"（Achtenhagen and zu Knyphausen-Aufseβ，2002：300）。在这些措施中，目前的高科技创业研究生课程（TEPP）旨在通过新一代的拥有博士学位且有资格进行创业研究的教师来培养创业的学术专长，并且以创业为重点教授课程。有趣的是，该课程源自班贝格、耶拿和雷根斯堡三所不同的大学的学术合作。不过真正区分三年制高级TEPP课程的是它的跨学科性质，来自管理科学和商业经济学的研究生们与计算机、自然和生命科学的研究生一起工作。事实上，该课程的一个关键活动是将商业、经济和计算机研究生在"训练营"的实习时间持续数周,直接在处于萌芽阶段的以科学技术为导向的公司的实验室里进行。对于科学专业的毕业生来说,他们必须参加经济和商业管理培训课程。

从我们分析框架的角度来看,德国的高级 TEPP 课程起源于一种混合的模式,即来自教学的"供应"模式和"能力"模式(Béchard and Grégoire,2005)。一方面,本课程强调研究生研讨会培养创业研究的高层次知识,这与"供应"模式最为接近,重点是从专家学者到他们学徒的抽象知识的传递。在这种情况下,教师作为"演示者",要把信息传递给作为知识"接受者"的学生。更重要的是,所教的知识是正式的和抽象化的,而不是基于"背景"的。此外,该知识主要并非由创业学生的个人需求所界定,而是由对主题的学术研究界定的。但这并不奇怪——因为该项目旨在培养关于主题的学术专业知识。

另一方面,有趣的是在操作层面上对其进行观察,该项目的跨学科实习和创业计划练习更符合能力模式,因为学生直接面对现实生活中以科学为基础的创业问题,这些问题在现实创业中形成。这在跨学科实习中得到证明。与能力模型的本体论假设相一致,学生被视为其知识建构的积极参与者(Piaget,1952):在接下来由其中一个项目发起人阐述的引用中,这是最值得注意的。

（课程中的一个）重要因素是学生参与研讨会的程度——在这种情况下,他们不被动接受演讲的信息,但是他们受到鼓励与教授和指导进行互动学习,从而顺利通过以实践为导向的培训过程。重点是培养学生识别相关问题以及分析和解决的能力,而不是给学生预设的和结构的问题,从而进一步加强了学习过程（Achtenhagen and zu Knyphausen-Aufseβ,2002: 308-9）。

因此，教师像教练一样工作，有助于"使学习过程成为可能"（Ramsden，2003）。更重要的是通过与现实生活的限制和影响进行互动（Vygotsky，1962［1996］），学生在自己的角色中发展知识（Brown et al.，1989）。最后，正是通过与创业学术研究与实践经验相关的理论知识的整合，班贝格、耶拿和雷根斯堡三所大学的高等 TEPP 研究生预计将发展一种创业方面的学术专业，这也是该课程的目的。

鉴于高等 TEPP 项目的最终目标（也就是，发展创业的学术专业，作为促进经济增长的一种手段），以及德国历史上由中央政府扮演角色的集中系统式教育，这一特殊的创新发生在政府项目的背景下是不足为奇。正如我们在别处记录的（参见 Grégoire and Béchard，2006），这种公共政策的推动也有利于（和支持）该项目作为多机构合作的一个案例。在大学里，这种高水平的支持可能在鼓励某些部门/学科之间的合作方面发挥了作用，而原本这些部门/学科在其他方面几乎没有任何联系。同样，它可能有助于在学术界发出有力的信号，表明创业研究和教育是顺应潮流（合法）的。考虑到创新的制度、文化和社会经济条件，政府参与的程度可能是启动该项目的必要条件。然而，值得强调的是，这个项目本身来自于那些意识到在德国背景下创业教育的特殊挑战的教师。

与其他案例一样，从这个例子中可以看到，教学创新的不同特点往往倾向于对教学和学习基础、发展目标和要求以及背景驱动逻辑上的一致性。换言之，高等 TEPP 项目可以看作是一个连贯的整体，创新的不同组成部分一起工作——可以这样理解。正如我们在下面讨论的，这些一致性可能对教学设计的整体质量和它们的最终效果有重要的影响。

（四）类型四：维多利亚大学的创业项目（加拿大）

坚定地扎根于创业认知研究（例如 Mitchell，2003; Mitchell et al.，

2000）和可持续发展（例如 Cohen，2006；Cohen and Winn，2007），维多利亚大学（UVIC）商学院的本科和研究生对创业的关注特别集中在培养学生的创业能力上。通过一系列六个本科课程和三个研究生课程，所有这些高度整合课程横跨整个学期，维多利亚大学的教育目的超越传统活动（例如一个创业计划的实现），而将重点放在确保学生能够把学习应用到其他情况，特别是创业计划不断变化的情况下。为了做到这一点，维多利亚大学的项目明确强调其对"有意义的体验式学习"活动的依赖——和被教授关于其他创业者的事迹相反，在这些活动中，学生体验的是如何做一名创业者。

从我们分析的框架来看，维多利亚大学的创业项目主要受益于教学的"能力"模式（Béchard and Grégoire，2005）。这个模式以学生积极参与知识、技能和其他能力的共同建构这一观点为基础（Piaget，1952）。因此，当学生必须解决有意义的现实生活中的问题和情况时，学习是最有效的（Brown et al.，1989；Vygotsky，1962［1996］）。在这样一个模式中，教育者本质上认为教学是使学习成为可能的一种尝试，以及强调背景与内容、教师与学生之间互动的方式。这种观念在维多利亚大学的综合方法中表现得十分明显，在这些方法中，项目中不同元素被设计成一个整体课程。在维多利亚大学的尝试中，体现了创业相关的实践、问题和其他科学文献记录的模型的知识。与此同时，这一科学文献记录的知识并不是用抽象的去背景化的方式来界定的（就像在一个关于这个主体的正式演讲中一样）。相反，这种被教授的知识基于现实中创业者必须面对的具体问题和挑战。

基于上文所述的本体论概念，维多利亚大学项目特别强调认知发展的学习成果。这包括对陈述性知识和程序性知识的掌握。陈述性知识通过对相关研究结果的调查得到显著强调。同样，程序性知识的发展是通过学生创业认知（*sic*）的发展来组织的——定义为一系列关于创业相关的规则、惯例、启发式和其他心理模型。最后,这个项目旨在帮助学生培养更高层次的思考技能,这些技能在他们的职业生涯中可能是非常有用——这一目标与能力模型(Angelo and Cross,1993)相一致。本着同样的目的,这个项目依赖的教学方法强调实验和知识形成。这包括"创新项目™"(Innovation Project™)——"一种体验式融入活动,学生在四五个人的团队中,有 10 天的时间通过他们所选择的创业活动,创造尽可能多的经济利润或社会环境价值,风险只是 5 美元的启动资金"(http://business.uvic.ca/008_BComHome/ 4669_InnovationPro.html)。人们还注意到使用性和基于成就的评价形式——这也是"能力"模型的主要内容。在这种形式的评价中,强调的不是保留正式的知识或获得特殊的技能/能力,而是对一种越来越复杂的学习结果的层次的掌握/内化。在这种情况下,这个层次包括掌握:(1)一级思维(即创造价值代替利润最大化);(2)三重底线价值创造(即社会、环境和经济);(3)个人效能;(4)知识型领导;(5)以及最终在五年内成为创业者的潜力。最后,通过解决现实生活中的问题,学生们在调配学习资源(例如知识、技能、能力、网络等)的过程中培养其能力,这些资源对这些问题很有必要。

作为一个高度集成的以研究为基础的项目,维多利亚大学的项目主要由一个组织严密的创业学者团队支持,创业学者们一起制定项目的不同部分并成功地实现它们(参见 Grégoire and Béchard,2006)。同时,这种全面的方法从大学和大学的组织文化中受益——轻而易举地强调(并支持)这种创新。一方面,它允许学校将其课程设置与大陆上更大学校的课程设置区别开来。事实上,这一创新似乎与大学在合作教育方面的现有尝试相一致。另一方面,可持续发展问题的创新整合也符合一些问题,这些问题在温哥华岛和不列颠哥伦比亚省的社会经济环境中凸显,而且在整个西海岸都是如此。

同样,从案例中得到的是一种教学创新,在这种创新的基础上,创新的教学和学习基础与项目的目标和需求高度一致，并且与创新发生的背景的特殊性相一致。

五、讨论

本章的基础是观察，尽管在高等教育中提出创业教育的新途径和方法的工作中出现了新思路。在创业教育中，广泛借鉴教学创新研究文献几乎没有什么收获，更好地理解教学创新"研究"的不同特点是如何结合在一起并形成连贯整体的也没有什么进展。因此，很少有正式的方法可以理解不同的教学创新的各种特征和影响因素——更不用说从设计的角度来评估这些创新的质量了。

在这方面，我们的研究表明，在教育实践规范化的压力和教学活动明显的多样性之间，可以确定创业教育教学创新的分散原型。更重要的是，上述分析框架阐述并说明了教学创新——和功能——以及随机组合的特征并没有出现。相反，它们趋向于具有高度内在一致性的分散的构造。

在实证研究中，我们在四个来自不同国家的高等教育机构发现四个这样的原型：

● 一个专注于维持社区创业学习者的项目——俄勒冈州立大学奥斯汀创业项目（美国）

● 一个专注于发展创业精神的项目——巴黎多芬纳大学的全球创业管理硕士课程（法国）

● 一个专注于培养创业学术专业的项目——来自班贝格、耶拿和雷根斯堡三所大学的德国 EXIST 高技术创业研究生课程（德国）

● 一个专注于培养学生创业能力的项目——维多利亚大学商学院创业项目（加拿大）

然而，更重要的是，本章中我们开发的分析框架能够表明，在所有的四个原型中,创新的教学和学习基础不仅与其自身相关,也符合支持创新的组织性安排,以及制度和背景。

例如,奥斯汀创业项目的一个社区创业学习者的培养由与需求模型相关联的一系列假设组成,其中教学的目的是促进知识、技能和能力的形成,主要是根据学生个人和社会发展关于创业的需求来定义的。同时,这些假设在项目对强调个人探索、讨论和实验的教学方法的依赖中找到呼应。但更重要的是,我们观察到俄勒冈州立大学创新的这些教学特点,受到由美国学术界和大学享受的高度自治权、美国校园学生宿舍的传统以及一个机构网络内的部门、学校、配套服务和地方创业者整合的高度支持。

以类似的方式,全球创业管理硕士课程注重的是从需求和能力模式的假设上培养学生的创业精神。例如,所教授的知识是根据学生个人对创业的需要(在这种情况下他们对创业有关事务和职业的一般态度)以及创业者面临的现实生活中的问题的跨学科性质来界定的。相应地,该项目依赖于个人探索和实验的教学方法,这是典型的需求模式,但这也接近更典型的能力模式在真实生活中的体现。同时,我们注意到,巴黎多芬纳大学注重培养学生的创业精神,也强调跨功能、团队合作,使用商业专业人员和商业界的整合——这些元素与大学明确规定的方向一致。此外,我们观察到因为巴黎多芬纳大学历史上曾受益于一个相对高的自主权(至少在法国高等教育体系中),创业项目得益于最近的政府对创新创业的政策。

同样,高科技创业研究生课程重点是培养创业的学术专业知识,其定位在供应和能力两个教学模式的本体论假设和教学方法基础上。相应地,这种方法鼓励学生把由创业学术研究界定的高度抽象知识与高科技创业者面对的现实挑战的跨学科理解结合在一起。但是正如我们梳理的其他项目一样,我们发现,德国的创新重点是在一系列背景和结构中培养创业的学术专长。例如，它从一系列政府举措入手——符合德国高等教育体系相对集中的性质。同时，该项目的跨学科性质与政府以科学为基础的创业的重点是一致的——正如政府鼓励该项目跨大学一样。

与培养学生创业能力的目标相一致，维多利亚大学的创业项目建立在一个教学的概念上，其中教授知识主要由创业者面临的问题与挑战来界定，而且教学被视为"使学习成为可能"。相应地，该项目调动教学手段和方法，让学生在尽可能接近现实生活的创业情境中尝试这些问题和挑战。但更重要的是，我们注意到，维多利亚大学发展其学生创业能力这一中心点受益于一个紧密团结的创业学者团队的支持——允许其将项目构建为一个高度集成的活动。同时，这种全面的方法表现出与一种倾向于强调（并支持）这种创新的组织文化的直接一致性。

通过以上论述，我们在本章开发的框架——以及我们以上讨论的结果——表明，创业教育的教学创新至少意味着三条坐标轴的一致性：

• 第一条轴是在支持创新的本体论假设和创新的操作要素之间的一致性（即支持创新的教学模式之间的相关性）；

• 第二条轴是支持创新的制度和教育系统层级之间的一致性；

• 第三条轴是支撑创新的（多种）教学模式和支持它的制度与教育系统层级之间的一致性。

六、理论意义

高等教育研究长期以来强调教学创新一致的重要性（和有效性）。例如，比格斯（Biggs，1999）和拉姆斯登（Ramsden，2003）的研究已经证明学生的学习和成就评估与一个项目所追求的教学目标一致的重要性。更具体而言，相对于材料，他们强调这种"建设性的结合"是如何将学生的参与和毅力最大化并增加了长期持久学习的可能性的。

与此同时，一些教育学者强调了成功的创新往往是如何受一系列背景因素支持的。例如，范汉尔（Fanghanel）及其同事致力于研究学术部门在鼓励教学创新中的作用（Fanghanel，2004；Trowler et al.，2005）。他们发现，当处于教育者和大学之间中观层次时，学术部门主管在培养（或抑制）教学创新中发挥了关键作用。同样，由汉南和西尔弗（Hannan and Silver，2000）与 225 名教学创新者在英国 15 家高等教育机构进行的一个大型调查显示，一个提供教学创新和向其教导者提供必要的资源和奖励的制度文化是至关重要的。同时，这些作家强调了创新的不同类型——无论它们是独立的、引导的还是定向的——都需要不同基础设施的支持。就他而言，唐纳德（Donald，1997）与美国的大学院长和校长进行了多次谈话，明确了鼓励发展成功教学创新的组织决策的重要性，也就是说，提高学生学习的创新。

我们的研究通过强调第一个层次的一致性来促进这两方面的研究。更具体地说，我们探讨了创业教育的成功举措对支持这些创新（他们的所谓教学特色）的教与学之间，支持这些创新的组织结构和安排之间，以及大型机构和社会背景之间——例如教育系统——一致性的依赖程度。从一致性来看，教育研究对成功的教学创新意味着两点。首先，确定项目的质量仍然是评估学生学习成果质量的问题。然而，教育研究表明，更多的项目以一致的方式构思和实施，学生的学习往往更持久（Barnett and Coate，2005）。其次，项目的质量要求在教学和学习的基础上，不仅要从独立的角度或者从背景因素的角度来研究，还要从两个维度相互关系的角度来探讨。从这个意义上讲，在本章中我们力求突出的一致性指的不仅仅是从设计角度如何看待创新的质量：它最终指向学生学习成果的质量。

有趣的是，在创业教育文献中也可以找到类似的关于一致性问题的呼吁。其中，布洛克和斯顿夫（1992）鼓励创业教育者去关注学生的需求。

在他们看来，戈尔曼（Gorman）及其同事（1997）提出将创业教育与特定市场结合起来，这些努力是为了服务（例如正规教育学生、校外人士、现有的企业主/经理等）。更正式而言，贝查德和图卢兹（1998）强调了一个项目的总体目标及其教学要素之间的必要联系。在基础设施支持的层面上，基洛和卡里尔（2005）以及施米特（Schmitt, 2005）最近编著的书表明了创业教育学者对创业教育创新及其组织、机构和背景定位之间的一致性的关注。目前的工作增加了这些文献，这是一个更广泛的以研究为基础的框架，用来考虑创业教育创新中的一致性问题。相应地，这个框架提供了具体的方法去"思考"教学创新的各个组成部分。在第一层面上，我们必须意识到，上面描述的原型可能并不总是或必然是以纯粹的形式被察觉。在实践中，一些创新可能比其他的更为典型。推而广之，可能有两个或两个以上的原型混合特征的创新。然而，我们认为以上发展的框架仍然是一个有用的工具，可以有效地识别特殊的教学创新的关键特征，从理论上来说，这与教育创新的研究文献是一致的。

相应地，这些理论上一致性的考虑为确定评价标准提供依据，这些评价标准需考虑创新教学和学习基础、它所追求的学习目标、它对教育工作者的要求以及创新的前提条件和动力。因此，也许更可取的做法是开发与特定背景相一致的创新，而不是尝试复制在其他地方取得成功的创新，至少不用质疑它们的适用性。事实上，高等教育的研究文献表明，即便有市场和经济的全球化，但国家高等教育体系依旧保持高度差异化，因为它们各自保留着特定的政治、经济、文化等制度特征（Borrero Cabal, 1995）。

七、局限性和未来研究的展望

当然，上述的开发、分析和发现是不能免除一些局限性的。例如，在方法论层面上我们没有尝试对一个有代表性的创新项目进行详尽的分析，而是集中在特定的原型实例上。因此，在创业教育中可能会发现其他类型的教学创新模式。

我们没有尝试通过使用盲目的／独立的编码器和可靠性的衡量指标的多编码程序来建立我们分析的可靠性，因为我们的目标是探索性的，而不是证明性的。同时，这项研究的每个维度的分析指标理论上是一致的，但只是粗略的定义。也就是说，我们的工作总是以重复的协商一致的方式进行的。首先是我们在理论、框架和例证之间反复。其次，因为我们和关键的信息提供者一起开发案例。因此，上面的研究仍然符合表面效度的初步检验。

根据这些观察，未来研究的兴奋点将包括分析框架的验证研究（特别是有更明确的指标和更详细的分析程序）。此外，未来研究的兴奋点将会是在更详尽的、正在大力提倡的、在特定的文化、制度和国家环境下随着不同类型而分布的创新中进行。在实践中，这些研究工作可以在已发表的针对国际差异教育比较研究成功的基础上进行（例如 Clark，1998; 2004）。

八、结论

创业教育中教学创新的核心特征是什么？而且，更重要的是什么使教学创新在高等教育中"发挥作用"？本章中我们强调的是：一方面，创新的教与学基础之间的一致性程度；另一方面，它的组织、制度和背景的定位，最终可能从设计的角度指向创新的质量。之所以如此，我们的研究有助于正在进行的学术交流，讨论关于创业的内在质量和高等教育的创新。在此基础上，我们提出了这样一种观点，即随着创业活动从一个有趣的商业选修课程转变为一个跨部门和学院共享的整个教学焦点时，创业教育工作者面临的挑战是越来越少的合法性和越来越高的质量

（要求）。由此可见，关注教学创新核心特征之间多层次的一致性为解决这一问题提供了切实可行的解决之策。

参考文献

Achtenhagen, L. and zu Knyphausen-Aufseβ, D. (2002), 'Fostering entrepreneurship education and research in Germany—the EXIST High Technology Entrepreneurship Postgraduate Program', in C. Nieuwenhuizen and H. Klandt (eds), *International Entrepreneurship Education and Training*, Köln, DE: Josef Eul Verlag GmbH/ Lohmar, pp. 299–316.

Anderson, L.W. (1995), 'Theories and models of teaching: introduction', in L.W. Anderson (ed.), *International Encyclopedia of Teaching and Teacher Education*, 2nd edn, Oxford: Pergamon Press, pp. 89–91.

Angelo, T.A. and Cross, K.P. (1993), *Classroom Assessment Technique: A Handbook for College Teachers*, 2nd edn, San Francisco, CA: Jossey-Bass.

Association des universités et des collèges du Canada (AUCC) (2001), *Orientations 2001*, Ottawa, CA: AUCC.

Barnett, R. and Coate, K. (2005), *Engaging the Curriculum in Higher Education*, Buckingham: Society for Research into Higher Education and Open University Press.

Beaulieu, P. and Bertrand, D. (eds) (1999), *L'État québécois et les universités: acteurs et enjeux*, Québec, QC: Presses de l'Université du Québec.

Béchard, J.-P. (2006), 'Fondements épistémologiques des quteurs clés de la pédagogie de l'enseignement supériéur: une analyse de toris revues 1976–2003', *Revue des sciences de l' éducation*, article in press.

Béchard, J.-P. and Grégoire, D. (2005), 'Understanding teaching models in entrepreneurship for higher education', in P. Kyrö and C. Carrier (eds), *The Dynamics of Learning Entrepreneurship in a Cross-cultural University Context*, Hämeenlinna, Finland: University of Tampere, Research Centre for

Vocational and Professional Education, pp. 104–34.

Béchard, J.-P. and Toulouse, J.-M. (1998), 'Validation of a didactic model for the analysis of training objectives in entrepreneurship', *Journal of Business Venturing*, 13 (4), 317–33.

Biggs, J. (1999), *Teaching for Quality Learning at University*, Buckingham: The Society for Research into Higher Education and Open University Press.

Block, Z. and Stumpf, S.A. (1992), 'Entrepreneurship education research: experience and challenge', in D.L. Sexton and J.D. Kasarda (eds), *State of the Art of Entrepreneurship*, Boston, MA: PWS-Kent, pp. 17–42.

Borrero Cabal, A. (1995), *L'université d'aujourd'hui*, Paris: Éditions UNESCO.

Boyer, E.K.(1990), *Scholarship Reconsidered: Priorities of the Professorate*, Princeton, NJ: Carnegie Foundation for the Advancement of Teaching.

Brown, J.S., Collins, A. and Duguid, P. (1989), 'Situated cognition and the culture of learning', *Education Researcher*, 18, 32–42.

Clark, B.R. (1998), *Creating Entrepreneurial Universities: Organizational Pathways of Transformation*, Oxford: IAU Press/Pergamon.

Clark, B.R. (2004), *Sustaining Change in Universities*, Buckingham: Society for Research into Higher Education and Open University Press.

Cohen, B. (2006), 'Sustainable valley entrepreneurial ecosystems', *Business Strategy and the Environment*, 15 (1), January/February, 1–14.

Cohen, B. and Winn, M.I. (2007), 'Market imperfections, opportunity and sustainable entrepreneurship', *Journal of Business Venturing*, 22 (1), 29–49.

Crespo, M. (1999), 'Tendances récentes des politiques publiques aux États-Unis et au Canada (hors Québec) à l'égard de l'enseignement supérieur', in P. Beaulieu and D. Bertrand (eds), *L'État québécois et les universités: acteurs et enjeux*, Québec: Presses de l'Université du Québec.

Dearing, R. (1997), 'Higher education in the learning society', *Report of the National Committee of Inquiry into Higher Education*, London: HMSO.

Donald, J. (1997), *Improving the Environment for Learning*, San Francisco, CA: Jossey-Bass.

Donnay, J. and Romainville, M. (eds) (1996), *Enseigner à l'université: un métier qui s'apprend*, Bruxelles: De Boeck Université.

Eisenhardt, K.M. (1989), 'Building theories from case study research', *Academy of Management Review*, 14, 532–50.

Eisenhardt, K.M. (1991), 'Better stories and better constructs: the case for rigor and comparative logic', *Academy of Management Review*, 16 (3), 620–27.

Fanghanel, J. (2004), 'Capturing dissonance in university teacher education environments', *Studies in Higher Education*, 29, 575–90.

Fayolle, A. (1999), 'Orientation entrepreneurial des étudiants et évaluation de l'impact des programmes d'enseignement de l'entrepreneuriat sur les comportements entrepreneuriaux des étudiants des grandes écoles de gestion française: étude exploratoire', in J. Fontaine, B. Saporta and T. Verstraete (eds), *Actes du premier congrès de l'Académie de l'Entrepreneuriat*, Lille: Édition par le Pôle universitaire européen Lille-Pas de Calais, pp. 180–92.

Fayolle, A. (2000), 'L'enseignement de lèntrepreneuriat dans le système éducatif français: un regard sur la situation actuelle', *Gestion 2000*, mai-juin, 77–95.

Gorman, G., Hanlon, D. and King, W. (1997), 'Some research perspectives on entrepreneurship education', *International Small Business Journal*, 15 (3), 56–77.

Grégoire, D. and Béchard, J.-P. (2006), 'Description of four pedagogical innovations in entrepreneurship for higher education', in *Cahier de Recherche # 2006-06*, Montréal: Rogers-J.A.-Bombardier Chair of Entrepreneurship, HEC Montréal.

Groebe, N. (1994), 'Humanistic models of human development', in T. Husén and T.N. Postlethwaite (eds), *The International Encyclopedia of Education*, 2nd edn, Oxford: Pergamon Press, pp. 2689–92.

Hannan, A. and Silver, H. (2000), *Innovation in Higher Education: Teaching, Learning and Institutional Cultures*, Buckingham: Society for Research into Higher Education and Open University Press.

Joyce, B.R. and Weil, M. (1996), *Models of Teaching*, 5th edn, Boston, MA: Allyn and Bacon.

Katz, J.A. (2003), 'The chronology and intellectual trajectory of American entrepreneurship education 1876–1999', *Journal of Business Venturing*, 18 (2), 283–300.

Kember, D. (1997), 'A reconceptualization of the research into university academics' conceptions of teaching', *Learning and Instruction*, 7 (3), 255–75.

Kember, D. and Gow, L. (1994), 'Orientations to teaching and their effect on the quality of student learning', *Journal of Higher Education*, 65 (1), 58–74.

Klandt, H. (2003), 'A study on the state of entrepreneurship education and research at German-speaking universities and polytechnics', paper presented at the Internationalizing Entrepreneurship Education and Training Conference, Grenoble, France, 8–10 September.

Klandt, H. (2004), 'Entrepreneurship education and research in German-speaking Europe', *Academy of Management Learning and Education*, 3 (3), 293–301.

Klapper, R. (2004), 'Government goals and entrepreneurship education—an invesigation at a Grande École in France', *Education and Training*, 46 (3), 127–37.

Klapper, R. (2005), 'The Projet Entreprendre—an evaluation of an entrepreneurial project at a Grande École in France', in P. Kyrö and C. Carrier (eds), *The Dynamics of Learning Entrepreneurship in a Cross-cultural University Context*, Hämeenlinna, Finland: University of Tampere, Research Centre for Vocational and Professional Education, pp. 188–213.

Kuratko, D.F. (2005), 'The emergence of entrepreneurship education: development, trends and challenges', *Entrepreneurship Theory and Practice*, 29 (5), 577–97.

Kyrö, P. and Carrier, C. (eds) (2005), *The Dynamics of Learning Entrepreneurship in a Cross-cultural University Context*, Hämeenlinna, Finland: University of Tampere, Research Centre for Vocational and Professional Education.

Le Boterf, G. (1998), *L'ingénierie des compétences*, Paris: Éditions d'Organisation.

Léger-Jarniou, C. (1999), 'Enseigner l'esprit d'entreprendre à des étudiants: réflexions autour d'une pratique de 10 ans', in J. Fontaine, B. Saporta and T. Verstraete (eds), *Actes du premier congrès de l'Académie de l'Entrepreneuriat*, Lille: Édition par le Pôle universitaire européen Lille–Pas de Calais, pp. 264–74.

Léger-Jarniou, C. (2002), 'Première vision des actions d'enseignement à l'entrepreneuriat à l'Université', in A. Fayolle and A. Letowski (eds), *Enseignement de l' entrepreneuriat, invention de pratiques et valuation programme de la journée du 18.09.03*, Paris: OPPE & ING-ESISAR.

Léger-Jarniou, C. (2005), 'Entrepreneurial learning in French higher education', in P. Kyrö and C. Carrier (eds), *The Dynamics of Learning Entrepreneurship in a Cross-cultural University Context*, Hämeenlinna, Finland: University of Tampere, Research Centre for Vocational and Professional Education, pp. 322–54.

Lynch, B. (2005), 'Creativity from the inside out', 1 April from www.brainstormnw.com/archive/jan05_feature.html.

Menzies, T.V. (2004), *Entrepreneurship and the Canadian Universities: Report of a National Study of Entrepreneurship Education*, St. Catharines: Faculty of Business, Brock University.

Menzies, T.V. (2005), 'Entrepreneurship education at universities across Canada', in P. Kyrö and C. Carrier (eds), *The Dynamics of Learning Entrepreneurship in a Cross-cultural University Context*, Hämeenlinna, Finland: University of Tampere, Research Centre for Vocational and Professional Education, pp. 286–309.

Menzies, T.V. and Gasse, Y. (1999), *Entrepreneurship and the Canadian Universities: Report of a National Study of Entrepreneurship Education*, Montréal: John Dobson Foundation, McGill University.

Miles, M.B. and Huberman, A.M. (1994), *Qualitative Data Analysis: An Expanded Sourcebook*, 2nd edn, Thousand Oaks, CA: Sage.

Mitchell, R.K. (2003), 'A transaction cognition theory of global entrepreneurship', in J.A. Katz and D.A. Shepherd (eds), *Cognitive Approaches to Entrepreneurship Research*, Oxford: Elsevier, JAI, pp. 181–

230.

Mitchell, R.K. and Chesteen, S.A. (1995), 'Enhancing entrepreneurial expertise: experiential pedagogy and the entrepreneurial expert script', *Simulation and Gaming*, 26 (3), 288–306.

Mitchell, R.K., Smith, J.B., Seawright, K.W. and Morse, E.A. (2000), 'Cross-cultural cognitions and the venture-creation decision', *Academy of Management Journal*, 43 (5), 974–93.

Murray, K. and MacDonald, R. (1997), 'The disjunction between lecturers' conceptions of teaching and their claimed educational practice', *Higher Education*, 33, 331–49.

Neumann, R. (2001), 'Disciplinary differences and university teaching', *Studies in Higher Education*, 26 (2), 135–46.

Piaget, J. (1952), *The Origins of Intelligence in Children*, New York: International Universities Press.

Pontecorvo, C. (2003), 'Social and communication skills', in J.W.G. Guthrie (ed.), *Encyclopedia of Education*, 2nd edn, New York: Macmillan Reference, pp. 5504–8.

Ramsden, P. (2003), *Learning to Teach in Higher Education*, 2nd edn, London: Routledge.

Robertson, D.L. (1999), 'Professors' perspectives on their teaching: a new construct and developmental model', *Innovative Higher Education*, 23 (4), 271–94.

Saporta, B. and Verstraete, T. (2000), 'Réflexions sur l'enseignement de l'entrepreneuriat dans les composantes en sciences de gestion des universités françaises', *Gestion 2000*, mai-juin, 97–121.

Saroyan, A. and Snell, L.S. (1997), 'Variations in lecturing styles', *Higher Education*, 33, 85–104.

Schmitt, C. (ed.) (2005), *Université et entrepreneuriat: une relation en quête de sens*, Paris: L'Harmattan.

Singer, E.R. (1996), 'Espoused teaching paradigms of college faculty', *Research in Higher Education*, 37 (6), 659–79.

Trowler, P., Fanghanel, J. and Wareham, T. (2005), 'Freeing the chi of change:

the higher education academy and enhancing teaching and learning in higher education', *Studies in Higher Education*, 30 (4), 427–44.

Vesper, K.H. and Gartner, W.B. (1997), 'Measuring progress in entrepreneurship education', *Journal of Business Venturing*, 12 (5), 403–21.

Vygotsky, L.S. (1962), *Thought and Language*, reprinted 1996, Cambridge, MA: MIT Press.

Wilson, K. and Twaalfhoven, B. (2005), 'Breeding more gazelles: the role of European universities', in P. Kyrö and C. Carrier (eds), *The Dynamics of Learning Entrepreneurship in a Cross-cultural University Context*, Hämeenlinna, Finland: University of Tampere, Research Centre for Vocational and Professional Education, pp. 310–21.

第十六章 学习承担风险的能力

葆拉·基洛 安努卡·塔帕尼

一、引言

学习做一个创业者的核心特征之一就是对风险的接受。我们习惯性地认为金融和经济风险才是创业行为的特征。因此，教师们为了讲授承担风险的（知识），会让学生们置于一个假定的金融风险情境中。另一方面，不确定性和风险经常被人们当作几乎是同义的概念并且大多数风险研究将风险当作环境或者需求导向的现象。这种狭隘的、以知识为导向的认知方法，不包括因学习和个人风险行为的心理和社会方面而产生的不安全感，我们认为这是学习承担风险能力的关键因素。

本研究表明，我们应该扩展风险的概念，组织学习对其干预，以支持我们的学生学习创业和进取的行为。这也假设了我们将从学习和教学角度了解更多承担风险的行为，这在创业教育研究中是一个被忽视的领域。

首先阐述我们所了解的关于学习和讲授承担风险的知识，然后把注意力集中在不确定性和不安全感的概念上。这两部分为我们提供了一些关于承担风险能力的知识和设想。这就引导我们在两个不同的真实环境下，采用斯特劳斯的扎根理论（Straussian grounded theory）来研究风险承担能力；第一个环境是延雪平国际商学院的国际小型企业管理课程，第二个环境是坦佩雷大学的创业教育课程。斯特劳斯的扎根理论是由归纳推理而来并且在这个研究中发挥了指导性的作用。我们首先集中于论证方法选择，然后解释这个方法如何实施。接下来根据这个方法三个典型的编码阶段（coding phases）——开放式、轴心式和选择式——来报告结果。最后，我们对研究结果及其对风险研究和教学实践的影响进行了评价。

二、承担风险的能力可以学习并且被教授吗？

创业特征和创业教育的本质特征之一就是承担风险（例如 Lumpkin and Dess，1996）。风险被认为是涉及创业行为的现象，甚至是根植于其本质上。从早期研究直至深入其本质，风险甚至一直处于创业的核心位置（Goel，1998）。例如，理查德·坎蒂隆（Richard Cantillon）认为，风险是在购买和销售价格之间的一种知识的不确定性。而尼古拉斯·鲍多（Nicolas Baudeau）则采取了更为宽泛的方法。他把经济活动分为两部分，即人类可控的和人类不可控的。当涉及可控制因素时，一个人的成功就取决于他的知识和能力。① 风险就包含在这些不可控的因素中（Barreto，1989；Herbert and Link，1988）。这些早期的贡献者们从两个角度理解风险：缺乏知识，以及将员工与个体经营者区分开来的个人因素（例如 Lumpkin and Dess，1996）。

---

① 为了避免关于能力概念的困惑以及它的不同含义，我们应用由两个要素定义的普遍、广泛的方法，这两个原理由德雷克塞尔（Drexel，2003：6）定义。这些要素"与面向社会组织和管理学习过程的资格概念相反，能力概念是以产出为导向的。这意味着：它侧重于任何可能的学习过程的结果，学习被定义在非常广泛或甚至无限的意义上……由于资格的分离，能力概念要求确定和评估可以使其可见的学习过程的结果的程序"。

然而，在路德维希·冯·米泽斯（Ludwig von Mises，1966）和布坎南（Buchanan，1982）的认识论的篇章中，我们也可以发现关于风险不同的解释。米泽斯努力地去理解这些陈旧的主观主义的方法。他认为，经济科学不能通过对可观测数据的分析来验证或反驳，而是从人类行为的基本命题中推导出所有的术语定义。在某种程度上这可以实现，那术语就是有价值的；如果不能实现，那么术语就应该被抛弃或被取代。这种方法论的先验论假设创业总是涉及人类行为和人际互动（Gunning，1996）。它指的是参与者们是如何对彼此的欲望、能力、知识和计划进行预测、反应和调整的。在经济理论中，不确定性意味着主体间的不确定性（intersubjective uncertainty）。即个体对彼此的欲望、能力和知识（即他们的人类行为的特殊性）所具有的不确定性。作为一名主观主义者，米泽斯认为，我们只对物理世界的"不确定性"或者风险感兴趣。只有当我们应用这个理论时，风险才变得有意义。

将其应用到学习和教学中就会产生两件事：首先，学习是一个受约束的行动现象；第二，学习风险与其他学习者和利益相关者或参与者的需要、能力、知识和计划有关。因此，除了个人维度，它还包含社会维度。

从这些早期的——在某些方面甚至是相互矛盾的——风险的概念来看，这个术语从麦克莱兰及其同事的成就动机（achievement motivation）理论（例如 Atkinson and Feather，1966）深入到创业者特质的研究。成就动机理论主张"一个人有实现的动机；他的动机会避免失败；他对成功的期望强烈地影响了他动机的特征，这些特征体现了渴望实现动机的程度；对风险的偏爱；愿意付出努力并坚持一项活动的意愿"（Atkinson and Feather，1966：前言）。在 1953 年以前，对失败的恐惧几乎就没有被提到。但是从那以后，在成就情境中，这种回避动机已经凭借它的作用作为一个研究项目出现了（Birney et al.，1969）。另一方面，创业研究在一种假设面前止步不前，即假设我们可以识别那些区分创业者和非创业者的生物特征。

然而，早在20世纪60年代和70年代，麦克莱兰及其同事们就进行了一系列的研究，目的是确定培训是否可以帮助人们发展需要并且得到满足。更具体地说，在1963—1974年间的5个国家，他们研究了成就动机培训在9个项目中对小型企业的经济和社会影响。结果表明成就动机培训确实对商业成功产生了影响（McClelland，1984：367-92）。

同时，埃利奥特和思拉什很有说服力地指出，对于失败的恐惧会代代相传并且对学习和效果都会产生不利的影响（Elliot and Thrash，2004）。因此，学习如何承担风险也与减少那些引起失败恐惧情景息息相关。然而，我们很难找到减少对失败的恐惧从而增强承担风险的能力的根据。因此，我们可以假设尽管对失败的恐惧以及承担风险有着一些相似的方面，但它们并不是同一现象的两个极端。

我们想要相信的是，承担风险是一种既可以讲授又可以学习的能力，尽管从学习和教学的角度来看，承担风险并没有在创业教育领域吸引到太多科学家的关注。

三、风险学习过程中不确定性和不安全感的概念

创业和知识管理中的关于不确定性的研究提到了一些知识层面上的东西。在知识管理中，它被定义为在两者之间的选择时的信息缺乏（Anderson et al., 1981），缺乏对自己的认知结构的信心描述（Nyström，1974），或者说，正如布伦森所描述的那样，缺乏对现有信息的信心。耶茨（Yates, 1992）为不确定性引入了几个不同的作用，这取决于不确定性是如何影响风险的。根据他的观点，如果一个行为的结果不能确定的话，那么有时候风险与不确定是一样的。同样地，潜在的结果或是包含了行动和结果的风险可能就不会那么显而易见了。

管理协会会议（Conference of the Academy of Management，2005）的一些报告从相似的角度研究了不确定性和风险。现在的焦点是在不确定的环境中如何表现或者参考不同的环境知识去减少这种不确定性。这可能就涉及环境、经济、政治或市场形势（Alvarez，2005；Guler and Guillen，2005；Tang，2005；Wadhwa et al.，2005；Wu and Knott，2005）。

关于不确定性研究的共同问题都与知识相关。它们有一个先验假设即了解更多的知识更容易降低风险。它们还假设学生能够确定他们的目标和期望，并能找到实现这些目标的方法。这些假设涉及学习的认知方面。

然而，就连米泽斯也认为不确定性——也指与人类行为和互动有关的不安全感——更复杂。因此，除了知识和/或信息本身，不安全感与未知、复杂、新环境和学习者面对这些以前没有经验情况的能力有关。米泽斯进一步的想法是学习承担风险以及应对风险的方法是行动。因此，风险和学习承担风险是一个与不安全感和不确定性都有关联的社会过程，我们可以学习如何去承担风险的方法和行动。

关于这一行动的性质，我们从伦普金和德斯的观点中学到了一些东西。他们把创业行为称为一种主动性并且将它命名为创业教育中第四个特征。对他们来说，就是"一个前瞻性的视角，伴随着创新或新风险的行为"（Lumpkin and Dess，1996：146）。这个差异得到了塞缪尔森（Samuelsson，2005）研究的支持，这个研究对承担风险的过程和不确定性过程加以区别。

另一方面，我们习惯性地认为金融风险和经济风险是创业行为的典型特征。因此，为了讲授承担风险的知识，学生们就会被——例如——置于一个真正的或是假设的金融风险的情境中。这也曾是莱斯基恩（Pia-Lena Leskinen，1999）研究课程中一个初步的观点。然而，结果却截然相反，这就表明了在这些课程中，心理风险增加向创业传达了一种消极的态度。因此，教育的结果与它最初的目标大相径庭。这就在学习的过程中拓展了承担风险的能力，这个过程在某些方面在创业研究中很常见。例如加斯（Gasse，1982）就将风险作为一种个人、社会和心理的现象。

莱斯基恩认为风险确实是创业研究的核心。她为我们介绍了一个"风险领域"的概念，它是一个在四个维度与环境相关的过程：一个与机会识别、行动、自主性和相互作用有关的愿景。风险领域是指经历失败和成功的领域。这些维度之间的冲突扩大了风险领域。因此，行动是学习承担风险的基础。创业行为的这部分研究最初在特质理论方法的探讨中丢失了，但是它已经在当代的讨论中重新出现（Fayolle et al.，2005；Gartner，1988；Sarasvathy，2001）。

个人主义的创业方法忽视了学习的社会维度。尽管米泽斯向我们介绍了互动的概念，但他仍然对降低风险的过程有主观上的导向。学习风险可能会通过分享不安全感的经验以及通过支持学习者之间的协作来实现，这似乎是创业学习的一个全新的角度。然而，最近的关于女性创业者和对小企业主社交网络的研究表明，朋辈学习（peer learning）可能会改善这种表现并且增强创业者们的自信心。

当我们谈到风险时，该领域内的早期研究表明，群体能够接受比个人更大的风险（Yates，1992）。尽管后来的研究显示出相反的结论，但是群体似乎对承担风险产生了影响。

这些关于讲授和学习如何承担风险的零散的研究结果可以用几个基本的假设来概括：

1. 风险以及学习如何承担风险是一个以行动为导向的社会过程，它与不安全感和不确定性有关。

2. 对失败的恐惧与承担风险的过程有关，而更确切地说是减少可能的结果，而不是增加承担风险的能力。

3. 学习如何承担风险是一个心理和社会现象，而不是一个金融现象。

4. 学习和讲授如何承担风险是一个与环境有关的过程，这个过程迫使人们将学习条件视为过程的本质维度。

四、如何研究学习风险的过程

这些假设将学习承担风险定位为一个复杂的个人和社会的过程，在创业和教育的领域中，我们目前为止只学习了一小部分。研究风险行为的学习过程是一种过程，涉及研究设计的问题。我们拥有简单的描述性案例和辩论性文章（Alvarez, 2005; Guler and Guillen, 2005; Tang, 2005; Wadhwa et al., 2005; Wu and Knott, 2005），或者其他研究假设的情境（例如 Brockhaus, 1980）或预先定义的危险行为的维度，例如大多数"成就需要"研究的做法。问题在于，这些研究设计不允许发生意外情况，也不允许对过程本身的复杂性进行分析。

因此，尽管冒险、行动、不确定性和不安全感等概念在创业教育和与之相关的教育学中似乎是有效的，但在创业研究中很少研究学生的感受和看法。实际上，我们对承担风险过程的动态知之甚少，更不用提如何去讲授和学习如何承担风险了。因此，以设计一个研究计划开始似乎是合理的，并且这个设计基于学习者在面临风险的情况下学习的经验和认知。这个设计还应该允许他们自由地解释和反映学习经验，而不是特别的风险。因此，重要的是要创造一个环境，个人和群体应该自己定义学习的目标和方式。个体和群体既相互独立又团结一致。

承担风险的前提假设是，个人和群体在其过程中得到了支持。由于有两种不同的方法，一种是更个人的、以知识为导向的方法，另一种是社会的、更广泛的、以协作为导向的方法，我们认为在两种不同的环境中比较实验可能更有益。

我们假设这两个组之间的文化差异将会对学生如何体验他们的学习产生影响。例如，在最近米茨斯和福利（Mitsis and Foley, 2005）的研究中，商业专业学生的文化价值先于学生和教师主导的学习方式，疑惑和不确定性回避解释了在学生主导的和教师主导的学习风格偏好中的变化。作者也认为，许多普遍持有的关于国内和国际学生学习风格偏好差异的假设，或许可以更好地理解为文化价值观的反映。学生在集体主义中持有文化信仰的程度有助于解释他们将在多大程度上支持教师主导的学习环境。

最后，我们假设，应该将个体差别考虑在学习过程中并且允许学生跟随自己的学习取向。例如穆斯塔法等（Moustafa et al., 2005）在研究学生不确定性与确定性导向的个体差异模型时，认为学生个体差异是决定管理教育有效性的一个关键因素。

考虑到以上所说的要点，我们为学习和讲授如何承担风险设计了两个不同的探究课程，一个更加侧重个体、以知识为导向的不确定性因素，另一个更加侧重合作性和朋辈学习过程。两个课程都为处理未知状况提供了帮助，不仅在心理方面有复杂性，而且也伴随着前者的个体性和后者的承担风险的社会过程。然而，这些课程都有相似的任务，例如概念图考试、真实的案例和团队工作。所有的这些任务假定学生们定义自己的目标，并且决定为了实现这些目标如何行动，同时他们为实现这些目标需要哪些知识以做出选择。

在方法论上，我们需要一个可以让学生自己的经历引导研究过程的方法，因此我们转向了扎根理论。然而，我们也想要把这些支离破碎的理论研究成果作为分析过程的指导，所以我们选择了斯特劳斯的扎根理论方法。

首先，我们要描述一下如何运用斯特劳斯的扎根理论，在那之后我们会给大家展示这两种不同的学习干预是如何发生的以及我们如何收集学生们的反思。最后，在为大家展示编码过程的结果后，我们将对这个研究和它的含义进行评价。

五、斯特劳斯的扎根理论

（一）数据的主导作用

扎根理论被理解为"作为过程的理论；也就是说，理论曾作为一个不断发展的实体而非一个完美的产物"（Glaser and Strauss，1967：32）。它没有在科学辩论中发挥主导作用，而是将主导作用转化为经验数据。

社会学家巴尼·格拉泽（Barney Glaser）和安塞尔姆·斯特劳斯（Anselm Strauss）在20世纪60年代发展了扎根理论。自从那时起，它主要被应用于社会学和教育，直到最近才出现在诸如苗圃和信息技术等新领域。在创业研究中，我们发现只有一个实例在延雪平国际商学院使用广泛的创业数据库。本文论及它作为一种人类学研究方法在创业研究中的有效性（Stewart，1991）。就在最近，这些建议在道格拉斯（Douglas，2004）和费尔南德斯（Fernández，2004）的研究中产生了一些结果。他们两个都请求进一步发展格拉泽的方法。费尔南德斯（2004）的新兴商业实践的研究，是对格拉泽编码过程的彻底分析。并且道格拉斯在创业研究中详尽地描述了评估扎根理论的成功的重要因素。遗憾的是，这些有价值的研究并没有在创业期刊中发表，而是发表在商业研究方法的电子期刊上。

对于那些没有成熟的理论、缺乏足够的知识或概念，或者当新观点具有特殊意义的领域，我们推荐了扎根理论方法。实际上，从这三个方面来看，它都很适合这项研究，由于我们对学习和讲授承担风险的动态知之甚少，所以寻找一个新视角很有必要。

受实用主义和社会互动论的影响，一方面，格拉泽和斯特劳斯表明有尊重和显示行为者们是如何理解这种现象的需要。另一方面，要开发合适的方法论工具（Glaser and Strauss，1967）。研究者需要去理解参与者所理解的行为表现，了解他们在互动中对自我的理解并分享他们的定义（Chenitz and Swanson，1986）。因此，扎根理论的目标是人类行为者的社会实践。

且不论它的不同贡献者，动态的、以数据为导向的方法仍然是这种方法的核心。格拉泽和斯特劳斯阐释道，通过经验观察（Strauss and Corbin，1990）的归纳推理来构建理论是有可能的，甚至是可取的。然而，后来他们的观点与理论和相关推理的作用产生了分歧。格拉泽完全代表归纳性推理一派并否认目前科学理论的作用。斯特劳斯以及科尔宾（Corbin）声称，两者都是需要的，这导致了演绎推理和归纳推理的组合。根据格拉泽和斯特劳斯所说，无论是否愿意，现有的理论都存在于科学研究中。因此，无论有意或无意，斯特劳斯和格拉泽都为新知识的发现奠定了假设的基础。格拉泽批判了他们的观点并阐释道，它并不是一个扎根理论，而是一个以假设为基础形成的一个有力的概念性描述方法。然而，思通恩（Siitonen，1999）建议这两条思想线路代表扎根理论中不同的学派。

分享斯特劳斯的观点很简单，因为他关于承担风险的理论和发现对于研究这个现象来说，已经是新颖而振奋人心的了。斯特劳斯和科尔宾也假设，这个分析应该包括"理论敏感性"。他们设定了研究者个人品质的条件，例如专业性和科学性的经历。这个过程包括，例如，做出假设和"发展小型理论框架，关于概念及其关系的（微型框架）"（Strauss and Corbin，1990：43）。在我们的案例中，研究者的经历代表着关于承担风险的专业性和科学性的洞察力。一个研究者计划并引导了学习干预，而另一个以博士生和研究者两种身份参与了后面的学习过程。这个臆测，或者我们更倾向于称它为假设，在这里是基于之前的科学和研究来定义的。

(二)编码过程(coding process)

在扎根理论中,分析被称为编码过程。编码过程包括"数据被分解、概念化并以新的方式重新组合"的"操作"(Strauss and Corbin,1990:57)。因此,扎根理论擅长发现规律、进行元素的识别和分类并探索它们之间的联系(Tesch,1990)。斯特劳斯和科尔宾从两个意义上区分理论和描述:理论运用的是概念,概念又凭借关系的描述而相互关联。他们进一步认为,分析过程被定义为"提供基础,构建密度,发展所需的灵敏度和综合性,以产生一个丰富的、严密的、解释性的理论,与它所呈现的现实紧密接近"(Strauss and Corbin,1990:57)。即使这些元素在这个研究中存在,"理论"的地位也被认为过于苛刻。因此,这个分析过程试图产生一个描述而不是像斯特劳斯所定义的一种理论。

斯特劳斯和科尔宾(1990)将编码过程描述为由三个阶段组成:开放式、轴心式、选择式编码。

1. 开放式编码是分析的一部分,通过对数据的仔细检查来确定现象的命名和分类。"通过标记并将其概念化的方式,我们把代表或体现一种现象的观察、事件等分解开来。"(Strauss and Corbin,1990:63)

2. 依据产生这种现象的条件,轴心式编码的重点在于指定一个类别(现象)。这种类别被嵌入环境之中,它被行动/相互作用的策略以及这些策略产生的结果处理、管理和执行。这些指定类别的特征也可以被称为子类别。斯特劳斯和科尔宾推荐使用小型框架来跟踪一个人的分析(Strauss and Corbin,1990:115)。

3. 选择式编码将对分类进行综合从而形成一个扎根理论。"这种综合与主轴心式编码并无太大区别。它只是以一个更高更抽象的分析层次来完成。"(Strauss and Corbin,1990:117)

编码在两个阶段进行。人工编码在2004年完成,并且在2004年的"碰头会"(IntEnt Conference)上展示了初步的结果。这个过程确认了学习过程的核心阶段，并提出了轴心式编码和选择式编码的一些观点。第二个阶段是运用 NVivo 软件实现的，首先对 2004 年初始编码的结果进行平行编码（peer coding），然后通过深化结果对全部数据重新编码。在第二个编码过程中，轴心式编码遵循每个学生的学习过程，并在学习过程的每个阶段确定类别。

NVivo 软件是质化研究的一个工具，用于处理复杂的数据并将微妙的编码与定性的连接、构图、搜索和建模结合起来（DataSense，2005；Rantala，1999）。因此，它是实现扎根理论极好的工具。平行编码和 NVivo 的使用尽可能地增加了解释过程的可靠性，尽管应该记住，解释总是对批评开放的。

（三）学习干预措施

在制定学习干预措施时，我们首先要明确学习如何承担风险在创业学习过程中的定位。这也就阐明了我们是如何在学习环境中运用创业的概念的。为了达到这个目的，我们可以应用斯科特等（1998）的观点，尽管它的意义略有不同。他们将创业教育的研究分为"关于"什么的教育、"通过"什么教育和"为了"什么创业。"关于"指的是获得关于创业的知识；"通过"指的是学习；"为了"指的是启动或运行自己的公司，或有创业行为/雄心在其他组织工作生活。因此，创业本身的定义包含了不同形式的创业，因此代表了一种广泛的方法。但是正如我们在一开始讨论的那样，不管形式如何承担风险，都是创业的一个本质特征。因此创业/雄心学习的广泛能力概念假设学习是关于什么或为什么是不够的，但是通过创业过程可以引发。因此，学习承担风险的能力是假定学习它包含风险的方法。这些问题应在整个干预行为中加以考虑。

第一个学习干预是 2001 年瑞典延雪平国际商学院国际学生的小型企

业管理（SBM）课程（7学分，ECTS[①]）。这组数据来自36个参与者中的34个。第二个学习干预产生于2003—2004年坦佩雷大学创业教育课程，这个课程有25个欧洲学分，24个芬兰参与者参加。在这两个案例中，有两个国际学生和一个芬兰学生由于缺少数据被排除在外。国际学生正在攻读工商管理学位。芬兰学生有来自芬兰不同大学的多学科背景，但他们已经在职业和专业教育领域学习了一门课程。背景的差异也关系到学生们的生活状况，因为很多芬兰学生已经在工作并且大多数是在不同的教育机构，而国际学生是全日制的。

SBM课程持续了一个学期，专注于一个特殊的主题，并由几个专家讲授。它以知识为导向，实验集中于在考试中采用新的概念映射技术。它的重点集中在个体学习上。考试包括编制一个概念图，说明学习者如何看待小型企业管理的现象。作业是在第一节课上布置给学生的，以帮助他们在整个课程中界定他们自己的过程。学生们也可以从科学出版物中自由地选择部分材料。

其他的实验是"创业教育课程"，由三个模块组成并持续到2003—2004学年。它专注于不同形式的创业、个体、企业自我定位、小型企业管理和所有权，最后它集中在了内创业/组织创业。这门课程是面向过程的并且在无形中受到了支持，每个模块包括三个面对面的干预措施。这里的重点是合作性朋辈学习。

帮助我们学习的工具也是不同的。第一个学习工具为我们提供了一种概念映射技术，这种技术以前不为人所知，用于研究小型企业管理的复杂概念。而第二种则用于研究更复杂的创业教育概念。但是在这两种情况下，学习的责任感和做这些事情的自由是由学生们决定的。这两个课程都鼓励学生积极主动地形成关于现象的自己的观点和想

[①] 欧洲学分转化和积累系统也被称作欧洲学分转化系统。

法。而且这两个课程也都强调了一个重点,那就是鼓励学生立刻开始独立工作和合作。

尽管两者存在差异,但这两门课程都有类似的作业,积极支持学生自己的知识创造、行动以及与周围企业和组织的互动。除了采用概念映射和类似的反射工具外,小型企业管理课程的任务也包括一个真实的案例以及它的同行评估和报告,还有两个基于文献的案例。创业教育课程的每一个模块都包含了一个真实的案例,可以作为一个分析任务或概念映射。

因此,我们的第一个假设的情况是,风险和学习承担风险是一种以行动为导向的社会过程,既涉及不安全和不确定性,也涉及干预。此外,在这两种情况下,学生都面临着学习承担风险的心理和社会现象。因此,他们面临着个人和社会的失败与成功,正如我们的第二个假设所要求的那样。最后,由于使用真实案例和主观选择,学习过程,包括在这两种干预措施中的作业,都与其文化、个人和社会方面息息相关。

(四) 数据采集

尽管这些实验案例的条件和目的不同,但在这两门课上,收集学生对其经历的反思的说明都是一样的。数据由这些反思构成。这些反思格式(表 16-1)以行动调查研究和批判理论(表 16-2)为基础,由乌拉·索亚宁(Ulla Suojanen, 1988)对关于行动研究和学习干预中的授权的想法进行了修改。这种反思格式是为学生编制的。

六、结果

(一) 开放式编码

在每一个案例中,开放性编码会确认三个学习的阶段:困惑、行动和提高学习承担风险的能力。

表 16-1 反思格式

反思水平	个体	团队	课程参与者	组织	社会
1. 技术上的					
2. 实践性/解释性的					
3. 批判性的					

来源：改编自索亚宁（Suojanen, 1998）和朱伯-斯凯里特（Zuber-Skerrit, 1992）。

表 16-2 从批判理论中得出的学习程度

方向	目的	学习者/教师的角色	教师和其他参与者的关系
学习什么专业技术	● 提高实质性和专业技能	旁观者/外部客体	● 独立性/客观化 ● "他们"
如何进行实践性学习反思	另外 ● 学习者和老师们的自我理解 ● 新意识	● 学习者对其学习的参与和反思的支持者	● 合作 ● "你"
批判性学习/为什么要授权	另外 ● 从旧的思维模式中获得解放 ● 对官僚模式以及他们自己的学习习惯持批判性的态度	● 促变者 ● 合作的统筹人 ● 责任的分配者	● 连带责任 ● "我们"

来源：改编自索亚宁（1998）和朱伯-斯凯里特（1992）。

在这个阶段，我们排除了一个国际学生，因为他实际上没有报告任何困惑的经历。然而，尽管有文化差异，但是所有的其他的学生都报告称他们经历了三种相似的经历。在表 16-3 中，我们就搜集了这些例证，从两个不同的学生组来呈现。

因此，正如假设的一样，开放式编码阶段就为我们提供了核心分类，并指出在经历这些阶段时，这两组之间实际上没有文化差异。

（二）轴心式编码

在轴心式编码中，我们分别密切观察每个学生。提供的类别中包含一组子类别指向学习过程的每个阶段。正如轴心式编码所假设的那样，我们将数据以新的方式重新组合在一起,将理论作为一个小型框架来连接。

表 16-3　开放式编码的结果:在学习过程中三个重要的分类

1. 开放性编码——分解、对比、概念化数据以及对数据进行分类

	学习过程:三个重要的分类	
有关承担责任需要的困惑和挫折,明确自己的目标以及如何实现目标的方法	在实践中学习	提高制定自己的目标和学习需要的能力
国际组		
• 在课程的一开始我对概念图使用技巧很困惑 • 从个人角度来说,我在如何于考试中完成一个好的概念图方面有困难 • 我知道,我的团队和整个课程并不能自信地运用这个技巧 • 在听完这个介绍说明后我还是心存疑惑 • 对于那些并不习惯使用这种学习方法的同学,我感到有点震惊 • 我并不能领会如何运用这个知识	• 在我们把每个部分组合到一起之前,我们先拆分小组 • 每个人都会紧紧地联系在一起并且逐渐了解那些你从未一起交谈过的参与者们 • 开始工作、思考和分析 • 逐渐了解新成员是需要花时间的并且每个人的工作也不同(不同的方法,等等) • 在分析完一个案例之后,与课程的参与者一起交谈并分享我们的观点 • 在一番讨论之后,问题最后就会得到解决 • ……从讲座中我们学到,阅读和案例并不容易在我们的大脑中形成,这里有许多概念联系在一起 • 我们已经实行开放性讨论以及许多的自由思考 • 一开始,我们存在一些问题,但解决完这些问题后,事情就顺利进行了 • 在一起工作让我意识到 • 我们有机会尝试做一个关于创业学习的观念图 • ……把理论转化为实践的具体方法	• 我开始了解概念图。它似乎是一个好东西……得到一张关于所有事物是如何相互联系在一起的整体图 • 学习的科学工具像一个概念图和反思,为我们提供了帮助我们理解复杂学科的新方法,比如说小型商业 • 在帮助我们拥有一个关于小型公司如何运行以及寻找一个关于这种企业的私人定位方面,这个概念图技能是一个不错的工具 • 概念图一定可以成为一个刺激意识觉醒的不错的方式。当然它也迫使我们去思考 SBM 的不同部分以及身边的现实 • 学会以一个更好的方式合作、调查。学会承担责任即使没有人愿意这样做
芬兰组		
• 首先工作的方式让我感到困惑。它与我对大学里讲授什么的期望相矛盾 • 我需要独自一人查明所有吗? • 我像鸟儿春啼一样出局了	• 当我们是作为一个团队工作时,我们注意到了…… • 我研究阿尔伯格(Ålberg),在网络上搜索概念图一词,向同事请教并且读书	• 如果现在我把这种情景和第一次开会的情景相比较,那这就像是在讨论白天和晚上 • 对于我来说,团队工作就像是一个工作的有效途径

续表

● 在团队里工作让我在一开始感到很困惑。其他在团队工作的人也是这样吗？ ● 因为创业学习并没有以我习惯的方式开始，所以我有些困惑。我不停地问我自己为了完成我的研究，接下来我要做些什么 ● 第一个感受就是一团糟。什么？时间？为什么？ ● 当我们谈到第一次会议时，就像是潜入了一个未知的区域	● 当我试图去画概念图时一张又一张的纸扔到了垃圾箱里 ● 四个工作人员试图构建一个共同的理解 ● ……调查时刻 ● ……文本开始在学生群里一个接一个地加速 ● 想法围绕在我的脑海里……我发现我自己在凌晨3点又制订了一个新的大纲……	● 然后，我就可以说这个使用过的方法很不错并且合乎情理，我不再批评它了，即使在脑海里也不会了 ● 毕竟开哪一扇门和关哪一扇门取决于我 ● 学习方法推动我们去测试我们自己的想法和观点 ● 我们得到了一个在没有个人风险情况下实践创业行为的机会，这很有趣 ● 我有一个要成为冒险家的感觉，这个冒险家关心创业却并未完成…… ● 显而易见，没有其他人可以给予我知识，因为我知道我需要什么 ● 最后，我想像不出更有意义的方式去学习 ● 我打算去了解一些新事物…… ● 实现目标的新想法…… ● 我想我已经明白了……

根据困惑的对象不同，困惑阶段可以分为四个子类别：

1. 课程安排。在这个基础上，学生的困惑经历与课程安排有关。她或他觉得对课程安排的知识不足会引起困惑。如果只是按照他／她的期望来安排，她或他就能控制局面。

2. 内容。在第二个层面上，一个学生从内容问题中寻找原因：内容并不符合他／她的期望。在这个层面上，学生仍然是由外部力量驱动的；她／他并没有注意到机会，而是等待其他人教他并提示他学习什么，如何去学。他的想法就是，如果她或他只能得到她或他所期望的知识，那么困惑就可以避免了。

3. 评分制度。工具性的困惑目标关注一个学生得到高学分的雄心。如果她／他并不了解如何获得学分，她／他就会疑惑。这个想法就是，获得更多关于评分制度的信息将会减少疑惑。

4. **教学**。这个层面上的困惑涉及学习方法与学生先前学习经验的矛盾。学生将困惑的根源解释为不安全感,这是一个比知识更广泛的概念。然而,应该指出的是,这一类别可以而且往往也包含不确定的体验。

因此,前三个分类表明了风险是一个与知识有关的现象,即不确定性,而第四个分类则接受风险作为更宽泛的不安全感的概念。

根据学生如何描述他/她的工作/学习目标,行动阶段分为两个子类别:

1. 个人导向
2. 合作导向

最后,对于学生们学习对待或解决不安全感或不确定性的方式,我们将五种不同的学习取向作为学习过程的结果。我们又一次运用了斯科特等(1998)的三个分类——"关于""通过"和"为了"创业。

在学习"关于"中,我们区分了那些具有纯粹知识取向以及那些强调将知识从理论转化为实践的人。

学习"通过"涉及一个学生对他/她或团队如何以及为什么学习的有意识的思考,这不仅是为了将知识转化为实践,还涉及如何学习以便能够创造新的实践。

在"为了"分类中,为了看清楚在整个过程中这些分类之间的差异,我们区分了那些有启动或经营自己公司意愿的人和那些表现出创业/雄心的人。刚才所说"关于"和学习"通过"分类的差别就在于这个问题——为什么以及如何反映,而不是这个意向所要反映什么。

这些分类的顺序代表着学习的水平,这就意味着最高水平就是学会学习。这意味着分类的结果可能经常包含着其他的学习方向。类似地,分类2可能也包含着分类3到分类5的方向,等等。因此,我们按照这个顺序确定了学习结果的五个子类别:

1. 学会学习方向——学会"通过"

2. 工作生活方向（小型企业管理）——学会"为了"

3. 工作生活方向——学会"为了"

4. 知识转化方向——学会"关于"

5. 知识方向——学会"关于"

每个类别的例子都在本章末尾的附录 16-1 中。表 16-4 描述了个体学习路径，通过确定它所涉及的困惑，采取什么样的行动定位，以及它导致了什么样的结果。

我们已经把每一个阶段全部的调查结果汇总到表 16-5、16-6 和 16-7 中，以解释两组的总体印象和我们试图为学生提供的条件。

表 16-4 个体承担风险学习的路径

学生数		困惑	行动	学习方向
国际组	芬兰组			
5	8	教学	合作	学会学习
3	2	教学	个人	学会学习
2	5	内容	合作	学会学习
1	0	内容	个人	学会学习
2	0	课程安排	合作	学会学习
0	2	评分制度	合作	学会学习
1		评分制度	个人	学会学习
合计 14	17			
2		教学	个人	工作生活 SBM
1		教学	合作	工作生活
1		内容	合作	工作生活
1	1	内容	个人	工作生活
1		课程安排	合作	工作生活
合计 6	1			
1		教学	合作	知识转化
2	3	教学	个人	知识转化
1		评分制度	个人	知识转化
2		课程安排	个人	知识转化
3	2	内容	个人	知识转化
合计 9	5			
1		评分制度	合作	知识
1	1	内容	合作	知识
合计 2	1			
合计 31	24			

表 16-5 困惑来源总结

困惑来源	学生数					
	国际组		芬兰组		总计	
	数量	%	数量	%	数量	%
课程安排	5 ⎫	16 ⎫	0 ⎫	0 ⎫	5 ⎫	9 ⎫
内容	9 ⎬ 17	29 ⎬ 55	9 ⎬ 11	38 ⎬ 46	18 ⎬ 28	33 ⎬ 51
评分制度	3 ⎭	10 ⎭	2 ⎭	8 ⎭	5 ⎭	9 ⎭
教学	14	45	13	54	27	49
总计	31	100	24	100	55	100

表 16-6 行动方向总结

行动阶段	国际组		芬兰组		总计	
	No	%	No	%	No	%
合作	14	45	16	67	30	55
个体	17	55	8	33	25	45
总计	31	100	24	100	55	100

表 16-7 学习方向总结

学习方向	学生数					
	国际组		芬兰组		总计	
	No	%	No	%	No	%
学会学习	14	45	17	71	31	56.5
工作生活 SBM	2 ⎫	6.5 ⎫ 19.5	1 ⎫	0 ⎫ 4	3 ⎫	5.5 ⎫ 12.5
工作生活	4 ⎭	13 ⎭	4 ⎭	4 ⎭	4 ⎭	7 ⎭
知识转化	9 ⎫	29 ⎫ 35.5	5 ⎫	21 ⎫ 25	14 ⎫	25.5 ⎫ 31
知识	2 ⎭	6.5 ⎭	1 ⎭	4 ⎭	3 ⎭	5.5 ⎭
总计	31	100	24	100	55	100

国际组和芬兰组的困惑来源有些许差别。在芬兰学生中，教学和不安全感的比例提高了 9%。然而，在这两组中，困惑的来源明显分为不安全感和不确定性，实际上，每一个划分基本上都对等。正如我们在一开

始假设的那样，不确定性和不安全感都是风险的基本概念。

芬兰组的行动高于国际组学生。这就说明了合作或是个体的学习实际上已经对行动产生了影响。这就鼓励了有意识地解释学习方法并且开发它们。

表 16-8 综合的个体承担风险学习的路径

学生数								
国际组		芬兰组		总计				
数量	%	数量	%	数量	%	困惑	行动	学习方向
5	29	8	63	13	43	不安全感	合作	学会学习
4		7		11		不确定性	合作	学会学习
3	16	2	8	5	13	不安全感	个体	学会学习
2		0		2		不确定性	个体	学会学习
合计14	45	17	71	31	56			
1	9.5	0		1	6	不安全感	合作	工作生活
2				2		不确定性	合作	工作生活
（SBM）2	9.5	4		2	7	不安全感	个体	工作生活
1		（SBM）1		2		不确定性	个体	工作生活
合计6	19	1	4	7	13			
1	10	4		1	7	不安全感	合作	知识转化
2		1		3		不确定性	合作	知识
2	26	3	21	5	24	不安全感	个体	知识转化
6		2		8		不安全感	个体	知识转化
合计11	36	6	25	17	31			
合计31	100	24	100	55	100			

为了得到学习方向的想法，我们将学习生活分类、知识与知识转化分类综合在了一起。国际组和芬兰组的学习方向是不同的。学会学习在芬兰组中高出了26%。芬兰组在知识和学会学习之间是两极化的，而国际组在三组之间的差异更大。

这些调查结果表明合作的支持实际上产生了一种有着更多学习方向的学习，因此它在提高学生承担风险能力方面更有效。

然而，如果我们更仔细地观察个体的学习路径，这个结论就不是那么简单和片面了。本着这个目的，我们将困惑一分为二，即与知识有关的不确定性和与不安全感有关的教学。然后我们又将学习结果一分为三，即一个知识方向（知识＋知识转化分类）和两个工作生活分类（表16-8）。

考虑到这两项实验的目的和性质，我们可以假设在国际组中，以个人知识为导向的工具更多地关注于支持承担风险学习，那么结果将会是一个跟个体导向的行动和能力有关的不确定性。相应地，强烈支持合作学习并且更多地关注宽泛的不安全感概念，这可能被假定提供了一个学习承担风险能力的学习方法。

在某些方面，研究结果是符合假设的，但是在某些方面就有出入。因为在芬兰组中合作学习在提供学习成果和学习方法方面很有效，这些学习成果从不确定性和不安全感的困惑分类中而来。62%的人学会了学习承担风险的能力。在国际组中也有29%的人学会了学习承担风险的能力。两者平均下来就是43%。然而，个体行动方向也为国际组贡献了16%，为芬兰组贡献了8%。这就意味着，在行动方向中，个体差别似乎影响了整个过程。

然而，对这两类知识方向分类的考虑表明，获得学习承担风险能力层面上的学习比通过合作行为方向来实现更有效。

这就意味着，为了支持从学习到学习承担风险能力的转化过程，选择合作支持策略可能会更有效。一个有趣的细节是，有三个表现出作为小型企业主/管理者意愿的学生就运用了个体行为方向。

因此，尽管我们有一些支持合作的成功的迹象，但是仍有一些与之相矛盾的研究结果，就像个体学习路径所呈现的那样。

(三)选择式编码

为了继续进行选择式编码,我们通过选择核心类别,系统地将它们与其他类别关联、验证这些关系,填充需要进一步改进和开发的类别,以一种新的方式将数据返回。正如斯特劳斯和科尔宾所提倡的,这个综合与轴心式编码并没有太多区别。它只是以一个更高、更抽象的分析层面来完成(Strauss and Corbin, 1990: 117)。

对我们来说,选择核心分类很容易。因为轴心式编码证实了学习承担风险能力的三个阶段似乎是必不可少的:困惑、行动和提高能力作为学习的结果。在某种程度上,我们通过在轴心式编码的子类别来关联这些阶段,但我们最终仍然需要总结那些可能是理解承担风险能力学习过程动态的种子,这是我们的目标(表 16-9)。

七、结论、评价和影响

为了完成这项研究,我们仍然需要对整个研究过程进行评价,然后回到最初的假设以评价研究的影响。

首先,要区分理论和描述,我们认为这个研究结果是介于两者之间的。它可以被称为学习承担风险能力的一种模式,这种模式在今后可能会为这些理论提供种子。正如斯特劳斯和科尔宾所描述的差别:理论使用概念,概念是通过关系的描述来联系的。他们进一步认为,分析过程被定义为"提供基础,构建密度,发展所需的灵敏度和综合性,以产生一个丰富的、严密的、解释性的理论,与它所呈现的现实紧密接近"(Strauss and Corbin, 1990: 57)。

考虑到研究的标准,我们认为风险学习过程的阶段是一个基础和一个紧密的编制模型。这个模型接近于现实。在这个层面上,我们认为我们已经达到了这项研究的目的。

为了评价这个问题,斯特劳斯和科尔宾给了我们一个标准。这些标准涉及样本、类别、指向类别的指标、类别的代表性、关于假设的差异以及选择核心类别的动机。简言之,在这种类型的研究中,我们认为所有这些标准都涉及研究者如何明确而可信地为自己的选择辩护。为此目的,

表 16-9 结果和编码阶段总结

1.开放式编码——分解、检查、比较、概念化和分类数据的过程(Strauss and Corbin, 1990:57)		
	学习的过程: 三个核心分类	
开始的困惑	行动阶段 通过行动来学习	提高学习 承担风险的能力
2.轴心式编码——在开放式编码之后,一组可将数据以新的方式重新组合的过程,这是通过由编码范式所支持的不同分类的连接来实现的(Strauss and Corbin, 1990:96)		
将困惑的来源作为一种与不确定性和不安全感有关的现象	确定两种行为方向:个体与合作	在学习成果中,确认三种基本的学习分类:学会学习、工作生活和知识导向
确认每一个学生的个人风险学习路径以及它们与不确定性和不安全感的关系		
3.选择性编码——选择核心类别的过程,系统地与其他类别联系起来,验证这些关系并填写需要进一步改进和发展的类别(Strauss and Corbin, 1990:116-142)"以新的方式将数据组合"		
风险包括不确定性和不安全感	合作性支持和行为似乎为风险学习能力提供了效力	有意支持增加风险的能力,提供积极的学习结果,它们与不确定性或不安全感或个人与合作的行动有关

我们试图仔细报告实验的条件是如何产生以及数据收集是如何进行的，如何支持这些过程，以及如何分析数据。

考虑到分析过程，利用 NVivo 编码过程进行了连续的同行评价。这是重要的，因为内嵌到类别中的归纳推理不仅需要非常彻底的编码过程，还需要通过平行编码来验证。另外，我们还需要在微型框架中对其持续跟踪。正如斯特劳斯和科尔宾所提到的，微型框架就是为此而设计的。实际上，我们体验到丢失这些我们所拥有的数据是很容易的，特别是当 NVivo 软件允许一个人轻易地使用大量的引证并且仍保持分析过程完整无缺的时候。这就意味着，运用斯特劳斯的理论来建立扎根理论对我们来说至关重要。而使用格拉泽的方法我们可能就会完全迷失方向。这支持了斯特劳斯方法在基础理论领域的优势和差异。

另一方面，制定核心分类并不困难，在不同的编码阶段，研究结果似乎变得更加确定。此外，在编码过程中，包含微型框架的基本假设都得到了支持。

通过回到我们在开始时所做的假设，我们结束这一评价。

第一个假设是，风险和学习风险承担是一种以行动为导向的社会过程，与不安全感和不确定性有关。这两个实验都证明了这一点。

第二个假设是，对失败的恐惧与承担风险的过程有关，而更确切地说是减少可能的结果，而不是增加承担风险的能力。在数据中，这并不是一个主要的方面。事实上，很少有人发现它。然而，我们可以解释，关于评分预期的困惑可能就是这种情况。然而，这些案例很少，而且随着过程的进行，所有这些案例都消失了。这意味着，在整个研究过程中，对失败的恐惧只是学习风险承担过程的一个次要方面。

第三个假设，学习如何承担风险是一个心理和社会现象，而不是一个金融现象。很明显，这个假设在这些数据中是正确的。

最后是第四个假设。学习和讲授如何承担风险是一个与环境有关的过程，这个过程迫使人们将学习条件视为过程的本质维度。结果在这些数据中是相当明显的。在这种情况下，学习的环境似乎比个人文化因素更重要。而且，合作行动总是与环境相关的结果对于大多数转换过程来说非常重要，而且一些研究表明，支持合作环境的形成似乎更有效地提供了结果。这两项发现都支持这样一种假设，即学习条件是过程中的一个本质维度。

尽管人们已经有了风险的概念和行动导向，但是我们可以说在所有的案例中，学生们还是要在某种程度上学习承担风险的能力。这就意味着承担风险的能力确实可以学习，也可以被讲授。

这些结果的意义在于需要进一步改进和发展风险学习过程和能力。因此，这个研究的含义有三层。

首先，在概念上理解不确定性和不安全感之间的区别似乎是学习和教授承担风险能力的一个关键因素。因此，进一步研究这两个概念间的差别以及它们之间的关系对于发展模型和创业教育是很重要的。

其次，确定承担风险过程的有效性以及其对学习和教学实践的影响与斯特劳斯和科尔宾的理论概念有关。

这个理论应该具备足够的灵活性，允许我们在实践中应用和发展它。它可以帮助教师更好地计划和实施教学干预，并在需要的时候给予足够的指导来改变行为和计划。虽然我们的模型还处于初始阶段，但我们相信我们会遵循以上提到的七个研究评价标准，为那些感兴趣运用我们模型的人清楚地阐释我们已经做了哪些以及为什么要如此做。

显而易见，学习承担风险应该在真实的环境中进行研究，以进一步发展其概念。研究结果还表明，我们应该清楚地解释这些环境，以了解它们是如何影响学习的。我们认为这一点的重要性可能被认为是这项研究的重要结果之一。它还表明学习条件在教授承担风险能力方面的重要作用。

考虑到创业教育的概念，这个研究表明承担风险的能力提供了一个发展创业和创新精神教学富有成效的方向。这就为教育者和教师们改善其教学方法特别是高等教育带来了挑战——面临日益增长的对创新和创业教师的需求，但却有着以知识为导向的教学方法的历史。

毫无疑问，从理论上讲我们需要更深入地研究什么是承担风险，而这项研究表明从其他科学领域（尤其是教育和心理学）中运用知识是多么重要。

对我们来说很明显的是，尽管我们获得了一些理解和模拟风险学习过程的动态想法，但这些仍然是初步的发现。即便如此，这些发现还是鼓励我们继续研究。为了进一步的研究，构建一个更大规模的数据库尤为重要，因为在单一的学习实验中获取纵向数据是很重要的。这项工作实际上已经开始了。

尽管我们对承担风险学习过程的核心阶段感到满意，但我们认为应该进一步研究每个阶段，以便更多地了解个体学习过程的动态。特别要说的是，这个数据吸引我们向不同的结果深入钻研。

最后，我们鼓励其他研究者编写不同的实验，以真实的、有计划的实验来研究这些动态，因为这些发现表明学习条件和支持策略会对结果产生实质性的影响。简言之，按照斯特劳斯和科尔宾的理论，理论来自实践。因此，理论只有被运用了才得以存在。所以说需要通过应用来从模型中发展出一个理论。

参考文献

Alvarez, S. (2005), 'How do entrepreneurs organize firms under conditions of uncertainty', entrepreneurship paper abstract, paper presented in the

Academy of Management Annual Meeting, Hawaii, 5–10 August.

Anderson, B.F., Deane, D.H., Hammond, K.R. and McClelland, G.H. (1981), *Concepts in Judgement and Decision Research: New Theories of Uncertainty in Intelligence Analysis*, New York: Praeger.

Atkinson, J.W. and Feather, N.T. (eds) (1966), *A Theory of Achievement Motivation*, New York: Wiley.

Barreto, H. (1989), *The Entrepreneur in Microeconomic Theory: Disappearance and Explanation*, London and New York: Routledge.

Birney, R., Burdick, H. and Teevan, R. (1969), *Fear of Failure*, New York: Van Nostrand.

Brockhaus, R. (1980), 'Risk-taking propensity of entrepreneurs', *Academy of Management Journal*, 23 (3), 509–20.

Buchanan, J.M. (1982), 'The domain of subjective economics: between predictive science and moral philosophy', in I.E. Kirzner (ed.), *Method, Process and Austrian Economics: Essays in Honour of Ludwig von Mises*, Toronto: Lexington Books, pp. 7–20.

Chenitz, W.C. and Swanson, J.M. (eds) (1986), *From Practice to Grounded Theory: Qualitative Research in Nursing*, Menlo Park, CA: Addison-Wesley, pp. 66–78.

DataSense (2005), 'Qualitative data analysis services', Tulostettu, available 21 July 2005 at www.datasense.org/.

Douglas, D. (2004), 'Grounded theory and the "and" in entrepreneurship research', Business School, Staffordshire University, published in *Electronic Journal of Business Research Methods*, 2 (2), available 1 March 2005 at www.ejbrm.com.

Drexel, I. (2003), 'Two lectures: the concept of competence—an instrument of social and political change centrally coordinated decentralization—no problem? Lessons from the Italian case', *Working Paper 26*, Stein Rokkan Centre for Social Studies, UNIFOB AS, December, available at www.ub.uib.no/elpub/rokkan/N/N26-03.pdf.

Elliot, A.J. and Thrash, T.M. (2004), 'The intergenerational transmission of fear of failure', *Personality and Social Psychology Bulletin*, 30 (8), 957–71.

Fayolle, A., Kyrö, P. and Uljin, J. (2005), *Entrepreneurship Research in Europe: Outcomes and Perspectives*, Cheltenham, UK and Northampton, MA, USA: Edward Elgar.

Fernández, W.D. (2004), 'Using the Glaserian approach in grounded studies of emerging business practices', *Electronic Journal of Business Research Methods*, 2 (2), available 24 February 2005 at www.ejbrm.com/.

Gartner, W.B. (1985), 'A framework for describing the phenomenon of new venture creation', *Academy of Management Review*, 10, 696–706.

Gasse, Y. (1982), 'Elaborations on the psychology of the entrepreneur', in C.A. Kent, D.L. Sexton and K.H. Vesper (eds), *Encyclopedia of Entrepreneurship*, Englewood Cliffs, NJ: Prentice Hall, pp. 209–23.

Glaser, B. and Strauss, A. (1967), *The Discovery of Grounded Theory*, Chicago, IL: Aldine.

Goel, U. (1998), *Economist, Entrepreneurs and the Pursuit of Economics: An Analysis of the Views of the Entrepreneur among the Economists of the Classical Period and Their Differences*, 2nd revd edn, Frankfurt am Main: Peter Lang GmbH.

Guler, I. and Guillen, M.F. (2005), 'The internationalization of US venture capital firms: an empirical examination', entrepreneurship full-paper, paper selected as one of the best conference papers in the Academy of Management Annual Meeting, Hawaii, 5–10 August.

Gunning, J.P. (1996), *The Theory of Entrepreneurship in Austrian Economics*, New York: Routledge.

Herbert, R.F. and Link, A.N. (1988), *The Entrepreneur: Mainstream Views & Radical Critiques*, 2nd edn, New York: Praeger.

Leskinen, P.-L. (1999), 'Yrittäjällä on koko elämä kiinni yrityksessä – opiskelijoiden yrittäjyyskäsitykset janiiden muutokset yritysprojektin aikana', *Liiketaloustiede* 27, Johtaminen ja organisaatiot (Väitöskirja).

Lumpkin, G.T. and Dess, G.G. (1996), 'Clarifying the entrepreneurial orientation construct and linking it to performance', *Academy of Management Review*, 21 (1), 135–72.

McClelland, D.C. (1984), *Motives, Personality and Society: Selected Papers*,

New York: Praeger.

Mises, L. von (1966), *Human Action: A Treatise on Economics*, Chicago, IL: Henry Regnery.

Mitsis, A. and Foley, P.W. (2005), 'Business students' cultural values as antecedents to student and teacher driven learning styles' management education and development paper abstract, paper presented in the Academy of Management Annual Meeting, Hawaii, 5–10 August.

Moustafa, K.S., Todorovic, Z.W. and Murzin, E. (2005), 'Student orientation: effects on individual differences on management education', management education and development paper abstract, paper presented in the Academy of Management Annual Meeting, Hawaii, 5–10 August.

Nyström, H. (1974), 'Uncertainty, information and organizational decision-making: a cognitive approach', *Swedish Journal of Economics*, 76 (10), 131–9.

Rantala, I. (1999), 'Nvivo, grounded theory ja kvalitatiivinen tutkimus', in J. Eskola (ed.), *Hegelistä Harreen, narratiivista Nudistiin*, Kuopion yliopiston selvityksiä E, Yhteiskuntatieteet 10, Kuopio, available at http://www.uku.fi/~irantala/nvivo.htm.

Samuelsson, M. (2005), 'The co-existence of "Schumpeterian" and "irznerian" venture opportunities', entrepreneurship paper abstract, paper presented in the Academy of Management Annual Meeting, Hawaii, 5–10 August.

Sarasvathy, S.D. (2001), 'Causation and effectuation: toward a theoretical shift from economic inevitability to entrepreneurial contingency?', *Academy of Management Review*, 26 (2), 243–88.

Scott, M.G., Rosa, P. and Klandt, H. (1998), 'Educating entrepreneurs for wealth creation', in M.G. Scott, P. Rosa and H. Klandt (eds), *Educating Entrepreneurs for Wealth Creation*, Aldershot: Ashgate, pp. 1–14.

Siitonen, J. (1999), 'Voimaantumisteorian perusteiden hahmottelua', *Acta Univ. Oul.* E37, Oulu: Oulu University Press.

Stewart, A. (1991), 'A prospectus on the anthropology of entrepreneurship', *Entrepreneurship Theory and Practice*, Winter, 71–91.

Strauss, A. and Corbin, J. (1990), *Basics of Qualitative Research: Grounded*

Theory Procedures and Techniques, London: Sage Publications.

Suojanen, U. (1998), 'Toimintatutkimus ammatillisen kehittymisen välineenä', in Teoksessa E. Haapanen and E. Löfström (eds), *Missä tieto ja taito kohtaavat—PD-ohjelma ammatillisen ja persoonallisen kehityksen tukijana*, Helsingin yliopiston Vantaan täydennyskoulutuskeskuksen julkaisuja 15, 53–74.

Tang, Z. (2005), 'An empirical study of environmental uncertainty, internal variety, and firm performances in SMEs', entrepreneurship paper abstract, paper presented in the Academy of Management Annual Meeting, Hawaii, 5–10 August.

Tesch, R. (1990), *Qualitative Research. Analysis Types and Software Tools*, New York: Falmer Press.

Wadhwa, A., Basu, S. and Kotha, S.P. (2005), 'Learning under uncertainty: structural heterogeneity in corporate venture capital relationships', entrepreneurship paper abstract, paper presented in the Academy of Management Annual Meeting, Hawaii, 5–10 August.

Wu, B. and Knott, A.M. (2005), 'Entrepreneurial risk and market entry', entrepreneurship paper abstract, paper presented in the Academy of Management Annual Meeting, Hawaii, 5–10 August.

Yates, J.F. (ed.) (1992), *Risk-taking Behavior*, New York: Wiley.

Zuber-Skerrit, O. (1992), 'Improving learning and teaching through action learning and action research', draft paper for the HERDSA Conference, University of Queensland.

附录 16-1　个体学习路径的轴心式编码分类条件

困惑	行为	学习方向
1. 课程安排 **国际组** ● 如果我有一个问题，我并不真正知道谁应该负责这个问题 ● 第一堂课给我留下的印象是行动计划没有考虑周详 ● 我认为我们应该搜集更多关于对讲课期望的信息 ● 有时候我们也会收到不同的和相矛盾的观点 **芬兰组** （无） **2. 内容** **国际组** ● 我并不喜欢一开始的讲课，因为我认为它只是把重点放到了与小型企业管理相关的不切题的事情上 ● 然而，他们的一些讲课有时候和课程中重要的主题非常地不相干 ● 我并不知道我该如何运用这些知识 ● 因此学生们并没有全神贯注于本应该解决诸如此类事的课程中 **芬兰组** ● 我很快就注意到了，我的创业计划知识是肤浅表面的 ● 在第一天我就遇到了挫折，因为定义这个概念是极具挑战性的 ● 其他的参与者似乎分享了同样的关于什么是创业教育的想法	**1. 个人方向** **国际组** ● 在这个课程中，我已经得到了实践并且训练了我的耐力和辩论能力我知道在社会以及在现实生活中这是一个很重要的技能 ● ……它真的改变了我思考如何去组织、计划和发展一个体系，这个体系以前是抽象的或者是没有任何性质的结构 ● 文本和我们自己的文献研究受到许多案例和一个重大项目的激发 ● 直到我开始为我的考试做准备时，我才发现我已经学了这么多了 **芬兰组** ● 当我研究参考文献时，我渐渐地明白了创业教育这个术语的意思 ● 熟悉文献以及其他的一些材料，我的脑海里有了一幅更清楚的画面…… ● 在这个课程中，我已经经历了在我的一生中最有意义的飞跃：新生儿……投资铜奖……期待着下周的国际性级别的…… ● 通过理解我日益增加的知识……由同行评估我了解到了…… ● 我认为我已经学到了……我仍然需要……我的想法在脑海里回荡……我在凌晨三点的时候起草了一个新的大纲 **合作导向** **国际组** ● 在分析完这个案例之后，与课程参与者和一起交流并分享了我们的想法，在小型企业管理中，许多事情未覆盖到问题的解决。在大量的讨论后，问题总是能够得到解决 ● 与国际学生一起工作很好 ● 案例给了我一个机会去与其他团体交换想法并且提出一个精确的问题解决方案 ● 作为一个团体的成员，要与真正的小型企业合作	**1. 学习方向** **国际组** ● 我们在这个课程中没有受到约束并且发现了这个方法不容易。但是即使是这样，我仍认为实践不同的学习方法是有帮助的。有时候，学习就应该刻苦些 ● 我并没有以前要从课程里学到知识的期望，但是我确实学会了……人们对待案例也不尽相同，这也帮助我更好地理解小型商业管理 ● 一开始我是批判的，但是后来我学会接受这样的概念绘图技术的好处了 ● ……学会合作、折中以及承担责任是一个很好的方法 ● 对于概念图，我刚开始了解它似乎是一个连接一个科目不同部分以及获得一个所有事物是如何联系在一起的整体图的好东西 ● 我赞同激励自主的想法应用到课程中……由于课程的基本原则是授权的，很可能学习过程的结果不尽相同 ● ……我们作为学生，在整个过程中已经被授权了。我同意在做出我们自己的决定中，我们扮演了一个更积极的角色，这使我们受到了鼓励 ● 有时候我有点迷失方向，但是我认为这是一件好事，因为在某种程度上，它迫使我深入思考并且努力提出自己的观点而不是机械地接受老师提出的想法 **芬兰组** ● 最后，开哪一扇门或关哪一扇门取决于我。结合我的创业表现，我可以打开正确的门

续表

困惑	行为	学习方向
芬兰组 ●我在等待我自己关于商业的知识,这让我觉得我并没有得到 **3. 教育学** **国际组** ●这种学习方法对于我来说是全新的,例如我们在课堂上的讨论 ●那些并不习惯那种学习方法的学生们有点震惊 ●……学生们完全可以自由选择…… ●困惑,尤其是对于那些不习惯这种自由的国际学生来说,我觉得通过让学生们决定学什么、怎么学的学习安排会创造出不确定性 **芬兰组** ●起初,这个工作方法让我困惑。它与我期待的大学教授方法相矛盾 ●我经历着一个不同且全新的学习方法……这也引发了一些焦虑…… ●有时候学习者所期望学的知识是模糊的。这困扰着我,直到我了解了最重要的是我自己的学习目标 ●第一天就让我处在了不安全的环境中……我并不是很理解这个含义……也许组织者尽力让我们了解带着不安全感和压力的创业者的生活	**芬兰组** ●在第一个模块中,在克服重重困难后,我们组开始集中地工作,最后成为一个很棒的团队 由于组中每个成员都很积极,我们组的工作扩大拓宽了。我们将会怎样定义我们的主题?我们应该达到怎样的"困惑"?我们会经常讨论这些事情	**芬兰组** ●我的经历得到了一个概念表示我注意到了社会是如何引导和影响个体的,但是个体并不总能意识到 ●显而易见,其他人并不能给我知识,因为只有我知道我需要什么 ●对于第一天和现在的场景,真是天壤之别,现在我能够…… ●作为一个整体,这个课程是有益的,但是要求创业行为要来自学生……我们得到的只是机会 ●作为学习者,我要最大限度……创造性的、自由/信任的、自信的氛围 **2. 工作生活导向** ●也许,当我回到家时,我会与我的朋友一起开创公司。在我们讨论这之前,我从未确定想要在一个大的、便捷的环境中工作 ●作为未来的创业者或是企业所有者,对复杂性的认识让我少走弯路。即使没有人会畏惧开创一个新的公司,但是这个课程在完成之前会引发一些反思。优点是显而易见的 **芬兰组** ●我所学到的是确信以及理解创业在未来个人层面投资……我同意…… **3. 工作生活导向** **国际组** ●给了我一个公司的整体视角 ●而且,我们学生在未来将会被公司雇用,因此它们已经间接地有了一些了解或将会了解 ●通过采用这种方法,我学会了对一个公司做出决定负责的感觉。这让我更多地认识了我自己以及我是如何积极地管理一个公司的

第十六章 学习承担风险的能力 443

续表

困惑	行为	学习方向
4.等级（为学分而学） **国际组** ●进一步说，笔试是值得占试卷的一半，但是在我看来，缺少关于考试的信息 ●依我看，放在概念图上的压力是有点太大。在一堂关于概念图的课后，我们50%的成绩是基于我们的概念图的 ●缺少考试的信息 ●……并不知道那些分等级内容运用到现实中的重要程度那是全部学生的关注点 **芬兰组** ●评价使我困扰：我们应该了解多少才能在报告中得到3？ ●考试指令一团糟。什么样的评分标准才能避免再一次的困惑？		**芬兰组** （无） 4.知识转化导向 **国际组** ●……将理论转化为实践的具体方法 ●……从书中获取的知识……是以一种处方式的风格解决如何经营小企业的事情，但是事实截然相反 ●概念图技能证明是有用的，我会继续把它作为查明缺陷思考程序的好技能。而且，这个技能在任何一个企业过程中都是有用的 ●向我的团队展示文献并不总是正确的，没有必要总是追随前人的脚步……这个理论在小型商业领域中变得更能让人接受了 **芬兰组** ●这个学科（创业教育）是有趣的，它让我思考了很多我自己的工作环境它为我在（孵化器）工作中带来了很多主题 ●我感觉我可以为我的硕士论文清单获得更多的知识和专业能力 ●这个课程已经让我用一个创业的视角去思考问题了 5.知识导向 **国际组** ●……这个课程让我能够学会更多关于小型企业管理的观念，因为在这个课程开设之前，我一无所知 ●……这课堂期间我所学到的知识让意识到我所获得的知识……已经给了我一幅在我们社会中小型企业管理的图 ●……给你一个更宽泛的视野 **芬兰组** ●我可以说我已经学会了创业教育以及它如何变化多样了。概念图帮助我明白内部创业是如何与其他我们所学的知识相关联的

图书在版编目（CIP）数据

创业教育研究手册. 第1卷，综合视角 /（法）阿兰·法约尔主编；刘海滨译. —北京： 商务印书馆，2019
（创新创业教育译丛）
ISBN 978-7-100-17095-6

Ⅰ.①创… Ⅱ.①阿… ②刘… Ⅲ.①创造教育—手册 Ⅳ.①G40-012

中国版本图书馆CIP数据核字（2019）第031517号

权利保留，侵权必究。

创新创业教育译丛
杨晓慧 王占仁 主编

创业教育研究手册（第一卷）——综合视角

〔法〕阿兰·法约尔 主编
刘海滨 译
于川 刘丽娜 刘颖 校

商 务 印 书 馆 出 版
（北京王府井大街36号 邮政编码100710）
商 务 印 书 馆 发 行
北京艺辉伊航图文有限公司印刷
ISBN 978 - 7 - 100 - 17095 - 6

2019年5月第1版	开本710×1000	1/16
2019年5月北京第1次印刷	印张29¼	

定价：88.00元